Philipp Gut

Jahrhundertzeuge Ben Ferencz

PHILIPP GUT

Jahrhundertzeuge BEN FERENCZ

Chefankläger der Nürnberger Prozesse
und leidenschaftlicher Kämpfer
für Gerechtigkeit

Mit 34 Farb- und Schwarz-Weiß-Abbildungen

PIPER

Mehr über unsere Autoren und Bücher:
www.piper.de

Der Autor dankt folgenden Personen und Organisationen für die freundliche Unterstützung: LMF Stiftung für liberale Medienförderung, Gamaraal Foundation, Stiftung Irène Bollag-Herzheimer, Saly Frommer Foundation, Ruth und Paul Wallach Stiftung, Dr. Josef Bollag im Auftrag einer Stiftung.

ISBN 978-3-492-05985-5
3. Auflage 2020

Satz: Kösel Media GmbH, Krugzell
Gesetzt aus der Minion Pro
Litho: Lorenz & Zeller, Inning am Ammersee
Druck und Bindung: GGP Media GmbH, Pößneck
Printed in Germany

Inhalt

Mehr als ein Anfang

Als ich Benjamin B. Ferencz im März 2018 das erste Mal traf, hätten wir beide nicht gedacht, dass sich daraus eine intensive Zusammenarbeit und schließlich sogar eine Biografie entwickeln würde. Vermittelt durch die damalige liechtensteinische Außenministerin Aurelia Frick, die Ferencz von seinem völkerrechtlichen Engagement bei der UNO in New York kannte, besuchte ich ihn für einen Zeitschriftenartikel an seinem Zweitwohnsitz in Delray Beach, Florida. Er wohnte dort in den Wintermonaten in einer Seniorensiedlung mit kleinen Bungalows und künstlich angelegten Teichen. Doch die Gespräche mit ihm verliefen gleich so animiert, dass er bald die beiläufige Bemerkung fallen ließ, ich hätte ja schon fast das Material für ein ganzes Buch beisammen. Das war zwar reichlich optimistisch, aber der Gedanke ließ mich nicht mehr los. Der alte Mann war mir auf Anhieb sympathisch, und die Faszination, aber auch der Respekt für sein außergewöhnliches Leben wuchsen, je mehr ich davon erfuhr. Das positive Echo auf den journalistischen Bericht über ihn ermunterte mich dann dazu, das Projekt in Angriff zu nehmen. Ferencz sicherte sofort seine Unterstützung zu, obwohl er wusste, dass es auch für ihn einige Arbeit bedeuten würde. Dabei ging es ihm nie um seine Person – er war in seiner langen Karriere schon genug im Rampenlicht gestanden –, sondern um die Weiterverbreitung seiner Ideen und Anliegen.

Was er propagierte, ging unmittelbar aus seinen eigenen Erfahrungen hervor. Im Jahr 1947 – mit gerade einmal siebenundzwanzig – war er nämlich Chefankläger im größten Mordverfahren der Geschichte geworden. Bei den Nürnberger Nachfolgeprozessen brachte er hochrangige SS-Offiziere vor Gericht, die im Zweiten Weltkrieg mit ihren Killerkommandos – den sogenannten Einsatzgruppen – in der von der Wehrmacht eroberten Sowjetunion über eine Million Menschen ermordet hatten. Mit der Verfolgung der Täter sah der brillante Jurist seine Mission jedoch mitnichten als beendet an. Er setzte sich in der Nachkriegszeit im Rahmen der Wiedergutmachungspolitik der Bundesrepublik vehement für die Entschädigung der Opfer des Nationalsozialismus ein und gehörte zu den maßgeblichen Promotoren des Internationalen Strafgerichtshofs in Den Haag. Das alles gehörte für ihn untrennbar zusammen. Nürnberg war ein Meilenstein der Rechtsgeschichte – aber die damals angestoßene Entwicklung musste weitergehen.

Der Ideenreichtum und die Konsequenz, mit denen Ferencz seine weit gesteckten Ziele verfolgte, beeindruckten mich tief. Ich empfand es als Privileg, einem der letzten großen Augenzeugen der Weltkriegsepoche zu begegnen, der, wie er selbst sagt, einen »Blick in die Hölle« getan hat – und seither alles daransetzte, eine Wiederholung solcher Gräuel zu verhindern. Hörte ich ihm zu, wie er auf seine unverwechselbar lebendige und anschauliche Art den ungeheuren Erfahrungsschatz seines beinahe hundertjährigen Lebens ausbreitete, kam es mir vor, als ob ich im Theater der Geschichte in der ersten Reihe säße.

Die Darstellung in diesem Buch beruht – neben Ferencz' Studien und den autobiografischen Aufzeichnungen, die er unter dem Titel *Benny Stories* im Internet veröffentlicht hat – auf zwei Hauptquellen. Zum einen auf ebenjenen Gesprächen, die ich im März 2018 und nochmals Ende Januar 2019 mit Ferencz in Florida geführt habe. In den mehrtägigen Treffen verblüffte er mit seiner mentalen Frische und einem annähernd fotografischen Gedächtnis. Im Hintergrund lauschte seine Frau

Gertrude, die an Alzheimer litt. Er kümmerte sich liebevoll um sie, nebst einer Krankenpflegerin, die regelmäßig vorbeikam. An den Diskussionen beteiligte sie sich nicht mehr; aber wenn er etwas Lustiges erzählte, lachte sie unverhofft mit. Sie kannten und liebten sich nun schon seit über achtzig Jahren. Zu diesem Zeitpunkt war Ferencz längst der letzte lebende Chefankläger der Nürnberger Prozesse und ihr lebendiges Symbol. Es ist nicht unbedingt selbstverständlich, dass er mich in diesem hohen Alter empfangen hat – und so die Leserinnen und Leser an seinen Erinnerungen und Gedanken teilhaben lässt.

Die zweite wichtige Quelle ist das umfangreiche Privatarchiv, das Ferencz dem United States Holocaust Memorial Museum (USHMM) in Washington vermacht hat. Es umfasst Briefe, Tagebücher, offizielle Dokumente, Zeitungsausschnitte, Fernseh- und Radiointerviews, Fotografien und anderes. Im Januar 2019 durfte ich mich während des »Government Shutdown« in die dort lagernden Schätze vergraben, Originale sichten und Mikrofilme kopieren.

In Amerika genießt Ben Ferencz so etwas wie einen Kultstatus – zum Beispiel als Held mehrerer Fernseh- und Kinodokumentationen. Da sein Werdegang aber aufs Engste mit der deutschen Geschichte verknüpft ist, scheint es an der Zeit, dass er nun auch im deutschen Sprachraum jene Aufmerksamkeit erhält, die er meiner Ansicht nach verdient. Ben Ferencz selbst hofft, dass dieses Buch zukünftige Leser »informieren, unterhalten und inspirieren« werde.

Wenn Ferencz im Zusammenhang mit einer Geschichte, deren Dreh- und Angelpunkt der Holocaust an den europäischen Juden ist, von »unterhalten« spricht, ist das kein Zufall – und auch kein Fauxpas. So fürchterlich die Verbrechen waren, deren Zeuge er wurde, so unerschütterlich sind sein Humor und sein Glaube an die Werte von Toleranz und Mitgefühl. Als Handelnder und Chronist eines Zeitalters der Extreme verbindet sich in ihm die große Geschichte mit vielen kleinen

Anekdoten. Sie erheitern den Geist und sorgen für Entspannung. »Das Leichte schwer, das Schwere leicht«, ist ein ästhetischer Grundsatz, dem er sicher ohne Zögern zustimmen würde.

Verschiedene Personen haben bei der Realisierung des Projekts entscheidend mitgeholfen. Wertvolle Unterstützung erhielt ich jederzeit von Donald Ferencz, Benjamins Sohn; er war Reiseleiter und Türöffner in Amerika. Henry Mayer, Liviu Carare, Nancy Hartman, Anatol Steck und Anna Cave vom United States Holocaust Memorial Museum leisteten unverzichtbare Dienste bei den Recherchen in der »Benjamin B. Ferencz Collection«. Mayer stellte sich auch als Chauffeur zur Verfügung, um den Teil der Akten zu erreichen, die im Shapell Center aufbewahrt werden, einem modernen Archiv- und Forschungszentrum im Niemandsland außerhalb von Washington. Inga Huber begleitete den Schreibprozess administrativ und inhaltlich. Last but not least bleibt »Ben« – wie er allgemein genannt wird – selbst zu erwähnen. Ohne seine aktive Mitwirkung und geduldige Bereitschaft, die Geschichte seines bewegten Lebens zu erzählen, wäre *Jahrhundertzeuge Ben Ferencz* in dieser Form nicht möglich gewesen. Seine fesselnden Schilderungen und sein gewinnendes, charmantes Wesen werde ich nie vergessen. Wenn etwas davon auch auf den folgenden Seiten aufschiene, wäre das mehr als nur ein schöner Anfang.

Lenzburg, im Februar 2020
Philipp Gut

Von Hell's Kitchen nach Harvard

Baby fast über Bord

Es begann mit einer Falschmeldung. Als Benjamin Berell Ferencz, von seiner Familie »Benny« genannt, am 29. Januar 1921 auf Ellis Island vor New York landete, registrierte ihn die Einwanderungsbehörde irrtümlicherweise als vier Monate altes Mädchen namens Bela. Außer dem Zivilstand – unverheiratet – stimmte daran nichts. Er hieß erstens nicht Bela, war zweitens kein Mädchen und drittens nicht vier Monate alt – sondern schon bald einjährig. Geboren worden war er am 11. März 1920 in einem einfachen Bauernhaus im Ort Şomcuta Mare (deutsch Großhorn) in Transsilvanien. Das Gebiet, in dem eine relativ starke jüdische Minderheit lebte, gehörte ursprünglich zum Königreich Ungarn. Nach dem Ersten Weltkrieg wurde es Rumänien zugeschlagen. Aus den Erzählungen seiner Verwandten erfuhr Ben später, dass der verbreitete Antisemitismus ein Grund für die Emigration nach Amerika gewesen sei. Der andere war die Armut. Da half auch der Name Ferencz nichts, den die Familie mit dem Habsburgerherrscher Franz Josef teilte; denn Ferencz, üblicherweise ein Vorname, bedeutet so viel wie Franz.

Der kleine Blondschopf mit den wachen blauen Augen reiste in Begleitung seines Vaters, seiner Mutter, seiner Schwester Pepi, die knapp zwei Jahre älter war als er, und eines Onkels namens Leppold. Die winterliche Atlantiküberfahrt in der dritten Klasse war furchtbar gewesen. Ben heulte die ganze Zeit, vor Hunger oder Kälte oder beidem zusammen. Das ständige Geschrei brachte den Vater derart außer sich, dass er in seiner Verzweiflung das Baby beinahe über Bord geworfen hätte. Leppold, der älteste der fünf Brüder von Bens Mutter, konnte ihn im letzten Augenblick daran hindern.

Der Vater trug schweres Gepäck mit sich: Amboss, Hammer, Spezialwerkzeug. Er war Schuhmacher und stolz darauf, aus einem einzigen Stück Kuhhaut ein Paar Stiefel herstellen zu können. Obwohl er in seiner Kindheit ein Auge verloren und kaum Schulbildung genossen hatte, hoffte er, in der Neuen Welt Erfolg zu haben. Doch wie er bald feststellen musste, verlangte in New York niemand nach seinen handgefertigten Produkten in alteuropäischem Stil. Die Amerikaner trugen moderne Schuhe, massenhaft von Maschinen fabriziert, die er nicht zu bedienen wusste. Nachdem eine jüdische Hilfsorganisation den Ankömmlingen einige Wochen lang ein Dach über dem Kopf zur Verfügung gestellt hatte, war der Vater deshalb froh, eine Stelle als Hauswart in einem alten New Yorker Mietshaus zu finden. Es lag in einem Distrikt, der als Hell's Kitchen, Teufelsküche, bekannt war. Die Bezeichnung kam nicht von ungefähr – die Gegend war berüchtigt für ihre hohe Kriminalitätsrate. Die Familie bezog eine kleine, dunkle Wohnung im Kellergeschoss.

Es war der Ort, an dem Bens Erinnerungen an die Welt begannen. »Ich war etwa drei Jahre alt, als mein Geist aus seinem Kokon schlüpfte.« In seinem Kopf speicherten sich Bilder eines Herds mit Holzfeuerung, eines Spülbeckens, in dem Lumpen, Kleider und Kinder gewaschen wurden, oder eines Gaslichts, das mit einem Zündholz zu entfachen war. Nischen dienten als Schlafplätze, auch für zahlende Gäste. Um etwas zusätzliches Geld zu verdienen, beherbergte die Mutter nämlich europäische Einwanderer für einen bescheidenen Preis. Sein Bett musste Ben nicht selten mit seiner Schwester oder gar den Fremden teilen. Andere Teile des Kellers dienten als Rückzugsort für »Alkoholiker und streng riechende Vaganten«. Die Mutter, die Jiddisch mit ihm sprach, wenn sie nicht gerade auf Ungarisch oder Rumänisch mit ihm schimpfte, mahnte Ben, sich von den »Faulenzern« fernzuhalten. »Ich lernte, dass ›leben und leben lassen‹ die beste Politik war.«

In diese Tage der frühen Kindheit reichen auch seine ersten religiösen Erfahrungen zurück. Die Eltern waren orthodox; der Vater ging jeden Morgen in die Synagoge. Der aufgeweckte, rebellische Junge hingegen war »skeptisch von Beginn an«. In einem Regal am Fuß seines Bettes flackerten kleine Lichter in merkwürdig geformten Gläsern. Sie reflektierten die Seelen von lieben Verstorbenen, und dies sei ein Mittel, um sich an sie zu erinnern und mit ihnen zu kommunizieren, erklärte ihm die Mutter. »Ich verstand, was sie sagte, war aber nicht recht überzeugt davon. Ich beobachtete die Flammen sehr vorsichtig, entdeckte jedoch nie eine Seele oder einen Geist.« Auf die Bemerkung der Mutter, der Rauch der Kerzen, die sie für die Verstorbenen anzündete, steige in den Himmel hinauf, antwortete er: »Aber da ist kein Loch in der Decke.«

Die Zweifel am Glauben begleiteten ihn sein Leben lang. Die schrecklichen Erfahrungen, die er später als amerikanischer Ermittler in deutschen Konzentrationslagern machte, verstärkten sie nur. »Ich fragte: ›Gott, wo warst du, als Millionen unschuldiger Männer, Frauen und Kinder ermordet wurden?‹ Ich warte immer noch auf eine Antwort.«

In den Straßen von New York

Hell's Kitchen war ein hartes Pflaster. Die Bevölkerung bestand hauptsächlich aus irischen und italienischen Einwanderern. Der männliche Nachwuchs teilte sich in rivalisierende Banden auf, »deren Lieblingsbeschäftigung darin zu bestehen schien, sich gegenseitig eins aufs Dach zu geben«. Ben navigierte geschickt zwischen den Fronten. »Ich wurde von beiden Seiten als Maskottchen angenommen. Wenn wir uns nicht gerade einen Bandenkrieg lieferten, verübten wir eifrig kleinere Diebstähle. Auf dem Bürgersteig gegrillte Kartoffeln schmeckten erst dann gut, wenn sie zuvor aus einem Gemüseladen stibitzt worden waren.« Zum Zeitvertreib in diesem Milieu gehörten verschiedene Formen von Geldspielen. »Wenn wir auf dem Asphalt knieten, beteten wir nicht – wir würfelten.« Bens Aufgabe, die er mit Stolz und einer Portion Durchtriebenheit erfüllte, bestand darin, Wache zu stehen und die kleinen Zocker vor der Polizei zu warnen. Kaum hatte er seinen Warnruf ausgestoßen, rannten sie davon – und der Polizist hinter ihnen her. Kehrte dieser später zurück, um den Gewinn für sich selbst einzustreichen, fand er meist keinen Penny mehr vor. »Ich sammelte alles ein, was die Flüchtenden hastig zurückgelassen hatten. First come, first served.«

Viele vergnügliche Stunden verbrachte er – gern mit seiner Schwester – im Kino »Chalona« in der neunten Straße. Nicht, dass die Eltern eine besondere cineastische Neigung in ihnen hätten wecken wollen. Der Grund war prosaischer. Einen Babysitter konnten sie sich nicht leisten, und Krippen gab es damals noch nicht. Das Kino bot sich in dieser Situation als preisgünstige Alternative an. Der Eintritt kostete nur einen Dime – also zehn Cents –, und wenn ein Erwachsener die Kinder hineinführte, durften sie anschließend so lange allein drinbleiben, bis sie wieder abgeholt wurden. Es war die Ära des Stummfilms; vorgeführt wurden vor allem Westernstreifen »mit vielen Schießereien und Kämpfen«. »Cowboys jagten Indianer, während der Klavierspieler in der ersten Reihe Musik oder Geräusche produzierte, die die Handlung auf der Leinwand widerspiegeln sollten.« Einmal geschah es, dass der Vater Ben im Kino nicht mehr fand. Er bedaure – eine Suche im Vorführsaal sei erst möglich, wenn der letzte Film vorüber sei, teilte ihm der Betreiber mit. Es ging auf Mitternacht zu, als Ben schlafend unter einem Sessel gefunden wurde. »Wenn die

Szenerie voller Mord und Totschlag ist, kann ein gutes Schläfchen sehr erfrischend sein.«

Im Allgemeinen war er ein aktives Kind, das nie still sitzen konnte. Um ihn davon abzuhalten, irgendwelchen Unfug zu treiben, trugen ihm die Eltern verschiedene häusliche Pflichten auf. Als Hilfskraft seines Vaters, der im Quartier »Joe the Janitor« (»Hausmeister-Sepp«) genannt wurde, beteiligte er sich an der Entsorgung des Abfalls, der mit einem handbetriebenen Lift auf jeder Etage eingesammelt und anschließend weggebracht wurde. »Es gab keinen Kühlschrank in jenen Tagen, und man konnte immer riechen, wenn wir den Müll herunterkurbelten.« Ein besonderes Augenmerk warf Ben auf die leeren Milchflaschen. Brachte er sie dem Lebensmittelhändler zurück, erhielt er zwei oder drei Cents dafür. Weniger glorreich verlief sein Einstieg ins Pressegeschäft. Nachdem er beobachtet hatte, wie andere Jungen in den Straßen erfolgreich die *Daily News* verkauften, sagte er sich, das könne er doch auch. Im Keller hatte er Stapel alter Zeitungen aufgehäuft. Er nahm einen Packen voll unter den Arm, stellte sich draußen auf und pries sie als die neuesten Nachrichten an. Die vorbeieilenden Passanten griffen zu, ohne genauer hinzuschauen, und ließen die Pennys in Bens Hand rieseln. Lange ging es nicht gut. Der Schwindel fiel einem Herrn auf, der den falschen Newsboy zur Rede stellte. Der Ertappte setzte ein entschuldigendes Lächeln auf und erstattete den Kaufpreis zurück. Der Gentleman bestand darauf, ihn nach Hause zu begleiten, und berichtete dort, was geschehen war. Vater versprach dem Geprellten, den Übeltäter zu züchtigen, und beschlagnahmte sämtliche Einkünfte. »Ich erkannte, dass nicht jedes Unternehmen zum Erfolg führt – besonders wenn man sich nicht an die Regeln hält.«

Die Große Depression

Die Jahre einer entbehrungsreichen, aber glücklichen Kindheit endeten abrupt, als Ben sechs war. »Die Eltern verbrachten die meiste Zeit damit, sich gegenseitig anzuschreien.« Ihre Ehe war arrangiert worden – sie waren Cousins zweiten Grades –, »und die Armut und die harte Arbeit machten die Dinge nicht einfacher«. Die Mutter hatte schon vor der Geburt von Bens Schwester zwei Fehlgeburten erlitten, jetzt erwartete sie ein weiteres Kind – was die Spannungen zwischen ihr und ihrem Mann noch erhöhte. Damit sie sich in Ruhe auf die Geburt vorbereiten konnte, wurden Ben und Pepi zu Onkel Leppold geschickt, der in Port Jervis im Bundesstaat New York einen kleinen Bauernhof betrieb. Als sie nach einiger Zeit zurückkehrten, rannte Ben in die dunkle Ecke am Ende der Kellerwohnung, um das Neugeborene – es war ein Mädchen – zu begrüßen. »Aber da war keine Spur von ihr. Meine Mutter erklärte sanft, das Baby sei im Himmel und werde nie zurückkehren. Ich weinte und erinnerte mich an die Gläser mit den flackernden Kerzen.« Die Kleine war an Lungenentzündung gestorben.

Es war der letzte Akt in der Ehe von Bens Eltern. Sie »passten einfach nicht zusammen« und ließen sich scheiden. Einen Vertrag, der die Eigentumsverhältnisse regelte, brauchte es nicht, »weil kein Eigentum vorhanden war«. Sie einigten sich einvernehmlich darauf, dass die beiden Kinder in die Obhut der Mutter übergingen. Alle zogen aus dem Kellerloch aus. Das Trio musste eine neue Bleibe suchen und sich gleichzeitig irgendwie über Wasser halten. »Öffentliche Gelder zur Unterstützung bedürftiger Kinder gab es nicht, das System der sozialen Sicherheit war noch nicht erfunden worden. In schwierigen Zeiten galt der Leitspruch: ›Hilf dir selbst, so hilft dir Gott.‹« Glücklicherweise hatte die Mutter eine ältere Schwester, die mit ihrem Mann ein Haus in Brooklyn besaß. Tante Fanny und

Onkel Sam Isaac nahmen Ben und Pepi vorübergehend bei sich auf. Ein halbes Jahr nach der Scheidung heiratete Vater eine »hübsche transsilvanische Frau« mit Namen Rose Fried, die er via Zeitungsinserat kennengelernt hatte. Wenige Wochen darauf vermählte sich auch Mutter wieder. Der Neue hieß Dave Schwartz, stammte aus Budapest und war einst ihr Lieblingsgast in der Kellerunterkunft gewesen.

In Brooklyn begann auch Bens glänzende Schulkarriere – obwohl es am Anfang gar nicht danach aussah. Sein Vater hatte ihn schon mit sechs in Manhattan in eine öffentliche Schule schicken wollen, doch der Rektor lehnte ihn ab, weil er ungewöhnlich klein gewachsen war und fast nur Jiddisch sprach. Als er nun bei Tante Fanny in Brooklyn in die erste Klasse aufgenommen wurde, hatte er immer noch Schwierigkeiten mit der englischen Sprache. Das Lesen fiel ihm schwer; dafür half ihm sein außerordentliches Gedächtnis: »Hatte ich einmal eine Geschichte gehört, konnte ich sie wörtlich wiederholen. Der Lehrer erwischte mich eines Tages dabei, wie ich korrekt von der falschen Seite ›las‹.«

Nachdem Ben und Pepi etwa ein Jahr bei Tante Fanny und Onkel Sam verbracht hatten, konnte sich die Mutter gemeinsam mit Dave Schwartz endlich eine kleine Mietwohnung in der Bronx leisten. Die Kinder kehrten zu ihr zurück. Den Vater und seine wachsende neue Familie – Rose gebar bald zwei Söhne – besuchten sie in unregelmäßigen Abständen. Doch kaum war die private kleine Welt wieder einigermaßen in Ordnung, geriet die große draußen in schwere Turbulenzen. Am 24. Oktober 1929 brach unter den Anlegern an der New Yorker Börse Panik aus. Es begann die Große Depression, die erst 1932 ihren Tiefpunkt erreichte. Millionen Amerikaner verloren ihre Arbeit. Von den Vereinigten Staaten griff die Finanz- und Wirtschaftskrise auf Europa und die ganze Welt über. In Deutschland überließen die ratlosen, den Parlamentarismus verachtenden Eliten um Reichspräsident Paul von Hindenburg dem sendungsbewussten Emporkömmling Adolf Hitler das

Feld. Nachdem er am 30. Januar 1933 zum Reichskanzler ernannt worden war, versetzte der zu allem entschlossene Naziführer der jungen Demokratie den Todesstoß.

Bens Familie bekam die Krise mit voller Wucht zu spüren. Die Mutter suchte vergebens nach einer Stelle als Schneiderin oder Hutmacherin, Dave nach einem Job als Werkzeugmacher, Wachmann oder was auch immer der ausgetrocknete Arbeitsmarkt hergab. Der Vater bot seine Dienste als Flachmaler an; aber wer konnte unter diesen Umständen schon sein Haus renovieren oder gar eines bauen? Um nicht zu hungern, waren viele Amerikaner auf die Fürsorge der Regierung angewiesen, deren Mittel allerdings beschränkt waren. Ben wurde losgeschickt, um rationierte Mengen an Brot, Butter oder Käse zu holen – eine Aufgabe, die er hasste. Einmal wurde ihm ein grüner Wollpullover abgegeben. Doch er benutzte ihn lieber nicht. »Ich schämte mich, ihn zu tragen, weil alle anderen Kinder dasselbe Stück anhatten und die Quelle erkennen konnten.« Da sie die monatliche Miete nicht mehr bezahlen konnten, zogen sie ständig um – ein verbreitetes Phänomen während der Großen Depression. Manche Vermieter boten deshalb weitreichende Konzessionen: Die ersten paar Monatsraten entfielen. Statt zu bleiben, zogen viele dann aber einfach wieder weiter; so auch Ben mit seinen Verwandten.

Die unstete Lebensweise führte dazu, dass er in kurzer Zeit verschiedene öffentliche Schulen in der Bronx besuchte. Er blieb nie lange genug, um richtige Freunde zu gewinnen. Seine geringe Körpergröße erschwerte seine Teilnahme an populären Sportarten wie Basket-, Foot- oder Baseball. Seine Mutter fand sowieso, solche »gewalttätigen Spiele« gehörten sich nicht für einen anständigen Judenjungen. Dafür entdeckte Ben seine Leidenschaft für das Lesen. Er besaß eine Mitgliederkarte für öffentliche Bibliotheken, die er ausgiebig benutzte. In ihm war etwas erwacht, was es in seiner Umgebung bisher nicht gegeben hatte: eine ausgeprägte Intellektualität. Das merkten auch seine Lehrer. Obwohl die häufigen Schulwechsel sicher keine idealen Lernvoraussetzungen boten, blieben ihnen seine geistigen Fähigkeiten nicht verborgen. Sie beschleunigten seine Schulkarriere, indem sie ihm erlaubten, einige Klassen zu überspringen.

Ein amerikanischer Traum

Wenn das Versprechen des American Dream in unbeschränkter sozialer Mobilität besteht, dann lebte Ben diesen Traum spätestens, seitdem er das achte Schuljahr an der Public School 80 in der Bronx absolvierte. Damals geschah etwas, das »den Lauf meines Lebens veränderte«. Seine Lehrerin war eine freundliche irische Dame, Mrs. Connelly. »Sie kümmerte sich um alle ihre Schüler, als ob es ihre eigenen Kinder gewesen wären.« Eines Tages bat sie Ben, seine Eltern mitzubringen – sie sollten den Schulvorsteher treffen. »Ich fürchtete das Schlimmste.« Er erklärte der Lehrerin, dass sein Vater nicht mehr verfügbar sei; die Mutter werde allein kommen müssen. »Zur vereinbarten Stunde war mein wirres Haar gekämmt, waren meine schmutzigen Schuhe poliert, und Hand in Hand erschienen meine Mutter und ich zum Treffen mit dem Rektor und der Lehrerin meiner Abschlussklasse. Sie sagten, langsam und vorsichtig, dass sie über meine Zukunft reden wollten. Es klang unheilvoll.« Er sei ein »ungewöhnliches Kind«, sagten sie – und beide, Ben wie seine Mutter, erwarteten eine Lektion, wie der ungezogene Bengel zu disziplinieren sei. Doch es kam ganz anders. Mrs. Connelly und ihr Chef eröffneten ihnen, dass sie Ben in eine spezielle Schule für »begabte Jungen« schicken wollten.

Gemeint war eine einzigartige Erziehungsinstitution: Die Townsend Harris High School im Stadtteil Queens garantierte – einen erfolgreichen Abschluss vorausgesetzt – einen beschleunigten direkten Zugang zum College of the City of New York. Sie gehörte zu den renommiertesten Highschools in ganz Amerika. Ihr Besuch war – entscheidend für die prekären finanziellen Verhältnisse, in denen Ben aufwuchs – kostenfrei. Das Angebot kam völlig unerwartet. »Niemand in der Familie meiner Eltern hatte je studiert. Alle, die wir kannten, fingen an zu arbeiten, sobald sie einen Job gefunden hatten.« Die Mutter wirkte überfordert. »Sie drückte ihre Dankbarkeit aus und sagte, sie müsse den Entscheid, welche Schule ihr Sohn besuchen solle, den Lehrern überlassen.« Auch Ben war überrascht: »Wie und warum ich ausgewählt wurde, wusste ich nicht.« Die Verantwortlichen ließen jedoch keinen Zweifel daran, dass dies der richtige Weg für ihn sei. Seine Mutter nickte, und Ben strahlte. Nicht seine Herkunft, seine Fähigkeiten entschieden über seine Zukunft. »So etwas ist nur in Amerika möglich! Seither bin ich immer ein dankbarer Patriot gewesen.«

Da die »Townsend Harris High« in der 23. Straße in Manhattan lag und der tägliche Schulweg zu weit gewesen wäre, wurde ein erneuter Umzug nötig. Die findige Mutter entdeckte ein elegantes Stadthaus in der Nähe in einer guten Nachbarschaft, das sich die Familie eigentlich nicht leisten konnte. Es bestand aus zehn möblierten Zimmern. Sie bewohnten das Erdgeschoss – und vermieteten die übrigen Räume mit Gewinn weiter.

Französisch mit Danielle Darrieux

Bens neuer Schulort war nun nur eine kurze Busfahrt entfernt, die Lexington Avenue hinunter. Das Erste, was er dort lernte, war, dass er lernen musste – besonders in Mathematik und Französisch. Vorher war dies nie erforderlich gewesen. Einen Schub beim Erlernen der fremden Sprache gaben ihm Kinobesuche von Filmen mit der französischen Schauspielerin Danielle Darrieux, »einem Ingrid-Bergman-Typ«. Der vierzehnjährige Junge »verliebte« sich in sie. »Während ich ihrer wohltönenden französischen Stimme lauschte, hing ich mit einem Auge an ihren Lippen und verfolgte mit dem anderen die englischen Untertitel.« Auf diese »leicht schielende« Weise machte er rasche Fortschritte. Später konnte er seine Kenntnisse als Übersetzer in der US-Armee brauchen. Und als der Krieg vorüber war, dolmetschte er in den USA für René Cassin, den französischen Diplomaten und Juristen, der als einer der Hauptautoren der »Allgemeinen Erklärung der Menschenrechte« von 1948 gilt. 1965 wurde Cassin Präsident des Europäischen Gerichtshofes für Menschenrechte. 1968 erhielt er den Friedensnobelpreis.

Trotz seiner hervorragenden Leistungen wäre Ben nach kurzer Zeit beinahe von der Schule geflogen. Um sein Mittagessen bezahlen zu können, verdiente er sich sein Geld mit Glückslosen, die er an seine Kameraden verkaufte. Dabei sorgte er dafür, dass seine Einkünfte die totale Gewinnsumme um mindestens fünfzehn Cents überstiegen. Damit konnte er sich einen Hamburger und Kartoffelbrei kaufen. Das Geschäft lief so gut, dass er – der ehemalige Verkäufer alter Zeitungen – ganz vergaß, welche Konsequenzen unsaubere Deals haben konnten. Der Schulvorsteher, Dr. Robert Chastney, bekam Wind von der Sache und bestellte Ben in sein Büro. Am nächsten Morgen in der Früh erwarte er hier seinen Vater. »Noch ein Wort, und du fliegst raus!« Ben wagte nicht zu erwähnen, dass er seinen Vater mehr als ein Jahr lang nicht gesehen hatte. Er rief ihn an und bat ihn dringend, herzukommen. Das sei er seinem Erstgeborenen schuldig. Am folgenden Tag setzte Dr. Chastney seine Tirade in Anwesenheit des verdutzten Vaters fort. »Auf meinen Rat hin hörte er ruhig zu und nickte einfach, obwohl er nicht recht verstand, was die ganze Aufregung sollte.« Er führe keine Schule für Hasardeure und Gauner, donnerte der Dean. Glücksspiele seien illegal. Väter sollten ihre Söhne dazu erziehen, den Gesetzen zu gehorchen. Er entließ die beiden mit der Warnung, dies sei Bens letzte Chance. In den *Benny Stories* heißt es dazu: »In Zeiten der Not mag man Dinge tun, für die man sich später schämt. Das war mir mit vierzehn nicht so klar, gleichwohl zog ich den Schluss, dass es klüger sein würde, das Spielgeschäft sein zu lassen und mein Vermögen durch gesetzmäßigere Aktivitäten zu erwerben.«

Es war nicht der letzte Zusammenstoß mit dem strengen Schulvorsteher. Kurz bevor die drei Highschooljahre vorüber waren, zitierte Dr. Chastney Ben erneut in sein Büro. Er hatte erfahren, dass er die Turnlektionen über Mittag schwänzte. Vergeblich erklärte Ben, dies sei die einzige Stunde, wo er seinen Lunch einnehmen könne. Er trainiere dafür oft zu anderen Zeiten. Chastney drohte mit einem Ultimatum: Entweder Ben besuche ab sofort wieder die ordentlichen Turnlektionen, oder er erhalte kein Diplom! Ben schaltete auf stur (»Ich liebe weder Ultimaten noch Bürokraten«), fand aber trotzdem einen Ausweg aus der misslichen Lage. Am nächsten Tag ging er zum Leiter des City College, der für Zulassungsfragen zuständig war: Ob er nicht aufgenommen werden könne, ohne die Gymnastikstunden absolviert zu haben? »Wir würden uns freuen, dich bei uns zu haben«, antwortete der Professor, »ein heiterer Ire«, der den Bittsteller offenbar für einen Landsmann hielt. Chastney wurde »rot vor Wut«, als Ben ihm davon berichtete. »Du wirst kein Diplom von unserer Schule erhalten!«, schrie er. Doch der freundliche Ire hielt sein Wort. So kam es, dass Ben 1937 ans College wechselte, ohne einen formellen Highschoolabschluss in der Tasche zu haben.

Erste kriminalistische Erfolge

Das College of the City of New York war die nächste herausragende Bildungsinstitution, die er besuchte. Auch dieses verlangte von seinen ausschließlich männlichen Studenten keine Studiengebühren. Zugelassen wurden nur akademisch vielversprechende Talente. Viele stammten aus Einwandererfamilien. »Sie waren *rough and tough*. Für sie war das College eine

Chance, den amerikanischen Traum zu leben; nicht ein Ort für Spaß und Spiele.« Manche Professoren – etwa der Philosoph und Jurist Morris Raphael Cohen – zählten zu den bekanntesten Gelehrten ihrer Zeit. Er habe »gängige Meinungen mit einem jiddischen Akzent herausgefordert«, erinnert sich Ben an den außergewöhnlichen Lehrer. Durch sein Engagement trug Cohen – der selbst einst mit zwölf aus Weißrussland in die USA gezogen war – maßgeblich dazu bei, dass das City College seinen Ruf als »Harvard für Arme« festigte. Zugleich galt es als Brutstätte für radikale Linke. Einer der angebotenen Kurse, den Ben besuchte, war »Dialektischer Materialismus«. Er befasste sich mit den Debatten zwischen Bolschewiken und Menschewiken, mit Bucharin, Sinowjew und anderen Protagonisten der Russischen Revolution. Ben konnte damit wenig anfangen: »Ich gab den Kurs auf. Revolutionen und Revolutionäre waren nicht mein Ding.« Das hinderte ihn nicht daran, mit kritischem Interesse dem Schlagabtausch beizuwohnen, den sich »Junge Kommunisten« mit »Jungen Sozialisten« in einem Alkoven des City College lieferten, der als »Kreml« bekannt war. Er spitzte seine Ohren ganz besonders, als die Hitzköpfe darüber stritten, wie der Friede in der Welt zu erhalten sei. Die wachsenden Spannungen in Europa waren den amerikanischen Studenten nicht verborgen geblieben. Das Deutsche Reich rüstete massiv auf und vergrößerte sein Territorium mit Einschüchterung und Gewalt. Nach dem »Anschluss« Österreichs im März 1938 beschwor Hitler die Sudetenkrise herauf – mit dem heimlichen Ziel, sich die ganze Tschechoslowakei einzuverleiben. Das Münchner Abkommen vom September 1938 sollte den deutschen Machthunger stillen, indem das Sudetenland ans Reich überging. Der britische Premierminister Neville Chamberlain verkündete danach, es bringe »Frieden für unsere Zeit«. Er täuschte sich epochal. Die Beschwichtigungspolitik gegenüber Hitler verfehlte ihre Wirkung; er griff nach der »Rest-Tschechei« und errichtete das Reichsprotektorat Böhmen und Mähren. Es war der Anfang vom Ende eines freien Europas. Mit dem Überfall auf Polen am 1. September 1939 ging die nationalsozialistische Expansionspolitik in offenen Krieg über.

In der Auseinandersetzung der radikalen Studenten geriet Ben zwischen die Fronten. »Da der Friede ein Thema war, das mich ansprach, beteiligte ich mich an den Debatten. Soweit ich feststellen konnte, bestand das Hauptziel der Kommunisten darin, die Sozialisten umzubringen – und umgekehrt. Was immer ich sagte, beide Seiten nannten mich einen ›Trotzkisten‹. Ich wusste nicht, dass Leo Trotzki ein führender Konterrevolutionär war, dessen Karriere abrupt endete, als er im Exil in Mexiko von einem Agenten Stalins mit einem Eispickel getötet wurde.« Dennoch nahm Ben an einem Demonstrationszug seiner Kommilitonen für den Weltfrieden teil, der auf das Gelände der Columbia University führte. »Wir hofften auf die Unterstützung anderer Intellektueller. Doch als wir dort ankamen, warfen die Columbia-Studenten Kreidestücke und Tafelschwämme aus den Fenstern hinunter.« Ben machte sich so seine Gedanken. »Ich bemerkte, dass es voneinander abweichende Ansichten gibt, wie die Welt zu regieren ist, und dass es undankbar, ja, gefährlich sein kann, für den Erhalt des Friedens einzutreten.«

In diesen Abschnitt der Adoleszenz fallen zwei Ereignisse, die Bens weiteres Leben prägen sollten – beruflich wie privat. Erstens fing er an, Gertrude zu daten, seine spätere Frau. Getroffen hatte er sie schon zuvor einmal, da war sie noch ganz neu in der Stadt gewesen. »Du bist ein Greenhorn«, sagte Ben zu ihr, worauf sie mit einem »Was für ein alberner Junge!« erhobenen Hauptes davonzog. Nun kamen sie sich näher, begünstigt durch die etwas komplizierten Patchwork-Familienbande. Einmal besuchte Gertrude, genannt »Gertie«, ihre Tante, die zugleich Bens Stiefmutter war. Gemeinsam nahmen sie das Abendessen ein, als auch noch seine leibliche Mutter dazustieß. Sie war aufgebracht, weil Ben die Wohnungstür abgeschlossen und den Schlüssel mitgenommen hatte, sodass sie nicht hineinkonnte. Es folgte ein Disput, in dessen Verlauf er seiner Mutter wortreich, aber respektvoll erklärte, was er sich dabei gedacht hatte. »Gertie war augenscheinlich gerührt von meinem sanften und überzeugenden Plädoyer. So mochte ich dabei meinen wichtigsten Fall gewonnen haben.« Sie waren beide fast gleich alt, stammten ursprünglich aus derselben Gegend aus Osteuropa und teilten viele gemeinsame Interessen. Ben beeindruckten ihre Sprachkenntnisse, ihr Wissen und ihr Fleiß. Tagsüber arbeitete sie als Näherin in einer Kleiderfabrik, und danach ging sie in die Abendschule. Sie wollte Sozialarbeiterin werden – ein Ziel, das sie schon bald erreichte. Sie nahm eine Stelle in einem Spital in der Bronx an. In ihrer spärlichen Freizeit besuchten Ben und Gertrude Vorlesungen am Cooper Union College (»Sie waren erhellend und gratis«) oder gingen zusammen in den Bronx-Zoo, »wo wir umsonst die Affen anschauten«. Manchmal konnte er sie sogar auf ein Eis in der Tremont Avenue einladen.

Die zweite wichtige Weichenstellung, die er damals traf, gab die Richtung vor, in die sich seine Berufskarriere entwickeln sollte. »Aus Gründen, die ich nie erforscht habe, wusste ich immer schon, dass ich Anwalt werden wollte.« Dabei spielten die Erfahrungen eine Rolle, die er in Hell's Kitchen gemacht hatte. »Ich hielt nach einer Laufbahn Ausschau, die mich befähigen würde, Jugendliche vor Straffälligkeit zu bewahren. So wählte ich Soziologie als mein Hauptfach.« Am City College belegte Ben auch erste Kurse in Kriminologie. Das Gelernte konnte er in den Semesterferien in einem Heim für jugendliche Delinquenten in Dobbs Ferry am Hudson River anwenden. Es beherbergte »Ausreißer, Schulverweigerer, Diebe und sogar Mörder. Eine ihrer Lieblingsbeschäftigungen bestand darin, Zuckerwürfel in die Benzintanks der Autos von Gästen zu werfen«. Ben war nur wenige Jahre älter als manche der ihm anvertrauten Zöglinge. Einmal brachte er einen Sack mit Süßigkeiten mit. Noch bevor er sie verteilen konnte, wurden sie aus seinem Zimmer gestohlen. Da seine Aufforderungen, der Täter solle sich stellen, ungehört blieben, stellte er ihm eine Falle. »Das nächste Mal besorgte ich stark riechende Pfefferminzbonbons. Der Köder wurde sofort geschluckt.« Ben ließ ein halbes Dutzend Verdächtige antraben und in einer Reihe aufstellen. Jeder musste kräftig ausatmen. Die Identität des Diebs stand – für alle riechbar – sogleich fest. Ben überließ es den Zimmerkameraden, den Schuldigen zu bestrafen. »Er mochte für eine Weile Mühe mit dem Sitzen gehabt haben, aber das Vergehen kam nie mehr vor. Erfahrung ist oft der beste Lehrer. Ich merkte mir, dass Frieden und Gerechtigkeit Hand in Hand gehen.«

Die Ausbildung am City College beinhaltete ein Praktikum im New Yorker Justizsystem. Dabei bestand seine Aufgabe darin, die Gutachten von Psychologen oder Psychiatern zu kompilieren. So erhielt er Einblicke in die Hintergründe spektakulärer Kriminalfälle. »Ich war überrascht und schockiert, als ich entdeckte, dass sehr respektable Bürger zu den grausamsten Verbrechen fähig waren.« Dieselbe Erfahrung sollte er später in Nürnberg machen. Die SS-Offiziere, die er vor dem amerikanischen Militärtribunal anklagte, stammten aus gutem Haus und übten angesehene bürgerliche Berufe aus. Viele waren akademisch gebildet.

Wenn er nicht gerade lernte oder mit Gertie Hand in Hand durch die Parks von New York schlenderte, trainierte Ben regelmäßig seinen drahtigen Körper. Mit seinen 115 Pfund versuchte er sich als Boxer in der Bantamgewichtsklasse. Die ihm an Körperlänge überlegenen Gegner hatten eine deutlich größere Reichweite als er. Sein Coach riet ihm deshalb, abzunehmen, damit er im Fliegengewicht an den Start gehen könne. Er erzählte dies zu Hause und stieß auf heftigen Widerstand. »Keine jüdische Mutter könnte je davon überzeugt werden, dass ihr Kind Gewicht verlieren müsse. Sollte ich nicht gehorchen, drohte mir Mom mit einigen Boxlektionen, die ich nie vergessen würde. Dieses Risiko wollte ich nicht eingehen. Meine Boxkarriere war beendet.«

Eine Freizeitbeschäftigung, die erst noch etwas Geld einbrachte, war die Tätigkeit als Ghostwriter für Studenten anderer Hochschulen. Ein älterer Kommilitone am City College hatte ein florierendes Unternehmen aufgezogen, das Semesterarbeiten und sogar Dissertationen über alle möglichen Themen anbot. Ben fungierte als Subunternehmer. »Ich nahm jeden Auftrag in den sozialwissenschaftlichen Disziplinen an.« Er holte dabei jeweils einen Stapel Bücher aus der Bibliothek, breitete sie auf dem Boden seines Schlafzimmers aus und verfasste – meist übers Wochenende – die gewünschten Arbeiten, für eine Summe von 100 Dollar. Der Nutzen, den er selbst daraus zog, war beträchtlich: »Ich konnte so nicht nur meinen Lebensunterhalt verdienen, sondern entwickelte auch eine besondere Fähigkeit, schnell zu lesen und zu schreiben – und ich lernte mehr, als ich je in der Schule aufgenommen hatte.«

Im Jahr 1940, im Alter von zwanzig, verließ Ben das City College mit einem Bachelor in Sozialwissenschaften. Seine Noten waren exzellent; in allen Fächern, die ihn interessierten, gehörte er zu den Klassenbesten. »Was nun? Ich kannte keinen Anwalt und hatte keine Ahnung von den juristischen Fakultäten. Meine Eltern waren nicht in der Lage, mir zu helfen. Ich fühlte, dass ich – wollte ich mein ärmliches Milieu verlassen und entsprechend qualifiziert sein, um meine Ziele zu erreichen – versuchen musste, der beste Student an der besten juristischen Hochschule der Welt zu werden.« Das war die Harvard Law School. Dorthin schickte Ben seine Bewerbung. Zu seiner Überraschung klappte es auf Anhieb. »Ich habe nie herausgefunden, warum mich die elitäre Institution akzeptierte, wurde aber in die Klasse von 1941 aufgenommen.«

Professor Glueck bringt Ben in die Spur

Er bezog auf dem Harvard-Campus bei Boston eine kleine Studentenbude und fieberte dem ersten Tag seines Rechtsstudiums entgegen. Doch der Beginn war frostig. Der Fakultätsvorsteher begrüßte die versammelten Neulinge mit einer schneidenden Erklärung: »Schaut nach rechts, dann nach links. Am Ende dieses Semesters wird einer von euch dreien nicht mehr da sein.« Das untere Drittel würde automatisch ausgesiebt werden. Ben drehte den Kopf nach beiden Seiten und musterte verstohlen seine Sitznachbarn. »Wir waren alle steif gefroren.«

In ähnlichem Stil ging es weiter. »Das Erste, was ich in Harvard lernte, war die Furcht.« Mit besonders sadistischen Methoden tat sich Professor Edward Warren hervor, der Eigentumsrecht lehrte. Die Studenten nannten ihn »Bull Warren« (»Stier-Warren«). Einmal rief er einen Klassenkameraden von Ben nach vorn, drückte ihm ein Zehncentstück in die Hand und befahl ihm, seine Eltern anzurufen. Er solle ihnen mitteilen, dass sie nur ihr Geld verschwendeten, denn er würde niemals Anwalt werden. »Die anderen Kommilitonen heulten auf vor Lachen und einiger Besorgnis. Ich sah diesen Studenten nie wieder.« Auch wenn Ben die besten Zensuren vom »Bullen« bekam, taten ihm die Kameraden leid, die unter seinem Zorn litten. Aber auch er bekam seine cholerische Ader einmal zu spüren. Eines Morgens erschien er gerade rechtzeitig zur Eigentumsklasse, um festzustellen, dass die Lektion ausnahmsweise in einem anderen Gebäude stattfand. Er eilte zum neuen Veranstaltungsort und öffnete vorsichtig die Tür. Warren hatte die Lektion schon begonnen. Als er Ben erblickte, stoppte er seinen Vortrag. »Du dort! Raus! Raus! Raus mit dir!«, schrie er. Ben rannte davon, »als ob der Teufel mich jagte«. Warren erwähnte den Vorfall nicht mehr. Als er aber am Ende des Semesters, wie üblich, die ungenügenden Noten derjenigen verlas, die er demütigen wollte, führte der Name »Benjamin Ferencz« die Liste an. Nach der Stunde ging Ben zu ihm. Es müsse ein Missverständnis vorliegen. »Ich erwähnte, dass er oft ausgerufen habe, ich erhielte ein ›A‹, und jetzt verlese er lauter ›D‹.« Er sei damals zu spät gekommen, erklärte Warren. »Ich habe alle deine ›A‹ gestrichen, um dir eine Lektion zu erteilen.«

Der Abgestrafte bekam es in Harvard aber auch mit großartigen Professoren zu tun, die ihn mit ihrem Wissen, ihrem Intellekt und Charakter inspirierten. »Lon Fuller schärfte meinen juristischen Geist und verpasste ihm den Feinschliff.« Das Leibthema des Rechtsphilosophen war das Verhältnis von Recht und Moral. Seine Überlegungen prägten das Werk seines berühmtesten Schülers Ronald Dworkin. Ben profitierte von Fullers durchdringendem analytischen Verstand: »Fuller konnte jedes juristische Problem so zerlegen, dass die Kerngedanken vernünftige Menschen zu unterschiedlichen Schlussfolgerungen führten.« Dies habe positive Auswirkungen auf das Zusammenleben gehabt: »Den Standpunkt des Mitmenschen zu verstehen, egal, wie sehr du auch von ihm abweichst, ist eine unschätzbare Fähigkeit, die manchmal hilft, das Leben erträglich zu machen.« Diese Eigenschaft, die für eine funktionierende Demokratie unverzichtbar sei, kultivierte Ben sein Leben lang. »Ich habe immer versucht, die Argumente des Gegners nachzuvollziehen und ihre Rationalität zu ergründen. Das heißt nicht, dass ich sie billigen muss.« Auch von Professor Zechariah Chafee, der Ethik lehrte, erhielt Ben wichtige Impulse: »Er förderte die Menschenrechte, lange bevor sie als Studienfach auf dem Programm standen. Von ihm lernte ich Toleranz und dass man alle Menschen gerecht behandeln muss.«

Als »gelehrtesten« aller seiner Professoren hat er Roscoe Pound in Erinnerung, der als Botaniker begonnen hatte und sich einen Namen als einflussreicher Rechtsgelehrter machte. Die *Encyclopædia Britannica* zählt Pounds fünfbändige *Jurisprudence* (1959) zu den »umfassendsten juristischen Werken des 20. Jahrhunderts«. Seine Theorie einer »soziologischen Rechtsprechung« forderte, dass überkommene Rechtstraditionen angepasst werden müssten, um die sozialen Bedingungen der Gegenwart zu reflektieren. Sie wurde herangezogen, um die Gesetze von Franklin D. Roosevelts »New Deal« in den 1930er-Jahren zu rechtfertigen. Die groß angelegten ökonomischen und sozialen Reformen waren die Antwort des Präsidenten auf die Weltwirtschaftskrise. Von Pound schwärmt Ben: »Seine Fähigkeit, sämtliches Wissen in juristische Systeme einzuordnen, und sein ungeheures Gedächtnis waren phänomenal.« Als er seine Vorlesungen besuchte, war der von ihm verehrte Professor bereits ein alter Mann. Er konnte kaum mehr sehen. »Wenn er aus seinen Notizen las, war er ein Langweiler. Als Rechtsgelehrter war er unvergleichlich und anregend.« Fuller, Chafee und Pound erteilten Ben sämtlich die Bestnote. »Ich war ihnen dankbar als große Lehrer. Sie gaben mir auch das Selbstvertrauen, daran zu glauben, dass ich den Besten der Besten ebenbürtig sein konnte, wenn ich mich darauf konzentrierte.« Er wusste, dass das Harvard-Studium »meine große Chance war, etwas aus mir zu machen«. Zugleich empfand er es als »Plackerei«. Seine Mittel reichten kaum aus, um regelmäßig zu essen. Das Commander Hotel unweit der Law School bot sonntags ein Brunchbüfett à discretion – ein All-you-can-eat-Angebot – für fünfzig Cents an, da griff er jeweils zu. Um seinen Hunger an den übrigen Tagen zu stillen, arbeitete er als Hilfskellner in der Cafeteria der Divinity School, dem Fachbereich für Theologie an der Harvard University. Dafür, dass er nach den Mahlzeiten die Tische reinigte, durfte er sich nach Belieben an den Speiseresten bedienen. »Ich war so dankbar, dass ich – Jahre später – einiges Geld für die Mahlzeiten schickte, die ich als armer Rechtsstudent konsumiert hatte.« Seither setzten ihn die Theologen auf den Verteiler ihrer religions- und konfessionsübergreifenden Bulletins. Er liest sie bis heute: »Nahrung für den Geist ist manchmal noch wichtiger als jene für den Magen.«

Mit seiner spartanischen Lebensweise blieb er ein Außenseiter unter den Harvard-Studenten. Viele stammten aus altehrwürdigen und begüterten Familien. »Sie hatten Namen, die mit einer Initiale begannen und mit einer römischen Ziffer endeten, trugen Socken mit Schottenmuster in braunen Schlüpfschuhen und gehörten Bruderschaften an, wo sie Cocktails tranken. An Sonntagen fuhren sie auf dem Charles River Stechkahn.« Von seinem Dachfenster beobachtete Ben, dass einige seiner Klassenkameraden schicke rote Cabriolets steuerten. Wenn er selbst auf Urlaub nach Hause fuhr, trampte er. Die sozialen Unterschiede nagten nicht an ihm. »Ich war nie neidisch. Der Schlüssel zum Glück bestand darin, mir meiner Alternativen gewärtig zu sein.« Die Möglichkeiten des Studiums, die sich ihm in Harvard als einer der weltbesten Universitäten boten, schöpfte er voll aus. »Meine Vorstellung des Paradieses war, in den Magazinen der Bibliothek der Harvard Law School vergessen zu werden.« In den Büchern von Richtern und Rechtswissenschaftlern wie Benjamin N. Cardozo, Billings Learned Hand oder Oliver Wendell Holmes Jr. entdeckte er für sich eine »neue Welt«. Als er später nach seiner Rückkehr aus Deutschland in New York seine erste Kanzlei eröffnete, hängte er Porträts dieser »inspirierenden juristischen Giganten« an die Wand über dem Schreibtisch. Und als ein Besucher einmal bemerkte, die drei Größen schauten auf ihn nieder, antwortete er: »Nein, ich schaue zu ihnen auf.«

Seinen Unterhalt konnte er etwas aufbessern, als er in das Board of Student Advisers gewählt wurde. In dieser Funktion führte er jüngere Studenten in das wissenschaftliche Forschen und Schreiben ein. Bald darauf entdeckte er ein Bundesprogramm, das kleine Stipendien an Assistenten vergab. Prompt bot er seine Dienste Professor Pound an. »Ich hatte ihn oft in der Bibliothek gesehen, während er sich, ein Cap mit grünem Mützenschirm auf dem Kopf, über einen alten Text beugte. Ich schlug ihm vor, dass ich Bücher für ihn finden und lesen oder alles andere tun könnte, das nützlich wäre.« Der große Gelehrte lehnte höflich ab. »Er erklärte, dass Wissen nicht secondhand durch den Kopf von jemand anderem übermittelt werden könne.« Ben trat darauf an Professor Sheldon Glueck heran, der Kriminologie unterrichtete. Seine zusammen mit seiner Frau Eleanor verfassten Studien über Jugenddelinquenz verhalfen ihm zu internationalem Ansehen. Ben glaubte an seine Chance, denn das war ja auch sein Thema. Nun betonte er gegenüber Glueck, dass seine Assistenz den Professor nichts kosten würde, da der Bund dafür aufkäme. Er erhielt den Job.

Es war ein wegweisender Entscheid: Als Kriminologe interessierte sich der Professor nämlich nicht nur für straffällige Jugendliche, sondern auch für die Kriegsverbrechen des Naziregimes. Er arbeitete gerade an einer Untersuchung, die 1944, also noch vor Kriegsende, unter dem Titel *War Criminals. Their Prosecution and Punishment* erschien. Bens erste Aufgabe bestand darin, jedes Buch in der Harvard-Bibliothek zusammenzufassen, das sich mit Kriegsverbrechen befasste. Auf Basis dieser Recherchen sollte Glueck schon 1946 ein weiteres Werk zu diesem Problem vorlegen: *The Nuremberg Trial and Aggressive War*. Als Ben seine Assistenzstelle antrat, konnte er nicht ahnen, dass hier auch seine eigene Zukunft verhandelt wurde.

Im Krieg

Pearl Harbor und die Folgen

Am Morgen des 7. Dezember 1941 erwachte Amerika in einem Schock. Ab acht Uhr Lokalzeit flogen die Kaiserlich Japanischen Marineluftstreitkräfte einen Überraschungsangriff auf den US-Flottenstützpunkt Pearl Harbor auf Hawaii. Die Folgen der Attacke, die für die Amerikaner wie aus dem Nichts kam, waren so verheerend wie weitreichend. Mehrere Schiffe und über 160 Flugzeuge wurden zerstört. Das Schlachtschiff »USS Arizona« sank vollständig, mit allen unter Deck befindlichen Soldaten. Rund 2400 Angehörige der US-Armee kamen bei dem Überfall ums Leben. Die Vereinigten Staaten hatten sich bis zu diesem Zeitpunkt in Sicherheit gewähnt, weit weg vom in Europa tobenden Krieg. Der britische Premierminister Winston Churchill hatte vergeblich um eine aktive militärische Unterstützung der USA im Kampf gegen Hitler-Deutschland geworben. Präsident Roosevelt zögerte. Mit dem »Leih- und Pachtgesetz« (»Lend-Lease Act«) vom 18. Februar 1941 konnte er sich immerhin zu einer indirekten Hilfe für die Alliierten durchringen. Vor allem Großbritannien und die Sowjetunion erhielten fortan kriegswichtiges Material. Mit dieser Halbstellung der USA – ein Bein drin, eines draußen – war es nun vorbei. Einen Tag nach dem Angriff auf Pearl Harbor erklärten sie Japan den Krieg. Kurz darauf sandten die Achsenmächte Deutschland und Italien, die Verbündeten der Japaner, eine Kriegserklärung nach Washington – aus den regionalen Konflikten war ein die Kontinente umspannender Weltkrieg geworden. Die Einbeziehung der USA veränderte nicht nur den Verlauf der Schlachten, sondern das Gesicht der Welt. Mit den Russen und den Amerikanern hatte das Deutsche Reich jetzt im Osten wie im Westen zwei mächtige Feinde, die nach dem Sieg der Alliierten zu globalen Supermächten aufsteigen und die Neuordnung Europas prägen sollten.

An diesem schicksalsträchtigen 7. Dezember 1941, einem Sonntag, saß Ben an seinem Pult in der kleinen Dachwohnung in Cambridge, Massachusetts, die er sich mit einem Kommilitonen der Harvard Law School teilte. Gebannt lauschten sie dem Radio, das vom Luftschlag auf Pearl Harbor berichtete. In einer spontanen Aktion versammelten sich Studenten der ganzen Universität in Harvard Yard, dem historischen Zentrum des Campus, um ihre Solidarität und Unterstützung für die Regierung auszudrücken. »Jeder, den ich traf, wollte zum Militär, um unser Land zu verteidigen.« So auch Ben. Er wusste nicht, dass dieser Entschluss seinem Leben dauerhaft eine andere Richtung geben sollte. Seine Karriere, die wohl auf eine Stellung als Anwalt in New York oder auf eine Gelehrtenlaufbahn abgezielt hätte, war von nun an aufs Engste mit Deutschland und dessen dramatischer Geschichte verbunden. »Pearl Harbor« war ein Meilenstein seiner Biografie, wie es im Großen den Weltlauf beeinflusste.

Ben schrieb dem Kriegsministerium in Washington, dass er sich wahrscheinlich am besten im Militärgeheimdienst einsetzen ließe. Da er fließend Französisch sprach – neben Ungarisch, Jiddisch, Deutsch und Spanisch –, malte er sich aus, dass er hinter den Linien in Frankreich abgesetzt werden könnte. Doch die Armeebürokratie ging nicht auf seine Vorstellungen ein. Um als Agent zu arbeiten, müsse man mindestens seit fünfzehn Jahren US-Bürger sein, kam die für ihn enttäuschende Antwort. Seine Papiere stammten von 1933. Auch seine weiteren Einteilungswünsche wurden abgewiesen. Bei den Fallschirmspringern hieß es, wegen seines geringen Gewichts würde er eher aufwärtsgewirbelt werden, als am Boden landen. Seine Körpergröße von etwas über ein Meter fünfzig verhinderte auch eine Karriere als Militärpilot: Er sei zu kurz, um die Pedale zu erreichen. Am Schluss kam er zum »115th A. A. A. Gun Battalion« – das »Triple-A« steht für »Anti-Aircraft Artillery«, also Flugabwehr oder Flak – der 3. US-Armee von General George S. Patton, als Schreibmaschinenkraft in einer Versorgungseinheit.

Bis es jedoch so weit war, kam eine lange Zeit des ungewissen Wartens. Ben hatte eben für sein herausragendes Examen in Strafrecht ein Stipendium gewonnen. Dekan James M. Landis bat das Aushebungsbüro deshalb mit Erfolg, dass der vielversprechende Student zunächst das Semester abschließen könne. Danach packte Ben seine Bücher und ging nach Hause. Er erwartete, jeden Moment einberufen zu werden. Doch nichts geschah. Seine Mutter drängte ihn, das Studium wieder aufzunehmen. »Wenn sie dich brauchen, werden sie dich rufen.« Also kehrte er nach den Semesterferien zurück nach Harvard. Bis er dann aber tatsächlich einrücken durfte, vergingen fast zwei Jahre. Genug Zeit, um sein Studium im Eiltempo abzuschließen. Dabei kreisten seine Gedanken immer auch um die Armee. »Ich war kein Militarist, aber ich brannte darauf, meinen Anteil zu übernehmen. Die Vorstellung, dass andere für mich ihr Leben riskierten, während ich zu Hause saß, war unerträglich.«

Im Frühjahr 1943 wurde er endlich eingezogen. Was er beim Training für den Ernstfall und dann an der Front im »European Theatre«, wie die Amerikaner den europäischen Kriegsschauplatz nannten, erlebte, ist detailliert dokumentiert. Abgesehen von den *Benny Stories* berichten ein zweibändiges Kriegstagebuch, Briefe an Gertrude und offizielle Dokumente darüber. »Dies ist eine gute Zeit, um mit dem Schreiben dieses Logbuchs meiner Armeekarriere zu beginnen«, heißt es im ersten Eintrag der in unregelmäßigen Abständen verfassten »Diaries« vom 8. September 1943. Der Hauptgrund für die

Aufzeichnungen liege darin, dass er einige Dinge erlebe, die Eindruck auf ihn machten – und in späteren Jahren würde es ihn sicher amüsieren, sie zu lesen. Die Vorbereitungszeit für den Fronteinsatz verbrachte das Bataillon auf verschiedenen Ausbildungsplätzen in den USA, so in Camp Davis (North Carolina), Fort Pickett (Virginia) und Fort Dix (New Jersey). Die anspruchslosen Aufgaben unterforderten Ben. Das Gefühl, seine Fähigkeiten nicht richtig einsetzen zu können, begleitete ihn ständig – bis er dann gegen Ende des Kriegs in der Verbrechensaufklärung eingesetzt wurde und so seine Bestimmung fand. Bei manchen Vorgesetzten diagnostizierte er einen »Minderwertigkeitskomplex« wegen seiner Harvard-Ausbildung. Wiederholt lehnten sie seine Anträge ab, sich versetzen zu lassen und die Offiziersschule zu absolvieren. Er blieb zuerst einfacher Soldat (»Private«); auf den Stufen »Korporal« und »Sergeant« endete seine Armeelaufbahn. So diente das Tagebuch auch dazu, seine Sorgen und Frustrationen loszuwerden. »Die Armee ist zu groß und zu beschäftigt, um die Soldaten als Menschen zu behandeln«, notierte er einmal.

Zur Stärkung der Truppenmoral wurden den GIs Filme aus der siebenteiligen Serie *Why We Fight* von Starregisseur Frank Capra gezeigt. Später waren sie auch im Kino zu sehen. Sie bestanden aus Zusammenschnitten von Dokumentaraufnahmen und folgten dem Thema »freie Welt vs. Sklavenwelt«, wie Ben festhielt. Viele Szenen, die das Leid und die Zerstörung in Europa zeigten, hätten ihm Tränen in die Augen getrieben. Der Vorführsaal sei voll von schwarzen Soldaten gewesen, und er habe sich gefragt, wie sie wohl darüber denken würden. »Es nimmt mich wunder, ob sie weiter für ihre Freiheit kämpfen werden, wenn der Krieg gewonnen ist.« Auch die »unbeschreiblichen Opfer«, die die Russen brachten, beeindruckten ihn. Falls die Welt für die Demokratie gerettet werde, ginge sein erster Dank an das »Volk von Russland«, schrieb er am 2. Dezember 1943, während sich sein Bataillon auf die Einschiffung vorbereitete.

Am frühen Morgen des 5. Dezember bestieg er in New York mit viertausend anderen tatendurstigen jungen Männern die »SS Strathnaver«, einen Ozeandampfer der britischen Reederei »Peninsular and Oriental Steam Navigation Company«, der seine Jungfernfahrt 1931 von England nach Australien unternommen hatte. Frauen vom Roten Kreuz verteilten Schokoladenriegel, Donuts, Kaffee und ein Lächeln »für die Boys«. »Wir liefen so schnell die kurze Landungsbrücke hoch, dass ich nicht einmal Zeit für Emotionen hatte«, beschreibt Ben den Abschied von seiner Heimatstadt. Er wurde mit seinen Kameraden ins G-Deck, das zweitunterste, gestoßen. Der Raum war mit Tischen gefüllt, das neue »Zuhause« für die nächsten knapp vierzehn Tage. Die Soldaten aßen, spielten und schliefen darauf. Im Gegensatz zu diesen einfachen Verhältnissen – »das Essen war furchtbar, und es gab nur zwei Mahlzeiten am Tag« – lebten die Offiziere in ihren Kabinen und Salons im oberen Teil des Decks »wie Könige«.

Unterwegs im Nordatlantik wurde der von Kriegsschiffen begleitete Konvoi von deutschen U-Booten angegriffen. Die Attacke konnte abgewehrt werden. Um die Deutschen zu täuschen, wählte der Kapitän dann einen südlichen Kurs, an Spanien vorbei auf die Britischen Inseln zu. Am 16. Dezember warf die »Strathnaver« ihre Anker in der Bucht von Liverpool. Am folgenden Tag gingen die Truppen von Bord. In »sonderbaren englischen Zügen« fuhren sie weiter nach Manchester, dem Ort des ersten Lagers. Das »115te« nahm Quartier in einer exzentrisch anmutenden Umgebung: im Zoo und Freizeitpark »Belle Vue« östlich des Stadtzentrums. Ben merkte schnell, dass die Sitten im kriegsgebeutelten Europa lockerer waren als in den USA. Es gebe in »Belle Vue« viele Mädchen, vor allem aus der Unterschicht, die »sehr leicht aufzugabeln« seien. Er fand es unerhört, »im Herzen eines Rotlichtbezirks« stationiert zu sein. Auf einem seiner Ausgänge habe ihn eine Frau während der abendlichen Verdunkelung auf offener Straße verführen wollen, vertraute er dem Tagebuch an. Man lebe hier »wie in einem Gratis-Hurenhaus«. Die »respektablen« Mädchen von Manchester wollten indes nichts mit »den Yanks« zu tun haben. »Guys« wie er steckten so in einem Dilemma: Die interessanten Mädchen wollten nicht; und die, die wollten, interessierten ihn nicht. Dabei war er sich bewusst, dass ein »angenehmes weibliches Wesen« bezüglich seiner moralischen Verfassung »Wunder wirken« würde – und noch mehr täten es häufigere Briefe von Gertrude, doch die Post sei gerade sehr langsam. Nach einigem Suchen wurde er doch noch fündig. Er lernte ein »intelligentes Mädchen« kennen, die auf dem Telegrafenamt arbeitete, darum nannte er sie das »Telegraph Girl«. Sie lud ihn sogar zu ihrer Familie nach Hause ein. Nachdem die Truppen in die Nähe von Blackpool verschoben wurden, traf er sie in dem bekannten Badeort noch einmal.

Der Auftrag des Bataillons lautete, sich auf die geplante Invasion in Frankreich vorzubereiten. Dabei wurden die Amerikaner auch von britischen Instruktoren angewiesen. Mehr als der Feind machte Ben in dieser Phase aber die eigene Armee zu schaffen. Er ärgerte sich über dumpfe Vorgesetzte und rassistische Vorurteile gegenüber den dunkelhäutigen Kameraden. Manche zogen über die »black bastards« her, die es wagten, sich auf der Tanzfläche zu zeigen und ein weißes Mädchen zu berühren. Er nahm den Kampf auf und schuf sich Gegner, indem er darauf hinwies, »dass der Schwarze in Europa sein Leben für die Demokratie riskiert«. So mochte der gemeinsame Einsatz für das Vaterland vielleicht dazu beitragen, die Rassenschranken irgendwann niederzureißen. Obwohl die Armeestrukturen strikt hierarchisch gegliedert sind – »der Rang hat seine Privilegien«, hieß es allenthalben –, war der Krieg doch immer auch ein großer Gleichmacher, der heftige Emanzipationsschübe brachte. Auch darüber sinnierte er in seinem Tagebuch.

Europa: »Vor dem großen Footballspiel«

Am 21. März 1944, ein Jahr nach seinem Eintritt in den Soldatenstand, bilanzierte Ben, er habe sich in dieser Zeit nicht sehr verändert, auch wenn er in Bezug auf seine Kameraden eine »kleine Desillusion« erlebt habe. Ein »Gefangener« der oft stupiden militärischen Abläufe zu sein, habe ihn in einen Zustand versetzt, in dem er Rückschläge mit einem Schulterzucken akzeptiere. Das könne vielleicht auch für das zivile Leben nützlich sein. »Ich bin immer noch ein Zivilist in Uniform und hoffe es zu bleiben.« Er sei dankbar, dass seine Truppen noch keine Verluste zu beklagen gehabt hätten. »Die Schrecken liegen vor uns.« Trotzdem wünschte er sich, dass der Einsatz bald beginnen möge – »damit der Tag schneller kommt, an dem ich heimkehren kann«.

Über mehrere Zwischenstationen verschob sich das Bataillon bis im Mai nach Stonehenge in Südwestengland. Am 17. April notierte Ben in Blandford Camp, Dorset: »Es liegt jetzt überall Spannung in der Luft. Am Vorabend der größten Show auf Erden bin ich begierig, dass es losgeht.« Die Moral sei sehr hoch, und die Stimmung fühle sich an »wie vor dem großen Footballspiel«. Obwohl eine unausweichliche Furcht vor dem zu Erwartenden herrsche, schaue jeder mit starker Zuversicht auf den Angriff. In seiner reflektierten Art warf der Tagebuchschreiber – bevor es überhaupt in die Schlacht ging – schon einen Blick voraus auf die Nachkriegszeit. Die Zerstörung des Faschismus sei der erste Schritt, »der uns die Möglichkeit gibt, eine bessere Welt zu schaffen«. Doch das werde nicht einfach sein. Er befürchte, dass der Krieg die Menschen »pervertiert und degeneriert« zurücklassen werde. Die meisten seiner Kameraden hätten nur ihr eigenes Vergnügen im Sinn, und sie würden wohl einfach dem politischen Führer folgen, der ihnen die größten Vorteile verspreche. »Idealist« sei ein Schimpfwort, Ideale zählten wenig; im »Krieg zur Rettung der Zivilisation« würden sie gar zum »Gespött«. »Was für ein zynisches Zeitalter!«

In einem Brief an Gertrude vom 20. April 1944 nahm er diese Gedanken auf. Ein Pamphlet der Armee habe die »Natur des freien Mannes« thematisiert, und er habe darüber mit den Kameraden in den Baracken gesprochen. Die vorherrschende Haltung sei »hoffnungsloser Defätismus«, nicht in militärischer, aber in politischer Hinsicht. Die »Boys« betrachteten sich als »Schachfiguren« der Mächtigen. An den Zuständen könnten sie eh nichts ändern, warum sollten sie dann überhaupt darüber diskutieren? Er sei bestürzt über die Tatsache, dass sie so fröhlich ihr Leben riskierten, ohne darüber nachzudenken. Sie seien wohl repräsentativ für die ganze Armee: »Zehn Millionen Männer, bewaffnet bis an die Zähne, zucken ihre Schultern und sagen: ›Wir können nichts dagegen tun!‹« Er könne jetzt vielleicht mehr denn je verstehen, »wie ein verrückter Fanatiker wie Hitler an die Macht kommen konnte«. Sein bitterer Kommentar gipfelt in den Sätzen: »Es ist einfach, sein Leben aufs Spiel zu setzen. Es ist schwierig, zu denken.« Das Erziehungssystem habe komplett versagt. Die öffentliche Reaktion nach dem letzten Krieg habe die Worte von Präsident Woodrow Wilson, mit denen er 1917 die Kriegserklärung der Vereinigten Staaten an das Deutsche Kaiserreich begründete, zu einem »Witz für Zyniker« verkommen lassen. »Die Welt muss sicher gemacht werden für die Demokratie«, hatte Wilson damals gesagt.

Er hasse die Armee und das Militärleben und wolle nicht, dass seine Kinder dies dereinst durchmachen müssten, schrieb Ben in den »Diaries«. Diese Feststellung trieb ihn aber nicht in eine resignative Stimmung, im Gegenteil, sie spornte ihn an: »Deshalb mache ich alles, damit dieser erste Schritt ein Erfolg wird, und hoffe, dass ich fähig sein werde, noch mehr zu tun in der wichtigeren Aufgabe des Wiederaufbaus.«

D-Day, With Delay

Den zweiten Band des Tagebuchs – der erste endete am Vorabend der Invasion in der Normandie – hatte er eigentlich erst beginnen wollen, nachdem er französischen Boden betreten hatte. Doch der »D-Day«, der Tag der Entscheidung, verzögerte sich. Bens Bataillon traf auf dem Kalkplateau »Salisbury Plain« bei der prähistorischen Kultstätte Stonehenge die letzten Vorbereitungen. Als gewissenhafte Planer packten die Amerikaner vor der Kanalüberquerung alles wasserdicht ein, so auch Containerladungen mit Toilettenpapier. Die Behälter lagen bereits sicher verstaut im Bauch der vor der Küste ankernden Schiffe, als die verspätete Invasion einen akuten Mangel an dem täglichen Gebrauchsgut hervorrief. Nachschub blieb aus, auch die Armeezeitung »Stars and Stripes« war schon aufgebraucht worden. Eine kreative Lösung war gefragt. Als erfahrene Schreibkraft wusste Ben, dass die Armee immer genug Schreibpapier hatte. Er kam auf die Idee, die Durchschlagpapiere für den entsprechenden Zweck umzufunktionieren. Er fand in der Umgebung einen englischen Metzger, der die Stapel mit einem Hackbeil in vier Teile hieb. Im Triumph kehrte er mit seiner Erfindung ins Truppenlager zurück. »Ich bewahrte das Bataillon vor einem Schicksal, schlimmer als der Tod«, scherzt er in den *Benny Stories*.

Am 6. Juni 1944, dem Tag der alliierten Landung, schob Ben Nachtwache. »Heute ist D-Day«, notierte er unter dem durch Schriftgröße und Unterstreichung speziell hervorgehobenen Datum. Morgens um sieben war seine Schicht zu Ende, er legte sich schlafen. Um halb zehn weckte ihn sein Zeltkamerad. Er schüttelte ihn und schrie: »Die Invasion hat begonnen! Die Invasion hat begonnen!« Ben sprang auf und rannte zum Quartier des Bataillonschefs. Mit anderen aufgeregten Soldaten drängte er sich um den Radioapparat. Eine lakonische Meldung informierte die Welt, dass die große Schlacht im

Gange sei. Ben hörte das erste der sogenannten Eisenhower-Kommuniqués, benannt nach dem Oberbefehlshaber der alliierten Streitkräfte. Unter seinem Kommando habe am Morgen die Landung an der nördlichen Küste Frankreichs begonnen. Die Marine werde von starken Luftstreitkräften unterstützt.

Die Invasion in der Normandie – Deckname »Operation Overlord« – war die größte Militäraktion der Kriegsgeschichte. Ben beobachtete das Vorrücken der gigantischen Armada. »Der Himmel wurde schwarz von Flugzeugen. Viele von ihnen zogen Gleitsegler hinter sich her.« Das Meer war übersät von Fahrzeugen aller Art. 3100 Landungsschiffe mit rund 150 000 Soldaten überquerten den Kanal; 1200 Kriegsschiffe und 7500 Flugzeuge leisteten Schützenhilfe. Die Invasoren mussten den »Atlantikwall« überwinden, die 2600 Kilometer lange, von Norwegen bis Südfrankreich verlaufende Befestigungslinie der Deutschen, einen »Gürtel von Bollwerken«, wie Hitler ihn nannte. Die Strandabschnitte, auf denen die Alliierten landeten, erhielten die Codenamen »Utah« und »Omaha« (Amerikaner), »Gold« und »Sword« (Briten) sowie »Juno« (Kanadier). Nachdem sie abgesetzt worden waren, wateten die Sturmtruppen durch das Wasser an Land und kämpften sich die Dünen hoch, im Feuerhagel der auf sie herunterschießenden Deutschen. Der erste Tag der Invasion forderte mehr als 12 000 Opfer bei den Alliierten, darunter 4400 Tote.

Bens Einheit hätte eigentlich auch am D-Day eingesetzt werden sollen. Er »brannte darauf«. Doch die ursprünglichen Pläne wurden zu seinem Bedauern umgestoßen, ein Nachbar-Bataillon kam zum Zug. »Nun, wo das große ›Spiel‹ gestartet ist, bin ich ein wenig enttäuscht, beim Anpfiff nicht dabei zu sein. Ich weiß, ich sollte froh sein, und ich bin sicherer so, aber es ist unleugbar, dass ich nach all dem Training und dem Warten und angesichts der Bedeutsamkeit des Ereignisses begierig bin, mittendrin zu sein.« Es fühle sich an, als ob er im letzten Moment auf die »Ersatzbank« beordert worden sei. Statt am 6. Juni landete er erst einen knappen Monat später am »Omaha

Beach«. Die Überfahrt bei strahlendem Sonnenschein kam ihm endlos vor. Die Verheerungen der Schlacht waren überall zu sehen. Wracks von untergegangenen Schiffen aller Größen ragten aus dem seichten Wasser. Wendige Landungsboote brachten die Truppen auf sicheren Routen in Ufernähe. Die Soldaten stiegen aus. Ben schulterte sein Gewehr und setzte seine Stiefel in das Wasser. Während es den anderen bis zu den Knien reichte, steckte er bis zur Hüfte drin. In einer Kolonne erklommen sie den Hügel. »Die lange Reihe der Männer bildete eine eindrückliche Silhouette auf dem Kamm.« Die mächtigen Stellungen der Deutschen waren jetzt ein »von Bomben verwüstetes Chaos«. Ben fiel ein riesiger, weggesprengter Betonbunker auf, dessen Stahlverstrebungen wie ein Skelett in die Luft ragten. Verstreut lagen Überreste von zerstörten deutschen 8,8-cm-Flakgeschützen. Frisch gestrichene Kreuze eines amerikanischen Militärfriedhofs legten stummes Zeugnis davon ab, »dass es nicht einfach gewesen war«, die Wehrmacht zurückzudrängen. Drehte er sich um in Richtung Meer, bot sich ihm ein »pittoresker Anblick«: Die Sperrballons gegen feindliche Flugzeuge, die die alliierten Schiffe mit sich führten, sahen aus, »als ob silberne Fische über unseren Fahrzeugen fliegen würden«.

Liebe und Tod in Frankreich

Die folgenden Wochen und Monate beteiligte sich das 115th A. A. A. Gun Battalion an der Befreiung Frankreichs. Es folgte den vorrückenden amerikanischen Panzern im Abstand von einigen Tagen quer durch das Land. Die Route führte über Le Mans, Orléans, Sens, Lunéville und Nancy bis an die deutsche Grenze. Die Front war mal fünfzehn, mal fünf Meilen entfernt. Tagsüber war es meist ruhiger, aber nachts, wenn die deutschen Flugzeuge auftauchten, um Straßen, Brücken und alliierte Truppen zu bombardieren, eröffneten die Kanonen das

Feuer. Ben gewöhnte sich an den Lärm und fand in den von Sandsäcken gesicherten Erdhöhlen dennoch Schlaf. Zu Beginn kamen die Amerikaner nur zäh voran, danach ging es rasant. Das zeigte sich Anfang August in der Nähe von Saint-Hilaire-des-Landes in der Bretagne. Entlang des Weges lagen schwarze, aufgedunsene Leichen deutscher Soldaten. »Ich konnte sie riechen, als ich näher kam.« Die Flüchtenden hatten keine Zeit mehr gehabt, die Gefallenen zu begraben. »Die Deutschen ziehen sich so schnell zurück, dass wir nicht mithalten können«, notierte Ben am 15. August bei Alençon.

Die Franzosen begrüßten die Amerikaner auf ihrem Vormarsch mit ausgelassener Freude. »Ich hätte Hunderte von Bekanntschaften schließen können.« Ben genoss den Kontakt mit Einheimischen und wollte erfahren, was sie dachten und fühlten. Beim Château du Gault, etwas südlich von Saint-Hilaire, lernte er eine junge Frau kennen, »intelligent, attraktiv und genau von meiner Größe«. Obwohl sie »eine gläubige Katholikin war und sehr zurückhaltend auftrat«, fand er sie »bezaubernd«. Es stellte sich heraus, dass sie die Tochter des Schlossbesitzers war. Sie lud ihn und seine wechselnden Begleiter – jeweils ein Offizier – nach Hause ein, und Ben lernte die ganze Familie kennen. In der Nähe befand sich ein kleiner See, dort ging er mit dem Schlossfräulein schwimmen. Sie führte ihn an einen Ort, der »offensichtlich ein Liebesnest« war. »Wir schafften es, uns von den anderen zu entfernen, indem wir durch den Wald zu einem lauschigen Plätzchen rannten. Sobald wir stoppten, um Atem zu holen, schlang die liebliche Miss, die ich nie zuvor berührt hatte, ihre Arme um mich und begann mich leidenschaftlich auf die Wange zu küssen.« Sie war »offenkundig unerfahren«, aber nicht so schüchtern, wie er vermutet hatte. »Eines führte zum anderen, und ich muss zugeben, dass diese überraschende Affäre sehr angenehm war«, verriet er im Tagebuch. »Am selben Abend brachen wir auf zur Front.«

Am 13. September schrieb er bei Saint-Dizier im Nordosten

des Landes: »Seit meinem letzten Eintrag sind wir quer durch Frankreich gefegt. Die Deutschen haben sich in wilder Ordnung zurückgezogen, und wir blieben ihnen dicht auf den Fersen.« Während des Vorstoßes sei er zu beschäftigt gewesen, um Notizen zu machen. Die Besatzer waren zu diesem Zeitpunkt weitgehend vertrieben. Die Hauptstadt Paris war am 25. August befreit worden. Einen Tag darauf kehrte Widerstandsführer General Charles de Gaulle unter dem Jubel der Bevölkerung aus seinem Londoner Exil zurück. Er bildete eine erste provisorische Regierung. Das mit den Nationalsozialisten kollaborierende Vichy-Regime war zusammengebrochen. Auch von Süden stießen alliierte Truppen entlang von Rhône und Saône vor. Sie brachten eine willkommene Entlastung für die 3. Armee, wie auch Ben bemerkte. Sie warteten nun, bis die Infanterie die Mosel überquert hatte, um dann »den letzten Stoß« auszuführen. »Die Deutschen sind hastig nach Deutschland aufgebrochen – wo wir sie wieder treffen werden.«

Zwischendurch hatte er Gelegenheit für ein neues amouröses Abenteuer. In Sens, einer »wunderschönen Stadt«, fand er »ein weiteres Schloss und eine vollbusige kleine Blondine«. Inzwischen habe er herausgefunden, dass das »Problem der Liebe in Frankreich« einfach darin bestehe, die Anstandsdamen und Aufpasser loszuwerden. Die Familie und jeder andere in der Nähe klammere sich an die begehrenswerte Demoiselle, »wie ein Haufen hungriger Blutsauger«. Das betroffene Paar versuche alles, um die »älteren Leute« abzuschütteln, und obschon dies fast unmöglich sei, geschehe der Rest – wenn es doch gelinge – »automatisch«. Das seien »höchstinteressante Sitten«.

Bald rückten die Flak-Batterien weiter vor. Ihnen wurde das 313. Infanterieregiment von der 79. Division zur Seite gestellt. Aus allen Rohren feuerten die Kanonen auf die Deutschen, die ein Rückzugsgefecht lieferten. »Die Tatsache, dass die nächste Bombe neben mir einschlagen könnte, machte keinen großen Eindruck auf mich«, schrieb Ben in einem Eintrag vom 17. September. Im lothringischen Lunéville konnte er wieder die angenehmeren Seiten des Soldatenlebens genießen. Pattons Panzer waren in die Stadt eingezogen. Die Wehrmacht hielt sich immer noch in den Wäldern der Umgebung auf und sann auf Revanche. Ben war als Wachposten an einer Brücke aufgestellt. Dort bewahrte er Zivilisten davor, unter feindlichen Beschuss zu geraten. Da kam eine etwa zwanzigjährige junge Frau auf ihrem Fahrrad daher. Ben hielt sie auf und warnte sie, weiterzufahren. Ringsum schlugen Bomben ein. Sie müsse nach Hause, sagte sie, ignorierte die Gefahr und fuhr weiter. Am nächsten Tag traf Ben sie zufällig wieder, und sie forderte ihn auf, gemeinsam mit ihren Eltern den »Tag der Befreiung« zu begehen. Der Vater war Universitätsprofessor in Nancy, die Mutter Lehrerin. Irgendwie hatten sie es geschafft, ein Festessen zusammenzustellen. Es gab in Wein gekochtes Kaninchen, das der Professor eigenhändig gefangen hatte, Fisch, gebratenes Hühnchen und Champagner. Den hatte er in einer Kiste im Keller vergraben gehabt. Die Gastgeber stießen mit Ben an und brachten Toasts auf die Amerikaner und die »libération« aus. Mehr als vier Jahre lang – während der ganzen Besatzungszeit – hätten sie auf diesen Moment gewartet, und sie freuten sich, das Festmahl mit ihm zu teilen. Ben wusste, dass es im Alltag nicht so feudal zuging. »Ein typisches Gericht bestand aus Suppe, Kartoffeln, Teigwaren, ein bisschen Brot und Walnüssen.« Er besuchte die gastfreundliche Familie noch öfter und brachte stets mehr Lebensmittel aus der Armeeküche mit, als er in seinem Magen davontrug. »Alles war sehr platonisch, aber eine wunderbare Abwechslung zur Armeeexistenz.«

»Nun war meine Stunde gekommen!«

Ben empfand seine Arbeit noch immer als »langweilig« und uninspirierend. Das änderte sich schlagartig am 1. Dezember 1944. An diesem Tag erreichte ihn der Befehl, in die Judge Advocate Section zu wechseln, die juristische Abteilung der Armee. Nachdem er wieder einmal ein Gesuch um Versetzung gestellt hatte, nahm ihn der neue Bataillonskommandeur, Captain Klatte, ins Hauptquartier der 3. Armee von General Patton mit. Dort wurde er von den Chefjuristen interviewt und auf seine Eignung geprüft. »Sie waren sehr freundlich, erklärten aber, es gebe keine offene Stelle.« Trotzdem bestanden sie darauf, dass er ihnen seine Bewerbung mit einem Empfehlungsbrief und einem juristischen Fachartikel zukommen lasse, den er noch in den amerikanischen Kasernen für das *Journal of Criminal Law and Criminology* geschrieben hatte. Ben tat, wie ihm geheißen – und zwei Wochen später kam der Versetzungsbefehl. »Wie war ich überrascht! Ich sagte allen hastig Auf Wiedersehen, und mit pochendem Herzen brach ich nach Nancy auf, wo das Hauptquartier der 3. Armee stationiert ist.«

Schon zwei Tage später zog er eine erste, erfreuliche Bilanz. Alles sei »wunderbar«, die Kameraden und Vorgesetzten seien sehr nett, und die Atmosphäre entspreche mehr einer »normalen Anwaltskanzlei als einer Armeedienststelle«. Fast alle seien Anwälte oder Gerichtsreporter, »und das Intelligenzniveau ist unermesslich höher als im 115ten«. Seine Tätigkeit bestand zunächst in der Revision von Fällen, die vor dem General Court-Martial, dem höchsten Militärgericht der US-Armee, gelandet waren. Er musste das Verfahren, die angewandten Gesetze und das Urteil begutachten und gegebenenfalls kritisieren. Dies sei der Funktion eines Appellationsrichters vergleichbar. »Endlich arbeite ich wieder als Jurist«, jubelte er. Die Begeisterung hallt bis in die *Benny Stories* nach: »Nun war meine Stunde gekommen!«

Den Übergang zum letzten Kriegsjahr verbrachte er in bester Laune in Nancy. Die Arbeit bei der Militärjustiz sei weiterhin »sehr interessant und angenehm«, schrieb er am 12. Januar 1945. Zusätzlich zum Verfassen von Reviews und Memoranden zu juristischen Problemen forsche er zum internationalen Straf- und Kriegsrecht. Dies ist der erste schriftlich dokumentierte Hinweis darauf, dass er sich innerhalb der Armee jener Beschäftigung zuwandte, die sein Leben in den nächsten Jahren prägen sollte. Zu dieser Zeit waren Berichte über die von den Deutschen begangenen Grausamkeiten längst um die Welt gegangen. Die Alliierten hatten im Zuge ihrer Pläne für die Nachkriegszeit schon 1943 den Entschluss gefasst, deutsche Kriegsverbrecher vor Gericht zu stellen. Nachdem sich im Oktober 1943 die Außenminister der USA, Großbritanniens und der Sowjetunion in Moskau getroffen hatten, veröffentlichten Roosevelt, Churchill und Stalin am 1. November die folgende Erklärung: »Mögen sich diejenigen, die ihre Hand bisher nicht mit unschuldigem Blut besudelt haben, davor hüten, sich den Reihen der Schuldigen anzuschließen, denn mit aller Sicherheit werden die drei alliierten Mächte sie bis an die äußersten Enden der Welt verfolgen und sie ihren Anklägern ausliefern, damit Gerechtigkeit geschehe.«

Was die Armee zu ihrem überraschenden Entscheid bewog, ihn in den letzten Kriegsmonaten doch noch auf jenem Gebiet einzusetzen, auf dem er seine Fähigkeiten am besten ausspielen konnte, blieb für Ben vorerst ein Geheimnis. Später vermutete er, dass Harvard-Professor Glueck dem Schicksal etwas nachgeholfen habe. Nach der gemeinsamen Erklärung der drei alliierten Führer habe sich die Armeespitze in Washington an Glueck gewandt, um sich geeignete Kandidaten empfehlen zu lassen. »Wir waren in Kontakt geblieben, und ich glaube, er nannte meinen Namen, als die Armee sich an ihn wandte.« Sein Vorgesetzter habe jedenfalls bestätigt, dass ein Wink aus Washington gekommen sei. Dort hatte das Kriegsministerium im Juli 1944 die War Crimes Branch eingerichtet, eine eigene

Abteilung, die sich der Verfolgung von Kriegsverbrechen widmete. In den letzten Monaten der Kämpfe in Europa, als die Alliierten immer größere deutsche Gebiete befreiten, wurden die Ermittlungsaktivitäten verstärkt. War Crimes Investigation Teams der amerikanischen Armee jagten Verdächtige, vernahmen Zeugen und sicherten Beweise. Dabei spielte Ben mit seiner initiativen und geschäftigen Art eine tragende Rolle.

Auch außerhalb des Dienstes kam er in vielerlei Hinsicht nun voll auf seine Kosten. »Ich reiste herum, traf Dutzende von interessanten (wenn auch anrüchigen) Personen und machte so manche bemerkenswerte Erfahrung.« In Nancy sei er mit »la vie française« vertraut geworden. Die Wache am Tor des Hauptquartiers habe niemanden aufgehalten, der das Losungswort gekannt habe, und die Ausweise seien in der Stadt nur selten kontrolliert worden. Fast jede Nacht sei er mit einem Bürokollegen, einem Anwalt und Absolventen der New York University, ausgegangen, »um zu sehen, was wir sehen konnten, und zu tun, was wir tun konnten. Ich war überrascht! Es ist wahr, was man über die französischen Frauen sagt!« Er denke, er habe jedes Mädchen in Nancy getroffen und kenne jetzt jedes Café der Stadt. Der Krieg, der doch so nahe war, schien dem bunten Treiben nichts anhaben zu können. Orchester spielten auf, dazu wurde Bier ausgeschenkt. »Die Begleitung war kostenlos, und es gab im Überfluss davon. Was für ein Leben!«

Während er in seiner neuen Funktion aufging und nebenbei die nächtlichen Eskapaden genoss, spielten sich an der Front dramatische Ereignisse ab. Noch vor Weihnachten hatten die Deutschen die Ardennenoffensive gestartet, ihren letzten großen Angriff an der Westfront. Das Ziel der Wehrmacht war es, den Hafen von Antwerpen zurückzuerobern, eine wichtige Nachschublinie der Alliierten. Statt im Geschwindschritt nach Deutschland einzudringen, wurden die Amerikaner in ihre größte und blutigste Landschlacht im Zweiten Weltkrieg verwickelt. Auf beiden Seiten waren insgesamt über eine Million

Soldaten beteiligt. Die Army hatte am Ende rund 20000 Tote zu beklagen, über 56000 weitere Männer wurden verwundet oder vermisst. Die veränderte Lage blieb Ben nicht verborgen. Den Deutschen sei es gelungen, eine ziemliche Bresche in die amerikanischen Linien zu schlagen und die 1. US-Armee zurückzudrängen, berichtete er in der Tagebuchnotiz vom 12. Januar 1945. Um das Tempo der deutschen Offensive zu drosseln und die entstandene Lücke zu füllen, seien die Streitkräfte der 3. Armee von General Patton hinzugeeilt. Sie attackierten die Deutschen von der südlichen Flanke her, beendeten die Belagerung von Bastogne in Belgien und befreiten die dort eingekesselten amerikanischen Verbände. »Wir bewegten uns ebenfalls, um näher an der Frontlinie zu sein.« Am 8. Januar wurde das Hauptquartier nach Esch in Luxemburg verlegt, am 4. Februar zog es in die Hauptstadt des Großfürstentums weiter.

Die Ardennenoffensive war nur ein letztes Aufbäumen der Wehrmacht; den Vorstoß der Alliierten auf deutsches Territorium konnte sie nicht aufhalten. Von allen Seiten schnürten die amerikanischen, britischen und russischen Armeen die zurückweichenden Deutschen ein. Einige großkalibrige Kugeln erreichten dennoch Pattons Hauptquartier in Luxemburg. Ben berichtet von mehreren Bomben, die nur wenige Blocks weiter eingeschlagen und leichte Verluste gefordert hätten. Die Judge Advocate Section sei aber intakt geblieben. Der »Battle of the Bulge«, wie die Amerikaner die Ardennenoffensive nennen, war am 25. Januar zusammengebrochen. Nun holten die Alliierten zum letzten Schlag gegen das Deutsche Reich aus. »Die Nazis wurden über den Rhein zurückgeworfen, und die 3. Armee stürzte ihnen hinterher«, vermerkte Ben am 10. Februar. Das Hauptquartier werde bald der Front folgen. »Diesmal nach Deutschland.« Der Krieg könne nicht mehr lange dauern.

Auf Verbrecherjagd

»Ich sehe und mache die interessantesten Dinge in Europa«

»Erinnerst du dich an all meine Arbeit über Kriegsverbrechen? Nun, ich bin wieder daran«, schrieb Ben in einem Brief vom 28. Februar 1945 – Absender »irgendwo in Luxemburg« – an Gertrude. Diesmal ging es nicht mehr bloß um Theorie, wie damals in Harvard, sondern um die handfeste Anwendung des Gelernten. Es sei viel befriedigender, deutsche Kriminelle zu verfolgen als amerikanische Soldaten, die gegen die Disziplin verstoßen hätten, meinte er. Dabei kamen ihm seine einschlägigen Fachkenntnisse wie auch sein Sprachtalent zugute. Da die mit der Ermittlung beschäftigten Offiziere das Französische nicht beherrschten, griffen sie auf ihn zurück. Sie betrauten ihn damit, den Nachrichten über deutsche Schreckenstaten nachzugehen, die in immer größerer Zahl das Hauptquartier erreichten. Auf seinen Recherchen wurde er jeweils von einem Offizier begleitet, damit eine Person von genügendem militärischem Rang dabei war. Die Führung aber lag eindeutig bei ihm.

Den Ablauf solcher Untersuchungen beschreibt er in dem Brief so: »Wir erhalten regelmäßig Berichte vom Militärgeheimdienst und aus Quellen der Gegenspionage. Sie übermitteln uns die Namen der Opfer von deutschen Gräueltaten. Unser Job ist es, jene ausfindig zu machen, die überlebt haben, und die Details des Tathergangs und die Namen der Täter zu eruieren.« Die Geschichten, die die Betroffenen erzählten, seien immer fesselnd und würden sie, Gertrude, nachts wachhalten. Die luxemburgische und französische Polizei sei hilfsbereit, »und ich glaube, für eine Zigarette würden wir das ganze Polizeikorps in Bewegung setzen«. Er schilderte den Fall eines luxemburgischen Widerstandskämpfers, der von den Deutschen in ein Konzentrationslager gesteckt worden war. Dort habe er gesehen, wie Kameraden, die ihre Mitgliedschaft in der Résistance gestanden hätten, ihr eigenes Grab hätten schaufeln müssen. Der Mann habe sich »sehr klar« an die Täter erinnert, an ihre Namen, ihre Gesichter, ihr Regiment, und daran, wer das Kommando führte. »Ich tippe die Informationen ein, während er sie ausspricht.«

Es würde ihm große Befriedigung bereiten, wenn solche Fälle vor Gericht durchgebracht würden. Die Mittel und Möglichkeiten der Militärjustiz bei der Verfolgung von Kriegsverbrechen seien jedoch beschränkt. Ob die Gerechtigkeit jemals siegen werde, bleibe abzuwarten. Er fürchte, die Hauptschuldigen würden davonkommen. Noch war nicht klar, wie die Alliierten das Kriegsverbrecherproblem lösen würden. »Die aktuelle Idee ist es, dass jede der Vereinten Nationen« – gemeint waren die im Kampf gegen die Achsenmächte verbündeten Länder – »jene Fälle behandelt, die ihre Staatsangehörigen betreffen.« Das sei gut und recht, aber es seien keine Vorkehrungen getroffen worden für Delikte von Personen unbekannter Nationalität. Dasselbe gelte für Deutsche (»wie bei den Millionen ermordeten Juden«), bei Fällen, wo mehrere Nationalitäten im Spiel seien (»etwa bei den Grausamkeiten gegen all die Insassen der großen Konzentrationslager«), sowie bei den »internationalen Verbrechen der deutschen politischen Anführer und den internationalen Konzernen, die das Ganze finanziert und möglich gemacht haben«. Für sie alle käme nur ein internationales Gericht infrage, doch »das liebe U.S. State Department« habe »nay« gesagt (ein »nay-sayer« ist im Englischen ein Neinsager). »Resultat: Wir werden mit einem Haufen von Nazi-Sadisten herumalbern, während die wirklichen Kriminellen, die für die Taten verantwortlich sind, sich davonstehlen können.« Ein »Labyrinth von Ignoranz« werde unter dem Mantel des militärischen Geheimnisses verhüllt, klagte er, um auf Französisch kopfschüttelnd anzufügen: »La vie est drôle, n'est-ce pas?« Das Leben sei doch sonderbar. In der Zwischenzeit knirsche er mit den Zähnen und fülle Armeeformulare aus.

Die fulminante – und in der Privatkonversation entsprechend ungeschminkt formulierte – Kritik hatte es in sich. Dank seiner Ausbildung bei Professor Glueck und dank seiner eigenen Studien und Interessen war Unteroffizier Ferencz seinen militärischen Vorgesetzten meist um mehrere Züge voraus. Was er hier in dem Schreiben an Gertrude vom 28. Februar 1945 skizzierte – die Notwendigkeit eines nationenüberschreitenden Gerichtshofs –, wurde später in Nürnberg vom Internationalen Militärgericht sowie den Nachfolgetribunalen der Amerikaner in die Tat umgesetzt. Ganz isoliert war er in seinen Bemühungen auf unterer Hierarchiestufe nicht. Seine Einlassungen nahmen auch Bezug auf jüngste Entwicklungen in der United Nations War Crimes Commission, die am 20. Oktober 1943 gegründet worden war. Sie hatte ihre Arbeit im Januar 1944 aufgenommen und sollte die Leitlinien für den Umgang mit den Kriegsverbrechern der Achsenmächte definieren. Innerhalb der Kommission und zwischen einzelnen Repräsentanten und ihren Regierungen war es zu Meinungsverschiedenheiten gekommen. Am 31. Januar 1945 waren der Amerikaner Herbert C. Pell und sein britischer Kollege aus Protest aus der Kommission ausgetreten. Botschafter Pell war ein leidenschaftlicher Verfechter eines Internationalen Strafgerichts, das auch Verbrechen gegen die Menschlichkeit ahnden konnte. Zu diesem Zeitpunkt kämpfte er vergebens um die Unterstützung des US-Außenministeriums und des Präsidenten. Seine Position – die auch diejenige Bens war – setzte sich später aber doch noch durch. Anfang April besuchte eine Kongressdelegation aus Washington die Judge Advocate Section der 3. Armee, die sich jetzt schon tief auf deutschem Boden befand, um sich vor Ort ein Bild zu machen. Nachdem er eben von Ermittlungen im Feld zurückgekehrt war, wurde Ben gerufen, damit er Bericht erstatte. »Die Senatoren und Mitglieder des Repräsentantenhauses schienen ungläubig, aber beeindruckt, und meine beiden Obersten überschütteten mich am nächsten Morgen mit Lob.« Aber was nützten die salbungsvollen Worte, wenn es in der Sache nicht vorwärtsging?

In den Briefen an Gertrude monierte er wiederholt die Ineffizienz der bürokratischen Abläufe. Er habe seinem Vorgesetzten mitgeteilt, dass er nicht länger an Büroarbeiten interessiert sei. »Meine Feldausflüge sind viel interessanter, und die Gerechtigkeit lässt sich dort wirksamer und schneller umsetzen, ohne all den Schlendrian und Unsinn.« Die neu gewonnenen Freiheiten ließen ihm die Routine umso grauer erscheinen. »Nachdem ich unabhängig im Land herumgekommen bin und die interessantesten Dinge gesehen und gemacht habe, die man in Europa heute sehen und tun kann, werde ich mit einer ruhigen Schreibtischexistenz nicht mehr glücklich sein.« Gleichzeitig sehnte er sich nach der fernen Freundin in New York. »Hier und jetzt zu leben ist fantastisch, aber ich stelle mir einen Ort vor, an dem ich noch viel lieber wäre.« Die Einsamkeit in der Armee lähme ihn, und er habe geglaubt, ein Szenenwechsel könnte ihn kurieren, schrieb er in dem Brief von Ende Februar. »Aber es war nur ein Schuss ins Knie, und obwohl die juristische Arbeit eine wundervolle Droge war, lässt ihre Wirkung nach und die alten Symptome erscheinen wieder. Meine Krankheit liegt in der Trennung von dir – und es gibt nur eine Kur dafür.«

So blieb er von einer zweifachen Ungeduld getrieben: Einerseits drängte es ihn nach Hause, andererseits wollte er endlich Fortschritte sehen. »Ich habe nun seit mehr als zwei Jahren mein ›Alles‹ für die Sache der Freiheit gegeben, jetzt ist es höchste Zeit, dass meine eigene Freiheit beginnt.« Er werde sich erst wieder frei fühlen, wenn er mit Gertrude vereint sei, schrieb er am 4. April. Tags zuvor hatte er gemeldet: »Es wird hier Arbeit mit Kriegsverbrechen für lange Zeit geben, aber ich bin nicht begierig, daran teilzunehmen.« Das Ganze sei vom juristischen Standpunkt aus »ein Witz«. Es werde »eine unserer größten Nachkriegs-Farcen« entstehen. »Obwohl wir Beweise für Millionen von Morden haben, ist bislang keine einzige Person verurteilt worden.«

Lynchjustiz an alliierten Piloten

Die Mühlen der Justiz konnte Ben kaum beschleunigen, aber er konnte so viele Beweise für die Verbrechen sammeln wie möglich. Er erstritt sich die Erlaubnis, auf eigene Faust überallhin zu reisen, wo deutsche Kriegsgräuel ruchbar wurden. Ausdruck dieser »Lone Ranger«-Mentalität war die mit weißer Farbe in Großbuchstaben unter die Windschutzscheibe seines Armeejeeps gepinselte Aufschrift »Immer allein«. Zusätzlich ließ er sich einen Ausweis von Pattons Büro ausstellen, der ihm weitreichende Vollmachten gewährte. Der Träger des Papiers sei berechtigt, alle Städte und Ortschaften in Deutschland, Belgien, Frankreich, Holland und im Großfürstentum Luxemburg zu bereisen und mit Angehörigen aller Nationalitäten zu sprechen, hieß es darin. Zudem müsse ihm »jede verfügbare Unterstützung« gewährt werden, »etwa Lebensmittel, Fahrscheine, Kraftstoff, Fahrzeugreparaturen, Personal zur Exhumierung von Leichen, Foto-Assistenz und andere mögliche Hilfe zur Förderung seiner Ermittlungen«. Das Dokument war »im Namen des kommandierenden Generals« von Vizeadjutant Charles C. Hamilton unterzeichnet. Damit es noch mehr wirke, ließ Ben an Kopf und Fuß des Passierscheins den Stempel »Geheim« anbringen. Im Halfter trug er eine 45-Millimeter-Pistole. So ausgestattet, fuhr er los zu den Stätten des Grauens. Begleitet wurde er von Private Jack Nowitz, der in Yale Rechtswissenschaften studiert und in Connecticut praktiziert hatte.

Die erste Art von Fällen, die er mit seinem Hilfssheriff untersuchte, waren die »Downed Flyer Cases«. Sie betrafen alliierte Piloten, die über deutschem Gebiet notgelandet oder mit dem Fallschirm abgesprungen waren. Nach internationalem Kriegsrecht hätten sie als Kriegsgefangene behandelt werden müssen. Meist aber wurden sie Opfer eines Mobs, der außer sich war über die alliierten Bombardements deutscher Städte und in brachialer Manier Selbstjustiz übte. Eine typische Untersuchung begann mit einem Geheimdienstbericht über die Vorfälle. Nach ersten gemeinsamen Ermittlungen gingen Ben und Nowitz getrennte Wege. Er fuhr in seinem Jeep zum gemeldeten Tatort. Falls er einen Bürgermeister oder Polizeichef fand, forderte er ihn auf, alle Anwohner innerhalb eines bestimmten Radius rund um den Verbrechensort zu versammeln. »Die einzige Autorität, die ich besitze, ist die Pistole an meinem Gürtel und die Tatsache, dass die US-Armee die Stadt kontrollierte. Unter solchen Umständen sind die Deutschen sehr gehorsam.« Er erinnere sich nicht daran, dass ihm je Widerstand entgegengesetzt worden wäre. Er befahl den Zeugen, sich niederzusetzen und einen exakten Bericht über das Geschehene zu verfassen. Dazu hatte er ein Formular in deutscher Sprache vorbereitet. Es begann mit der Erklärung, dass die Zeugen unter Androhung der Todesstrafe schworen, die ganze Wahrheit zu sagen. Dies wurde als »Ferencz Miranda Rule« bekannt (»Miranda rule« ist im amerikanischen Justizsystem die obligatorische Rechtsbelehrung eines Tatverdächtigen, dass er die Aussage verweigern dürfe).

Nachdem er die eidesstattlichen Aussagen studiert hatte, ergab sich meist ein klares Bild der Vorkommnisse. War bekannt, wo die Toten lagen, mussten sie ausgegraben und identifiziert werden. Das war nicht nur eine grausige, sondern oft auch schwierige Aufgabe. Manchmal grub er mit bloßen Händen nach den Leichnamen. Gröbere Werkzeuge hätten sie verletzen können. Bei kaltem Wetter mit harten Böden wandte er eine eigene Technik an. Gelang es, ein kleines Loch zu graben und mindestens ein Hand- oder Fußgelenk freizulegen, schlang er ein Seil darum. Das andere Ende befestigte er an seinem Jeep. Dann fuhr er ganz vorsichtig ein bisschen vorwärts, um die Leiche herauszuziehen. »Ich hoffte, mehr als nur einen Fuß zu erwischen.« Spezialisten untersuchten die Exhumierten später im Hauptquartier auf Fingerabdrücke. »Diese düstere Pflicht lag schwer auf meiner Seele, und ich war immer dankbar, dass ich nur der Ermittler, nicht das Opfer war«, lesen wir in den *Benny Stories*. Wenn er davon erzählt, schießen ihm heute noch Tränen in die Augen.

Eines Tages im Frühjahr 1945 meldete das Counter Intelligence Korps, dass ein mit seinem Fallschirm abgesprungener amerikanischer Pilot in Groß-Gerau zwischen Mainz und Darmstadt von aufgebrachten Einwohnern gelyncht worden sei. Gemäß Zeugenaussagen war ein älterer Feuerwehrmann der Hauptverdächtige. Er habe mit einer Brechstange auf den Amerikaner eingeschlagen und geschrien, er liebe es, mit amerikanischem Blut besudelt zu werden. Ben ging zu seiner Wohnadresse und klopfte. Eine Frau öffnete die Tür. Er durchsuchte das Haus, fand den Mann aber nicht. »Machen Sie seine Wäsche?«, fragte er. »Natürlich«, antwortete sie, nicht ohne Stolz. Im weiteren Verlauf der Befragung gab sie zu, das blutverschmierte Hemd ihres Gatten gereinigt zu haben. Ben packte das Beweismittel ein. Wie er in den *Benny Stories* berichtet, wurde der Feuermann später von einem Militärgericht der 3. US-Armee überführt und zum Tode verurteilt.

Eine andere Tatbeteiligte kam glimpflicher davon. Eine dreiunddreißigjährige Frau sagte aus, sie habe dem Piloten mit ihren Schuhen ins Gesicht geschlagen. »Sie weinte leise, als ich mit ihr sprach, und gab fast alles zu«, schreibt Ben in einem vierseitigen Brief an Gertrude vom 16. April. Ihr Mann war an der Front gefallen, das Haus von alliierten Bomben zerstört worden, und sie hatte für zwei Kinder zu sorgen. Ben empfand Mitleid mit ihr. »Was sollte ich mit ihr tun?« Er habe Skrupel gehabt, sie in eines der »widerlichen« Gefangenenlager zu stecken, und habe sie bis auf Weiteres unter Hausarrest gestellt. Jemand anders werde die letzte Entscheidung zu treffen haben. Er frage sich, welches Urteil in ihrem Fall gerecht sein würde.

Nachdenklich stimmte ihn auch die Erfahrung in einem anderen »Case«. Diesmal ging es um drei US-Piloten, die von deutschen Zivilisten erschlagen worden waren. Ben erfuhr, dass ihre Leichen am Rand eines Friedhofs in der Nähe von Trier begraben lagen. Er befahl dem Friedhofswächter, ihm die Stelle zu zeigen und die Verscharrten zu exhumieren. Dann wusch er sie und fand bei zweien von ihnen die Identifikationsnummer auf der Innenseite ihres Fliegeranzugs. Die dritte Leiche war nackt. Sie hatte einen Bürstenhaarschnitt und sah aus »wie ein typischer amerikanischer Junge«. Die beiden identifizierten Piloten stimmten mit den Namen auf einer Liste in Gestapoakten überein, wo von drei Amerikanern die Rede war. Ben meldete dem Hauptquartier, dass zwei der drei Gesuchten identifiziert seien. Beim dritten fehle zwar die ID-Nummer, aber es müsse sich wohl um den Vermissten handeln. Einige Monate später erfuhr er, dass der vermeintlich Tote am Leben sei und irgendwo friedlich in Arkansas wohne. Im Gespräch sagt er dazu: »Ich weiß bis heute nicht, wer die dritte Leiche war. Im Krieg weißt du nie genau, wen du tötest und wie viele.« Es war ihm eine Lehre: »Ich lernte, sehr vorsichtig mit Indizienbeweisen umzugehen.« Als Chefankläger bei den Nürnberger Prozessen sollte er ganz bewusst darauf verzichten.

Mit der Dietrich in der Dusche

Neben den »Downed Flyer Cases« lag seine Ermittlungstätigkeit hauptsächlich darin, in deutschen Konzentrationslagern Beweise für die Massenmorde sicherzustellen. Nach der Befreiung der Lager durch die alliierten Armeen war er einer der Ersten, die sich vor Ort ein Bild machten. Einen Vorgeschmack darauf gab er Gertrude am 16. April. Er begegne »Fällen von Massenmord, von grausamer und schrecklicher Vernichtung, die ich jetzt nicht beschreiben kann. Es ist alles Teil der verstörenden, bizarren Dinge, die hier geschehen. Ich schließe die Augen und denke, dass es nicht wahr ist, meine Liebe. Dass alles ein verrückter Traum ist, der verschwinden wird, wenn ich die Augen wieder öffne. Dann öffne ich meine Augen – und alles ist da.« Die Versuchung, sich blind zu stellen, sei groß, aber das Leiden gehe so tief, dass er sich nicht fortreißen könne.

Acht Tage zuvor war er mit einem kleinen Team losgefahren, »auf der Suche nach Beweisen gegen Kriegsverbrecher«. Die Detektiveinheit bestand neben ihm aus einem Second Lieutenant, »der sehr zufrieden war, dass er mitdurfte«, einem niederländischen Soldaten, der als Übersetzer diente, und einem Fahrer. »Berichte aus unterschiedlichen Quellen kamen herein, sodass es einfach für mich war, einen Routenplan zu entwerfen, der uns durch Belgien und Luxemburg zurück nach Frankreich und durch einen großen Teil von Deutschland führte.«

Die Zustände in den letzten Kriegswochen waren chaotisch. Unterwegs begegneten ihnen endlose Menschenströme – Europa bot das Bild einer Völkerwanderung. »Wohin können sie nur alle gehen?«, fragte sich Ben. »Jung und Alt, in jeder Kleidung und Uniform, männlich und weiblich, laufen sie die staubigen Straßen entlang. Einige tragen Bündel auf dem Rücken, manche haben nicht einmal das, und sehr viele ziehen kleine Wagen mit allen ihren irdischen Gütern hinter sich her.« Die meisten waren Deutsche, die geflüchtet sein mochten, als der Krieg vor ihre Haustür gekommen war. Weiter ostwärts flohen sie vor der Roten Armee. Es marschierten aber auch Tausende von französischen Soldaten, die aus deutscher Kriegsgefangenschaft entlassen worden waren. »Wohin gehst du?«, fragte er einen von ihnen. »Ich bin auf dem Heimweg, nach Paris«, antwortete der Franzose lächelnd, auch wenn er noch etwa fünfhundert Kilometer vor sich hatte.

Für die Heimatlosen stellte die Militärregierung improvisierte Lager bereit. Sie seien schmutzig und ohne Aufsicht. »Alle teilen dasselbe Elend.« Das enge und instabile Leben habe eine »neue Art von Moral« hervorgerufen, beobachtete Ben: »Jedes Bett ist von einem Paar beschlagnahmt, das nichts anderes zu tun hat, als den ganzen Tag rumzumachen. Es gibt keine Privatsphäre und absolut keine Scham.« Alles werde in aller Öffentlichkeit gemacht. »Diese zerbrochenen Existenzen verstecken sich hinter einer Fassade von Lachen und Singen, aber wie waren diese Leute zuvor, und wie werden sie sein, wenn sie in ihre gesellschaftliche Ordnung zurückkehren?« Der Krieg brachte so etwas wie eine Umwertung aller Werte mit sich. »Ich habe viele junge Frauen gesehen, die ihren Körper für eine Büchse Bohnen darboten. Die Dinge, die vor dem Krieg eine Bedeutung gehabt haben, bedeuten jetzt überhaupt nichts mehr, man lebt von Tag zu Tag, es zählt nur, was man in der Hand hält.«

Auch die physischen Zerstörungen gingen ihm nahe. »Es gibt keine Worte, um die Ruinen des Kriegs zu beschreiben.« Die Fahrt durch eine Stadt, die gründlich bombardiert worden sei, fühle sich wie ein Albtraum an. Meilenweit böten sich dem Auge nichts als Schutthügel. »So ist es in Koblenz, Köln, Aachen, Bastogne, Wiesbaden, Mainz und Dutzenden anderen Städten.« Er berichtete von der Übernachtung in einem ehemaligen Luxushotel, dessen eine Hälfte von den Bomben zerstört worden war. In der anderen hatten sich amerikanische Soldaten eingenistet. Einrichtungsgegenstände, »die ein Vermögen gekostet haben mussten«, lagen kaputt herum. »Der Weinkeller beherbergte 20 000 zerbrochene Flaschen. Handgeschnitzte Möbel dienten dazu, Feuer zu entfachen.« All dies sei Teil des Kriegs in Europa, »ungesehen und wahrscheinlich unvorstellbar in Amerika«.

Doch es gab auch Lichtblicke, die ihn aufheiterten und zum Lachen brachten. Am Abend des 16. April, als er den langen Brief an Gertrude schrieb, war er der Schauspielerin Marlene

Dietrich begegnet – praktisch nackt. »Nein, ich bin nicht verrückt geworden«, beteuerte er. Die Dietrich war im Rahmen einer Show der United Service Organizations (USO) vor den Soldaten aufgetreten. Die Gründung der USO war von Präsident Roosevelt persönlich angeregt worden. Ihr gehörten verschiedene Wohltätigkeitsorganisationen an, die sich der Hebung der Truppenmoral verschrieben hatten. Wie Ben berichtete, logierte der Hollywoodstar im selben Gebäude wie er. »Sie ist im ersten Stock, und ich bin im dritten. Die Duschen sind im Parterre.« Er ging die Treppe hinunter, um sich nach der Show zu erfrischen. In diesem Moment trat die Diva heraus. »›Schauen Sie bitte nicht‹«, sagte er zu ihr. »›Ich werde nach Hause schreiben müssen, dass ich Marlene Dietrich in Unterhosen getroffen habe.‹« Die langbeinige Berühmtheit ließ sich nicht aus dem Konzept bringen. Sie fragte ihn mit ihrer rauchigen Stimme, wohin er in dieser Aufmachung gehe. Er erklärte, dass es unten warme Duschen gebe. »›Gibt es irgendeine Zeit, wo ich eine nehmen kann?‹«, fragte sie. »›Lady‹, sagte ich, ›Sie können jederzeit eine nehmen!‹« Sie habe nicht einmal offeriert, ihm den Rücken zu schrubben, und so sei er weitergegangen. »Der Krieg ist wirklich hart.«

Die *Benny Stories* bieten eine leicht abgewandelte Version dieser Episode. Dort trat er sogar in ein Badezimmer, wo die Dietrich »in ihrer Pracht« in einer Wanne saß. »›Oh, entschuldigen Sie mich, Sir‹«, habe er gestammelt und sich hastig zurückgezogen. Er sei Wache an der Tür gestanden, bis sie herausgekommen sei. »Sie lächelte und sagte, sie habe es genossen, dass ich sie ›Sir‹ genannt habe.« Sie habe ihn dann gefragt, woher er komme und was er im zivilen Leben arbeite. »Als ich ihr erklärte, ich sei ein Harvard-Anwalt, war sie erstaunt über meine Stellung als Soldat und lud mich ein, sie zu einem Essen zu begleiten, das die Offiziere für sie gaben.« Dort habe er ihr gegenübergesessen und sie habe ihm ihre Visitenkarte gegeben. Sie habe kaum verhehlt, dass sie sich lieber mit ihm als mit den vielen Offizieren unterhalten habe, aber am Schluss habe ihr doch General Patton das Geleit angeboten. Ob diese ausgeschmückte Variante seiner späteren Fantasie entsprang oder ob er sie in dem Bericht an Gertrude absichtlich wegließ – wer weiß.

Vor Eisenhower in Ohrdruf

Ben folgte der 3. US-Armee ostwärts durch Deutschland, über Trier, Frankfurt und Erlangen bis an die tschechische Grenze. Auf einer Karte trug er die befreiten Gebiete und die Lage bekannter KZ ein. Die ersten »staatlichen Konzentrationslager« hatten die Nationalsozialisten schon im März 1933 errichtet, nur wenige Wochen nach Hitlers Machtergreifung. Bald überzog ein Netz von ihnen das ganze Reich. Nach dem Vorbild des KZ Dachau bei München entstanden bis zum Kriegsbeginn große Internierungsstätten unter anderem in Sachsenhausen, Buchenwald, Neuengamme und Flossenbürg. Nach dem Anschluss Österreichs wurde dort das KZ Mauthausen erbaut. Von 1939 bis 1944 wurde eine Vielzahl weiterer Lager im deutschen Herrschaftsgebiet errichtet, die wiederum durch 1200 »Außenlager« ergänzt wurden. Ab 1942 betrieb die SS die schon vorher bestehenden Konzentrationslager Auschwitz-Birkenau und Majdanek in Polen als Vernichtungslager, ergänzt durch die neu erbauten Komplexe in Chelmno, Belzec, Sobibor und Treblinka. Ins KZ konnten alle gesteckt werden, die das NS-Regime als potenzielle Gegner ansah. Die größten Opferzahlen hatten die Juden zu beklagen – mehr als drei Millionen waren es allein in den Vernichtungslagern.

Anfang April erreichten die amerikanischen Fahnder Horrorberichte aus der Kleinstadt Ohrdruf im Landkreis Gotha in Thüringen. Die vorrückende 4. US-Panzerdivision war dort auf ein Zwangsarbeiterlager gestoßen. Sie fand Dutzende herumliegender Leichen, nackt oder in zerfetzte Lumpen – »wie Pyjamas« – gehüllt. Es waren die blau-weiß-gestreiften Häftlingsuniformen. Zahlreiche Insassen waren schwer krank oder standen vor dem Hungertod. Tausende von Häftlingen, untergebracht in tarngrünen, von einem doppelten Stacheldraht umzäunten Baracken, hatten in Ohrdruf oft bis zu tödlicher Erschöpfung beim Aushub unterirdischer Tunnel- und Bunkeranlagen geschuftet. »Ich sprang in meinen Jeep und raste hin«, schreibt Ben in den *Stories*. Medizinische Einheiten leisteten Erste Hilfe für die Überlebenden. Fotografen der Fernmeldetruppe dokumentierten die Schreckensszenen. Er sammelte das fotografische Beweismaterial ein und machte sich auf die Suche nach weiteren Spuren. Nur sehr wenige Lagerinsassen seien in diesem Augenblick überhaupt in der Lage gewesen, zusammenhängend zu erzählen.

Ohrdruf war das erste von den Amerikanern befreite Lager, in dem Betroffene über ihr Schicksal berichten konnten. Die SS-Wächter waren geflüchtet, bevor die 3. Armee anrückte. Die Häftlinge, die noch gehen konnten, trieben sie auf einen Todesmarsch ins über fünfzig Kilometer entfernte KZ Buchenwald. Wer zu schwach war, wurde liegen gelassen oder auf dem Appellplatz erschossen. Die Leichen der zuvor Verstorbenen – rund 3200 – verbrannten die Wachmannschaften der SS-Totenkopfverbände vor ihrer Flucht auf offenen Feuern. Der Geruch von verbranntem Menschenfleisch erfüllte die Luft.

Die unglaublichen Nachrichten aus Ohrdruf alarmierten die Armeespitze. Am 12. April besuchten die ranghöchsten amerikanischen Generäle auf dem Kontinent, angeführt von Oberbefehlshaber Eisenhower, den Schauplatz des Verbrechens. Dabei war neben Patton auch Omar Bradley, der Kommandant der 1. Armee und der 12. US-Heeresgruppe und spätere Stabschef der US-Armee. Eisenhower war schockiert. Nach der Besichtigung schrieb er an George C. Marshall, den Vorsitzenden des Vereinigten Generalstabs (»Joint Chiefs of Staff«), der den Präsidenten und den Verteidigungsminister in Sicherheitsfragen beriet, das Interessanteste, wenn auch Furchtbarste auf seiner Reise sei Ohrdruf gewesen. »Die

Dinge, die ich gesehen habe, kann man nicht beschreiben.« Die sichtbare Evidenz der Verbrechen und die mündlichen Zeugnisse von Hunger, Grausamkeit und Bestialität »waren so überwältigend, dass mir ein wenig übel wurde«. In einem Raum seien die Leichen von zwanzig, dreißig nackten, verhungerten Männern übereinandergestapelt gewesen. Patton habe sich geweigert, ihn zu betreten. »Er sagte, er würde sonst krank werden.« Eisenhower ging trotzdem hinein, »um in der Lage zu sein, Zeugnis aus erster Hand abzulegen, falls sich in der Zukunft eine Tendenz entwickeln sollte, diese Anschuldigungen lediglich als ›Propaganda‹ hinzustellen«.

Auch Patton war tief betroffen. Für ihn war Ohrdruf etwas vom »Entsetzlichsten«, was er je gesehen habe. In seinem Tagebuch beschreibt er, wie die SS-Männer versucht hatten, die Leichen zu beseitigen. Sie seien auf einen riesigen Rost aus Eisenbahnschienen gelegt worden, die auf einem Fundament aus Ziegelsteinen ruhten. Die Deutschen hätten Pech über sie geleert und unter ihnen ein Feuer aus Kiefernholz und Kohle angezündet. Dabei seien sie aber »nicht sehr erfolgreich« gewesen, »denn da war ein Haufen von Knochen, Schädeln und verkohlten Körpern«, der auf Hunderte von Opfern hingewiesen habe.

Eisenhower ordnete an, dass Kriegsberichterstatter und vor allem möglichst viele Soldaten das Lager besichtigten. Die Welt sollte erfahren, was sich in den deutschen Konzentrationslagern abgespielt hatte. Und die amerikanischen Einheiten sähen jetzt, warum sie ihr Zuhause hatten verlassen müssen, um im fernen Deutschland zu kämpfen.

Der Lampenschirm der »Hexe von Buchenwald«

Ben war zu diesem Zeitpunkt schon zum nächsten Tatort geeilt. »Ich erfuhr, dass Ohrdruf nur eines von vielen Zwangsarbeiterlagern in der Gegend war, die vom Hauptlager Buchenwald kontrolliert wurden.« Also sputete er sich, nach dessen Befreiung am 11. April dorthin zu gelangen. In Erwartung von Pattons Truppen hatten die Häftlinge kurz davor die Wachtürme gestürmt und die Kontrolle über das Lager übernommen. Die SS hatte seit Anfang April 28 000 Insassen weggebracht; 21 000 befanden sich noch auf dem Gelände, als die 6. Panzerdivision der 3. US-Armee Buchenwald erreichte. Es ist auch deshalb eines der bekanntesten KZ geworden, weil es sich neben Weimar befindet, der Wirkungsstätte von Goethe, Schiller und anderen Geistesgrößen der Klassik und Romantik. Die glänzendsten Gipfelpunkte deutscher Kultur stehen so unmittelbar neben den tiefsten Abgründen der deutschen Geschichte. Um anzuzeigen, dass das eine nicht mehr ohne das andere zu denken sei, sprach der Schriftsteller und Buchenwald-Häftling Jorge Semprún *(Die große Reise)* vom »Binom Weimar-Buchenwald«. Die beiden Orte gehörten für ihn zusammen wie zwei Glieder einer mathematischen Summe.

Zu einem Symbol für die dunklen Seiten dieser Geschichte ist Ilse Koch geworden, die Frau des Lagerkommandanten Karl Otto Koch. Die Häftlinge nannten sie »Kommandeuse« oder »Hexe von Buchenwald«. Welche Perversionen die nationalsozialistische Ideologie hervorbringen konnte, bewies sie, indem sie Gegenstände aus tätowierter Menschenhaut herstellen ließ. Ein Brief von Ben an Gertrude vom 20. April 1945 ist eines der frühesten historischen Zeugnisse für die makabren Vorlieben der Kommandantengattin. »Wir arbeiten jetzt an einem Fall – und das ist die absolute Wahrheit –, in dem Hunderte von Männern mit tätowierter Haut abgeschlachtet und gehäutet wurden, damit die Frau des Todeslagerkommandanten Lampenschirme aus den kolorierten menschlichen Geweben haben konnte.« Ob sie das nur für eine erfundene Geschichte halte, fragte Ben Gertrude rhetorisch. »Nein. Wir haben den Nachweis. Wir haben die Häute, die Lampenschirme, die toten Körper der unglücklichen Opfer – und auch die Namen der Täter.«

Der Lagerarzt und SS-Sturmbannführer Erich Wagner promovierte im September 1941 an der Universität Jena sogar mit einer wissenschaftlichen Arbeit »zur Tätowierungsfrage«. Er stöberte im ganzen Lager Gefangene mit Tattoos auf und fotografierte sie. »Die Häftlinge wurden dann vom Kommandanten Koch ans Tor gerufen, nach der Pracht ihrer tätowierten Haut ausgesucht und ins Revier geschickt. Bald darauf erschienen die besten Hautexemplare in der ›Abteilung für Pathologie‹, wo sie präpariert und jahrelang SS-Besuchern als besondere Kostbarkeiten gezeigt wurden«, schreibt der Soziologe und Politikwissenschaftler Eugen Kogon in seiner Studie *Der SS-Staat* (1946). Sie war die erste historische Analyse des »Systems der deutschen Konzentrationslager«. Kogon war selbst in Buchenwald inhaftiert gewesen. Auch andere medizinische Experimente wurden dort an Insassen vorgenommen. »Wir haben gerade einen Doktor verhaftet, dessen Spezialität es war, Typhuskeime in Hunderte von Leuten zu spritzen (Tod absolut sicher), nur um die Folgen zu sehen«, meldete Ben an Gertrude.

Wagner geriet nach dem Krieg in amerikanische Gefangenschaft, bis er 1948 fliehen konnte. Unter einem Pseudonym lebte er unerkannt in Bayern und im Schwarzwald. Dort war er in der Praxis seiner Frau tätig. Erst 1958 wurde er festgenommen und vom Landgericht Offenburg wegen der in Buchenwald begangenen Verbrechen angeklagt. In Untersuchungshaft beging er Selbstmord. Karl Otto Koch wurde noch vor der Befreiung wegen Unterschlagung von geraubtem Häftlingsvermögen und weiterer schwerer Delikte, darunter Mord und

Betrug, zum Tod verurteilt und am 5. April 1945 von einem SS-Kommando hingerichtet. Seine Witwe sorgte weiter für internationale Schlagzeilen. Im Buchenwald-Hauptprozess vor dem amerikanischen Militärgericht in Dachau wurde sie im August 1947 wegen Verbrechen gegen die Menschlichkeit zu einer lebenslänglichen Freiheitsstrafe verurteilt. »Die Richter geben unter vier Augen zu, dass sie nur deswegen am Galgen vorbeigeht, weil sie ein Kind erwartet«, schrieb *Der Spiegel.* Dieses habe sie seltsamerweise in der Haft empfangen. Im Zuge einer umfassenden Amnestie der Amerikaner wurde Ilse Koch bereits 1949 aus der Haft entlassen. Nun ermittelte die deutsche Justiz gegen sie. Das Landgericht Augsburg verurteilte sie im Januar 1951 erneut zu lebenslänglicher Haft wegen Anstiftung zu Mord, versuchten Mordes und Anstiftung zu schwerer Körperverletzung. Am 2. September 1967 erhängte sie sich in ihrer Zelle.

Während Ben den Brief über die Geschehnisse in Buchenwald niederschrieb, wurde er durch neueste Informationen über deutsche Kriegsverbrechen aufgeschreckt. Danach setzte er seinen Bericht fort: »Ein heißer Fall ist gerade hereingekommen.« Kürzlich sei ein anderes Konzentrationslager »gekapert« worden. »Ich habe bereits alle Vorkehrungen getroffen, um morgen früh hinzufahren.« Ein Offizier leihe ihm seinen brandneuen Jeep. Als faktischer Chefermittler war er jetzt praktisch rund um die Uhr beschäftigt. In letzter Zeit sei die Zahl der Fälle regelrecht explodiert. »Wir haben Dutzende von Nazi-Mordstätten aufgespürt.«

Wenn er in ein Lager kam, sicherte er zuerst immer die Aufzeichnungen der SS. In der »Schreibstube« fand er die »Totenbücher« mit den Namen der Insassen, die ums Leben gekommen waren. Hinweise auf die Täter gab ihm in Buchenwald ein ehemaliger Häftling, der in der Lagerverwaltung gearbeitet hatte. »Ich habe auf Sie gewartet«, sagte dieser laut den *Benny Stories.* Er führte ihn zu einer Stelle in der Nähe des elektrischen Zauns, der das Hauptlager umgab. Dort grub er eine kleine hölzerne Schachtel aus. Sie enthielt eine Art Mitgliederkartei eines sogenannten Casinos, ein Gebäude, in dem die SS-Männer abends ein Bier trinken und sich entspannen konnten. Auf den Karten war jeweils ein Foto mit dem Namen und den persönlichen Daten der Inhaber. Bei jedem Eintritt in das Lokal gab es einen Stempel auf der Rückseite. War sie voll, wurde ein neuer Ausweis erstellt. Der Häftling hatte die Aufgabe, diese Zugangskarten vorzubereiten. Anstatt die alten, wie befohlen, zu vernichten, bewahrte er sie heimlich auf. Er wusste, dass er dafür seine Existenz aufs Spiel setzte. Doch er hatte überlebt und nun half er Ben bei der Identifizierung der Täter und ihrer Komplizen. »Sein herausragender Mut zeigte den Glauben, der von vielen anderen leidenden Opfern geteilt wurde, dass irgendwann der Tag der Abrechnung kommen wird, wo Gerechtigkeit waltet.« Doch kam dieser Tag wirklich? Und wie sollte die Gerechtigkeit aussehen?

Auf seinem Weg ins nächste KZ begegnete Ben einem Soldaten einer Avantgardeeinheit der Roten Armee, die die Wehrmacht von Osten vor sich hertrieb. Als Ben ihm sagte, er sei Ermittler für Kriegsverbrechen und sammle Beweise für die Taten der SS, sagte der Russe: »Weißt du denn nicht, was sie taten?« Natürlich wisse er das, entgegnete Ben. »Warum fragst du sie dann noch? Erschieße sie einfach!«, meinte der Rotarmist, an andere Rechtsstandards gewöhnt. In späteren Jahren, als klar war, dass nur sehr wenige Kriegsverbrecher überhaupt angeklagt wurden und die meisten einer Strafe entgingen, habe er oft über den Ratschlag des einfachen russischen Soldaten nachgedacht. »Als Mann des Gesetzes konnte ich seinen Rat nicht akzeptieren, aber manchmal fragte ich mich, ob er nicht doch recht gehabt hat.«

Nichts als Haut und Knochen

Am 23. April befreite die 3. US-Armee das KZ Flossenbürg in Bayern nahe der tschechischen Grenze. Kurz darauf war auch Ben dort. Die Amerikaner stießen auf rund 1500 schwerkranke Menschen. Wie andernorts hatte die SS den Großteil der Insassen auf mörderische Distanzmärsche getrieben, um sie dem rettenden Zugriff durch die Alliierten zu entziehen. 40 000 Gefangene wurden seit Mitte April aus dem Hauptlager und den zahlreichen Außenstellen südwärts gedrängt. Ziel war das KZ Dachau. Meist liefen sie nachts und in den Wäldern. »Dies ist die unglaubliche Geschichte von Hitlers Neuordnung« – so beginnt ein Brief an Gertrude vom 29. April über diese Ereignisse. »Hätte ich sie nicht mit eigenen Augen gesehen, würde ich vielleicht dazu neigen, sie zu bezweifeln. Aber ich habe sie gesehen.« Zwei Tage zuvor war die Meldung vom Militärgeheimdienst eingegangen, das KZ Flossenbürg sei übernommen worden. Mit einem Offizier und einem Fahrer hatte sich Ben sofort auf den Weg gemacht. Auf den Straßen kamen ihnen Lastwagenkonvois mit »missmutigen deutschen Kriegsgefangenen« entgegen, bewacht von einer Handvoll GI in einem Jeep. Dann tauchten plötzlich kleine Gruppen zu Fuß gehender Lagerhäftlinge auf. Was sie mehr als alles andere als KZ-Opfer ausgewiesen habe, sei ihr ermatteter, verwirrter Blick gewesen, mit dem sie die ihnen entgegenkommenden Fahrzeuge begrüßt hätten. »Sie waren zu müde, um zu lächeln, aber ein trauriger Schimmer von Dankbarkeit erschien auf jedem Gesicht, und mehr musste nicht gesagt werden.« Viele seien kurz vor dem Verhungern gewesen und von verschiedenen Krankheiten befallen. »Typhus und tödliche Läuse begleiteten den Pilgerzug.«

Ben kam mit seinen Begleitern an einem Dorf vorbei, wo sie ein französischer Soldat aufhielt. Er war zwei Jahre lang in deutscher Kriegsgefangenschaft gewesen. Als die Kolonnen der geschwächten KZ-Häftlinge näher gekommen seien, habe die SS ihm und etwa vierzehn weiteren Kriegsgefangenen befohlen, eine große Grube in einem nahe gelegenen Wald auszuheben, berichtete er. Nachdem sie dem Befehl gehorcht hatten, machten sie sich schnell davon, denn sie wussten, was geschehen würde. Als sie über die Felder flohen, sahen sie, wie SS-Leute eine Gruppe von ungefähr vierzig oder fünfzig erschöpften Männern vor sich herjagten. An diesem Punkt der Erzählung forderte Ben den Soldaten auf, ihnen die Stelle zu zeigen. Im Jeep fuhren sie hin. »Hier ist es«, sagte er, »und dort liegen sie.« Ben sah die frisch aufgeschüttete Erde, die mit einigen Zweigen bedeckt war. Sie holten eine Schaufel aus dem Auto, und er sagte dem Franzosen, er solle graben, wo er die Leichen vermute. Nach wenigen Schaufelstichen stieß er auf den Kopf eines der Opfer. »Bedecke ihn wieder«, sagte Ben. Der Tote habe schon genug gelitten. Um weitere Informationen zu erhalten, gingen sie zu einem benachbarten Bauernhof. Unter Eid sagte die Bauersfrau aus, sie habe die herankommende Kolonne gesehen und kurz darauf eine Serie von Schüssen gehört, jeweils im Abstand von einer oder zwei Minuten. Die SS-Einheit habe die Leichen unbedeckt gelassen – ihr Mann und ihr Sohn hätten selbst ein wenig Erde über sie geworfen, um die Ausbreitung von Krankheiten zu verhindern. Fotografien des Massengrabs, die er von Spezialisten machen ließ, schickte Ben am 14. Juni 1945 auch an Gertrude. »Ich hoffe, sie erschrecken dich nicht, aber die Bilder können nur einen kleinen Eindruck davon vermitteln, wie es tatsächlich war.«

Er fuhr mit seinem Team weiter. Unterwegs sahen sie immer wieder kleine Hügel, unter denen ein paar Tote lagen. Sie stammten von den »Evakuierungsmärschen«. »Es mussten zwischen zwei- und dreitausend ermordete Menschen entlang der Straße liegen. Einige waren nicht einmal beerdigt worden, und die hingestreckten blauen Leichen erschütterten mein Herz.« Als sie einmal kurz anhielten, um ein Straßenschild zu entziffern, rannte ihnen ein blutüberströmter Mann in Zivilkleidung entgegen. »Was wollen Sie?«, fragte Ben. »Bitte, bitte«, sagte er, »ich bin deutscher Soldat.« Wo seine Uniform sei, wollte Ben wissen. Der Deutsche wies auf seine Hose. Die Russen hätten ihm den Rest entrissen, und sie seien hinter ihm her. Sein Soldbuch habe er verloren. Stattdessen zeigte er einige lose Papiere. Darunter war ein Bild eines SS-Mitglieds. »Sind Sie in der SS?« »Nein, nein«, sagte der andere, sie sollten ihn doch, bitte, mitnehmen, und versuchte in den Jeep zu klettern. In diesem Augenblick kam jemand auf einem Fahrrad über den vor ihnen liegenden Hügel gefahren. Um seine Schulter hing ein Gewehr. »Sie haben auf mich geschossen. Sie werden mich töten«, schrie der Deutsche voller Angst. Der Radfahrer war inzwischen angelangt – es war ein Russe. »Er ist SS«, schnarrte er. Der Flüchtende bat Ben noch einmal, ihn zu retten. »Sie tragen Ihre Uniform nicht«, rief Ben ihm zu. Und zum Russen sagte er: »Mach, was du willst!« Als »der Nazi dies hörte, begann er zu weinen, aber jetzt hatte der Russe das Gewehr angelegt, und aus einer Distanz von ungefähr vier Metern feuerte er einen Schuss direkt in den Rücken des fliehenden Deutschen«. Dieser rannte noch etwas weiter, geriet zwischen die Räder eines entgegenkommenden amerikanischen Lastwagens und war tot. Der Fahrer war schockiert. »Sir«, sagte er zum Offizier, der Ben begleitete, »ich konnte nichts machen.« »Roll ihn weg und fahr weiter!«, befahl der Offizier.

Auch abseits der Straßen spielten sich wilde Szenen ab. Ben sprach mit Personen, die an den Todesmärschen teilgenommen hatten, und mit deutschen Anwohnern aus der Umgebung des Lagers. Die Weiseren von ihnen seien geflohen, schrieb er. Wer geblieben sei, dessen Haus sei von hungernden Exhäftlingen geplündert worden. Viele lebten jetzt »in den Häusern, die sie unterwegs fanden«. Ben betrat mehrere Wohngebäude und Ställe, die die ehemaligen Gefangenen übernommen hatten. »Sie lagen herum, viele waren zu krank, um sich zu bewegen, und warteten auf jemanden, der käme und hülfe.« Am meisten gefürchtet seien die Russen gewesen. Eine alte Frau klagte Ben, die »Roten« hätten ihre einzige Kuh gestohlen. Nun habe sie keine Milch mehr. Er möge ihr das Tier doch zurückgeben und die Diebe bestrafen. »Ich sagte ihr, die Russen hätten viel mehr als eine Kuh an die Deutschen verloren, und wenn sie sie wiederhaben wolle, könne sie Hitler fragen.«

Endlich erreichten sie Flossenbürg. Das Lagergelände war von Weitem zu sehen, es bedeckte einen Abhang gegenüber einer mittelalterlichen Burgruine. Die düsteren Baracken hätten dazu einen »interessanten Kontrast« gebildet. Als sie auf das Tor zufuhren, wurden sie von zwei Schildern begrüßt. Auf einem stand in Englisch »Quarantäne«, auf dem anderen »Prisoners Happy End! Welcome!«. Aufgehängt hatte es der tschechische Insasse und Lagerschreiber Emil Lezak, der noch in den letzten Stunden vor dem Eintreffen des 358. und 359. Infanterieregiments der 90. Division der 3. US-Armee am Morgen des 23. April die erste Lagergeschichte zu schreiben begonnen hatte. Als die motorisierten Patrouillen anrückten, hörte er mitten im Satz auf: »Jetzt muss ich unterbrechen, die Befreier sind da!« Nun standen zwei amerikanische Ärzte am Eingang. Es gebe eine Typhusseuche, aber sie könnten selbstverständlich eintreten, um zu ermitteln, gaben sie Ben und seinen Begleitern zu verstehen. »Es waren immer noch etwa vierzehnhundert Gefangene im Lager, und an Dutzenden von Stellen wurden auf kleinen Feuern die verlausten Kleider verbrannt.«

Zuerst untersuchte Ben das Krematorium. Hier hatten sich die deutschen Ingenieure eine besondere Konstruktion einfallen lassen: »Die toten Opfer wurden aus dem Lazarett, oder wo immer sie ihren letzten Atem ausgehaucht hatten, hinausgetragen und auf einen Wagen geladen. Dieser war wie ein großer Sarg konstruiert und auf Schmalspureisenbahnräder montiert. War der Behälter voll, wurde er zum Krematorium gesteuert.« Ein schweres Eisentor sicherte den Einstieg. Dann fuhren die

Leichen durch einen Tunnel und eine Rampe hinab zur weiter unten liegenden Verbrennungsanlage. »Wir öffneten das geschlossene Tor und liefen zwischen den Schienen hinunter.« Ben fragte sich, wie viele wohl »auf dem einfacheren Weg heruntergekommen waren – im Waggon«. Das Krematorium beschreibt er als kleines Gebäude mit ein paar Räumen. In einem von ihnen war ein großer Ofen. »Es brannte kein Feuer, und die Asche und die Knochen waren deutlich zu sehen.« Im anschließenden Raum seien etwa sechzig tote Körper gestapelt gewesen, »wie Klafterholz«. Nur das Fehlen von Treibstoff habe diese Menschen, die noch vor wenigen Tagen gelebt hätten, vor der Kremierung bewahrt. »Sie waren nichts als Haut und Knochen, und trotzdem zeigte ihre gespannte Haut die Beulen und Striemen der Schläge. Die Gesäßbacken waren schwarz und blau, wo der Gummischlauch der SS seine Markierung bis in den Tod hinterlassen hatte.« (Solche Schläuche, teilweise mit Sand gefüllt, wurden auch aus anderen Konzentrationslagern als Folterinstrumente gemeldet.) Der Verwesungsgestank sei widerlich, aber der Anblick dieser geschlagenen und verhungerten Körper und die Vorstellung, wie sie ihren Tod gefunden hätten, seien noch übler gewesen. Hinter dem Krematorium entdeckte Ben eine Aschegrube. Die Überreste menschlicher Knochen waren darin zu sehen. War sie voll, wurde die Asche über die angrenzenden Felder verteilt. Ein trüber grauer Dunst sei immer noch über dem Grund geschwebt. – Diese besonderen Einrichtungen wurden später zu einem Mahnmal: »Tunnel, Rampe und Krematorium wurden nach 1945 ein wichtiges Erinnerungszeichen für das KZ Flossenbürg und Symbol für das massenhafte Sterben im Lager«, heißt es in einer Broschüre der heutigen Gedenkstätte.

Nachdem er sich einen Überblick über die restlichen Anlagen verschafft hatte, machte sich Ben an die Beweisaufnahme. »Wir brauchten Hilfe.« Der Begleitoffizier forderte Verstärkung an, Fotografen, Filmleute, Stenotypisten, um »für die Welt die wahre Bedeutung der deutschen Kultur festzuhalten«.

Lagerkommandant war jetzt ein russischer Hauptmann, der viele Jahre in Flossenbürg gefangen gewesen war. Er bot Ben jede Unterstützung an, »und ich übernahm zwei große Büroräume als unser Hauptquartier«. Im Lager fand er auch einen zweiundzwanzigjährigen Leutnant aus Jugoslawien, der in Cambridge Medizin studiert hatte, aber auf einem Heimaturlaub von den Nazis gefangen genommen worden war. »Ich nannte ihn Willy und machte ihn zu meinem Chefassistenten, da er zusätzlich zu seinem scharfen Verstand und seinen gründlichen Kenntnissen des Lagers fließend sieben Sprachen beherrschte.« Einige der Insassen hatten die Bücher mit den Statistiken der Gefangenen versteckt und brachten sie nun her. Ben beauftragte ein Team damit, die Daten zu tabellarisieren. Lezak und zwei langjährige französische Mithäftlinge schrieben weiter an der Lagergeschichte. Einem anderen übertrug er die Aufgabe, die Namen aller SS-Männer zusammenzutragen, die im KZ gearbeitet hatten. Ein Arzt sammelte die Aussagen von Personen im Lazarett. Ben selbst verhörte in seinem Büro so viele Zeugen wie möglich.

Es dauerte nicht lange, da erschien der russische Hauptmann bei ihm. Er habe mit einigen Problemen zu kämpfen und wisse nicht weiter. Erstens das »Problem der Homosexualität«. Diese sei weitverbreitet im Lager, und mindestens siebzig Gefangene hätten einen jungen Insassen vergewaltigt. Das verstoße gegen russisches Gesetz, er wolle wissen, wie so etwas in Amerika gehandhabt werde. Ben erklärte, es sei auch dort verboten, »aber die Gefangenen, die bereits genug gestraft sind, für Dinge zu bestrafen, die sie an der Schwelle des Todes getan haben, bringt niemandem etwas«. Der misshandelte junge Mann wurde sofort aus dem Lager geholt und in die Obhut der amerikanischen Ärzte gebracht. »Der Hauptmann schien erleichtert.«

Ein zweites Problem war die Tatsache, dass im KZ auch deutsche Soldaten und Gestapomitglieder eingesessen hatten, wegen im Dienst begangener Delikte. Auch sie kamen frei, als die Amerikaner das Lager übernahmen. Ben ordnete an, dass eine Liste von ihnen erstellt wurde. Sollten sie gefasst werden, seien sie als reguläre Kriegsgefangene zu behandeln.

Das dritte Problem betraf jene Insassen, die von der Lagerleitung zu Wach- und anderen Diensten beordert worden waren. Diese »Kapos« waren manchmal noch brutaler als die SS. Was sollte man mit ihnen tun? »Zuerst dachte ich, wir würden mit ihnen auf dieselbe Weise umgehen, wie wir es mit den Kriegsverbrechern beabsichtigten.« Ben bestellte Zeugen, die unter Eid gegen die Beschuldigten aussagten. Dem ersten von ihnen warfen mehrere Augenzeugen vor, einen kranken Franzosen mit einem Gummischlauch zu Tode geprügelt zu haben. Ben ließ ihn holen und konfrontierte ihn mit den zusammengetragenen Fakten. Der Mann war sechs Jahre lang gefangen gewesen. Ben warf ihm vor, durch die erzwungene Misshandlung der Leidensgenossen habe er sich bei den Nazis anbiedern und vielleicht ein paar Privilegien ergattern wollen. »Er verneinte alles, log aber sehr offensichtlich.« Ein anderer Kapo sollte im Krankenrevier mehrere Patienten getötet haben, indem er ihnen einen Wasserschlauch in den Mund steckte und auf Hochdruck schaltete. »Es herrschte Konsens zwischen den Anklägern und dem Lagerkommandanten, dass diese Männer nicht mehr als einige Monate Gefangenschaft für ihre Verbrechen erhalten sollten.« Anderswo in der Welt würden diese Delikte zweifellos als Mord belangt werden, aber in einem Kontext, »wo Mord so alltäglich ist wie Essen«, stelle sich die Frage, wie verantwortlich ein verfolgtes Opfer sei, das nur tue, was es tagein, tagaus sehe. »Können wir die Werte und Standards einer zivilisierten Welt auf Leute anwenden, die vier oder fünf Jahre lang einem Mordlager unterworfen waren?« Ben konnte die Frage spontan nicht entscheiden. Er ließ die beiden Männer in »ziemlich komfortable Zellen« innerhalb des Lagers stecken. »Sie werden wahrscheinlich ein oder zwei Monate bleiben, und das wird angemessen sein.«

Die Ermittlungen im KZ Flossenbürg dauerten mehrere

Tage. Am 1. Mai berichtete er Gertrude von sensationellen Neuigkeiten: »Letzte Nacht schlief ich im Bett des Obersturmbannführers.« Es handelte sich um den letzten Lagerkommandanten, Max Koegel, den »Kopf des Albtraums in Flossenbürg«, unter dessen Herrschaft Tausende von Menschen bestialisch ermordet worden waren. »Die Beweise gegen ihn sind zusammengetragen, und der frühere stolze Häuptling ist jetzt ein gejagter Verbrecher.« Er hatte wenige Wochen zuvor den Todesmarsch der Häftlinge, die noch einigermaßen gehen konnten, zum KZ Dachau befohlen. Bevor die Amerikaner auf den Plan traten, tauchte er mit den Papieren eines Insassen unter. Im Juni 1945 konnte er verhaftet werden. Kurz darauf erhängte er sich, noch in Untersuchungshaft. Während die Gefangenen in »miserablen kontaminierten Hütten« gehaust hätten, »zusammengepfercht wie Sardinen«, habe der Obernazi nur einen Steinwurf entfernt in einem »luxuriösen Haus« gelebt. Er war so überstürzt geflüchtet, dass alles noch da war: »Die sauberen Leintücher wurden aus dem Wandschrank genommen, und ich schnäuzte mich in sein Taschentuch.« Jetzt, wo er diese Zeilen schreibe, trage er den Bademantel des Obersturmbannführers und seine neuen Pantoffeln, »und das heiße Bad in seiner Wanne (mit minderwertigem deutschen Badesalz) war höchst vergnüglich«.

Es war Abend; hinter ihm lag ein geschäftiger Tag. »Ich sammelte eidesstattliche Erklärungen von Angehörigen aller Nationalitäten.« Die Gefangenen kamen aus vielen verschiedenen Ländern; die größten Gruppen stellten Polen, die Sowjetunion, Ungarn, Deutschland, die Tschechoslowakei, Italien und Jugoslawien. Die verbliebenen Insassen hatten den 1. Mai zu ihrem »Liberation Day« erklärt. Die Sowjets gaben den Ton an, und so war es kein Zufall, dass das Fest auf den Tag der Arbeit fiel. Im Zentrum des Lagers wurde eine große Bühne aufgebaut. Die Flaggen der USA, Großbritanniens und der UdSSR wehten. Von Häftlingen gemalte Porträts des kurz zuvor verstorbenen amerikanischen Präsidenten Roosevelt, von

Churchill und Stalin waren aufgehängt. Ganz zuoberst auf der Plattform prangte ein Schild mit dem Text »Thanks To Our Liberators« (»Dank an unsere Befreier«). Am Vorabend war eine Insassendelegation zu Ben gekommen und hatte ihn gefragt, wie man dies buchstabiere. Jede Nation formte eine Einheit, die unter ihrer Fahne um den Platz paradierte. Ihre Vertreter hielten »lange, gewundene Reden, sie dankten den Alliierten und verdammten das kapitalistische System«. Aber da gab es noch eine Gruppe, die ohne Fahne marschierte. Ben fragte, wer das sei. »Oh«, erhielt er zur Antwort, »das sind die Juden.«

Kriegsende, ohne Feierlaune

Am 7. Mai 1945 machte Ben nach längerer Unterbrechung wieder einen Eintrag in sein kleines, handliches Tagebuch. »Heute Abend hörte ich am Radio, dass der Krieg vorbei ist!«, schrieb er mit schwarzer Tinte in seiner schönen Schrift. Deutschland erklärte die vollständige Kapitulation. Alle Kampfhandlungen wurden eingestellt. Am 30. April hatte Hitler im Berliner Führerbunker Selbstmord verübt. Das »Tausendjährige Reich« endete nach nur etwas mehr als zwölf Jahren in einem Trümmerhaufen. Der von den Nazis entfachte Zweite Weltkrieg – auf dem asiatisch-pazifischen Schauplatz dauerte er noch bis zu den amerikanischen Atombombenabwürfen auf Hiroshima und Nagasaki Anfang August und der anschließenden Kapitulation Japans – forderte mindestens fünfzig Millionen Tote. Den weitaus größten Blutzoll bezahlte die sowjetische Bevölkerung, mit ungefähr der Hälfte der Gesamtzahl. Unter den Opfern deutscher Massenverbrechen ragten die europäischen Juden hervor. Rund sechs Millionen von ihnen wurden von den Nationalsozialisten ermordet. Ein entscheidender Schritt, um die Täter zur Rechenschaft zu ziehen, wurde mit der Konferenz von Potsdam im Juli und August 1945 eingeleitet. Dort legten die Siegermächte USA, Großbritannien und UdSSR die Nachkriegsordnung fest. Das deutsche Territorium wurde in vier Besatzungsgebiete aufgeteilt – auch Frankreich erhielt einen Teil –, verwaltet von Militärregierungen. Die Gouverneure trafen sich im Alliierten Kontrollrat, dem obersten Besatzungsorgan, das auch die Gesetze erließ. Das Kontrollratsgesetz Nr. 10 wurde in den kommenden Jahren zur wichtigsten Rechtsgrundlage für die Verfolgung von NS-Verbrechen.

In einem Brief an seine »Liebste« – ebenfalls vom 7. Mai – beschreibt Ben die Atmosphäre, als das Kriegsende verkündet wurde. Im Voraus habe er gedacht, er würde vor Freude verrückt werden. »Tatsächlich hörte ich nur ruhig und ernst zu, und es ist immer noch schwer zu glauben.« Die Kameraden hätten ähnliche Gefühle gezeigt: keine wilden Schreie, keine Hurrarufe, kein Konfettiregen. Einer sagte: »Ich vermute, wir sollten feiern«, doch nichts geschah. »Es gab keinen besonderen Lärm, das Kriegsende wurde begrüßt wie der Abschluss eines normalen anderen Tages.« In sein »Diary« notierte Ben: »Das Ende des Kampfes als eine Antiklimax, und niemand scheint sehr beeindruckt.«

Was war die Ursache für die so gar nicht euphorische Stimmung? »Vielleicht liegt es daran, dass Soldaten keine Menschen sind; sie sind bloß Soldaten, und das ist etwas anderes.« Die Unterzeichnung der Kapitulationsurkunde durch die Deutschen sei »nur ein Schritt, und nicht der wichtigste in unseren Leben«. Die große Frage zuvorderst in jedermanns Kopf laute: »Wann kommen wir nach Hause?«

Noch war es nicht so weit. Auch wenn der Krieg in Europa vorüber war, blieb viel zu tun. Das ganze Ausmaß der nationalsozialistischen Verbrechen kam erst jetzt in all seinen grausamen Einzelheiten zum Vorschein. Das »Kriegsverbrechergeschäft« boomte; es seien eben elf neue Leute in seinem Büro angestellt worden. Ben trug nun den »schicken« Titel eines »Bürovorstands«, doch das kümmerte ihn wenig. Viel lieber würde er draußen herumreisen. Sein Wunsch sollte schon bald in Erfüllung gehen. Mit der 3. US-Armee schwenkte er südwärts. Nach einer Stippvisite in Dachau – das Ende April von einer anderen US-Armee befreite Lager gehörte nicht zu seinem Aufgabenbereich – untersuchte er ein monströses KZ in Österreich.

Die lebendigen Toten von Mauthausen

Es gibt kein Konzentrationslager, das nach menschlichen Maßstäben nicht unvorstellbar gewesen wäre, aber das KZ Mauthausen empfand Ben als besonders brutal. »Mauthausen war etwas vom Schlimmsten, und mein Geist weigert sich immer noch, zu glauben, was ich dort gesehen habe«, notierte er am 11. Juni ins Tagebuch, im Abstand von mehreren Wochen nach der Inspektion. Die ausgemergelten Skelette im Außenlager Ebensee, wo Abertausende systematisch zu Tode gehungert worden seien, könne er »nie vergessen«. Ein Brief an die »liebste Trudy« vom 15. Mai 1945, in dem er ausführlich über Mauthausen berichtet, beginnt mit dem vielsagenden Satz: »Die Donau ist weder blau noch schön; jedenfalls nicht zu dieser Jahreszeit.« Die letzten sechs Tage habe immer die Sonne geschienen, aber weder der Fluss noch die rollenden Hügel, noch das konstante Prachtwetter könnten eine Spur von Freude in diese aufgewühlte Landschaft bringen.

Die Auswahl des Standorts für das Lager war Chefsache gewesen. Kurz nach dem Anschluss Österreichs im März 1938 inspizierten Himmler, Oswald Pohl, der Leiter des SS-Hauptamts Verwaltung und Wirtschaft, und Theodor Eicke, der Oberinspekteur der deutschen Konzentrationslager, ein Gelände am Ufer der Donau in der Nähe von Linz. Es gab dort einen großen Steinbruch, den »Wiener Graben«. Was sie sah, befriedigte die SS-Korona. Schon Ende April veranlasste sie die Gründung der Deutschen Erd- und Steinwerke GmbH zum Abbau des Granits. Die Arbeit sollten Gefangene ausführen. Die ersten rund dreihundert wurden im August 1938 von Dachau nach Mauthausen verlegt; sie mussten das Lager errichten. Bis zum Jahresende umfasste es bereits etwa eintausend Häftlinge. Waren es zu Beginn vor allem von der NS-Justiz verurteilte Kriminelle und »Asoziale«, kamen ab 1940 republikanische spanische Bürgerkriegskämpfer hinzu, die nach dem Sieg Francos nach Frankreich geflüchtet und dort vom Vichy-Regime an die Deutschen ausgeliefert worden waren. Zwischen August 1938 und Mai 1945 waren schätzungsweise über 197000 Insassen im KZ Mauthausen inhaftiert. Mindestens 95000 starben. Über 14000 davon waren Juden. Es gab eine Gaskammer und einen Gaswagen, um das Töten effizienter zu erledigen. Die letzten Menschen wurden noch am 28. April mit Zyklon B vergiftet, als der Krieg praktisch schon vorüber war.

Ben fuhr nach Linz und meldete sich beim Major im Divisionshauptquartier. Am nächsten Morgen brach er in seinem Jeep nach Mauthausen auf. Entlang der engen, steilen Straße begegnete er Hunderten von Menschen. »Aber viele von ihnen gingen nicht. Sie lagen im Staub, ihre hohlen Augen starrten aus ihren knochigen Gesichtern.« Zuoberst auf der Zufahrt erblickte er eine Mauer aus großen Steinblöcken, die in regelmäßigen Abständen von Wachtürmen unterbrochen wurde, »und hinter dieser monumentalen Steinfestung waren 25000 sterbende und tote Seelen«. Die anderen Lager, die er gesehen habe – aus Holz und umgeben von Stacheldrahtzaun –, hätten gewirkt, als ob sie nur provisorisch errichtet seien. »Aber dieses hier war gebaut, um ewig zu halten. Ein dauerhafter Ort für die Zerstörung der ›Reichsfeinde‹.« Er fuhr langsam durch das Tor. Im Hof wurde er von einem Pulk von Menschen begrüßt, von denen manche nicht einmal Kleider anhatten. Andere waren in Lumpen gehüllt oder hatten noch die gestreiften Häftlingshosen an. Ein dunkelhäutiger Junge rannte auf ihn zu. Er war dünn wie ein Faden und streckte seine dürre Hand aus. »Zigarette, Zigarette, Casablanca, Casablanca«, sagte er.

Ben schloss daraus, dass er aus Marokko stammte. Die herumstehende Menge beobachtete neugierig, ob sein Betteln erfolgreich sein würde. Ben wagte nicht, ihm den Wunsch zu erfüllen, weil er fürchtete, sonst überrannt zu werden. »Ich schüttelte traurig meinen Kopf und ging weiter.«

In einem der Lagerbüros richtete das Ermittlungsteam seinen Stützpunkt ein. Es wurde ein internationales Komitee mit Vertretern von Gefangenen aus jeder anwesenden Nation gebildet, die unter Eid niederschrieben, was ihnen und ihren Landsleuten geschehen war. Manche hätten beredt, andere einfach wütend berichtet, aber alle hätten dieselbe Forderung unterschrieben: Es müsse Gerechtigkeit hergestellt werden, die Verantwortlichen dürften nicht entkommen. Aus den Beschreibungen der Opfer ging hervor, dass die Aufseher ein ganzes Arsenal von Foltermitteln angewandt hatten. Schläge waren so selbstverständlich, dass sie kaum erwähnt wurden. Die Insassen wurden mit Eisenketten traktiert, im Winter draußen nackt mit heißem und kaltem Wasser abgespritzt, angeblich »auf der Flucht erschossen«, in die Gasdusche geschickt, oder ihnen wurde im Krankenrevier Benzol in die Venen injiziert. Im Hauptlager gab es drei Krematorien, und obwohl die SS versucht hatte, die Spuren zu verwischen, waren Teile davon noch sichtbar. Auch der Versuch, die Gasventile zu verstecken, indem sie mit Putz überzogen wurden, schlug fehl, »da sie nicht Zeit gehabt hatten, alle zu töten, die davon wussten, und die vorgesehenen Opfer darauf brannten, die Methoden ihrer Peiniger aufzudecken«.

Die befreiten Häftlinge zeigten Ben auch den riesigen Steinbruch. »Jeder Stein kostete ein Menschenleben«, sagte einer von ihnen. Eine der »Nazisportarten« sei es gewesen, den Insassen zu befehlen, über die hohen Klippen zu springen. »Jene, die sich weigerten, wurden hinuntergestoßen. Die zerschmetterten Knochen sind immer noch mit den Felsbrocken vermischt.« In Anspielung auf die Besitzer der Deutschen Erd- und Steinwerke GmbH schrieb Ben: »Die Aktionäre des

Steinbruchs waren die SS und die Führer der Nazipartei. Das Blut der Sklaven war ihre Dividende, und die Fetten wurden reich durch die menschliche Misere.«

Das Elend in Mauthausen war vielfältig; es schaute ihn aus Kinderaugen an, aber auch aus denen weißhaariger Frauen, als er durch die Baracken schritt und die »lebendigen Toten« betrachtete. Ein vierzehnjähriges Mädchen aus Ungarn fragte er in ihrer Sprache, wo ihre Eltern seien, und sie begann zu weinen. Bei einer alten Frau, die nur noch wie ein verschrumpeltes Skelett aussah, wunderte er sich, was sie überhaupt noch am Leben halte. »Am nächsten Morgen hatte ich die Antwort auf meine Frage. Ich sah, wie ihre winzige Leiche zum Krematorium getragen wurde. Nun wird sie in einen hölzernen Sarg gelegt und außerhalb der Gefängnismauern begraben werden.« Er traf auf Neugeborene, die erst zwei, drei Wochen alt waren, in Lumpen gehüllt, im Schmutz lebend, ohne Nahrung, »mit nichts außer ihrem Heulen«. Ihre Mütter erkundigten sich »mit wenig Hoffnung«, wann sie endlich gehen könnten. »Und ich konnte keine Antwort geben, denn es gibt so viele Lager und so viele Tausende von ebenso Unglücklichen, dass es Zeit braucht, und jeder Tag ist eine Ewigkeit für sie.«

Es gebe noch so viele andere Dinge, die er gesehen und getan habe, aber er könne jetzt nicht alles beschreiben. »Es ist furchtbar und herzergreifend.« Der Mann, der von sich selbst sagt, er habe so viel Schreckliches beobachtet wie kein zweiter Zeitgenosse dieses blutigen Jahrhunderts, begann um seine menschliche Wahrnehmungsfähigkeit zu bangen. Er fürchtete, die Horrorbilder in seinem Kopf könnten ihn abstumpfen und sein Gefühlsleben beeinträchtigen. »Ich will nicht einmal daran denken, was der Anblick aller dieser Dinge mit mir macht. Wie kann ich je wieder die Zartheit haben, mich um deinen zerkratzten Finger zu kümmern, oder um die anderen kleinen Sachen, die mir nun so unbedeutend scheinen werden?« Er könnte noch endlos weiter berichten, »aber es ist immer dasselbe«. Schon morgen früh breche er zu einem neuen Lager auf. Es war Ebensee.

Über die dortigen Investigationen Mitte Mai berichtete er Gertrude in einem Brief, den er elf Tage danach in Erlangen verfasste. Das Außenlager von Mauthausen sei in verschiedener Hinsicht beispiellos und etwas vom »Denkwürdigsten«, das er erlebt habe. Die üblichen Foltermittel hätten hier weitgehend gefehlt, dennoch sei das Lager für alle Insassen ein einziger Schrecken gewesen. Die meisten Häftlinge seien einfach verhungert. Sie hätten in einem Steinbruch arbeiten müssen, »und die Essensration war so bemessen, dass sie innerhalb von sechs Monaten starben«.

Als die amerikanische Armee das Lager übernommen hatte, installierte sie umgehend ein Feldspital. Ben lief nun durch die Station und sah die Patienten. »Sie starben ringsum. Viele waren noch lebendig, und die Amerikaner versuchten das schwache Leben zu erhalten, das übrig geblieben war.« Vor einer der Baracken war ein Wassereimer aufgestellt, in dem Insassen die Kranken wuschen. »Es war ein unwirklicher Anblick.« Die Elenden, nichts außer Haut und Knochen, wurden zur Wanne getragen »wie Babys«, keiner könne mehr als achtzig Pfund gewogen haben (etwas mehr als sechsunddreißig Kilogramm). Sie wurden aufrecht in den Eimer gestellt und mit Wasser übergossen. »Wie leblose Marionetten kippten diese ehemals menschlichen Wesen in die Arme derer, die sie badeten. Ihre Köpfe schlenkerten lose herum, und ihre Arme hingen schlaff herab. Und dennoch waren diese Skelette, die in einer Wanne emporgehalten wurden, lebendige Wesen – Menschen, die einmal berühmt und einflussreich gewesen sein mochten. Jetzt waren sie nichts außer hilflose, tierähnliche Puppen, die nicht sterben durften.« Niemand, der es nicht selbst gesehen habe, könne sich die Szene vorstellen. »Es ist alles ein wilder Albtraum.«

Die Dachauer Prozesse

Nachdem er seine Feldrecherchen im riesigen Einzugsgebiet von Mauthausen-Gusen abgeschlossen hatte, kehrte Ben nach Bayern zurück. In München besuchte er Hitlers »berühmte Bierhalle«. Sie müsse einst ein wunderschöner Ort gewesen sein, meinte er. Nun sei nichts mehr da außer Ruinen, in denen die GI aber trotzdem jeden Nachmittag etwas trinken könnten. »Heil Hitler!« Von München fuhr er ins mittelfränkische Erlangen weiter; dort hatte die US-Armee eine deutsche Garnison übernommen. Sie nannten sie die »Ferris Barracks«, nach einem amerikanischen Kriegshelden, der 1943 in Tunesien gefallen war. Im Büro der Abteilung für Kriegsverbrechen schrieb Ben als Chief Clerk seine Ermittlungsberichte, die später zur Grundlage von verschiedenen Gerichtsprozessen der amerikanischen Militärjustiz wurden. Neben Nürnberg war Dachau, wo der Prototyp der deutschen KZ mit seiner stilbildenden »Lagerordnung« gestanden hatte, ein Hauptschauplatz der Verfahren.

Im Mauthausen-Hauptprozess von Ende März bis Mitte Mai 1946 wurden 61 Angeklagte für schuldig befunden. Achtundfünfzig von ihnen erhielten das Verdikt »Tod durch den Strang«, wobei neun Todesstrafen später in lebenslängliche Haftstrafen umgewandelt wurden. Das Verfahren klärte auch die von Ben aufgeworfene Frage, ob die »Funktionshäftlinge« oder Kapos ebenfalls der Justiz ausgeliefert werden sollten. Im Mauthausen-Hauptprozess wurden drei von ihnen angeklagt. Alle wurden zum Tod verurteilt und hingerichtet. Neben dem Haupt- gab es zahlreiche Nebenprozesse mit 238 Beschuldigten. Einer davon richtete sich ausschließlich gegen vier spanische Kapos. Mehrere Verfahren gab es auch zu den Konzentrationslagern Flossenbürg und Buchenwald. Die Anklage stützte sich jeweils auf die Ermittlungsergebnisse, die Ben und andere Fahnder im Rahmen des »War Crimes Program« zusammengetragen hatten.

Bens Untersuchungen der Lynchmorde an alliierten Piloten mündeten in die sogenannten Fliegerprozesse. Allein in Dachau wurden zweihundert von ihnen durchgeführt. Der bedeutendste war derjenige gegen SS-Obergruppenführer Jürgen Stroop und weitere Mitangeklagte von Januar bis März 1947. Hier ging es um verschiedene Fliegermorde in Hessen, wo Ben ebenfalls ermittelt hatte. Als Höherer SS- und Polizeiführer im Gebiet »Rhein-Westmark« wurde der überzeugte Nazi Stroop für den Plan zur Begehung von gemeinschaftlichen Verbrechen (»Common Design«) verantwortlich gemacht. Aktenkundig wurden unmissverständliche Aufrufe von oben, die Armee- und Polizeikräfte sollten die Lynchjustiz nicht verhindern und die Täter sollten straffrei bleiben. Dabei verstießen die Fliegermorde sowohl gegen internationales wie auch gegen deutsches Recht. Wie mit Flugzeugbesatzungen im Feindgebiet umzugehen sei, regelten die »Haager Landkriegsordnung« (1907) und das Genfer »Abkommen über die Behandlung von Kriegsgefangenen« (1929), die beide vom Deutschen Reich anerkannt wurden. Stroop und zwölf weitere Angeklagte wurden in Dachau zum Tode verurteilt, andere erhielten Haftstrafen zwischen drei und fünfzehn Jahren. Manche Urteile, darunter zwei Todesstrafen, wurden später herabgesetzt.

Im Jeep auf den »Adlerhorst«

Senkte das Ende der Kampfhandlungen die Arbeitsintensität für die meisten Truppen auf einmal deutlich, brachte es Ben eine Fülle neuer, elektrisierender Aufgaben. »Ich führe das faszinierendste Leben in Europa, und die Geschichten von Intrigen und Verrat, Mord, Brutalität und Gegenspionage könnten ein Buch füllen«, meldete er Gertrude am 23. Mai aus Erlangen. Aber es geschehe so viel, dass er keine Zeit zum Schreiben habe.

Eines dieser abenteuerlichen Kapitel spielte sich zu dieser Zeit auf dem Obersalzberg bei Berchtesgaden ab. Mit seinem Jeep und einem Anhänger machte sich Ben auf, in Hitlers »Adlerhorst« hoch in den bayerischen Alpen nach Spuren für die Verbrechen der Staatsspitze zu suchen. Die Gegend war in der NS-Ära zum »Führersperrbezirk« erklärt worden. Eine ausgebaute Infrastruktur ermöglichte es dem Reichskanzler, Berchtesgaden quasi als zweiten Regierungssitz und »Filiale von Berlin« zu benutzen. Stolz empfing er im »Berghof« Staatsgäste. Viele zeigten sich beeindruckt von der Anlage in grandioser Natur. Am 14. Juli 1944 war Hitler das letzte Mal auf seinem geliebten Berg gewesen; anschließend operierte er bis zum 20. November 1944 teilweise vom Führerhauptquartier »Wolfsschanze« in Ostpreußen aus. Am 4. Mai 1945 besetzten amerikanische und französische Einheiten Berchtesgaden. Am 25. April war der »Berghof« bei einem Luftangriff teilweise zerstört worden. SS-Abteilungen steckten den Rest des Gebäudes in Brand. Kurz darauf sprang die 101. US-Luftlandedivision über dem Obersalzberg ab. Die Einheit trägt in ihrem Wappen einen Adler, passend, um Hitlers Residenz aus der Luft einzunehmen. Sie blieb als eines der wenigen Führergebäude unbeschädigt.

Ben passierte die schmale, gewundene Straße, die auf den Berg führte. Sie war mit Löchern, die alliierte Bomben gerissen hatten, übersät. Oben angekommen, staunte er über die großartige Aussicht. Von der Führerveranda hinabzuspähen, habe sich angefühlt, als ob man »auf die Welt hinunterschaut«. Er könne verstehen, dass jemand, der hier oben steht, von Größenwahn befallen werden könne, heißt es in den *Benny Stories*. Dokumente und andere Beweisstücke für Verbrechen fand er hier nicht. Hitler war, anders als es populäre Filme und Erzählungen suggerieren, nur selten im »Eagle's Nest« gewesen. »Mir blieb nichts anderes übrig, als vom Berg herunterzusteigen und dem Hauptquartier meinen Irrtum zu melden.«

Rendezvous mit Hitlers Kunsthändler

Erfolg hatte er dagegen mit einer anderen heißen Spur. Ende Mai erhielt er die Nachricht, dass einer der meistgesuchten Deutschen gefasst worden sei und in Würzburg festgehalten werde. Sein Name stand auf einer »Wanted«-Liste des »Central Registry of War Criminals and Security Suspects«. In diesem Verzeichnis sammelten die Westalliierten die Namen von Personen, die sie verdächtigten, Kriegsverbrechen begangen zu haben. Der Mann, der in Würzburg verhaftet worden war, hieß Karl Haberstock und war Hitlers persönlicher Kunsthändler gewesen. In ihm vermuteten die Amerikaner einen führenden Kopf hinter dem internationalen Kunstraub der Nationalsozialisten. Haberstock stammte aus einer Augsburger Bankiersfamilie. 1933 trat er der NSDAP bei und spielte bald eine tragende Rolle in der Kulturpolitik der Nationalsozialisten. Er war spezialisiert auf deutsche Malerei und europäische Alte Meister, handelte aber auch mit französischen Realisten wie Gustave Courbet und Édouard Manet. 1936 verkaufte er Hitler das erste Bild, »Venus und Amor« des venezianischen Malers Paris Bordone. Dank seines direkten Drahts zum Führer konnte er auch Gemälde an Joseph Goebbels, Hermann Göring oder Albert Speer verkaufen. Seine Karriere im NS-Kunstbetrieb schwankte zwischen Anpassung und ein wenig Widerstand. So konnte er einmal verhindern, dass Werke »entarteter Kunst« verbrannt wurden, war aber nach 1939 der führende Händler beim »Sonderauftrag Linz«. Dies war der Codename für einen ebenso ambitionierten wie schmutzigen Plan: Hitler, der gescheiterte Maler, wollte für sich eine nie gesehene Kunstsammlung aufbauen, die er später in einem eigens zu errichtenden »Führermuseum« in der österreichischen Stadt zu präsentieren gedachte. Speer entwarf dazu kolossale Bauten. Die Kunstobjekte wurden durch Ankauf – auch unter Ausübung von Zwang –, Beschlagnahmung und Raub akquiriert. Werke von jüdischen Eigentümern durften nur bis zu einem Preis von tausend Reichsmark »frei« verkauft werden, wurden also faktisch enteignet. Nach dem Blitzkrieg im Westen setzte Haberstock seine Einkaufs- und Diebestour im besetzten Frankreich fort. In verschiedenen Depots lagerten bis Kriegsende Tausende Gemälde, Skulpturen, Möbel, Porzellanarbeiten und Tapisserien aus Hitlers geheimer Sammlung. Ihr Wert ging in die Milliarden.

Ben erkannte das »riesige Potenzial« des Falls, musste aber gegen interne Widerstände ankämpfen, wie er Gertrude in einem Schreiben vom 6. und 7. Juni 1945 mitteilte. Sein Vorgesetzter meinte, dies habe »nichts mit Kriegsverbrechen« zu tun. Es liefen sogar Bestrebungen, den Fall abzugeben. Auch das Office of Strategic Services, der Nachrichtendienst des Kriegsministeriums, arbeitete daran. Eine Woche später kam dann die Nachricht über die Verhaftung des berühmten Kunsthändlers in Würzburg. Ben gelang es, die Erlaubnis seines Captains zu erhalten, den Verdächtigen interviewen zu dürfen. Am 3. Juni, einem Sonntag, erreichte er mit einem Fahrer und dem obligaten Eskorte-Offizier die »Ex-City« von Würzburg. Anstelle der mittelalterlichen Stadt war nur noch ein »Skelett« zu sehen. Die britische Royal Air Force hatte sie am Abend des 16. März mit Brandbomben überzogen. Der Angriff dauerte nur zwanzig Minuten, zerstörte aber neunzig Prozent des historischen Zentrums. »Wir fuhren durch die Geisterstadt, sehr beeindruckt.«

Es war nicht einfach, eine Unterkunft zu finden; schließlich stellte ihnen die Militärregierung eine Villa außerhalb der Stadt zur Verfügung. Sie hatte dem Ortsgruppenleiter der NSDAP gehört und war von amerikanischen Truppen bewohnt worden. Ein Hausdiener und die Frau des untergetauchten NS-Funktionärs lebten immer noch dort und kümmerten sich um die Gäste. Der Offizier an Bens Seite war diesmal kein ahnungsloser Papierkrämer, sondern ein resoluter, kampferprobter »Bad Boy«. Leutnant Dwight McKay, mit irischen Wurzeln, hatte gegen Rommels Panzer in Afrika und später in der Normandie ganze Arbeit geleistet und war dabei verwundet worden. Nun bewies er seine Fähigkeiten im juristischen Bereich. Nach einer kleinen Erkundungstour kam er mit Schinken, Butter, Brot, Zucker, Kaffee, Fruchtsaft sowie mehreren Dosen mit Pfirsichen und Tomaten aus den Beständen der US-Armee zurück. Kurzerhand erklärte er die Villa zum Hauptquartier des kleinen Investigativ-Kommandos. Den Hausangestellten schickte er in die Küche.

Dann machte sich Ben mit ihm auf die Suche nach Haberstock. Sie fanden ihn im lokalen Gefängnis. Langsam schritt ihnen ein alter Mann – er war Jahrgang 1878 – mit weißem Haar und einem gezwirbelten Schnurrbart entgegen. Er habe »sehr harmlos« ausgesehen. »Der beleibte Gentleman verbeugte sich und betrachtete uns eher wehmütig.« Sie nahmen ihn in die Villa mit. Drei Tage lang verhörten sie dort Hitlers Kunstdealer. Ben wusste, dass er »die Macht hinter dem Thron« gewesen war und über Gnade und Ungnade von Museumsdirektoren im Reich hatte befinden können. Haberstock habe für »alle wichtigen Leute« gehandelt, »und er wusste mehr darüber, wie die Bilder erworben worden waren und wem sie wirklich gehörten, als jeder andere Mann in Deutschland«.

Die brachiale Variante bestand darin, die begehrten Objekte einfach zu stehlen und die Besitzer ins KZ zu stecken. Aber diese Methode sei nicht sehr beliebt gewesen, da »es nicht gut aussieht«. Eine raffiniertere Vorgehensweise, die im besetzten Frankreich zum Einsatz kam, beschrieb Haberstock so: Er kaufte die unschätzbaren Gemälde aus den Pariser Museen per Scheck der deutschen Regierung, zahlbar an die Banque de France. Dann wurde, »durch einen simplen Prozess diplomatischer finanzieller Verhandlungen«, der Preis der Gemälde von den Kriegsschulden abgezogen, die Deutschland den Franzosen auferlegte, »und jeder war quitt«. Das Ergebnis war, dass Hitler das Bild »gekauft« hatte, ohne dass die Franzosen einen Cent reicher geworden wären. So nahm sich der Führer »das

Beste von allem«. Von jüdischen Eigentümern erpressten die Nazis unter dem Deckmantel bürokratischer Ordnung mit Reichsfluchtsteuer, Judenvermögensabgabe und ähnlichen Regelungen die Bilder zu »lächerlich tiefen Preisen«. Andere hätten Besuch von der Gestapo erhalten. »Nie in der Geschichte gab es erfolgreichere Kunstsammler.« Pikantes verriet Haberstock über die Rivalität zwischen Hitler und Göring, den Nummern eins und zwei des Deutschen Reichs: Beide hätten sich bisweilen giftig um ein und dasselbe Gemälde gestritten. Der Händler versuchte sich möglichst herauszuhalten.

Ben hatte den Eindruck, Haberstock habe offen, wenn auch ein wenig ängstlich zu ihnen gesprochen. Das lag vor allem an der Verhörtechnik von Leutnant McKay. Von Zeit zu Zeit sei er von seinem Stuhl aufgesprungen und habe ihn in unverständlichem Amerikanisch angeschrien: »›Lüg mich nicht an, du Hurensohn, sonst bring' ich dich um!‹« Haberstock schaute verdutzt und fragte, an Ben gewandt: »Was sagt er?« Nun erklärte McKay, er überlege sich, ob er Haberstock diese oder die nächste Woche aufhängen solle. Der »old boy« habe nie gewusst, »wann wir ihn hochnahmen und wann wir ernsthaft sein Leben bedrohten«. Ben und der furiose McKay spielten die Rollen des »good cop«, »bad cop« perfekt. Am nächsten Tag fuhren sie in ein Städtchen der Umgebung, um beim Bürgermeister fränkischen Weißwein zu requirieren. Er war »klar und schwer«, und machte Haberstock ganz nachgiebig. »Um zehn Uhr abends schüttelte er allen die Hände und versprach uns teure Gemälde.«

Nachdem er von Haberstock ausführlich mündlich informiert worden war, machte sich Ben auf die Suche nach Dokumenten, die Aufschluss über den Kunstraub im Auftrag des Führers gaben. Sein Ziel war es, die mehr oder weniger illegal erworbenen Gegenstände eines Tages den rechtmäßigen Eigentümern zurückzugeben. Haberstocks Aufzeichnungen waren da von vitalem Interesse. Sein Haus in Berlin war von Bomben zerstört worden, aber es war ihm gelungen, seine Papiere und einen Großteil seiner privaten Kunstsammlung rechtzeitig wegzuschaffen. Bedeutende Bestände lagerten jetzt in Aschbach bei Bamberg, wo Haberstock noch am Ende des Kriegs Zuflucht bei seinem Freund, dem Freiherrn von Pöllnitz, gefunden hatte. Das Schloss war voll von Kunstgegenständen. Auch der Sammler Hildebrand Gurlitt hauste dort und hatte kistenweise wertvolle Bilder und Zeichnungen nach Aschbach schaffen lassen. Mit ihrem Jeep und dem prominenten Gefangenen fuhren Ben und McKay durch die ländliche Gegend zum Schloss. Beim unverhofften Wiedersehen fielen sich Haberstock und seine Frau in die Arme, und beide fingen an zu weinen. »Niemand sagte ein Wort, es war eine berührende Szene.« Frau Haberstock schüttelte Ben die Hand, immer noch sprachlos. Der Freiherr war nicht anwesend – er war wenige Tage zuvor selbst verhaftet worden. Nun sagte Ben dessen Gattin, sie bezögen für eine Weile drei Zimmer im Schloss und seien ihre Gäste.

Von seiner Kammer überblickte er einen »wunderschönen Rasen und den Garten«. Er schlief in einem »großartigen Federbett«, wandelte über dicke Läufer und betrachtete die düsteren Gemälde an den Wänden – die erhebendere Kunst lag eindeutig in den Kisten von Haberstock und Gurlitt. Fließend Wasser gab es nicht. Er würde einen Zweizimmerbungalow mit warmer Dusche dem alten Schloss vorziehen, mokierte er sich in seinem Brief an Gertrude. An der abendlichen Tafel nahmen etwa zehn weitere Gäste teil. Sie waren »freundlich und intelligent«; die gepflegte Konversation fand überwiegend in Englisch statt. Gegen Mitternacht öffnete Frau Haberstock einige Flaschen edlen Jahrgangschampagners, um die Heimkehr ihres Gatten zu feiern. Um zwei Uhr stieg Ben in sein Federbett. McKay und andere Unverwüstliche zechten bis sechs Uhr in der Früh. Am nächsten Tag schickte Ben Haberstock »an die Arbeit«. Er ließ ihn seine Dokumente zusammentragen. Zudem habe er »einen anderen Kunsthändler« verhört, der im Schloss weilte; wahrscheinlich Gurlitt. Beim

Anblick der exquisiten Sammlungen bedauerte er, nicht gründlicher Ästhetik studiert zu haben, denn er sei »neidisch auf den Enthusiasmus der Kenner«.

Rembrandt in der Salzmine

Die unermesslichen Schätze der Hitlerkollektion waren jedoch nicht in Aschbach versteckt. Die amerikanischen Fahnder entdeckten sie im österreichischen Altaussee. Der Führer hatte die Kunstwerke 1943 in eine unterirdische Salzmine bringen lassen, damit sie den Krieg unbeschadet überstünden. Die Lagerungsbedingungen für Ölgemälde waren im bombensicheren Berg nahezu ideal. Es herrschten konstant acht Grad Celsius, die Luftfeuchtigkeit betrug fünfundsiebzig Prozent. Hier lag die zweite heiße Spur, die Ben verfolgte, um den »größten Kunstraub der Geschichte« aufzuklären. Schon am 23. Juni konnte er Gertrude detailliert über die jüngsten Nachforschungen berichten. Die gewaltige Mine sehe von außen wie ein kleiner Gasthof aus, dahinter begännen die niedrigen Kavernen. Der Eingang war scharf bewacht. »Ich musste zehnmal meine Ausweise vorzeigen, bevor ich hineingelassen wurde.« Der Stempel »Auf Befehl von General Patton« habe Wunder gewirkt. Die Wachsoldaten nahmen Haltung an und salutierten mit »Yes, Sir!«, wenn Ben sie nach dem Weg fragte.

Er folgte den schmalen Schienen der Bergwerkswagen, bis er zu einer großen Höhle kam. Sie war in verschiedene Räume unterteilt, die mit Türen verschlossen waren. Vor jeder stand eine Wache. Dahinter lagen Teile des versteckten Diebesguts. Mehrere Einheimische waren damit beschäftigt, die Bilder einzuhüllen. Sie legten sie in hölzerne Kisten. Dann wurden sie aus der Mine gefahren und auf Lastwagen der US-Armee geladen. »Der enorme Raum war von unten bis oben mit Gemälden gefüllt, fein säuberlich geordnet nach Größe, nummeriert und Seite an Seite der Länge nach gestapelt. In einer Ecke stand ein Dutzend Rembrandts, in einer anderen eine große Anzahl von Gemälden van Goghs.« Vor Bens Augen lag »eine der feinsten Kunstsammlungen der Welt, für deren flüchtigen Anblick Künstler über Kontinente reisen und hingerissen vor sprachloser Begeisterung stehen würden«.

Die Mine führte noch kilometerweit in die Salzberge hinein. Nach einigen Minuten erreichte Ben eine weitere schwere Metalltür. Er fragte die davor postierte Wache, was sich dahinter befinde. Der Soldat meinte, er wisse es nicht, er habe nur Order erhalten, niemanden durchzulassen. In diesem Augenblick zog Ben seinen magischen Passierschein hervor und sagte, solche Befehle gälten für ihn nicht. Der Wachposten las – und ließ ihn hinein. Zuerst schien ihm, die sich öffnende Bergschlucht sei leer. »Sagen Sie mal, Sie bewachen hier ein Nichts«, scherzte er. Dann schaute er sich genauer um. Das Erste, was er entdeckte, waren zwei Flügel des Genter Altars der Brüder van Eyck aus dem Jahr 1432. Sie zeigten Adam und Eva. Das flandrische Meisterwerk hatte eine bewegte Geschichte, und für Hitler hatte es auch eine besondere politische Bedeutung. Schon Napoleon hatte einst den Mittelteil des Altars entwendet. Die Seitenflügel gelangten auf abenteuerlichen Wegen ins Alte Museum in Berlin. Nach dem Ersten Weltkrieg wurde Deutschland verpflichtet, sie im Zuge der Reparationszahlungen an Belgien abzutreten. Hitler empfand das als nationale Schmach, die er auszubügeln trachtete, indem er den Altar im nächsten Krieg an sich riss.

Ben wurde es langsam kalt in den feuchten Stollen, und er beendete seine Besichtigung der Alten Meister im Salzbergwerk. Draußen gab es viel zu tun – der Fall entpuppte sich als immer spektakulärer. Die Amerikaner erfuhren, dass hochrangige Nazis geplant hatten, die ganze Mine in die Luft zu sprengen und die Kunstschätze unwiederbringlich zu zerstören. Ben sollte Zeugen vernehmen und Verdächtige aufspüren. Fast wäre der Sabotageakt gelungen. Wie er Gertrude verriet, hatten die im letzten Moment verhinderten Vandalen bereits mehrere schwere Bomben in der Mine platziert, die sie jederzeit zünden konnten. Sie lagen in Kisten mit der Aufschrift »Vorsicht, Marmor – nicht stürzen«. Die Fünfhundert-Kilogramm-Bomben seien übrigens »amerikanischer Machart« gewesen. Es handelte sich um Blindgänger. Die Bergleute hätten nicht verstehen können, warum die Kisten alle in verschiedenen Kavernen platziert worden seien und hätten neugierig hineingeschaut. Sie hätten sofort begriffen, was die Nazis planten, und die Sprengsätze entfernt.

In seinem Bericht deutete Ben an, dass im Hintergrund ein wüster Streit zwischen führenden Nationalsozialisten um die Frage entbrannt war, ob die Kulturgüter zerstört werden sollten oder nicht. Hitler sandte in seinen letzten Tagen widersprüchliche Signale aus dem Führerbunker. Der Mann, der die Kunstschätze um jeden Preis vernichten wollte, hieß August Eigruber, der Gauleiter »Oberdonau«. Sein Gegenspieler war Ernst Kaltenbrunner, der Chef der Sicherheitspolizei und des Sicherheitsdienstes der SS sowie Leiter des Reichssicherheitshauptamtes in Berlin. Kaltenbrunner versteckte sich wie viele andere hochrangige Vertreter des Regimes – darunter Adolf Eichmann – am Kriegsende in der Gegend um Altaussee. Die vielen Kurhäuser und Kliniken dort boten perfekte Zufluchtsorte. »Sie konnten einfach einige Bandagen um ihr Gesicht wickeln, ihre Namen ändern, sich als Patienten eintragen lassen, und das Leben in einer wunderschönen Umgebung genießen, bis der Druck nachlässt.« Der Haken dabei sei nur gewesen, dass die Amerikaner ihre Pläne gekannt hätten. Kaltenbrunner triumphierte schließlich in der Auseinandersetzung mit Eigruber und unterstützte die Minenleitung in ihren Rettungsabsichten. So rückte der sprengwütige Gauleiter in den Fokus der amerikanischen Ermittler. Er tauchte unter, wurde aber bald wieder gefasst. Für seine Mitverantwortung am Verhungernlassen und der Ermordung von Häftlingen im KZ Mauthausen wurde er in Dachau zum Tode verurteilt und hingerichtet.

Die strafrechtliche Verfolgung der nationalsozialistischen Kunsträuber gestaltete sich schwieriger. Er arbeite jetzt am Fall Göring, schrieb Ben in einem Brief vom 8. August. Der Reichsmarschall war ein besessener Kunstliebhaber; seine zusammengeklaute Sammlung war die zweitgrößte nach derjenigen Hitlers. Der Führer hatte sich selbst gerichtet, und Göring sollte in Nürnberg für noch schwerere Delikte belangt werden. Haberstock wurde derweil nach Bens ersten Verhören im Juni in Bad Aussee weiter vernommen. Vor einem amerikanischen Militärgericht musste er sich nie rechtfertigen. Ein sogenanntes Spruchkammerverfahren, das dem Ziel der Entnazifizierung diente, stufte ihn 1949 als Mitläufer ein. Seine Beziehungen zu Hitler, Göring & Co. seien rein geschäftlicher Natur gewesen. Obwohl Zeugen teilweise schwere Vorwürfe gegen ihn erhoben, wurde er auch in einem Revisionsverfahren entlastet.

»Millionen Deutsche, die gute Menschen sind«

Der Kunstkrimi vor Alpenkulisse hielt Ben noch eine Weile in Atem, doch seine Zeit in der Armee neigte sich dem Ende zu. Die Lage sei »voller Spannung und Interesse«. Zwei Marineoffiziere, im zivilen Leben Museumsdirektoren, prüften vor Ort die Herkunft der geretteten Gemälde. Mehrere Verdächtige wurden in Untersuchungshaft gehalten und verhört. Obwohl ihn die Arbeit fasziniere, vermisse er seine geliebte »Bimbo«, ein Kosename für Gertrude. »Sie können ihre Kunst und ihre Schätze behalten, ihre Seen und wunderschönen Berge; ich würde freudig alles eintauschen für einen Spaziergang durch den Bronx-Park, wenn ich deine Hand in meiner halten könnte.« Immer stärker spürte er die Sehnsucht nach dem »einfachen« und »süßen« Leben an der Seite der Geliebten in New York. Er habe jetzt wirklich genug vom Militärleben im kriegsversehrten Europa. Ein harter Winter stehe bevor. Zwar hätten die GIs eine »ziemlich komfortable Situation«, aber für alle anderen sei es »tragisch«.

Im Tagebuch erfahren wir von den Vorteilen, die die alliierten Soldaten daraus zogen, dass es immer noch einen »bedenklichen Mangel an Männern« gab. »Ich habe nie ein Land mit so vielen einsamen Frauen gesehen.« Neben der Jagd auf Massenmörder und Kunsträuber blieb genug Zeit, sich den schönen Seiten des Lebens zu widmen. Ihm entging das Pikante dieser Situation nicht: Es sei »vielleicht ironisch«, mit den Frauen glühender Nazis anzubandeln, notierte er einmal.

Dabei blieb sein Urteil über das Volk der Täter differenziert. »Ich bin persönlich überzeugt, trotz der Konzentrationslager und anderer Schrecken, deren Zeuge ich wurde, dass es Millionen von Deutschen gibt, die gute Menschen sind.« Er zeigte ihnen Fotos der von den Nationalsozialisten begangenen Grausamkeiten. »Ich weiß, dass die meisten Leute, die sie sehen, außerordentlich erschüttert sind.«

Nichtsdestotrotz wollte er nun endlich seinen Abschied nehmen. »Ich habe zu viel vom Krieg und von der Armee gehabt und will nur noch nach Hause«, schrieb er am 25. Juli in sein »Diary«. Das Ende des Kriegs auch gegen Japan, der mit der Attacke auf Pearl Harbor begonnen und seinem Leben eine so dramatische Wende gegeben hatte, feierte er am 15. August im Hauptquartier in München als »glücklichsten Tag«, seit er das Logbuch begonnen habe. Nun sei ein guter Augenblick gekommen, um es abzuschließen. »Es gibt keinen Rang, keinen Grad, keinen Job, kein Nichts, das die Armee mir jetzt anbieten kann, um mich zu halten.«

Ein Honeymoon für die Ewigkeit

»Ich will, dass Sie zurückgehen«

An Weihnachten 1945 war Ben wieder zu Hause. Als die »Fitzhugh Lee« im Hafen von New York anlegte, erwarteten ihn Gertrude, seine Mutter und sein Stiefvater überglücklich am Pier. Die Reise über den Atlantik hatte er als halb blinder Passagier verbracht. Der Grund dafür lag in einer kleinen Schlingelei von ihm. Mit einer Vielzahl anderer Soldaten, die vor der Entlassung standen, hatte er in der Nähe von Paris lange warten müssen. Da machte er lieber auf eigene Faust eine Sightseeingtour durch die Schweiz. Als er zurückkam, waren seine Kameraden verschwunden. Das Schiff war in Cherbourg ohne ihn abgefahren. Weil er befürchtete, das unerlaubte Entfernen von der Truppe könnte ihm Schwierigkeiten bereiten, wich er auf einen anderen Hafen aus. In Antwerpen fand er einen großmütigen Offizier, dem er ehrlich berichtete, was geschehen war. »Kein Problem, geh' einfach an Bord.« Er setzte ihn sogar auf eine Passagierliste. Aber da niemand auf dem Schiff ihn auf der Rechnung hatte, genoss er ungewohnte Freiheiten. Er fand eine leere Koje und verbrachte seine Zeit mit der Lektüre von Tolstois *Krieg und Frieden*. Nebenbei machte er ein paar kleine Geschäfte. Schon als Kind war er ein begabter Zauberer gewesen, nun verkaufte er einzelne Tricks an Kameraden, die dadurch ihrerseits etwas Geld zu verdienen hofften.

»Als wir New York erreichten, waren die meisten Soldaten bankrott. Einige waren reich.«

Am 26. Dezember wurde Sergeant Benjamin Ferencz in Fort Dix »ehrenvoll« aus der Armee entlassen. Auch dort war er wieder ein Sonderfall; die anderen waren nämlich schon am Weihnachtstag verabschiedet worden. Als er an die Reihe kam, bildete er einen »Truppenverband«, der nur aus ihm als einziger Person bestand. In den Entlassungspapieren ist vermerkt, dass er sich »vom Dienst entfernt« habe. Trotzdem erhielt er verschiedene Medaillen, darunter eine für »gutes Benehmen«. Für seine Teilnahme an den Schlachten in der Normandie, den Ardennen und im Rheinland wurde er mit mehreren »Battle Stars« ausgezeichnet. Ihm war bewusst, dass dies weniger einem außerordentlichen Heldentum geschuldet war, sondern eher der Tatsache, dass er überlebt hatte. In einem Brief mit faksimilierter Unterschrift dankte ihm Präsident Truman für seinen Einsatz in den amerikanischen Streitkräften, »um die totale Niederlage des Feindes herbeizuführen«.

Ben blieb bis zuletzt seiner ambivalenten Haltung gegenüber der Armee treu. »Ich war froh, dass ich meinen Anteil leisten konnte.« Aber er habe nie Befehlen gehorchen können, die er für unvernünftig gehalten habe. Jede heroische Verklärung war ihm fremd: »Die Wahrheit ist, dass die drei Jahre, die ich in der US-Armee im Zweiten Weltkrieg verbrachte, die schlimmste Erfahrung meines Lebens waren«, schreibt er in den *Benny Stories*. »Nie wieder wollte ich solche Schrecken mitbekommen.« Unauslöschlich prägte sich ihm die »Bestimmung« in die Seele ein, alles zu tun, um solches Leid in Zukunft zu verhindern.

Es war Zeit, ein neues Leben zu beginnen. Wie Millionen anderer Veteranen suchte er einen Job, und er wollte heiraten. Gertrude hatte lange genug auf ihn gewartet. Er hatte sich immer gesagt, dass er keiner Frau einen Antrag machen würde, solange er keine Familie ernähren könne. Die Situation war auch jetzt nicht einfach. Zwar hatte er seinen Harvard-

Abschluss, aber er konnte keinerlei zivile Berufserfahrung als Jurist vorweisen. »Niemand suchte so einen wie mich.« Da traf er eines Tages, als er durch die Fifth Avenue schlenderte, einen Freund, den er noch von der Harvard Law School kannte. Nach seiner Graduierung hatte dieser eine Anstellung bei Bundesrichter Robert M. Jackson am U.S. Supreme Court angenommen. Jackson war inzwischen Chefankläger im Hauptkriegsverbrecherprozess des Internationalen Militärgerichts in Nürnberg. Ben erzählte dem Studienkameraden von seinen eigenen Erfahrungen mit Kriegsverbrechen, dachte aber nicht weiter darüber nach. Bald darauf erhielt er ein Telegramm vom Pentagon: »Bitte herkommen, Interview für einen Job.« Die Nachricht kam wie gerufen. Sobald ein Termin fixiert war, fuhr er in die Hauptstadt.

Im Kriegsdepartement empfing ihn kein Geringerer als Oberstleutnant David Marcus. »Sag ›Mickey‹ zu mir«, meinte der drahtige Offizier gut gelaunt. David »Mickey« Marcus war der Chef der War Crimes Division innerhalb der US-Armee. Er war Jurist, »West Pointer« und bekannt als harter Hund. Nach seinen Fronteinsätzen im Zweiten Weltkrieg entwarf er die Kapitulationsbedingungen für Deutschland und Italien mit und arbeitete für die amerikanische Militärregierung in Berlin. Anfang 1948 reiste er unter falschem Namen ins britische Mandatsgebiet in Palästina ein, um die israelische Armee aufzubauen. Für seine Leistungen im Unabhängigkeitskrieg ernannte ihn Ministerpräsident David Ben Gurion zum ersten Offizier der israelischen Streitkräfte im Generalsrang. Er endete tragisch: Am 10. Juni 1948 wurde Marcus von einem eigenen Soldaten aufgrund eines Missverständnisses erschossen. Seine Lebensgeschichte wurde 1966 in Hollywood verfilmt, mit Kirk Douglas in der Hauptrolle *(Cast a Giant Shadow)*.

Nun, im Frühjahr 1946, befasste er sich im Pentagon mit den Nürnberger Prozessen. »Ich will, dass Sie zurückgehen«, sagte er zu Ben. »Wohin? Nach Deutschland? Machen Sie keine Witze.« Nie im Leben würde er wieder zur Armee gehen. Marcus, »ein guter Verkäufer«, konterte mit einem verlockenden Angebot: Er offerierte ihm den »simulierten Rang« eines Colonels, also eines Obersten. Er würde Zivilangestellter bleiben, aber alle Privilegien eines Offiziers genießen und jederzeit von seinem Engagement zurücktreten können. »Benny«, insistierte Marcus, »du warst dort, du hast alles gesehen – du musst zurück nach Deutschland.«

Natürlich klang das höchstinteressant – aber er wollte doch endlich ein normales Leben führen! Warum, um Himmels willen, sollte er sich schon wieder um dieses in Chaos und Elend versinkende Europa kümmern? Und was war mit der Heirat mit »Gertie«? Noch zögerte er, den Avancen von Marcus nachzugeben. So schlug dieser schließlich vor, dass er ein Wort mit Telford Taylor wechsle. Der war nicht nur Abgänger der Harvard Law School, was Ben schon einmal für ihn einnahm, sondern auch einer der Ankläger unter Jackson in Nürnberg. Im Hintergrund bereitete Taylor eine Reihe weiterer Verfahren vor, die »das ganze Panorama der Nazikriminalität« *(Benny Stories)* aufzeigen sollten. Im März 1946 war er extra nach Washington gekommen, um Personal zu rekrutieren. Marcus half ihm dabei. Er führte Ben und Taylor zusammen. Der Ex-Militäragent, der im Krieg an der Entschlüsselung von deutschen Geheimcodes in England gearbeitet hatte, erschien genauestens informiert zu dem Treffen. Er hatte ein Empfehlungsschreiben für Ben von Professor Glueck dabei und wusste um die Einträge in seiner Soldatenakte. Diese bereiteten ihm ein wenig Sorge. Er neige gelegentlich zu Ungehorsam, stehe dort. »Das ist nicht richtig, Sir«, entgegnete Ben, »ich bin nicht gelegentlich ungehorsam, ich bin es gewöhnlich.« Und er erklärte Taylor seinen Vorsatz, keine Befehle auszuführen, die »offensichtlich stupid oder illegal« seien. Es schien, als würde Taylor ein Lächeln verbergen. »Sie kommen mit mir«, sagte er. Ben willigte ein, und so kam es, dass er nach nur drei Monaten nach Deutschland zurückkehrte. Am

20. März 1946 unterschrieb er den Vertrag mit dem Pentagon – jetzt war die Bahn frei, um Gertrude zu heiraten. Es konnte nun nicht schnell genug gehen. Schon am 31. März fand die Trauung statt. Nur wenige Familienangehörige wohnten der bescheidenen Feier bei.

Ben kannte seine Jugendliebe nunmehr seit fast zehn Jahren. Sie war am 5. November 1919 in Satu-Mare im ungarisch-rumänischen Grenzgebiet geboren worden. Ihr Taufname lautete Ghizela. Ihr Vater Shulem Fried – in Amerika nannte er sich Sam – war Schneider. Er hatte die Familie um 1924 verlassen und war allein nach New York ausgewandert. 1936 kehrte er kurz zurück und nahm seine Tochter mit. Ghizela oder »Gizi« wurde jetzt »Gizelle« und später »Gertrude« gerufen. Ihre Mutter starb noch im selben Jahr; bald darauf emigrierte auch ihr Bruder Josef in die USA. Zwischen den Familien Ferencz und Fried bestanden nun doppelte Verwandtschaftsbeziehungen, da Bens Vater nach der Scheidung von seiner ersten Frau ja eine Tante von Gertrude geheiratet hatte. Eine andere Schwester ihres Vaters, Chava Perlman, lebte im gleichen Haus in der Bronx. Bei ihr verbrachte Gertrude eine glückliche Zeit, und in ihrem Wohnzimmer fand auch die Vermählung mit Ben statt.

Die Rückkehr nach Europa machte Ben seiner Frau schmackhaft, indem er sie als einmalige Chance pries, eine ausgedehnte Hochzeitsreise zu unternehmen. Wieder einmal sollte er sich gründlich verspekulieren. Der »europäische Honeymoon« dauerte ein ganzes Jahrzehnt – und die Familie war an seinem Ende um vier Kinder angewachsen.

Beweise aus erster Hand

Die Hochzeitsreise verzögerte sich. Denn das Militärreglement erlaubte es nicht, dass die Partnerinnen der Armeeangehörigen ihre Männer nach Übersee begleiteten. So musste Gertrude ihren Gatten allein ziehen lassen. Bevor er aufbrach, stattete ihn der Schneider des Pentagons mit einer eigenen Uniform aus. Vier kleine goldene Streifen am Ärmel demonstrierten, dass er zwei Jahre im Ernstkampf gedient hatte. Anstelle der metallenen Balken, die den militärischen Grad anzeigten, wies ihn ein Aufnäher aus Stoff als Mitglied des OCCWC aus, des neu geschaffenen Office of the Chief of Counsel for War Crimes. Der designierte Chef der Behörde hieß Telford Taylor, der Ben für den Job interviewt hatte, und ihre Hauptaufgabe lautete, deutsche Kriegsverbrecher zu identifizieren und strafrechtlich zu verfolgen. Taylor und der überwiegende Teil der Mitarbeiter hatten ihren Dienstsitz in Nürnberg. In Berlin eröffnete das OCCWC eine Außenstelle; Ben wurde im September 1946 zu ihrem Chef befördert. Er leitete ein Team von Rechercheuren, die in der ausgebombten ehemaligen Reichshauptstadt nach Beweisen für die nationalsozialistischen Verbrechen suchten. So fand das so kurz nach der Hochzeit auseinandergerissene Paar wieder zusammen. Gertrude ließ sich nämlich als Junior Research Analyst vom Kriegsdepartement anstellen. Ihr Arbeitsort war zufällig Berlin, und ihr Vorgesetzter ihr frischgebackener Ehemann.

Über Weihnachten 1946 entflohen sie der hektischen Agenda, um die aufgeschobene Hochzeitsreise nachzuholen. Über die bayerischen und schweizerischen Alpen fuhren sie bis nach Rom. In Mailand besuchten sie die Scala – und die Tankstelle, an der am 29. April 1945 die bereits toten Körper von Mussolini und seiner Geliebten Clara Petacci kopfüber aufgehängt worden waren.

In Berlin, wo Ben und Gertrude im Ortsteil Dahlem ein kleines Haus bewohnten, waren die Wunden des Kriegs noch überall sichtbar. Die alliierten Bombenangriffe und der Häuserkampf bei der Eroberung der Stadt durch die Rote Armee hatten tiefe Spuren hinterlassen. Die Bevölkerung hungerte und fror im kalten Winter 1946/47. Gertrude fühlte Mitleid mit den Menschen, obwohl sie wusste, dass die Deutschen den

Krieg verschuldet hatten. Die Reichsmark war wertlos. Amerikanische Zigaretten, auch Seife und Kaffee, wurden zur bevorzugten Währung. Der Schwarzmarkt blühte. In der teilweise zerstörten Staatsoper Unter den Linden, die im sowjetischen Sektor der geteilten Stadt lag, demonstrierten Sänger und Tänzer des Moskauer Bolschoi-Theaters, »dass die russische Kultur mehr zu bieten hatte als die mörderischen Nazis«. Obwohl sie die propagandistischen Absichten durchschauten, genossen Gertrude und Ben so manche Ballett- und Opernaufführung; eine willkommene Abwechslung im arbeitsreichen Alltag.

Denn die Zeit drängte. Am 1. Oktober 1946 war der Prozess gegen die Hauptkriegsverbrecher vor dem Internationalen Militärgericht in Nürnberg zu Ende gegangen. Von den vierundzwanzig Angeklagten aus der obersten Nazi-Führungsriege wurden zwölf zum Tod verurteilt. Sieben erhielten Freiheitsstrafen, drei wurden freigesprochen. Zwei Verfahren stellten die Richter ein. Die Todesstrafe erwartete Hermann Göring, Ernst Kaltenbrunner, Joachim von Ribbentrop (Reichsaußenminister), Wilhelm Frick (Reichsminister des Inneren), Hans Frank (Generalgouverneur in Polen), Martin Bormann (Leiter der Parteikanzlei), Alfred Rosenberg (Reichsminister Ostgebiete), Fritz Sauckel (Generalbevollmächtigter Arbeitseinsatz), Arthur Seyß-Inquart (Reichstatthalter Österreich, Reichskommissar Niederlande), der Journalist Julius Streicher (Herausgeber des *Stürmer*) sowie die Militärs Wilhelm Keitel (Chef des Oberkommandos der Wehrmacht) und Alfred Jodl (Chef Wehrmachtführungsstab). Zu denjenigen, die zu langen Haftstrafen verurteilt wurden, zählten Rüstungsminister Albert Speer und Reichsjugendführer Baldur von Schirach.

Nach dem Verfahren gegen die Hauptkriegsverbrecher wurde das Internationale Militärgericht aufgelöst. An seine Stelle traten amerikanische Militärgerichte, die zwischen Dezember 1946 und April 1949 zwölf »Nachfolgeprozesse« führten. Ihr Architekt Telford Taylor wollte ein breites, gleichsam repräsentatives Spektrum von hochrangigen NS-Tätern zur

Rechenschaft ziehen. Es reichte von Ärzten, die tödliche medizinische Experimente an ihren Opfern durchgeführt hatten, über Juristen, SS- und Polizeikräfte, Manager und Industrielle bis zu militärischen Führern, Ministern und anderen Regierungsvertretern. Taylors Leute mussten so schnell wie möglich belastbare Beweismittel aufspüren. Eine Schlüsselrolle kam dabei dem von Ben geführten OCCWC-Büro in Berlin zu. Mit seinem ansteckenden Elan und einer gewissen zivilen Schneidigkeit hielt er seine Mitarbeiter auf Trab. Die sprichwörtliche deutsche Gründlichkeit, die auch die Bürokratie des nationalsozialistischen Staates ausgezeichnet hatte, kam ihnen dabei entgegen. In den aufgestöberten amtlichen Papieren entdeckten sie neben belanglosem Verwaltungskram immer wieder beeindruckende Zeugnisse der nationalsozialistischen Verbrechen – aus erster Hand.

Der Prozess

Sensationsfund »Ereignismeldungen UdSSR«

Der große Durchbruch gelang um den Jahreswechsel 1946/47. Frederick Burin, einer der begabten jungen Rechercheure, stürmte aufgeregt in Bens Berliner Büro. Er präsentierte einen sensationellen Fund. In einem Aktenstapel aus den Kanzleien des untergegangenen Reichs war er auf ein umfangreiches Konvolut von Geheimberichten gestoßen. Sie trugen den harmlosen Titel »Ereignismeldungen UdSSR« und dokumentierten die mörderischen Aktivitäten der Einsatzgruppen, Spezialeinheiten der SS unter Reichsführer Heinrich Himmler. Kontrolliert wurde die mobile Elitetruppe vom Reichssicherheitshauptamt (RSHA) Reinhard Heydrichs, sie kooperierte aber auch eng mit der Wehrmacht. Gegliedert in vier Gruppen von je circa fünfhundert bis achthundert Mann, operierte sie im gesamten von den Deutschen eroberten Gebiet der Sowjetunion, vom Baltikum (Einsatzgruppe A) bis zum Schwarzen Meer (Einsatzgruppe D). Sie sollte für »politische Sicherheit« im rückwärtigen Raum der Front sorgen, doch ihr geheimer Auftrag lautete, alle zu töten, die die Deutschen in diesem Weltanschauungskrieg als ihre Feinde betrachteten: vor allem die Juden und kommunistische Funktionäre, aber auch Roma, psychisch Kranke und andere »Minderwertige«. Die regelmäßig verfassten Aufzeichnungen beginnen am ersten Tag nach dem Start der »Operation Barbarossa« am 22. Juni 1941 und erstrecken sich über einen Zeitraum von fast zwei Jahren. Das Besondere war, dass die Täter darin selbst peinlich genau festhielten, wie viele Menschen sie töteten. Ab Mai 1942 erschienen die Berichte in veränderter Form als »Meldungen aus den besetzten Ostgebieten«.

Ben stockte der Atem. Er realisierte sofort, dass die Papiere, die sein Team in den Trümmern der ehemaligen Reichshauptstadt entdeckt hatte, von unschätzbarem Wert waren – historisch und ermittlungstechnisch. Denn alles war hier fein säuberlich notiert: Wo die Verbrechen stattgefunden hatten, wie viele Opfer sie forderten, ja sogar, welche Einheiten sie verübten, und wer das Kommando führte. »Das ist eine Chronik des Massenmords«, zuckte es ihm durch den Kopf, »und ich habe die Beweise in der Hand.« Die Existenz der »Ereignismeldungen« war im Hinblick auf eine strafrechtliche Untersuchung der Vorgänge umso entscheidender, als die Spannungen zwischen den USA und Stalins UdSSR zunahmen: Es war schwieriger geworden, belastende Dokumente aus der Sowjetunion zu bekommen. Ben hatte sogar einmal den Versuch unternommen, gemeinsam mit der sowjetischen Militärverwaltung einen Prozess aufzuziehen, aber nachdem sie anfänglich Interesse signalisiert hatten, zogen sich die Russen zurück. Der Druck auf seine Leute, in den übrig gebliebenen NS-Aktenbeständen in Berlin fündig zu werden, war gestiegen. Nun lagen die Belege auf dem Tisch.

Ursprünglich dachte er, die Einsatzgruppenberichte seien im Gestapohauptquartier gefunden worden. Doch der aus der Schweiz stammende Burin teilte ihm mit, sie hätten sich in Archivmaterialien des Auswärtigen Amts befunden. Es handelte sich um zwölf Leitz-Ordner mit Mimeografien der Originalreporte. Das Reichssicherheitshauptamt schickte jeweils Kopien an ausgewählte hochrangige Verwaltungsdienststellen, vor allem innerhalb, aber auch außerhalb der SS-Bürokratie. Die entdeckten Papiere waren ein fast vollständiges Set solcher Duplikate – und das einzige, das erhalten geblieben ist. Die kanadische Historikern Hilary Earl, Verfasserin der ersten Monografie über den Einsatzgruppenprozess (2009), bestätigt Bens spontanen Eindruck und spricht von einer »Goldgrube von Informationen«, deren Bedeutung für die Geschichte des Nationalsozialismus nicht überschätzt werden könne. Erst ab dem Jahr 2011 wurden sämtliche Berichte in einer dreibändigen Dokumentationsreihe von einem Forscherteam um Klaus-Michael Mallmann und Martin Cüppers von der Universität Stuttgart ediert. Insgesamt gab es 195 tägliche »Ereignismeldungen« und 55 wöchentlich erschienene »Meldungen aus den besetzten Ostgebieten«; zusammen füllten sie beinahe 4500 Schreibmaschinenseiten. Das RSHA kompilierte die Rapporte, die die Kommandostäbe der Einsatzgruppen von ihren Einheiten erhalten und an die Berliner Zentrale übermittelt hatten, zu einem makabren Mix disparater Inhalte. Die Exekutionsbilanzen waren fast beiläufig eingestreut, als handelte es sich um ganz normale Vorgänge. Sie standen scheinbar selbstverständlich neben politischen, ökonomischen, kulturellen oder ethnologischen Beobachtungen.

Typisch ist etwa die »Ereignismeldung UdSSR Nr. 89« vom 20. September 1941. Sie hatte, wie alle diese Dokumente, einen standardisierten Aufbau. Als Absender stand oben links »Der Chef der Sicherheitspolizei und des SD«. Unter Datum und Ort (Berlin) mit dem Stempel »Geheime Reichssache!« war vermerkt, wie viele Ausfertigungen es gab (48) und um welche davon es sich bei der vorliegenden Kopie handelte (36). Der Bericht war in drei Kapitel gegliedert: »Politische Übersicht«, »Meldungen der Einsatzgruppen und -kommandos«, »Militärische Ereignisse«. An Bemerkungen über die »stark musikalisch bestimmte Dorfkultur« in der Ukraine schließen nahtlos die Sätze an: »Arbeitsgebiete der Kommandos judenfrei gemacht. Vom 19. 8. bis 25. 9. wurden 8890 Juden und Kommunisten exekutiert. Gesamtzahl 17315. Z. Zt. [Zurzeit] wird Judenfrage in Nikolajew und Cherson gelöst.« Die Aussagen beziehen sich auf die Einsatzgruppe D.

Noch über die blutigsten Gemetzel wurde in trockenem Verwaltungsdeutsch referiert. Die »Ereignismeldung UdSSR Nr. 106« mit Datum vom 7. Oktober 1941 berichtet unter der Rubrik »Exekutionen und sonstige Maßnahmen« über das berüchtigte Massaker von Babi Jar: »In Zusammenarbeit mit dem Gruppenstabe und 2 Kommandos des Polizeiregiments Süd hat das Sonderkommando 4a [der Einsatzgruppe C] am 29. und 30. 9. 33771 Juden exekutiert.« Die Aktion sei »reibungslos« verlaufen: »Irgendwelche Zwischenfälle haben sich nicht ergeben.« Die gegen die Juden durchgeführte »›Umsiedlungsmaßnahme‹« habe durchaus die Zustimmung der lokalen Bevölkerung gefunden. Dass die Juden tatsächlich liquidiert worden seien, sei bisher kaum bekannt geworden – und »würde auch nach den bisherigen Erfahrungen kaum auf Ablehnung stoßen«. Von der Wehrmacht seien die »durchgeführten Maßnahmen ebenfalls gutgeheißen« worden.

Die wissenschaftlichen Herausgeber der »Ereignismeldungen« sprechen von einer »herausragenden historischen Quelle«, die ein breites Spektrum der deutschen Herrschaft mit der Judenvernichtung als zentralem Element abbilde. Dabei komme ihnen auch eine eigenständige Bedeutung für die Ereignisse selbst zu, »da sie als Medium der Mordpraxis dazu beitrugen, den keineswegs klar vorgezeichneten Übergang zum Genozid möglich zu machen«. Im Laufe des »Unternehmens Barbarossa« lässt sich feststellen, dass die Rechtfertigungen für die Exekutionen immer unwichtiger werden – ein Indiz dafür, dass der Völkermord für die Täter allmählich zur Routine geworden ist.

Die Anklage in Nürnberg ging aufgrund von Aussagen beteiligter SS-Offiziere davon aus, dass es einen »Führerbefehl« zur massenhaften Vernichtung von Juden und Kommunisten gegeben habe. Lange waren auch Historiker trotz fehlender Überlieferung einer einschlägigen Quelle mehrheitlich dieser Meinung. Die jüngere Forschung bezweifelt dies. Sie neigt zur Ansicht, dass die Einsatzgruppen und ihre Subkommandos große Freiheiten genossen und diese rigoros für ein Mordprogramm ausgenutzt hätten, das mindestens so sehr von der Peripherie im Osten gestaltet, wie es aus Berlin befohlen worden sei. Hitler, Himmler, Heydrich hätten sich eher in vagen Andeutungen geäußert, die die Mitglieder der Einsatzgruppen mit dem Eifer von Überzeugungstätern erfüllt oder gar übererfüllt hätten. Tatsache bleibt jedoch, dass die »Endlösung der Judenfrage« eines der vorrangigen Ziele der nationalsozialistischen Politik war. Die Einsatzgruppen spielten dabei eine zentrale Rolle.

Ben erkannte das als Erster in seiner ganzen Dimension, als er die schockierenden Unterlagen in seinem Berliner Büro studierte. Er markierte die Ortschaften, die als »judenfrei« gemeldet wurden, und verschaffte sich einen Überblick über das ungeheure Ausmaß der kriminellen Akte. »Auf einer kleinen Rechenmaschine addierte ich die Zahl derer, die ermordet wurden. Als ich eine Million erreichte, hörte ich auf zu zählen.«

Chefankläger mit 27

Die Auswertung der Dokumente dauerte bis zum Frühjahr 1947. Sobald er sich alle nötigen Kenntnisse verschafft hatte, stieg Ben in ein Flugzeug nach Nürnberg, um Telford Taylor über die spektakulären Fundstücke zu informieren. »General, wir müssen einen neuen Prozess aufsetzen«, platzte er heraus. »Weshalb?«, wollte Taylor wissen. »Schauen Sie, was ich hier habe«, antwortete er und zeigte ihm die belastenden Schriften. Alles sei belegt, sogar die Namen der Mörder stünden in den Listen. Die Verantwortlichen müssten unbedingt zur Rechenschaft gezogen werden.

Taylors erste Reaktion enttäuschte Ben: Er erkenne zwar die große Relevanz des neuen Materials an, aber es gebe ein »administratives Problem«. Das Pentagon könne keine weiteren

Prozesse führen. Die Ressourcen seien knapp. Auch in Deutschland schwinde die Unterstützung für das Kriegsverbrechertribunal. Ben hielt dagegen: Es lägen eindeutige Beweise vor, dass die Täter kaltblütig mordeten, und ein Verfahren könne rasch durchgeführt werden. »Wir dürfen diese Massenmörder nicht davonkommen lassen!« In seiner Verzweiflung bot er an, falls niemand sonst zur Verfügung stünde, würde er den Job notfalls selbst übernehmen. Taylor schien einen Augenblick zu überlegen, dann erkundigte er sich, ob Ben dies zusätzlich zu seinen bestehenden Aufgaben schultern könne. »Natürlich«, versicherte er. »Okay«, sagte Taylor, »dann übernehmen Sie den Fall.« So wurde Ben Ferencz – nicht zuletzt zu seiner eigenen Überraschung – Chefankläger im umfangreichsten Mordverfahren, das je stattgefunden hatte. Er war der jüngste Staatsanwalt in Nürnberg und, was seine diesbezügliche Praxis betraf, komplett unerfahren: »Ich war 27 Jahre alt, und es war mein erster Gerichtsfall.«

Taylor hatte ursprünglich geplant, einen Extra-Prozess gegen führende SS-Vertreter aus den Bereichen Sicherheit, Nachrichtendienst und Polizei zu führen, doch die beschränkten Mittel ließen ihn davon wieder Abstand nehmen. Mit der Entdeckung der Einsatzgruppenprotokolle veränderte sich die Ausgangslage: Der Fokus verschob sich auf diese spezielle Tätergruppe, und die Dringlichkeit einer Strafuntersuchung wurde angesichts der Schwere der Taten und der Beweiskraft der neu entdeckten Dokumente so groß, dass er dem leidenschaftlichen Insistieren seines von ihm sehr geschätzten Mitarbeiters nachgab und ihn gleich auch noch zum Chefankläger beförderte.

Im Mai 1947 zog Ben mit seiner Frau ins Frankenland um. Oberstleutnant Bill Wuest übernahm die Aufsicht über das Berliner Büro. Er versprach, Ben anzurufen, wenn es irgendwelche Schwierigkeiten geben sollte. In der Stadt Fürth, direkt neben Nürnberg, bezog das Ehepaar eine kleine Villa, die die amerikanische Armee requiriert hatte. Sein Generalsrang hätte

Ben zum Bezug einer großzügigeren Residenz ermächtigt, aber das Haus gefiel ihm. Das Grundstück grenzte an eine weite Wiese, im Hintergrund floss die Pegnitz. Ben liebte den gepflegten Garten, wo er in seiner Freizeit selbst Hand anlegte. Ein alter deutscher Gärtner namens Ludwig, der in einem ihm unverständlichen fränkischen Dialekt sprach, half ihm dabei. Über den Versuch des Amerikaners, unter einem Baum etwas Tomaten und Eisbergsalat für seine Sandwiches zu züchten, lachte er nur. Ben zog daraus den Schluss, dass die Kenntnisse, die der Alte im Gemüseanbau besaß, in diesen Zeiten der Not wichtiger waren als alles, was er in Harvard gelernt hatte. Doch die Gelegenheit, sein juristisches Können zu beweisen, kam bald.

Die Auswahl der Angeklagten

Einer der ersten Schritte bei der Vorbereitung des Prozesses war die Sicherung der Ordner mit den »Ereignismeldungen«. Die Dokumente wurden in einem Sack der US-Post verschlossen und ins Berlin Document Center (BDC) im Stadtteil Zehlendorf gebracht. Das BDC – angesiedelt in einer größtenteils unterirdischen Anlage, die im Krieg eine Abhörstation von Görings Reichsluftfahrtministerium beherbergt hatte – diente als Aufbewahrungsstelle für Unterlagen aus der Zeit des Nationalsozialismus, die im Hinblick auf die Nürnberger Prozesse gesammelt wurden. Neben Personalakten der SS, Korrespondenzen und anderen Materialien befand sich auch die Mitgliederkartei der NSDAP in den Beständen des Centers.

Der nächste Schritt bestand darin, die Beweisdokumente mit den Aussagen der Täter abzugleichen, die noch lebten und in Gewahrsam genommen worden waren. Nur sie konnten schließlich vor Gericht gebracht werden. Aber wen sollte Ben überhaupt anklagen? Es gab insgesamt etwa dreitausend Mitglieder der Einsatzgruppen, die praktisch jeden Tag damit zugebracht hatten, wehrlose Männer, Frauen und Kinder umzubringen. Allen Tatverdächtigen konnte er unmöglich den Prozess machen.

Ben und seinen Mitarbeitern gelang es dennoch, eine fast vollständige Liste der Einsatzgruppen-Offiziere zu erstellen. Kopien davon wurden an alle alliierten Kriegsgefangenenlager geschickt, mit der Aufforderung, die Verdächtigen zu melden und nach Nürnberg zu überstellen. Einige der SS-Führer befanden sich bereits dort; auf sie griff man zuerst zurück. Die Anzahl der Massenmörder, die angeklagt werden konnten, hing neben den beschränkten Finanzmitteln von der Ausstattung des Gerichtssaals im Nürnberger Justizpalast ab. Keiner der dreizehn Prozesse konnte mehr als vierundzwanzig Angeklagte aufnehmen – aus dem einfachen Grund, dass die Anklagebank nur vierundzwanzig Plätze hatte. Es sei leider unvermeidlich gewesen, dass viele Fische, darunter große, durch die Maschen des Netzes schlüpfen konnten, erzählt Ben. Die Nürnberger Tribunale hatten nie die Absicht verfolgt, mehr als eine kleine Gruppe der größten Nazi-Straftäter vor Gericht zu bringen. »War das gerecht?«, fragt er – und gibt die Antwort gleich selbst: »Ich wählte vierundzwanzig Verdächtige zur Anklage aus. Ich hätte 3000 Täter überführen können. Wo ist die Gerechtigkeit? Das war nicht Gerechtigkeit. Es war eine Auswahl, ein Muster, um der Welt zu zeigen, was geschehen war, und um ein paar der Verantwortlichen zur Rechenschaft zu ziehen.« Gerechtigkeit bleibe leider immer unvollständig.

Jenseits dieser Sachzwänge definierte er zwei Kriterien für die Auswahl der Angeklagten: die Höhe des Dienstgrades und die Bildung. Einfache, schlecht ausgebildete Männer sollten eher davonkommen, denn Verantwortung beginne ganz oben. Die Männer, die er nach diesen Vorgaben vor Gericht brachte, gehörten mitunter zu den höchsten SS-Chargen. Sie stammten aus guten Verhältnissen, genossen eine fundierte Ausbildung und stiegen im nationalsozialistischen Deutschen Reich aufgrund ihrer Fähigkeiten sowie ihrer unbedingten Loyalität zur Regierung rasant auf.

Der Hauptangeklagte – und zugleich »die interessanteste und herausforderndste Persönlichkeit« unter den Beschuldigten – war Otto Ohlendorf, SS-Brigadeführer und Kommandeur der Einsatzgruppe D. 1907 geboren, wuchs er auf einem Gutsbetrieb in der Nähe von Hildesheim auf. Sein Vater war ein Nationalliberaler alter Schule und aktiv in der Deutschen Volkspartei. Der junge Ohlendorf interessierte sich früh für die organisatorischen und ökonomischen Zusammenhänge auf dem väterlichen Gut. Er absolvierte ein Studium der Rechts- und Staatswissenschaften an den Universitäten Leipzig und Göttingen, danach dozierte er am Institut für Weltwirtschaft in Kiel und an der Handelshochschule Berlin. Ein Jahr verbrachte er in Mussolinis Italien, »um das faschistische System und die faschistische Philosophie des internationalen Rechts zu studieren«, wie er in der Zeugenbefragung vor dem Kriegsverbrechertribunal angab. 1925 trat er in die NSDAP ein, 1927 in die SS. Ohlendorf startete eine steile Karriere im NS-Machtapparat, baute Himmlers Sicherheitsdienst (SD) auf, wurde dort Wirtschafsreferent und 1939 Amtschef III (SD-Inland) im neu gegründeten RSHA. Nach seinem Einsatz in der Sowjetunion als Leiter der Einsatzgruppe D, der von Juni 1941 bis Juni 1942 währte, wurde er zum stellvertretenden Staatssekretär und später zum Ministerialdirektor im Reichswirtschaftsministerium von Walther Funk berufen. Im Mai 1945, als der Nazistaat schon in den letzten Zügen lag, war er de facto Wirtschaftsminister in der geschäftsführenden Regierung von Admiral Dönitz in Flensburg. Bald darauf wurde er verhaftet.

Der Anklage gelang es, neben Ohlendorf auch die drei Kommandeure der anderen Einsatzgruppen vor Gericht zu bringen. Heinz Jost, Brigadeführer und Generalleutnant der Polizei, leitete die Einsatzgruppe A. Auch er war Jurist und führendes Mitglied der SS-Verwaltung. 1933 wurde er Polizeipräsident in Worms, später in Gießen. 1934 setzte er seine Laufbahn im Imperium Himmlers fort. Zügig stieg er zum

Amtschef im SD-Hauptamt, dann im RSHA auf. Im August 1939 beauftragte ihn Heydrich, polnische Uniformen zu beschaffen, die für den fingierten Überfall auf den Sender Gleiwitz benötigt wurden. Hitler nahm dies zum Vorwand, um den Angriff auf Polen zu befehlen. Neben der Kommandantur der Einsatzgruppe A übernahm Jost von März bis September 1942 die Befehlsgewalt über Sicherheitspolizei und SD »Ostland« in Riga.

Der Dritte im Bunde war Erich Naumann, Chef der Einsatzgruppe B. Er war ursprünglich Prokurist und in der SA für Hochschulbelange zuständig. 1935 wechselte er zur SS und arbeitete in deren Sicherheitsdienst. Im SD-Hauptamt in Berlin leitete er eine Abteilung unter dem in Nürnberg mitangeklagten Jost. Später war er Inspekteur der Sicherheitspolizei und des SD. Beim deutschen Überfall auf Polen befehligte er ebenfalls schon als Einsatzgruppenleiter im Rahmen des »Unternehmens Tannenberg« eine Formation zur »Bekämpfung aller reichs- und deutschfeindlichen Elemente rückwärts der fechtenden Truppe«. Zu seinen Aufgaben zählte die Vernichtung der polnischen Intelligenz. Ab Sommer 1941 gehörte er zum Stab der Einsatzgruppe B, deren Kommando er im November übernahm. Von September 1943 bis Juli 1944 leitete er die Sicherheitspolizei und den SD in den Niederlanden.

Der vierte SS-Führer, den Ben auf die Anklagebank schickte, hieß Otto Rasch; er befehligte die Einsatzgruppe C. Rasch war ein fulminanter Akademiker mit zwei Doktortiteln in Politischer Ökonomie und Rechtswissenschaften. In Leipzig war er als Anwalt tätig und beriet verschiedene Unternehmen. Nach Hitlers Machtergreifung wurde er Bürgermeister in Radeberg und Oberbürgermeister in Wittenberg. Für die Gestapo und den Sicherheitsdienst arbeitete er ab 1939 in führenden Positionen in Frankfurt am Main, Linz, Prag und Königsberg; in Ostpreußen zeichnete er verantwortlich für das Haft- und Vernichtungslager Soldau. Am 31. August 1939 leitete er den SS-Überfall auf das Forsthaus Pitschen – eine Operettenoffensive wie beim Sender Gleiwitz, die eine Invasion der polnischen Armee vortäuschen sollte. Die Einsatzgruppe C kommandierte er von ihren Anfängen bis Oktober 1941. Er gab den Befehl für das Massaker von Babi Jar. Bis zum 20. Oktober meldeten seine Einheiten rund 80 000 »Sonderbehandelte«, lies: Ermordete.

Unter den übrigen Angeklagten ragt, was seine geistige Kapazität betrifft, Franz Six hervor. Der spätere Anführer des Sonderkommandos 7c in der Einsatzgruppe B (»Vorkommando Moskau«) machte eine akademische Blitzkarriere, promovierte mit fünfundzwanzig Jahren über »Die politische Propaganda des Nationalsozialismus« (1934) und wurde mit achtundzwanzig Professor für Zeitungswissenschaft in Königsberg, später Dekan der Auslandswissenschaftlichen Fakultät und Leiter des Auslandswissenschaftlichen Instituts in Berlin. Six fungierte als Presseleiter im SD-Hauptamt und als Amtschef im RSHA. Unter Himmler war er verantwortlich für »weltanschauliche Forschung«. Den Holocaust an den europäischen Juden unterstützte er vor allem durch die Entwicklung von Propagandamaterialien, aber auch mit Logistiklösungen. Mit Gestapochef Heinrich Müller – laut Auschwitzkommandant Rudolf Höß der »eiskalte Vollstrecker« aller Befehle Himmlers – arbeitete er an den »staatspolizeilichen Vorbereitungen« des Überfalls auf Polen. Im Juni 1941 übertrug ihm Heydrich die Leitung des »Vorkommandos Moskau«. Im September 1942 wechselte Six ins Auswärtige Amt unter Joachim von Ribbentrop. Dort leitete er die Kulturpolitische Abteilung, die sich der Propaganda widmete – seinem Dissertationsthema.

Zu den Auffälligkeiten in den Lebensläufen der Angeklagten gehört, dass sich zahlreiche Juristen darunter befanden, neben den drei Genannten auch Walter Blume, Martin Sandberger, Werner Braune, Walter Haensch, Gustav Nosske, Erwin Schulz (Studium nicht abgeschlossen) und Eduard Strauch. Ihre Kenntnisse auf diesem Gebiet hinderten sie nicht daran, die krassesten Rechtsverletzungen zu begehen. So lobte der

Generalkommissar für Weißruthenien, Wilhelm Kube, den »extrem fähigen [...] Dr. jur. Strauch« im Juli 1943, es sei auch dank ihm gelungen, »in den letzten 10 Wochen 55000 Juden zu liquidieren«.

Das Handwerk des Tötens beherrschten nicht nur Juristen und Ökonomen. Waldemar Klingelhöfer war ein musisch begabter Massenmörder – vor seiner Karriere als SS-Offizier war er Opernsänger gewesen. Der Gymnasiallehrer Eugen Steimle stammte aus strenggläubig-pietistischem Elternhaus, Ernst Biberstein amtete sogar als evangelischer Theologe und Pastor. Paul Blobel, der selbst in dieser Galerie von Massenmördern als besonders skrupellos galt, war Maurer und Zimmermann gewesen, bevor er im Sicherheitsdienst Karriere machte. Adolf Ott engagierte sich vor seiner SS-Laufbahn bei der Deutschen Arbeitsfront, Waldemar von Radetzky machte eine Lehre bei einer Speditionsfirma, Felix Rühl war Gerichtsangestellter, Heinz Schubert besuchte eine Höhere Handelsschule und ließ sich dann von einer Anwaltskanzlei anheuern. Matthias Graf verdiente sein Geld zunächst als Kaufmann, Emil Haussmann als Volksschullehrer. Sie alle wurden von der SS-Spitze auserkoren, weil man sie für geeignet hielt, den schmutzigsten Job zu erledigen, der im Vernichtungsfeldzug gen Osten zu vergeben war.

»Schmerz und Hoffnung«

Von den vierundzwanzig Beschuldigten schieden zwei vorzeitig aus dem Verfahren aus. Kurz nachdem er wie alle übrigen die Anklageschrift erhalten hatte, beging Emil Haussmann am 31. Juli 1947 in seiner Zelle Suizid. Dr. Dr. Otto Rasch entging der Strafe, weil er schwer erkrankte. Sein Anwalt, Hans Surholt, erschien eines Tages in Bens Büro mit der Bitte, er möge die Anklage gegen seinen Mandanten fallen lassen, dieser leide an Parkinson und sein Körper zittere. »Wenn ich so viele Menschen getötet hätte wie er, würde es mich auch schütteln«, antwortete Ben. Solange Rasch noch atme, werde er ihn nicht entwischen lassen. Zum Prozessauftakt wurde der ehemalige Kommandeur der Einsatzgruppe C auf einer Bahre in den Saal getragen. Doch die zunehmende krankheitsbedingte Schwäche bewahrte ihn vor der Verurteilung. Am 5. Februar 1948 wurde er aus dem Verfahren entlassen, neun Monate später starb er.

Die eigentliche Verhandlung begann am 15. September 1947, im Schwurgerichtssaal 600 des Nürnberger Justizpalastes, mit der Verlesung der Anklage in der Tradition des angelsächsischen Strafprozessrechts. Sie umfasste bei allen Beschuldigten drei Punkte: Verbrechen gegen die Menschlichkeit, Kriegsverbrechen und Mitgliedschaft in einer verbrecherischen Organisation. Die Beschuldigten wurden gefragt, ob sie von diesen Anklagepunkten Kenntnis hätten, sie verstünden – und ob sie sich »schuldig« oder »nicht schuldig« bekannten. Obwohl die Beweislast erdrückend war, behauptete jeder, er sei nicht schuldig im Sinne der Anklage.

So richtig los ging es dann zwei Wochen später, am 29. September, als Ben Ferencz die Hauptverhandlung mit der Präsentation der Anklage eröffnete. Der holzgetäfelte Gerichtssaal, in dem zwei Jahre zuvor schon der Prozess gegen die Repräsentanten der obersten Nazi-Führungsetage stattgefunden hatte, lieferte die Kulisse für ein Justizdrama, wie es die Menschheit in der Wahrnehmung der Zeitgenossen noch nicht gesehen hatte. Die Nachrichtenagentur AP berichtete vom »größten Mordprozess der Geschichte« und von »History's Worst Killers«.

Für die Angeklagten waren, in erhöhter Position, zwei Sitzreihen reserviert, die von einer Abschrankung aus Massivholz abgeschlossen wurden. Vor ihnen saßen, einige Stufen tiefer, ihre Verteidiger, fast ausnahmslos ehemalige Mitglieder der Nazipartei. Die drei amerikanischen Richter, gehüllt in schwarze Roben, thronten gegenüber. Hinter ihnen war ein Sternenbanner aufgestellt. Die Vertreter der Anklage nahmen, seitlich verschoben, den Mittelraum ein, sodass sie mit Richtern und Angeklagten ein imaginäres Dreieck bildeten. Die Weltpresse und interessierte Zuschauer, darunter Gertrude, beobachteten das Geschehen aus dem Hintergrund. Jeder Platz verfügte über einen Kopfhörer, zwischen den Sprachen Englisch und Deutsch wurde simultan übersetzt.

Die Stimmung im Saal beschreibt Ben als »ruhig und sehr konzentriert«: »Es gab keinen Applaus, keine Buhrufe, kein Lachen, nichts.« Im Publikum hätten kaum Deutsche gesessen. Diese seien nur am Verfahren gegen Göring und die anderen führenden Nationalsozialisten interessiert gewesen, aber kaum mehr an den Nachfolgeprozessen. Auch Angehörige von Opfern hätten selten an der Verhandlung teilgenommen. Für strenge Sicherheit war gesorgt: Die Angeklagten wurden mit einem Lift aus dem unterhalb des Gerichtssaals liegenden Gefängnis direkt zur Anklagebank transportiert, bewacht von Soldaten der amerikanischen Armee in Uniformen und weißen Helmen.

Der Vorsitzende Richter Michael Musmanno übergab Ben das Wort. Mit ruhiger und klarer Stimme brachte er sein Statement vor, immer wieder schweifte dabei sein Blick vom Manuskript zu den Zuhörern. Wandte er den Kopf nach links, sah er in die Gesichter der Angeklagten, die finster dreinblickten, aber »sehr normal« ausgesehen hätten. Auf die Frage, wie es gewesen sei, in die Augen dieser Massenmörder zu blicken, sagt Ben: »Es gab keine Reaktion von ihnen, und keine Reaktion von mir. Ich erhob nie die Stimme, ich schrie sie nicht an. Ich war eiskalt.« Es sei ihm einzig und allein um die Fakten gegangen, wie sie in den Einsatzgruppenberichten dokumentiert waren. Um sich nicht ablenken und beeinflussen zu lassen, habe er nichts Privates über die Täter wissen und sie außerhalb des Gerichtssaals nicht sehen wollen.

Für einen Zwischenfall sorgte der Angeklagte Strauch. Er stand von seinem Sitz auf und verschwand plötzlich aus dem Blickfeld. Die militärischen Wachen stürmten mit erhobenen Knüppeln zu ihm hin: Er lag, sich windend, am Boden –

augenscheinlich hatte er einen epileptischen, vielleicht auch psychogenen Anfall erlitten.

In seinem »Eröffnungsplädoyer für die Vereinigten Staaten von Amerika« stellte Ben in souveränen Strichen die wesentlichen Züge des Falls aus Sicht der Anklage dar. Nach einer allgemeinen Einführung sprach er über die weltanschaulichen Motive der verhandelten Verbrechen, den Aufbau und die Organisation der Einsatzgruppen, über einzelne ihrer Aktionen, die rechtliche Basis des Prozesses, die drei Anklagepunkte und schließlich über die persönliche Verantwortung der Täter.

Der junge Chefankläger war sich der historischen Bedeutung des Moments bewusst. Gleich im ersten Satz – der in den alten Filmaufnahmen allerdings nicht erscheint; die Kamera lief erst danach –, rückte er das Tribunal in eine übergeordnete, auf die Zukunft gerichtete Perspektive: »Wenn wir hier das vorsätzliche Massaker an mehr als einer Million unschuldiger und wehrloser Männer, Frauen und Kinder enthüllen, erfüllt uns dies mit Schmerz und Hoffnung.« Die Worte fassen im Kern seinen Zugang zum ganzen Prozess zusammen: Es ging ihm um etwas, »das viel wichtiger war, als eine Handvoll Mörder zu überführen«, wie er rückblickend sagt. Rache sei nicht das Ziel, auch nicht die Herstellung einer ausgleichenden Gerechtigkeit, betonte er in seinem Plädoyer. Nach seiner Überzeugung konnte es eine solche gar nicht geben: Das Unrecht lasse sich nicht beseitigen, indem man den Mord an mehr als einer Million Menschen mit dem Leben von zwei Dutzend Tätern aufwiege. Aber das Tribunal könne helfen – darauf gründete seine Zuversicht –, solche Schrecken in Zukunft zu verhindern. Es sollte ein Fundament legen für eine friedlichere Welt. Der Fall, den er vortrage, sei ein »Appell der Menschlichkeit an das Gesetz«. Die internationale Strafverfolgung müsse gestärkt werden, um das Recht jedes Menschen zu schützen, in Frieden und Würde zu leben – unabhängig von Rasse und Religion.

Die SS-Einsatzgruppen, Elitekommandos von Mördern in Uniformen, träten jeden Rechtsbegriff mit Füßen. Sie seien zu dem spezifischen Zweck geschaffen worden, Menschen zu vernichten, weil sie Juden waren oder von den Nazis aus anderen Gründen als minderwertig betrachtet wurden. Ihre eigenen Berichte zeigten, dass die Gemetzel, die die Angeklagten veranstalteten, nicht durch militärische Notwendigkeit diktiert gewesen seien, sondern durch die pseudodarwinistische Herrenmenschentheorie der Nazis. Die Taten seien die zielstrebige Umsetzung weitreichender Pläne gewesen, unerwünschte ethnische, nationale, politische und religiöse Gruppen zu zerstören.

Für diesen Vorgang führte Ben einen neuen Begriff in die Rechtsgeschichte ein, den »Genozid«. Was heute geläufig und Gegenstand einer breit akzeptierten UNO-Konvention ist, war damals noch unbekannt. »Genozid – die Vernichtung ganzer Kategorien von Menschen – war ein herausragendes Instrument der Nazidoktrin«, sagte er. In Punkt eins der Anklage (Verbrechen gegen die Menschlichkeit) wurden die SS-Offiziere beschuldigt, systematisch darauf hingearbeitet zu haben. Das Wort war eine Schöpfung des polnischen Flüchtlings und Anwalts Raphael Lemkin. Ben hatte ihn in den Hallen des Nürnberger Justizpalastes getroffen, wo Lemkin – der 1945/46 bereits dem Hauptanklagevertreter Robert Jackson assistiert hatte – mit wildem, verängstigtem Blick allen, die es hören wollten, von seinem Schicksal erzählte. Seine ganze Familie war von den Nazis ermordet worden. Aus Respekt vor ihm und der Gültigkeit seiner juristischen Argumente nahm Ben den Terminus in sein Nürnberger Plädoyer auf.

Neben dem Ziel, eine globale Rechtsordnung zum Schutz vor Verfolgung und Vernichtung aufzustellen, hegte die Anklage auch eine gewisse aufklärerisch-pädagogische Absicht. Sie stand im Kontext der amerikanischen Umerziehungspolitik (»Re-education«). »Deutschland ist ein Land der Ruinen, besetzt von fremden Truppen, die Wirtschaft ist verkrüppelt, die Bevölkerung hungert«, mahnte Ben. Den meisten Deutschen seien die Geschehnisse, die hier verhandelt würden, noch immer nicht bewusst. Sie müssten jedoch begreifen, was passiert sei, um die Ursachen ihrer gegenwärtigen Misere zu verstehen. Die präsentierten Fakten sollten dazu beitragen, dass das deutsche Volk das System, dem es vormals so enthusiastisch zugejubelt habe, richtig einschätze. An die Stelle eines verrückten Fetischs könnte dann ein »wahres Ideal« treten.

Er machte klar, dass das planmäßige Töten der SS-Truppen seinen Ursprung in der nationalsozialistischen Rassentheorie fand, wie sie ein Alfred Rosenberg formuliert hatte. Aus der Lehre von der arischen Überlegenheit und der Minderwertigkeit anderer Völker sei blutiger Ernst geworden. Bei einem Briefing kurz vor dem Überfall auf die Sowjetunion hätten Heydrich und Bruno Streckenbach, der Personalchef im RSHA, den Mitgliedern eingeschärft, es gehöre zu ihrem Auftrag, die Gegner des Nationalsozialismus auszumerzen. Dazu hätten nicht nur die kommunistischen Kommissare, sondern explizit auch die Juden gezählt. Die Zahl der ins Visier genommenen »Feinde« habe sich aber bald als so groß erwiesen, dass sie mit beiläufigen Maßnahmen nicht hätten zum Verschwinden gebracht werden können. Sie mussten »en masse« beseitigt werden. Er rief dem Gericht in Erinnerung, dass die Einsatzgruppen aus höchstens 3000 Männern bestanden – eine sehr geringe Zahl im Vergleich zu der über eine Million Opfer, von der die Anklage ausging. Im Zeitraum von zwei Jahren hätten die vier Gruppen demnach jeden Tag durchschnittlich 1350 Menschen getötet.

Die schiere Menge der »Sonderbehandlungen« erforderte harte Arbeit und eine tadellose Organisation. Dabei bedienten sich die Mordkommandos gerne einer Täuschung: Sie gaben vor, die Juden würden bloß umgesiedelt. Stattdessen fuhren die Lastwagen mit ihrer menschlichen Fracht zu einem außerhalb der Städte liegenden Exekutionsplatz. Erschießungen waren die gewöhnlichste Form des Tötens. Ben zitierte in diesem Zusammenhang den bewegenden Bericht des deutschen Zivilisten Hermann Gräbe, der am 5. Oktober 1942 bei Dubno in der Ukraine Zeuge einer Massenhinrichtung geworden war. Gemäß seiner Beschreibung lagen die toten, teilweise aber auch noch lebenden Körper nackt in einer Grube. Er schätzte, dass rund 1000 Leichen übereinandergestapelt waren. Die vollständig entkleideten Opfer stiegen einige Stufen hinunter, die in die lehmige Grubenwand gehauen waren, und kletterten über die Köpfe der Hingerichteten bis zu der Stelle, die ihnen ein SS-Mann anwies. Mit einer Zigarette im Mund befahl er den Menschen, sich hinzulegen – und drückte mit seiner Maschinenpistole ab. Bei dem Massaker liquidierte die SS die gesamte jüdische Bevölkerung der Stadt, rund 5000 Menschen.

Eine andere Vorgehensweise bestand in eigens umgerüsteten Last- oder Lieferwagen, deren Abgase in das Innere der Fahrzeuge geleitet wurden. Kamen sie am Zielort an, waren die meisten Opfer tot; manche lebten aber auch hier noch, die beschmutzten Körper ineinander verkrallt. Sie wurden herausgehoben und oft nur notdürftig in Massengräbern verscharrt. Geld, Schmuckstücke und andere Wertgegenstände nahm man ihnen ab. Die Summe der Beute wurde in den Meldungen an die Zentrale genauso akribisch vermerkt wie die Zahl der Toten.

Den Umfang der durch die Einsatzgruppen verübten Morde illustrierte Ben mit Beispielen aus den Akten. Die Einsatzgruppe A meldete im Oktober 1941 nach Berlin, sie habe bis dato 121 817 Personen ausgelöscht. Das Einsatzkommando 2 dieser Einsatzgruppe, das von Eduard Strauch geführt wurde, kam nach sechs Monaten auf ein Total von 33 970 Exekutionen.

Die Einsatzgruppe B rapportierte Mitte November 1941, knapp fünf Monate nach dem Beginn des »Unternehmens Barbarossa«, ein Zwischentotal von 45 467 Hinrichtungen. Ben präsentierte dem Gericht eine eidesstattliche Erklärung des Angeklagten Blume. Darin beschreibt der Standartenführer, wie er an Exekutionen in Witebsk und Minsk teilnahm. Dort seien jeweils zwischen siebzig bis achtzig Personen getötet worden. Sie wurden in Gruppen von ungefähr zehn Leuten vor einem Graben aufgestellt und mit Karabinern erschossen. Das Hinrichtungskommando bestand aus dreißig bis vierzig Männern. »Gnadenschüsse waren nicht nötig«, so Blume.

Auch die Einsatzgruppe C glänzte mit schaurigen Erfolgsmeldungen. Anfang November 1941 notierte sie, bis zu diesem Zeitpunkt seien ungefähr 80 000 Personen liquidiert worden. Der Report spart nicht mit Details über die Judenvernichtung in Kiew. Unmittelbar nach der Besetzung der Stadt hätten »Vergeltungsmaßnahmen« gegen die Juden mit ihren ganzen Familien stattgefunden. Die jüdische Bevölkerung sei auf Wandplakaten aufgefordert worden, Kiew zu verlassen. Man habe mit 5000 bis 6000 Personen gerechnet, doch gekommen seien über 30 000. Dank einer sehr geschickten Organisation hätten sie bis fast zuletzt geglaubt, sie würden bloß umgesiedelt. In Wahrheit erwartete sie das Massaker von Babi Jar.

Dabei tat sich Paul Blobel, der diese Aktion anführte, besonders hervor. »Die Tötung von 33 000 jüdischen Bewohnern von Kiew in nur zwei Tagen ragt unter den grausigen Rekorden der Einsatzgruppen heraus«, sagte Ben. Das Ereignis überfordere die menschliche Vorstellungskraft. Doch die Juden seien bei Weitem nicht der einzige Teil der Bevölkerung gewesen, der zur Vernichtung vorgesehen war. Auch wenn es gelänge, sofort hundert Prozent der Juden auszuschalten, würde dies die Quelle der politischen Gefahr nicht beseitigen, heißt es in einer Nachricht der Einsatzgruppe C. Der bolschewistische Apparat stütze sich auf Russen, Georgier, Armenier, Polen, Ukrainer und andere – auch sie gerieten ins Visier der Killer, ebenso wie behinderte Menschen. Ben nannte das Beispiel eines Heims mit psychisch Kranken. Das Einsatzkommando 6 habe dort 800 Personen liquidiert.

Zuletzt erwähnte er die Einsatzgruppe D. Die Belegschaft ihres Hauptquartiers sitze auf der Anklagebank, sagte er und zeigte auf Kommandant Ohlendorf, Stellvertreter Seibert und Adjutant Schubert. In den ersten neun Monaten habe diese Gruppe mehr als 90 000 Menschenleben ausgelöscht. Das entspreche einem Durchschnitt von 340 pro Tag. Zu den Opfern zählten Juden, Roma, Asiaten und weitere »Unerwünschte«.

Die abschließenden Passagen seiner Rede widmete Ben juristischen und moralischen Fragen. Sie waren ihm wichtig, um Legalität und Legitimität des Gerichtshofs zu untermauern. Er gründe auf internationalen Vereinbarungen von dreiundzwanzig Staaten und auf dem Gesetz Nr. 10 des Alliierten Kontrollrats vom 20. Dezember 1945. Letzteres schuf die Basis für die Strafverfolgung von Verbrechen, die im Nationalsozialismus mit Billigung von Staat und Partei begangen worden waren. Die amerikanischen Militärtribunale seien in Wirklichkeit international, betonte er – und mit Blick auf den Einsatzgruppenprozess: »Die Morde in diesem Fall wurden in bestimmten Städten und Dörfern begangen, aber die Rechte, die die Angeklagten verletzten, gehören allen Menschen, überall.« Dabei verwies er auf die Piraten und Straßenräuber früherer Jahrhunderte, als »Vorboten moderner internationaler Verbrechen«. Die Rechtslehre habe den Staaten bald zugestanden, sie zu bestrafen, unabhängig von der Nationalität der Opfer oder vom Tatort. Dass die Grundrechte des Menschen gegen Regimes verteidigt werden müssten, die sie auf schockierende Weise verletzten, sei längst anerkannter Teil des Völkerrechts, zitierte er Sir Hartley Shawcross, den britischen Hauptanklagevertreter beim Internationalen Militärgericht. Auch deutsche Professoren hätten dies in ihren Schriften deklariert. Die Fußnote im Manuskript seines Plädoyers erwähnt Johann Caspar Bluntschli und dessen Werk »Das moderne Völkerrecht der civilisierten Staaten« (1868). Bluntschli, einer der herausragenden Juristen seiner Zeit, machte zwar in Deutschland Karriere, war genau genommen aber Schweizer. Von ihm, als Völkerrechtler der ersten Stunde, ließ sich Ben begeistern, als er die Richter aufforderte, die

Vorwürfe der Anklage »im Namen der Zivilisation« zu beurteilen.

Besonderen Wert legte er in diesem Zusammenhang auf die Unterscheidung zwischen den Anklagepunkten »Verbrechen gegen die Menschlichkeit« und »Kriegsverbrechen«. Auch wenn die Taten, die den Beschuldigten zur Last gelegt würden, in beiden Fällen identisch seien, handle es sich um unterschiedliche Straftatbestände. Zur Verdeutlichung dieser Differenz nannte er ein Beispiel aus dem üblichen Repertoire normaler Gerichte: Komme es bei einem Raubüberfall zusätzlich zu einer Körperverletzung, würden beide Verbrechen geahndet. So sei es auch hier: Die Tötung wehrloser Zivilisten sei ein Kriegsverbrechen, aber zugleich Teil eines anderen, größeren Verbrechens – des Genozids oder des Verbrechens gegen die Menschlichkeit. Letzteres könne in Kriegs- wie in Friedenszeiten auftreten, und die kriminelle Absicht richte sich dabei »gegen die Rechte aller Menschen«, nicht nur gegen das Recht von Personen innerhalb einer Konfliktzone. Solche Taten allein als Kriegsverbrechen zu bezeichnen, hieße, »ihre Inspiration und ihren wahren Charakter zu verkennen«. Dementsprechend sehe die Anklage die zentrale Bedeutung dieses Falls »im Schutz grundlegender Menschenrechte durch das Gesetz«.

Zugleich, so führte er weiter aus, wolle sie »eine Handvoll Männer für Taten verantwortlich machen, die sie allein wahrscheinlich nicht hätten begehen können«. Das werfe die Frage auf, nach welchen Maßstäben ihre Schuld zu bemessen sei. Hierzu brachte er einige Überlegungen vor, die nicht nur an die in ihren schwarzen Umhängen dasitzenden Richter, sondern auch an die Angeklagten adressiert waren, die mit ernsten, reglosen Mienen über die Kopfhörer der deutschen Übersetzung seiner Worte folgten. »Jedermann auf der Anklagebank hatte volle Kenntnis vom Zweck seiner Organisation«, sagte Ben, und alle Beschuldigten hätten eine Position der Verantwortung oder der Befehlsgewalt in einer Vernichtungseinheit innegehabt. Als militärische Führer seien sie an Gesetze gebunden gewesen, die alle bestens kennen würden, die eine Uniform trügen. Dazu gehöre die rechtliche und moralische Pflicht, im eigenen Kommandobereich Verbrechen zu verhindern. Die Tatsache, dass sie auf Befehl ihrer Regierung oder eines Vorgesetzten gehandelt hätten, befreie sie nicht von der Verantwortung für die kriminellen Taten.

Damit kam der Chefankläger zum Schluss. Auch wenn er so beherrscht auftrat wie zuvor, legte er in die letzten Zeilen seines Plädoyers doch eine besondere rhetorische Kraft: »Die Beschuldigten auf der Anklagebank waren die grausamen Exekutoren eines Terrors, der die dunkelsten Seiten der menschlichen Geschichte schrieb. Der Tod war ihr Instrument, und das Leben ihr Spielzeug. Sollten diese Männer ihrer Strafe entgehen, dann hätten Recht und Gesetz ihre Bedeutung verloren, und die Menschen müssten in Furcht leben.«

Die perverse Humanität eines Massenmörders

Die Staatsanwaltschaft konnte sich auf derart überzeugende Beweise stützen, dass sie – trotz der Dimension dieses Monsterprozesses – äußerst zügig vorankam. Ben brauchte nur zwei Tage, um die Anklage abzuschließen – was Telford Taylor zu der launigen Gratulation veranlasste, dies stelle eine Art Weltrekord dar. Dabei verzichtete Ben darauf, Zeugen aus den Reihen der Opfer aufzubieten. Er wusste, dass ihre Aussagen fehlbar sein konnten, und wollte dieses Risiko ausschließen. Vor allem aber vertraute er auf die Beweiskraft der vorgelegten Dokumente. Um die Täter zu überführen, benutzte er ihre eigenen Akten und die eidesstattlichen Erklärungen (»Affidavits«) aus den ausführlichen Befragungen der Angeklagten. Die Prozesstranskripte füllen ganze siebenundzwanzig Bände. Eine kleine Armada unermüdlich tippender Sekretärinnen war Tag und Nacht damit beschäftigt, Abschriften zu erstellen. Am Ende präsentierte die Staatsanwaltschaft dem Gericht rund zweihundertfünfzig Beweisstücke.

Am 6. Oktober 1947 schritt mit Rudolf Aschenauer, selbst ein ehemaliger, allerdings als »entlastet« eingestufter Nazi, der erste Beschuldigtenanwalt ans Mikrofon. Er vertrat Otto Ohlendorf, den Kommandeur der Einsatzgruppe D, die der 11. deutschen Armee zugeordnet war und ihre Blutspur von Rumänien entlang der Schwarzmeerküste auf die Krim gezogen hatte. Ohlendorf, unbestritten der führende Kopf der Angeklagten, war von feingliedriger Statur, nach übereinstimmendem Urteil von Beobachtern ebenso gescheit wie gut aussehend – und ein alter Bekannter in Nürnberg. Im Hauptkriegsverbrecherprozess hatte er als Zeuge der Anklage ausgesagt. Was er damals vorbrachte, überraschte alle. Taylor spricht in seinen Memoiren *The Anatomy of the Nuremberg Trials* von einem »real blockbuster«, einer regelrechten Bombe, die Ohlendorf platzen ließ. In der öffentlichen Vernehmung vom 3. Januar 1946 enthüllte er, dass die Operationen der Einsatzgruppen nach einem schriftlichen Abkommen zwischen dem Reichssicherheitshauptamt und den Oberkommandos von Wehrmacht und Heer geregelt worden seien. Damit war klar, dass die höchsten Staats- und Armeestellen involviert waren.

Dann die Schocknachricht. Auf die Frage, welche Befehle die Einsatzgruppen in Bezug auf die Juden und die kommunistischen Funktionäre erhalten hätten, sagte Ohlendorf: »Es war die Weisung erteilt, dass in dem Arbeitsraum der Einsatzgruppen im russischen Territorium die Juden zu liquidieren seien, ebenso wie die politischen Kommissare der Sowjets.« Ob er wisse, wie viele Menschen unter seinem Kommando getötet worden seien? »Als die deutsche Armee in Russland einmarschierte, war ich Führer der Einsatzgruppe D im südlichen Sektor, und im Laufe des Jahres, währenddessen ich Führer der Einsatzgruppe D war, liquidierte sie ungefähr 90 000 Männer, Frauen und Kinder.« Die Zuhörer hätten mit fassungslosem Schweigen auf die Nachricht reagiert, so Taylor. Im Saal habe es Gesten des Entsetzens gegeben. Den Auftritt Ohlendorfs beschreibt er als »ruhig, mit großer Präzision, Sachlichkeit und offenkundiger Intelligenz«.

Die angeklagten Nazigrößen, die – mit der prominenten Ausnahme von Hitlers Architekt und Rüstungsminister Albert Speer – von nichts gewusst haben wollten und jede Verantwortung für die Verbrechen des Reichs abstritten, reagierten unterschiedlich auf Ohlendorfs entlarvendes Bekenntnis. Göring habe sofort versucht, die Aussagen wegzuwischen, berichtet Gustave M. Gilbert, der als Gerichtspsychologe ein Vertrauensverhältnis zu den Angeklagten aufbauen konnte, in seinem *Nürnberger Tagebuch*. Er beschimpfte Ohlendorf als »Schwein«, das seine Seele dem Feind verkaufe. Walther Funk nahm seinen ehemaligen Mitarbeiter im Reichswirtschaftsministerium in Schutz und meinte, Ohlendorf habe ein ehrliches Geständnis abgelegt. Hans Frank drückte sogar seine Bewunderung für einen Mann aus, »der, um der Wahrheit willen, sein eigenes Todesurteil unterschrieb«.

Ohlendorf war damals als Zeuge einvernommen worden, jetzt stand er selbst als Angeklagter vor Gericht. Aufgrund der prozessualen Vorgeschichte interessierte vor allem die Frage, wie er sich verteidigen würde, nachdem er die Ermordung von 90 000 Männern, Frauen und Kindern ja bereits zugegeben hatte. Sein Anwalt Aschenauer, einer der jüngsten und talentiertesten der Verteidiger, hatte einen furiosen Auftritt, der Richter Musmanno an einen »Shakespeare-Schauspieler« erinnerte. »Herr Präsident! Hohes Gericht!«, hob er an – und versuchte gar nicht erst abzustreiten, dass die Massenhinrichtungen unter Beteiligung seines Mandanten stattgefunden hatten. Doch er zog zwei Argumentationslinien auf, um die Taten als legal darzustellen: Erstens habe es sich um vermutete Selbstverteidigung und vermutete Notwehr gehandelt – »Putativnothilfe« und »Putativnotstand« lauteten die juristischen Fachtermini. Aschenauer betonte in diesem Zusammenhang, man könne das auch im Namen eines Dritten tun. Mit anderen Worten: Ohlendorf habe in der Überzeugung gehandelt, die Aktionen der Einsatzgruppen in der eroberten Sowjetunion dienten der »staatlichen Selbstverteidigung« des Deutschen Reichs. Er habe Hitlers Aussagen vertraut – und wie hätte er sich anmaßen können, besser informiert zu sein als der Führer? –, dass Deutschland die UdSSR angegriffen habe, um eine bevorstehende bolschewistische Attacke auf das Abendland abzuwehren. Auch wenn es eine irrige »Obsession« gewesen sei, so sei Ohlendorf doch subjektiv davon ausgegangen, dass sich die »rote Gefahr« nur durch eine »Lösung« der »Judenfrage« bannen lasse.

Zweitens argumentierte er mit dem Befehlsnotstand. Die Einsatzgruppen hätten nicht selbstständig agiert, sondern seien in die militärische Kommandolinie integriert gewesen: einerseits in der Wehrmacht, andererseits innerhalb der SS. Ohlendorf sei mit der Order, Juden und politische Kommissare zu liquidieren, nicht einverstanden gewesen, habe aber keine andere Wahl gehabt, als sie auszuführen. Er habe SS-Chef Himmler bei einem Treffen in Nikolajew Anfang Oktober 1941 sogar auf diese »unmenschliche Last« hingewiesen, aber keine Antwort erhalten. Weil Himmler, Heydrich und der Hitler-Vertraute Martin Bormann alle hinter dem »Führerbefehl« gestanden hätten und er keinen direkten Zugang zum Reichskanzler und Obersten Befehlshaber der Wehrmacht gehabt habe, habe seinem Mandanten auch keine Beschwerdemöglichkeit offengestanden. »Die Tragödie von Ohlendorfs Leben wird jedermann klar werden«, schloss Aschenauer.

Ben fand die Argumente »ebenso klug wie abstoßend« – und am liebsten hätte er Ohlendorf anschließend selbst ins Kreuzverhör genommen. Doch er entschied sich, James Heath damit zu beauftragen, einen der vier Staatsanwälte, die ihm zur Seite standen. Der aus Virginia stammende, groß gewachsene Anwalt würde mit seiner staatsmännischen Art und seinem gedehnten Südstaatendialekt auf die Deutschen vielleicht mehr Eindruck machen; auch wollte er jeden Anschein einer jüdischen Revanche verhindern. Heath wusste, dass er wegen seiner Alkoholprobleme auf der Abschussliste von General Taylor stand, und gab sich besondere Mühe bei der Vorbereitung der Fragen und möglicher Antworten.

In den ausführlichen Verhören, die bis Mitte Oktober dauerten, bekräftigte Ohlendorf die Aussage seines Anwalts, Befehl sei Befehl, und wer sich dagegen gewehrt hätte, wäre auf der Stelle erschossen worden. Ob er sein moralisches Gewissen an Adolf Hitler abgegeben habe, fragte Heath. »Nein«, sagte Ohlendorf. »Aber ich habe mein Gewissen der Tatsache untergeordnet, dass ich Soldat war.« Er sei ein kleines Rad in einer riesengroßen Maschine gewesen und habe nur getan, was jeder Soldat in jeder Armee tue, nämlich zu gehorchen. Zur Rechtfertigung des Mords an den Juden führte Ohlendorf an, sie seien in den politischen Führungsstrukturen der Sowjetunion überproportional vertreten gewesen. Die Hinrichtung unschuldiger Kinder rechtfertigte er mit dem Argument, würden sie erfahren, dass die Deutschen ihre Eltern umgebracht hätten, wüchsen sie zu gefährlichen Gegnern heran. Die »Zigeuner« hätten ausgeschaltet werden müssen, weil sie »unzuverlässig« seien und möglicherweise mit dem Feind zusammengearbeitet hätten. Kurzum: Die Ermordung wehrloser Zivilisten diente gemäß Ohlendorf der langfristigen Sicherheit des nationalsozialistischen Staats.

Der Befrager konfrontierte ihn mit den Tätigkeits- und Lageberichten der Einsatzgruppe D und zeigte ihm das Dokument Nummer 2620-PS aus den Gerichtsakten, wo er zugab, dass unter seinem Befehl ungefähr 90 000 Menschen hingerichtet worden waren. »Was meinen Sie mit ›ungefähr‹?«, erkundigte sich Heath. Er werde nun schon seit zweieinhalb Jahren zu seiner Tätigkeit in der Einsatzgruppe befragt und habe stets versucht, die Nennung von Zahlen zu vermeiden, da er sie nicht genau kenne, antwortete Ohlendorf. Bei der Zusammenstellung der Opferbilanzen habe es doppelte Zählungen gegeben, und manchmal seien die Zahlen auch übertrieben worden. Vollkommen sachlich, als handle es sich um banale buchhalterische Fragen, referierte Ohlendorf über die ihm vorgelegten Schriftstücke, die beispielsweise besagten, dass seine Einheiten zwischen dem 16. und 30. September 1941 22 467 Juden und Kommunisten umgebracht hatten. Doch auf das Total von 90 000, das er selbst unter Eid bestätigt hatte, wollte er sich nicht mehr festlegen lassen. Irgendwann wurde es Gerichtspräsident Musmanno zu viel, und er griff in das Verhör ein. »Zeuge«, wandte er sich an Ohlendorf, »Sie mögen vielleicht nicht übereinstimmen mit dem, was ich gesagt habe, aber Sie werden übereinstimmen müssen mit dem, was Sie am 3. Januar 1946 gesagt haben.« Mit diesem autoritären Zwischenruf beendete er die Diskussion.

Besonders aufwühlend – für alle Beteiligten – waren die Versuche des Anklägers, Ohlendorf zu einer moralischen Wertung der Taten zu bewegen. Bei aller Kälte, die der adrette SS-General verströmte, war er nicht frei von gewissen Skrupeln. In seinen Aussagen schimmert ein Anflug von menschlichem Mitgefühl durch – wenn auch in perverser Form. Sein Mitleid bezog sich nicht auf die Opfer, sondern auf die Täter. So berichtete Ohlendorf von jenem Zusammenzug der Einsatzgruppen im heute sachsen-anhaltinischen Pretzsch, wo Streckenbach angeblich den Befehl überbrachte, alle Juden und bolschewistischen Kommissare auf dem Gebiet der Sowjetunion zu eliminieren; er und andere SS-Offiziere hätten dagegen protestiert. Es sei unmöglich, die Mission durchzuführen. »Warum nicht?«, fragte Heath. »Nun, ich glaube, es gibt seelisch ohne Zweifel nichts Schlimmeres, als wehrlose Menschen erschießen zu müssen«, antwortete Ohlendorf. Schlimmer sei es doch wohl, wehrlos erschossen zu werden, konterte Heath. Er habe sämtliche Zeugenaussagen von Ohlendorf gelesen und darin keine Spur von Sympathie für die Opfer oder von Bedauern für die Gräueltaten gefunden. Heath versuchte vergeblich, dem Angeklagten ein Urteil zu entlocken.

Der rhetorische Schlagabtausch nahm an Heftigkeit noch zu, als er die Frage stellte, ob Ohlendorf auch sein eigenes Fleisch und Blut getötet hätte, angenommen, Hitler hätte ihm dies befohlen. Ohlendorf war Vater von fünf Kindern im Alter von zwei bis elf Jahren. Er verweigerte die Antwort auf diese »frivole« Frage, wie er fand. Sie vermische eine private Angelegenheit mit einer militärischen; das eine habe mit dem anderen nichts zu tun. Er blieb dabei: Dass er Zehntausende unbewaffneter Männer, Frauen und Kinder hatte umbringen lassen, war für ihn eine »militärische Notwendigkeit«.

Die sauberen Distinktionen des schlauen Massenmörders beschäftigen Ben bis heute. Er erinnert sich mit Schaudern, wie Ohlendorf erklärte, er habe seinen Männern im Gegensatz zur Praxis anderer Einheiten nicht erlaubt, Babys zu Schießübungen zu gebrauchen oder ihre Köpfe gegen Bäume zu schlagen. Er wies seine Leute an, sie sollten den Müttern gestatten, ihre Kinder an die Brust zu drücken – und dann auf ihr Herz zielen. Dadurch würde das schreckliche Schreien vermieden, und der Schütze könne Mutter und Kind mit einer Kugel töten. So spare man Munition.

»Es war mein Wunsch, dass die Exekutionen in einer Art und Weise durchgeführt wurden, die militärisch und den Umständen entsprechend human war«, gab Ohlendorf zu Protokoll. Statt Kopfschüssen aus nächster Nähe, die seine Männer mit Blutspritzern hätten bekleckern können, bevorzugte er eine Technik mit mehreren Schützen aus größerer Distanz. Dies sollte helfen, die psychische Belastung und die persönliche Verantwortung der Täter zu verringern. Ins gleiche Kapitel gehörte seine Aussage, er habe sich geweigert, die seinen Kompanien zugewiesenen Gaswagen zu verwenden. Er stellte fest, dass manche Opfer noch lebten, wenn die Türen geöffnet wurden. Die Körper der toten oder halb toten Juden inmitten von Exkrementen und Erbrochenem von Hand auszuladen, sei sehr hart gewesen für seine Truppe. Das Leid der Opfer erwähnte er mit keinem Wort.

Im Zusammenhang mit dem Holocaust ist viel über das »Böse« philosophiert worden. Die Frage bleibt beunruhigend, wie jemand zu solch bestialischen Grausamkeiten fähig sein kann. Ben hat sich seit Nürnberg intensiv damit auseinandergesetzt. Wie es sei, solchen »Monstern« zu begegnen, werde er oft gefragt. Seine nüchterne Antwort lautet: »Die Täter waren keine Monster, sondern ganz normale Menschen.« Die meisten von ihnen seien sicher liebende Familienväter gewesen, nett zu ihren Hunden oder Katzen. Er ist überzeugt: »Der Krieg macht aus sonst anständigen Menschen Massenmörder.« Das sei zu jeder Zeit so gewesen – und habe nichts mit Deutschland oder irgendeiner besonderen Veranlagung der Deutschen zu tun: »Solange wir Konflikte durch Kriege lösen und die soziale Kontrolle entziehen, werden wir töten.«

Die »Pinguin-Regel«

Nach dem Hauptangeklagten kamen die übrigen Beschuldigten an die Reihe. An die nüchterne Brillanz eines Ohlendorf, die so gar nichts Diabolisches an sich hatte und die Zuschauer gleichwohl erschauern ließ, kamen sie nicht heran. Sie verteidigten sich mit Ausflüchten, bezweifelten die Authentizität der eigenen Berichte, verneinten, die dokumentierten Grausamkeiten begangen zu haben, oder behaupteten, falls Missbräuche stattgefunden hätten, dann in ihrer zufälligen Abwesenheit. Niemand sprach je von »Mord«. Die Juden wurden »umgesiedelt«, »eliminiert«, »liquidiert«, oder das »Problem« wurde einfach »gelöst«. Gelassen hörten sich die Staatsanwälte die Argumente der Verteidiger an. Sie hätten es sich leisten können, zuvorkommend zu sein, sagt Ben: »Wir hielten die Trumpfkarten in der Hand, die die Wahrheit enthüllten.«

Die Hauptverhandlung dauerte bis in den Februar 1948. Im Bestreben, den Angeklagten einen absolut fairen Prozess zu bieten, akzeptierten die Richter alle möglichen Manöver vonseiten der Verteidigung. Ben ärgerte sich regelmäßig über die, wie er meinte, bevorzugte Behandlung der Beschuldigten. Begründete Einsprüche der Anklage seien systematisch abgewiesen worden. Musmanno klärte schließlich seine Position: Er informierte die zunehmend irritierten Staatsanwälte, dass er alles zulasse, was die Angeklagten vorbrächten, »bis hin zum Sexleben von Pinguinen«. Die von ihm angewandte Strategie ging als »The Penguin Rule« in die Annalen ein. Ben begriff erst später, dass der erfahrene Richter sich so tolerant zeigte, weil er den Angeklagten die weitestmöglichen Rechte zugestehen wollte. Der manchmal zur Ungeduld neigende Chefankläger lernte die Lektion: Wenn ihm das Katz-und-Maus-Spiel wieder einmal allzu lange vorkam, rief er sich in Erinnerung, dass die Ankläger immerhin die Jäger waren und nicht die Gejagten. Der Gerichtstag würde kommen.

General Taylor betritt die Bühne

Nachdem die Beweisaufnahme abgeschlossen war, wurde jeder Angeklagte eingeladen, ein Schlussplädoyer zu halten. Überraschungen blieben dabei aus. Die meisten wiederholten die bereits von ihren Anwälten vorgebrachten Argumente. Am 13. Februar betrat Brigadegeneral Telford Taylor die Bühne. Der Herr über die Nürnberger Nachfolgeprozesse plädierte persönlich für die Anklage. Zuvor hatte er Ben seinen Text zum Lesen gegeben. Einwände machte der keine; beide waren sich einig in ihren abschließenden Einschätzungen und Forderungen.

Taylor – in seinem Zivilleben Anwalt in New York – war eine gewinnende, schlanke Persönlichkeit mit dunklem, gescheiteltem Haar und kultiviertem Auftreten. In seiner Uniform habe er »sehr hübsch« ausgesehen. »Er war angezogen von den Frauen, und die Frauen waren angezogen von ihm.« Ben charakterisiert ihn als »exzellenten Schreiber mit scharfem Intellekt, sehr liberal in seinen Ansichten und stets anständig und korrekt«. Dazu musikalisch: Er spielte Klavier und Klarinette und komponierte eigene Werke, die später von der Bundeswehr als Marschmusik verwendet wurden. Nun saß Ben ein paar Schritte hinter ihm im Gerichtssaal, als Taylor auf seine gewohnte, Eleganz mit Entschlossenheit verbindende Art den Bogen zu seinem Eröffnungsstatement spannte: Die Anklage habe ihren Fall vor 137 Tagen eröffnet und vor 136 Tagen abgeschlossen. Betrachte man die Natur der verhandelten Verbrechen, und die umfassenden Beweise dafür, so möge der verzweifelte Unsinn, der in den einundzwanzig Wochen seither erzählt worden sei, zwar das Ohr kitzeln, aber nicht den Verstand überraschen. Nach viereinhalb Monaten Verhandlungen – jeder Angeklagte habe fast eine Woche für sich beanspruchen können –, wolle sich die Anklage auf die wenigen allgemeinen Fragen beschränken, die die Verteidigung aufgebracht habe.

Die Angeklagten hätten es nicht ernsthaft unternommen, die Tatsache dieses organisierten, von langer Hand geplanten Massenmords – auch Taylor sprach von »Genozid« – zu bestreiten. Dennoch hätten sie versucht, sich zu entlasten, und dabei auf vier Hauptargumente zurückgegriffen. Eine erste Gruppe von Beschuldigten, darunter Jost, Naumann und Blobel, machte geltend, nicht direkt an den Exekutionen beteiligt gewesen zu sein. Stattdessen seien sie mit Führungs- und Administrationsaufgaben beschäftigt gewesen. Taylor wies dies schwungvoll zurück: Es wäre ja merkwürdig, verbrächten hochrangige Kommandeure ihre Zeit hauptsächlich damit, persönlich zur Waffe zu greifen. Es sei ihre Aufgabe, die Einsätze aus dem Hintergrund zu lenken. Was die Schreibtischarbeit betreffe, erinnerte er daran, dass sie beispielsweise darin bestanden habe, die Gastransporter zu bestellen, die für die Massenexekutionen verwendet wurden. Die Tatsache, dass hohe Offiziere wie Naumann vielleicht nicht so viele Menschen umgebracht, dafür aber die mörderischen Operationen der Einsatzgruppen dirigiert hätten, mindere ihre Schuld nicht – sie erhöhe noch ihre Verantwortung für die Verbrechen, die unter ihrem Kommando begangen worden seien. Auch untergeordnete Kader, wie die Angeklagten Radetzky, Rühl, Schubert und Graf, könnten sich nicht darauf berufen, sie seien nicht aktiv beteiligt gewesen. Jedes Mitglied, das geholfen habe, dass diese Einheiten funktionierten – im Wissen über ihre finsteren Pläne –, sei schuldig. Selbst wenn es ihnen gelänge zu beweisen, dass sie nur eine Hilfsrolle ausgeübt hätten, wären sie nicht in einer besseren Lage als der Komplize, der bei einem Banküberfall Wache schiebe.

Ein zweites Argument, das Schulz, Blobel, Sandberger, Steimle, Haensch und Nosske vorbrachten, lautete, sie hätten die Mordbefehle gar nicht ausgeführt. Die in ihrem Verantwortungsbereich verzeichneten Opfer seien entweder alle Partisanen gewesen oder im Zuge von Vergeltungsmaßnahmen gegen Angriffe der Widerstandskämpfer umgekommen. Diese Behauptung sei in den allermeisten Fällen leicht zu widerlegen, sagte Taylor. Blobels Sonderkommando habe das Massaker von Babi Jar auf dem Gewissen, ein Gemetzel, wie es die Stadt Kiew seit den Tagen des Mongolensturms nicht gesehen habe. Kriegsrecht hätten sie auf jeden Fall verletzt – es sehe strenge Regeln im Umgang mit der Zivilbevölkerung vor. Kein Zivilist dürfe ohne Gerichtsurteil einfach exekutiert werden. Das stehe im Soldbuch jedes deutschen Soldaten. Würden die Amerikaner die gleiche Art von Recht anwenden, wie es die Angeklagten getan haben, dann wäre dieser Prozess schon am Tag, bevor er begonnen hätte, beendet gewesen.

Eine dritte Gruppe von Beschuldigten – vertreten durch Naumann, Blume, Braune und Ott – rechtfertigte sich wie Ohlendorf mit »höheren Befehlen«. Ihnen hielt Taylor entgegen, dass Untergebene normalerweise zwar davon ausgehen dürften, die ihnen erteilte Order sei gesetzeskonform. Sie müssten nicht ständig ausführlich prüfen, ob dies auch tatsächlich der Fall sei. Doch diese allgemeine Annahme gelte nicht, wenn die Befehle offensichtlich kriminell seien. Jeder, der verbrecherische Taten ausführe, sei dafür verantwortlich – die Tatsache, dass er dabei einem Vorgesetzten gehorche, könne höchstens als mildernder Umstand in Betracht gezogen werden. Davon könne hier keine Rede sein. Die Angeklagten seien weder Bauern noch Handwerker gewesen, auch nicht ahnungslose Jugendliche, die für die Wehrmacht zwangsrekrutiert worden seien. »Sie waren Anwälte, Lehrer, Künstler und ein ehemaliger Pfarrer. Kurz, sie waren Männer der Bildung, im Vollbesitz ihrer Fähigkeiten, und sie verstanden vollkommen die schwerwiegende und düstere Bedeutung des Programms, zu dem sie aufbrachen. Sie gehörten zum harten Kern der SS.« Sie seien für diese schreckliche Aufgabe ausgewählt worden, weil man sie für rücksichtslos genug gehalten habe, sie auch auszuführen. Und sie seien »handverlesene Fanatiker«, warf er den Angeklagten an den Kopf: »Diese Männer, vor allen anderen, verbreiteten die Nazidoktrin mit Feuer und Schwert.«

Die Antwort falle noch klarer aus, wenn man die Natur der Taten betrachte, um die es hier gehe. Zur Debatte stehe nicht das Verhalten von Soldaten in der Hitze und Aufregung des Gefechts. Die ungeheuerlichen Verbrechen seien von langer Hand geplant worden. Fragen von Schuld oder Unschuld der Opfer hätten überhaupt keine Rolle gespielt. »Es waren Massaker um ihrer selbst willen«, so Taylor.

Bevor er zu seinen Schlussbemerkungen ausholte, setzte sich der oberste Anklagevertreter der Amerikaner mit dem von Ohlendorf geäußerten Standpunkt auseinander, die Massaker seien militärisch zwingend und defensiv gewesen. Ohlendorf verglich die Naziverbrechen mit den alliierten Luftangriffen auf Dresden oder mit dem amerikanischen Atombombenabwurf auf Hiroshima und Nagasaki. Zivilisten von Angesicht zu Angesicht zu erschießen, gelte als besonders grausam, doch er könne nichts Besseres darin sehen, einen Knopf zu drücken mit der Folge, dass noch weit mehr Zivilisten sterben müssten, hatte er im Zeugenstand gesagt. Die Zeit werde kommen, wo man solche moralischen Unterscheidungen nicht mehr treffen werde.

Darauf musste die Anklage reagieren. Ohlendorfs These, entgegnete Taylor nun, bedeute einen Frontalangriff auf den bindenden Charakter des Kriegsrechts – denn denke man sie zu Ende, gäbe es dieses Recht gar nicht mehr. Totaler Krieg würde dann totale Gesetzlosigkeit heißen. Zur Bombenfrage meinte Taylor, es sei leider nur allzu wahr, dass immer tödlichere Waffen entwickelt würden. Doch die Verantwortung liege letztlich nicht bei denen, die einen Krieg beendet, sondern bei jenen, die ihn angezettelt hätten. »Die ersten Städte, die dem Terror moderner Luftattacken ausgeliefert waren, litten unter deutschen Bomben.« Warschau, Rotterdam und London seien schlimm beschädigt worden, bevor irgendeine Stadt in Deutschland auch nur einen Kratzer abbekommen habe. Die größten kriminellen Unternehmungen des Nationalsozialismus, von der Sklavenarbeit bis zum Judenmord, könnten nicht nachträglich in Vergeltungsmaßnahmen für die alliierten Bomben umgedeutet werden. Vom juristischen Standpunkt her sei die Sache klar: Weder die Haager Konvention noch die allgemeinen Prinzipien der Kriegführung hätten je Grenzen bezüglich Größe, Schnelligkeit oder Zerstörungspotenzial von Waffen definiert. Das Kriegsrecht regle nicht ihre Quantität, sondern die Art und Weise, wie sie eingesetzt würden.

Es gebe noch grundsätzlichere Überlegungen, fuhr Taylor fort. Die Regeln des Kriegsrechts entwickelten sich zwar weiter, aber sie würden nicht dadurch geändert, dass ein Staat sie breche, und sei es in noch so brutaler Manier. Die Aktivitäten der Einsatzgruppen seien beispiellos in der neueren Kriegsgeschichte. Ohlendorf rechtfertige sie damit, es sei zu erwarten gewesen, dass die Juden und kommunistischen Amtsträger dem deutschen Angriff mit besonderem Elan entgegentreten würden. Sogar der größte Dummkopf könne sich vorstellen, was geschehen wäre, hätten die vorrückenden Alliierten in

Deutschland ähnliche Grundsätze angewandt. Ohlendorfs Argument habe seine exakte Parallele in einem Einbrecher, der den Hausbesitzer »aus Selbstverteidigung« erschieße.

Die Ankläger wollten dazu eine letzte Beobachtung machen. Die Einsatzgruppenmorde seien hier verteidigt worden, als ob die Täter wirklich daran geglaubt hätten, sie seien militärisch notwendig gewesen. Dieses Argument könne nicht ernsthaft vorgebracht werden. Der General stellte die Gegenfrage: Hätte die Judenvernichtung denn aufgehört, wenn die sowjetische Armee zusammengebrochen wäre? »Nein, im Gegenteil«, rief er in den Saal. Das mörderische Betätigungsfeld wäre vielmehr enorm ausgeweitet worden, der Holocaust hätte noch schlimmere Ausmaße angenommen. Ohlendorfs Geständnis, sie hätten jüdische Kinder getötet, um »dauernde Sicherheit« zu erreichen, bestätige dies. Die Verbrechen seien nicht begangen worden, um einen militärischen Sieg zu erringen, schlussfolgerte Taylor, sondern umgekehrt: Ein militärischer Triumph hätte die Deutschen erst recht in die Lage versetzt, die geplanten Massaker zu verüben. »Die Taten waren ein Zweck dieses Krieges, kein militärisches Mittel.«

In seinem Fazit kam Taylor erneut auf Bens Eröffnungsplädoyer zurück. Die Anklagevertreter kämpften dafür, die »internationale Anarchie« zu beenden, betonte er. Die Notwendigkeit, eine allgemeingültige Rechtsordnung auf praktischer und durchsetzbarer Grundlage zu schaffen, sei nie klarer gewesen als heute. Was die Angeklagten getan hätten, verstoße nicht nur gegen das internationale Strafrecht, es sei ein »abscheuliches Verbrechen unter allen zivilisierten Rechtssystemen«. Es gehe in diesem Fall »um Mord, vorsätzlichen Mord, Mord in gigantischem Maßstab, Mord, begangen aus den schlimmsten Motiven«. Einige der Angeklagten glaubten immer noch, sie seien unschuldig, weil die Opfer Juden waren. Kein Strafrecht, weder national noch international, könne jedoch überleben, wenn die Schuld des Täters durch die politische Überzeugung, den religiösen Glauben oder die Herkunft des Opfers bestimmt werde. Es sei existenziell für den Frieden der Welt, dass unter den Nationen keine solche Irrlehre in Umlauf komme. Konkrete Strafanträge stellte Taylor nicht. Richterliche Weisheit rate eher zu Bestimmtheit als zur Milde, sagte er bloß.

Sturz aus dem Himmel über Berlin

Der Gerichtsvorsitzende ordnete eine fast zweimonatige Prozesspause an, um die vorgelegten Beweise zu prüfen, die Argumente abzuwägen und zu einem Urteil über die zweiundzwanzig verbliebenen Angeklagten zu finden. Ben konnte sich in dieser Zeit seinen übrigen Aufgaben bei der Aufklärung deutscher Kriegsverbrechen widmen. Er reiste daher von Nürnberg in die ehemalige Reichshauptstadt, die nun von den vier Siegermächten besetzt war. Dabei kam es zu einem dramatischen Zwischenfall am Himmel über Berlin, der schlimm hätte enden können, aber mehrheitlich glimpflich ausging. Betroffen waren neben der Besatzung nicht nur er und Gertrude, sondern weitere namhafte Repräsentanten der Amerikaner: Taylor mit seiner Frau Mary und der ebenfalls als Ankläger in Nürnberg tätige Anwalt James McHaney mit seiner Gattin Marilyn.

Taylor hatte in Berlin mit General Lucius D. Clay konferiert, dem Gouverneur der amerikanischen Militärregierung in Deutschland. Am 18. März 1948, einem Donnerstag, wollte die Gruppe vom Flughafen Tempelhof, der in der amerikanischen Besatzungszone lag, zurück nach Nürnberg fliegen. Dort war sie zwei Tage zuvor gestartet. Ben wäre eigentlich lieber mit dem Wagen gefahren, aber Taylor insistierte auf einem Flug. Das spare Zeit, und er werde eine »spezielle Mission« arrangieren, damit sie nirgends unnötig aufgehalten würden. Beim Hinflug habe sich die Maschine, eine Douglas C-47 der amerikanischen Luftwaffe, wie ein normales Flugzeug verhalten, schreibt Ben in einem sechsseitigen, detaillierten Bericht, den er wenige Tage nach dem Vorfall verfasste. An jenem 18. März jedoch herrschte übles Wetter. Die Sicht war stark eingeschränkt. Einem Zivilflugzeug wäre die Starterlaubnis unter solchen Bedingungen keinesfalls erteilt worden, doch was konnte einen tapferen Militärpiloten schon aufhalten? Im Cockpit saß Sergeant Tom Squires, ein fröhlicher junger Mann aus Texas. »Seien Sie vorsichtig, das Leben, das Sie retten, könnte mein eigenes sein«, scherzte Ben beim Einsteigen. Die humoristische Warnung hatte einen ernsten Hintergrund: Gertrude hatte in der Nacht zuvor von toten Tauben geträumt – und Ben hatte sie wegen ihrer »lächerlichen Vorahnungen« aufgezogen.

Die Gäste nahmen die Passagiersitze ein, und die Crew-Mitglieder erklärten ihnen, wie im Notfall die Fallschirme zu gebrauchen seien. Jeder musste ein entsprechendes Gurtzeug anlegen; dasjenige von Gertrude erwies sich dabei als zu locker. Sie werde »wahrscheinlich nicht herausfallen«, spottete ihr Mann. Die Maschine beschleunigte und hob ab. Kaum war sie in der Luft, beobachtete Taylor, dass der Motor auf der rechten Seite Öl verlor. Rauchschwaden quollen aus ihm hervor. Er alarmierte den Crew-Chef, Sergeant Ray L. Dudley, und dieser den Piloten. Der kam nach hinten und schaute sich die Sache an. Es bestehe die Gefahr, dass Feuer ausbrechen könnte. Am besten sei es, wenn sie umkehrten und zur »Tempelhof Air Base« zurückkehrten. Taylor stimmte dem Plan zu.

Unmittelbar darauf begann Navigator Captain James Moore Fallschirme zu verteilen. Dies sei lediglich eine Vorsichtsmaßnahme, aber sicher sei sicher. Gertrude bestand darauf, dass sie straffere Gurte bekäme. Er werde sich gleich darum kümmern, versprach der Captain. Er prüfte bei jedem Passagier, ob das Pack mit dem Fallschirm richtig in das Geschirr eingehakt sei. Endlich wandte er sich Gertrude zu und hantierte dort mehrere Minuten lang. Inzwischen kam es im beschädigten Motor zu Fehlzündungen und Explosionen, die das Flugzeug heftig durchschüttelten. Dann fiel das Antriebssystem auf der rechten Seite komplett aus. Die Maschine sackte von ungefähr 6500 Fuß auf 2500 Fuß ab und fiel weiterhin schnell. Moore erinnerte die Passagiere daran, dass sie bis zehn zählen müssten, bevor sie die Reißleine zögen, sonst könnte der Schirm an einem Flügel aufgespießt werden. »Jedermann raus!«, erschallte plötzlich der Befehl.

Gertrude kramte in ihrer Handtasche und holte ihre Armee-Identitätskarte heraus, damit ihre Leiche später identifiziert werden könne. Auch die Pässe wollte sie mitnehmen, doch Ben entgegnete, auf dieser Reise seien sie nicht vonnöten. Er nahm Gertrude bei der Hand, und sie eilten zum Heck. Crew-Chef Dudley versuchte die Tür zu öffnen, doch der Mechanismus funktionierte nicht richtig. Ben quetschte seine Schulter in den offenen Spalt und drückte dagegen. Vergebens. Die C-47 verlor weiter rasant an Höhe. »Sie fiel wie ein Otis-Lift.« Er drückte stärker gegen die Tür und brachte sein linkes Knie in die schmale Öffnung. Plötzlich gab der Widerstand nach, Ben stürzte hinaus und fand sich in einer Wolke wieder. Er sah noch, wie das Flugzeug den Sturzflug fortsetzte, bevor es seinem Blick entschwand. Er zog die Reißleine, und über ihm öffnete sich der Fallschirm. Sein einziger Gedanke war, dass die Tür des Flugzeugs hinter ihm hätte zufallen können und es explodieren oder abstürzen würde, mit Gertrude und allen anderen, die darin gefangen wären. Ein Schuldgefühl überkam ihn, so lebhaft, dass er sich ausmalte, zurückzuklettern und lieber auch getötet zu werden.

Als er aus der dichten Wolke herausfiel, bemerkte er unweit unter sich die Stadt. Er blickte auf zerstörte Häuser, geköpfte Fabrikschlote und ein Fußballfeld zu seiner Linken. Die Tatsache, dass er gleich am Boden aufschlagen würde, riss ihn aus seinen dunklen Vorstellungen. Der Überlebensinstinkt packte ihn. Der anvisierte Sportplatz kam rasch näher, fast wäre er darüber hinausgeflogen. Er konnte gerade noch die Beine einziehen, als er am Rasenrand auf einer Aschenbahn aufschlug. Der Fallschirm fiel vor ihm zusammen. Ben blieb einige Augenblicke liegen, um zu fühlen, ob er irgendwelche Schmerzen verspüre. Er war unverletzt, sprang auf und hakte den Schirm aus der Verankerung. Unwillkürlich erinnerte er sich an seine Bewerbung als Fallschirmspringer bei der Armee, die befürchtet hatte, er würde davonfliegen. »Sie verkannten meine Talente.«

In der Nähe stand eine Gruppe von Jugendlichen und starrte ihn verblüfft an. Er rief sie auf Deutsch um Hilfe. Sie sollten ihn, bitte, sofort zu einem Telefon führen. Es handle sich um einen Notfall. Einige Blocks weiter fanden sie einen Hausbesitzer, der ihn auf seinem Apparat telefonieren ließ. Er rief die Vermittlung an und benachrichtigte den Flughafen Tempelhof. Die Telefonistin am anderen Ende des Kabels wirkte verwirrt, als er ihr von einem Flugzeug erzählte, das abzustürzen drohe. Schließlich gelang es ihm, eine Verbindung mit dem Kontrollturm zu erhalten. Hastig schilderte er, was vorgefallen war. Der Sergeant reagierte mit einstudierter Routine. Wie sein Name laute? Sein Vorname? Ben buchstabierte. Als der pedantische Unteroffizier auch noch seine Armee-Seriennummer wissen wollte, verlor er die Geduld: »Zur Hölle mit meiner Seriennummer«, schrie er in den Hörer. »Das Flugzeug des Generals stürzt ab. Senden Sie augenblicklich Suchtrupps und Ambulanzen los!« Endlich kam ein Offizier an den Apparat, und Ben musste die Geschichte noch einmal erzählen. Er gab seinen Standort an und erfuhr, dass er sich im sowjetischen Sektor befand. Aber wo waren Gertrude und die anderen? Waren sie überhaupt noch am Leben?

Er informierte die Polizei. Sie schickte einen Streifenwagen und brachte ihn ins Hauptquartier. Dort erzählte er, was passiert war. Sie hätten bereits eine Funknachricht an alle Einheiten gesandt. Mehr könnten sie nicht tun, teilte ihm der diensthabende Beamte mit. Sei es, dass der Mann in Tempelhof am Telefon etwas in der Richtung erwähnt hatte, sei es, dass er irgendwie selbst auf die Idee gekommen war – jedenfalls forderte Ben nun den Polizisten auf, für ihn in Gatow anzurufen.

Dieser Militärflugplatz lag im Bezirk Spandau im Westen der Stadt. Hitler hatte den »Fliegerhorst« 1935 im Zuge der deutschen Aufrüstung bauen lassen und war von dort regelmäßig nach Berchtesgaden geflogen. Der Flugplatz beherbergte bis 1945 das wichtigste Ausbildungszentrum der Luftwaffe. Nach der Befreiung Berlins nutzten ihn kurzzeitig die Sowjets, bevor er im Sommer 1945 im Rahmen eines Gebietsaustauschs an die britische Royal Air Force überging. Während der Berlin-Blockade landete dort am 28. Juni 1948 das erste Transportflugzeug der Luftbrücke.

Nachdem er mehrfach weiterverbunden worden war, erfuhr Ben zu seiner großen Erleichterung, dass die C-47 sicher notgelandet war. An Bord hätten sich der Pilot und der Co-Pilot befunden. Jetzt wusste er, dass Gertrude und die übrigen Insassen hatten abspringen können. Doch was mit ihnen geschehen war und wo sie sich befanden, blieb unbekannt. Einige Minuten später stürmte ein Team von drei, vier Polizisten herein. Ben weilte immer noch auf der Hauptwache. »Es handelt sich um einen Notfall«, sagte einer von ihnen. In der Nähe sei eine weibliche Person irgendwo heruntergefallen, wahrscheinlich von einem Dach. Ihr Fuß sei verletzt. Auf die Frage, wie sie aussehe, gab er an, sie trage eine karierte Jacke. Ben packte den Polizisten am Arm und rief: »Das ist meine Frau! Das ist meine Frau!« Mit Blaulicht fuhren sie zur Unfallstelle. Sie stoppten vor einem mehrstöckigen Mietshaus. Vor der Eingangstür drängte sich eine Menschentraube. Ben stürmte in das Haus und eilte die Treppe hoch. Er fand Gertrude in einer kleinen Wohnung. Sie lag auf einem Sofa, das Haar zerzaust, um ihre Beine waren Lumpen gewickelt. Die Wunde an den Füßen erwies sich als harmlos. Als sie ihn erkannte und er sie küsste, brach sie in heftiges Schluchzen aus. Nachdem sie gesehen hatte, wie er aus dem Flugzeug stürzte, dachte sie, er sei mit Sicherheit umgekommen.

Gertrude erzählte ihm, dass sie direkt nach ihm gesprungen war. In der Luft habe sie vorübergehend das Bewusstsein verloren und vergessen, die Reißleine zu ziehen. Der scharfe Wind brachte sie wieder zur Besinnung. Sie erinnerte sich, dass sie den Schirm öffnen musste – wobei er zuerst klemmte. Schließlich landete sie auf einem mehrstöckigen Haus mit schrägem Ziegeldach, von dem sie langsam hinunterglitt. Es war immer noch etwas Luft unter dem Fallschirm, sodass sie nicht allzu hart in einem Gebüsch im Innenhof des Gebäudes aufsetzte. Während ihres Sturzes im freien Fall hatte sie ihre Schuhe verloren; das mochte die Verletzungen an ihren Füßen und Beinen verstärkt haben. Die Oberschenkel waren blutunterlaufen, durch den plötzlichen Ruck der zu losen Gurte in dem Moment, als der Schirm doch noch aufging. Augenzeugen hatten sie in die Wohnung im zweiten Stock hochgetragen, wo sich eine Frau um sie kümmerte. Gertrude bat sie, jemand möge den Flughafen Tempelhof und das Berliner Büro des OCCWC informieren. Schon bald fuhr eine Ambulanz der US-Armee vor dem Haus vor.

Als Ben mit Gertrude – sie hatte einen Arm um seine Schulter gelegt und stützte sich bei ihm auf – die Wohnung der freundlichen Deutschen verließ, rief diese ihnen nach: »Sie wissen, dass Sie sich im sowjetischen Sektor befinden – machen Sie sich besser so schnell wie möglich davon.« Die Warnung war begründet: Als sie den Ambulanzwagen erreichten, war er umringt von mehreren Autos, in denen Offiziere der Roten Armee saßen. Einer kam heran und Ben erklärte die Situation mithilfe einer Übersetzerin. Der Offizier, der sich als der kommandierende Major vorstellte, forderte Ben auf, in seinem Mercedes mitzufahren. Die amerikanische Ambulanz wies er an, ihm zu folgen. Die Jeeps mit den übrigen Bewachern bildeten den Abschluss des Konvois.

Unterwegs versuchte Ben mit dem Major eine Unterhaltung zu führen, aber nachdem er ihm auf Russisch »Guten Abend, Genosse« gesagt hatte, war er mit seinem Latein am Ende. Sie fuhren zu einem Spital der Roten Armee. Dort wurde Gertrude auf eine Bahre gelegt, obwohl sie versicherte, sie könne selbst stehen und gehen. Es entstand einige Verwirrung, bis ein russischer Arzt erschien, der ein wenig Deutsch sprach. Die Verletzung seiner Frau sei nicht so gravierend, es warte ein amerikanischer Doktor auf sie, und sie wollten jetzt lieber gehen, beteuerte Ben. Es nützte nichts – die Russen bestanden auf ihrer erzwungenen Gastfreundschaft. Als die Träger Gertrude ins Innere des Gebäudes brachten, wollte Ben mit ihr gehen. Er konnte seine Frau doch nicht allein in den Händen der Sowjets zurücklassen! Der Major hatte andere Pläne: Er befahl Ben, mit ihm zu kommen. Zwei Rotarmisten, die ihn von beiden Seiten unter die Arme fassten, unterstrichen die Ernsthaftigkeit der Ansage. Diesmal musste er im Ambulanzfahrzeug Platz nehmen. Dann eskortierten die Russen die Amerikaner zu ihrem Hauptquartier.

Auf dem Weg dorthin begegneten sie zufällig einem amerikanischen Suchkonvoi, der neben einem Krankenwagen aus mehreren Fahrzeugen der US-Armee bestand. Bens Fahrer winkte die unverhofft aufgetauchten Kameraden herbei, und sie umstellten die russische Eskorte mit der amerikanischen Ambulanz in der Mitte. Der Kommandeur der Einheit war ein Captain, der als Verbindungsoffizier zu den Russen diente. Ben schilderte ihm die Lage und wie er sich um seine allein zurückgelassene Gattin sorge. Der Captain versprach, das Ambulanzfahrzeug aus seinem Konvoi loszuschicken und sie herauszuholen. Indessen bestanden die Russen darauf, dass Ben auf ihre Kommandantur kommen und sich dort den geforderten Formalitäten unterziehen müsse. Auf dem Posten angekommen, wurde er von einem weiteren Major verhört. Die Fragen nervten ihn. Er sei Chefankläger bei den Nürnberger Prozessen und drauf und dran, zweiundzwanzig hochrangige Nationalsozialisten des Mordes an einer Million sowjetischer Bürger zu überführen. Ob der Major wirklich denke, er und seine Frau hätten einen Luftangriff auf die Sowjets ausführen wollen? Der theatralische Auftritt wirkte; jedenfalls wurde er kurz darauf freigelassen.

Im Hauptquartier traf Ben auf Sergeant Dudley. Auch er war von den Russen vernommen worden. Er hatte sich beim Versuch, die Tür des Flugzeugs zu öffnen, die Schulter ausgekugelt. Zusammen mit dem Crew-Chef der Unglücksmaschine wurde Ben in die amerikanische Militärklinik gebracht, das 279th Station Hospital im Stadtteil Teltow. Als sie dort ankamen, teilte man ihnen mit, auch General Taylor befinde sich im Armeespital in Behandlung. Er habe gefährliche Verletzungen am Rücken und leichtere an der Hüfte erlitten, als er auf einer Straßenkreuzung im Sowjetsektor aufgeschlagen habe. Deutsche Zivilisten hätten ihn aufgelesen und hierhergebracht. Ben wollte gleich zu ihm, doch es hieß, er brauche dafür eine Bewilligung von Colonel Frank T. Chamberlain, dem Kommandanten des Militärkrankenhauses. Als er endlich vorgelassen wurde, traf er Taylor auf einem mobilen Bett auf einem Korridor. Er lag auf dem Bauch und schien Schmerzen zu haben. Nachdem sie einander die Hände geschüttelt hatten, erkundigte er sich nach dem Verbleib der anderen Passagiere und der restlichen Crew der C-47. Taylor machte sich Sorgen um sie, besonders um seine Frau. Ben hatte zuvor erfahren, dass sie ebenfalls im 279th Station Hospital war. Nun machte er sich auf, sie zu suchen.

Als er sie endlich fand, rauchte sie fröhlich eine Zigarette. Sie war im französischen Sektor auf dem Dach eines dreistöckigen Hauses gelandet und dann auf die Straße heruntergefallen. Aber abgesehen von einigen Schrammen am Körper, einem blauen Auge und einer größeren Blessur an der Stirn, die sie sich geholt hatte, als sie mit dem Kopf gegen den Kamin des Hauses prallte, schien sie in guter Verfassung zu sein. Bevor sie ins Station Hospital eingeliefert worden war, hatte sie im Jüdischen Krankenhaus in Wedding Erste Hilfe erhalten. Als Ben zu Taylor zurückkehrte und ihm die gute Nachricht überbrachte, fragte ihn der General: »Und das Baby ist wohlauf?« Ben realisierte überrascht, dass Mary schwanger sein musste. Sie befand sich im sechsten Monat – offenbar hatte das werdende Kind in ihrem Bauch den Sprung ebenfalls unbeschädigt überstanden. Taylor war sichtbar erleichtert. Drei Monate später gebar Mary einen gesunden Jungen namens John.

Bald trafen auch James und Marilyn McHaney weitgehend unversehrt ein. Zu guter Letzt kam auch Gertrude im amerikanischen Militärspital an, wo alle Passagiere der Absturzmaschine nach dem wilden Abenteuer glücklich vereint waren. Sie sei von den Russen korrekt behandelt worden. Das Happy End wäre perfekt gewesen, hätte nicht der Funker der C-47 einen mehrfachen Schädelbruch erlitten.

Der Vorfall mit den drei prominenten Amerikanern und ihren jungen Gattinnen machte umgehend Schlagzeilen in der US-Presse. Nachrichtenagenturen verbreiteten die Meldung noch am selben Tag. Manche Zeitungen brachten Fotos von Telford, Mary und Gertrude im Spitalbett. »He's Hurt But Happy«, lautete eine der Headlines. Das Bild zum Artikel zeigt den General auf dem Bauch liegend, wie er seiner neben ihm platzierten Frau die Hand hält. Die vierunddreißigjährige hübsche Mutter von zwei Kindern habe nur leichte Verletzungen und einen Schock erlitten. Trotz der Gefahr durch die verdrehten Stahlträger und scharfen Kanten der Tausenden von Ruinen Berlins, habe nur eines der Crew-Mitglieder schwere Verletzungen erlitten, hob die »New York Herald Tribune« hervor. Sie habe nie zuvor einen Fallschirm getragen und sei nervös gewesen, zitierte das Blatt Mary Taylor. »Alle waren sehr weiß im Gesicht, aber es herrschte keine Panik.« Die Mannschaft sei ruhig geblieben. Die Tageszeitung »PM« druckte ein großes Bild von Gertrude auf einer Bahre, umsorgt von einem Arzt in Uniform. In der Armeezeitung »The Stars and Stripes« wurde Dudley als »C-47-Held« gefeiert. Mit seiner verletzten Schulter habe er die defekte Tür mit letzter Kraft geöffnet, sich in den Spalt geklemmt und so erreicht, dass die anderen unter seinen Beinen hindurch ins Freie gelangen konnten. Dudley sei es auch gewesen, der die

Zögernden mit einem energischen Kick in die Wolken hinausbugsiert habe.

Noch während er im Berliner Militärspital weilte, erhielt Ben ein launiges Telegramm aus Nürnberg. »You can't keep a good man up«, schrieb Musmanno in Abwandlung der Redewendung »You can't keep a good man down« (»Der Tüchtige lässt sich nicht unterkriegen«). Er habe gewusst, dass Ben es schaffen würde. Auch ihr Nürnberger Kollege Eugene Klein gratulierte Gertrude und Ben zu ihrem »ersten Fallschirmsprung«. In der Benjamin-B.-Ferencz-Sammlung des United States Holocaust Memorial Museum in Washington erinnern ein Manual der Army Air Forces und ein Fallschirm-Logbuch des Kriegsdepartements an das schlagzeilenträchtige Ereignis. Ben ließ es sich nicht nehmen, ein ganz besonderes Andenken mit nach Hause zu bringen. Schon am Tag danach fuhr er ins sowjetische Hauptquartier, um den Fallschirm zurückzuverlangen, den die Russen konfisziert hatten. Es handle sich um Eigentum der amerikanischen Regierung. Er bekam, was er wollte – und behielt den Staatsbesitz. Im Garten seines Hauses in Fürth wurde daraus ein Partyzelt.

Für die Rückkehr nach Nürnberg wählten die Davongekommenen, gesundheitlich mehr oder weniger wiederhergestellt, im zweiten Anlauf lieber die Eisenbahn als das Flugzeug. In den *Benny Stories* steht, sie hätten den letzten Zug erwischt, der aus Berlin abfahren konnte. Der Kalte Krieg sei ausgebrochen. Das ist zwar etwas zugespitzt, die Blockade Westberlins durch die Sowjetunion wird in den Geschichtsbüchern vom 24. Juni 1948 bis zum 12. Mai 1949 datiert. Doch einzelne Behinderungen des freien Verkehrs hatte es schon in den Monaten davor gegeben, ein »Kleinkrieg der Nadelstiche«. Stalins erklärtes Ziel war es, die alliierten Gebiete Berlins, die als Exklaven in der sowjetischen Besatzungszone lagen, vom Nachschub abzuschneiden, um sie zu zermürben und ihnen das kommunistische System aufzuzwingen. Die Sowjets vertraten die vertragswidrige Auffassung, die ehemalige Reichshauptstadt gehöre als Ganzes in ihren Machtbereich. Als sie gegen Ende Juni 1948 sämtliche Land- und Wasserverbindungen sperrten, errichteten die Alliierten die Luftbrücke mit den »Rosinenbombern«, die die Westzonen mit lebenswichtigen Gütern versorgten.

Vielleicht steht Bens Bemerkung auch im Zusammenhang mit der sogenannten Kleinen Luftbrücke von Anfang April. Damals kam es zu einer ersten Eskalation. Wassili Sokolowski, der Chef der sowjetischen Militäradministration in Deutschland, ließ einige Straßen abriegeln, worauf die Amerikaner und Briten ihre Truppen in Berlin zwei Tage lang nur aus der Luft erreichten.

Der »Showman« geht ins Kloster

Von Michael Musmanno, der ihm das scherzhafte Telegramm geschickt hatte, hielt Ben zunächst nicht allzu viel. Der Vorsitzende Richter hatte ihn brüskiert, weil er den Beschuldigten mit seiner »Pinguin-Regel« alles durchgehen ließ. Den gewagten Spruch fand Ben unerhört. »Es ging um Massenmorde, und er kommt und macht Witze«, beschreibt er seinen damaligen Eindruck. »Ich bin selbst ein großer Spaßmacher, aber nicht im Gerichtssaal. Hier wollte ich kein Gelächter.« Nürnberg sei nicht der Ort für Komödien gewesen. Die Historikerin Earl charakterisiert Musmanno mit den Worten Bens als großen »Showman«, der in seiner ganzen Karriere das Licht der Öffentlichkeit gesucht habe. Seine Auftritte vor Gericht inszenierte er wie Hollywood-Szenen. Dabei trug er unter der schwarzen Richterrobe mit stolzgeschwellter Brust seine weiße Marineuniform. Damit er auf Augenhöhe mit den angeklagten SS-Generälen verkehren konnte, hatte ihn die Navy vor dem Prozess zum Captain befördert.

Michael Angelo Musmanno, wie sein voller Name lautete, war zweifellos eine schillernde Persönlichkeit. Schon vor seiner Verpflichtung nach Nürnberg hatte er in Justiz und Politik Spuren hinterlassen. Er wuchs als Kind italienischer Einwanderer mit sieben Geschwistern außerhalb von Pittsburgh, Pennsylvania, auf. Sein Vater arbeitete in einer Kohlemine, bei der Eisenbahn und der Polizei. Seine Mutter starb, als er noch ein kleiner Junge war. Ein betrunkener Autofahrer verletzte sie tödlich. Dieses Ereignis prägte später auch seine richterliche Tätigkeit: Er ging hart gegen Trunkenheit am Steuer vor. Als erster Richter in den Vereinigten Staaten verhängte er deswegen Gefängnisstrafen. Um seine Familie zu unterstützen, schuftete Michael mit vierzehn in einer Kohlemine, daneben trieb er seine Schulkarriere voran. Seine Studien an verschiedenen amerikanischen Hochschulen und an der Universität von Rom schloss er mit einem Doktortitel ab. Seinen Fleiß und Ehrgeiz illustriert eine Anekdote, die er in *Verdict!* (1958), seiner Autobiografie als Anwalt, schildert. Als er sich praktisch Tag und Nacht auf das Anwaltsexamen vorbereitete und vor Erschöpfung einzuschlafen drohte, ging er zum Lernen auf den nächsten Bahnhof, wo der Lärm und das aufgeregte Treiben der Passanten ihn wachhielten.

Musmanno war ein engagierter Gegner der Todesstrafe. Er gehörte seit 1925 der American League to Abolish Capital Punishment an, die für deren Abschaffung eintrat. Sie verhindere keine Verbrechen, meinte er. 1928 ließ er sich als republikanischer Abgeordneter – später wechselte er zu den Demokraten – in das Repräsentantenhaus des Bundesstaats Pennsylvania wählen, in der Überzeugung, so etwas gegen die von ihm empfundene Ungerechtigkeit gegenüber dem »kleinen Mann« tun zu können. Tatsächlich gelang es ihm, Politik und Öffentlichkeit auf Missstände in der Stahl- und Kohleindustrie aufmerksam zu machen.

Im Zweiten Weltkrieg fand er Gelegenheit, sich im Herkunftsland seiner Eltern auszuzeichnen. Er diente als Berater von General Mark W. Clark, der die 5. US-Armee kommandierte und mit dieser ab September 1943 an der Befreiung Italiens vom Süden her teilnahm. Ihr erster Kampfeinsatz war die »Operation Avalanche«, die Landung der Alliierten im Golf von Salerno. Musmanno wurde Militärgouverneur auf der Halbinsel von Sorrent. In dieser Funktion ließ er sich so sehr von seiner paternalistisch inspirierten Liebe zu den Italienern leiten, dass die Navy an seiner Loyalität zu zweifeln begann. Einmal orderte er eigenmächtig eine Ladung mit Olivenöl aus Bari; beim Auslaufen aus dem Hafen wurde das Schiff bombardiert und sank. Mehrere Crew-Mitglieder konnten gerettet werden. Der italienische König Viktor Emanuel III., der von Mussolini abgerückt war und die Seite gewechselt hatte, verlieh ihm dafür eine Tapferkeitsmedaille. Die Amerikaner hatten weniger Freude daran. Ein andermal stellte er sich einem britischen Befehlshaber entgegen, der den liberalen Philosophen, Historiker und Politiker Benedetto Croce aus seinem Haus in Neapel vertreiben und das Anwesen requirieren wollte. Während des Faschismus war Croces »Palazzo Filomarino« ein Treffpunkt des intellektuellen Widerstands gewesen. Dieser Akt des Ungehorsams trug dem flamboyanten Militärverwalter eine disziplinarische Untersuchung ein. Er wurde für schuldig befunden, Befehle zu missachten, die »nicht mit seiner Interpretation der Verhältnisse« übereinstimmten, und sich zu sehr für die Interessen der Einheimischen ins Zeug zu legen. Er habe einen »italienischen Komplex«, hieß es.

Um kein Aufsehen zu erregen, entfernte die Navy Musmanno von seinem Posten und versetzte ihn nach Österreich. Er begleitete General Clark, der dort Hochkommissar wurde. Clark ernannte ihn zum Chef einer Prüfstelle für Zwangsrepatriierung in Wien. Deren Aufgabe bestand darin, die Fälle von Exilanten aus der Sowjetunion zu beurteilen, die sich weigerten, in ihre Heimat zurückzukehren. Auf der Konferenz von Jalta im Januar und Februar 1945 hatten Roosevelt und Churchill Stalin zugesichert, die Alliierten würden die Exilrussen – darunter Kriegsgefangene, Flüchtlinge und Regimegegner, die schon länger im Westen lebten – in die UdSSR zurückschicken, auch gegen deren Willen. Viele überlebten dies nicht; manche wurden hingerichtet, andere direkt nach Sibirien deportiert. Um dem Zwang zu entgehen, verübten Verzweifelte immer wieder Selbstmord. In Reaktion darauf schufen die Amerikaner jene Prüfinstanzen, wie Musmanno einer vorstand.

Im September 1946 kehrte der dekorierte Commander der Marine von Europa in die USA zurück, allerdings nur für kurze Zeit. Die Navy sandte ihn bald darauf nach Nürnberg, wo er sich zunächst mit der routinemäßigen Revision der Fälle der verurteilten Hauptkriegsverbrecher Großadmiral Karl von Dönitz und Erich Raeder, bis 1943 Oberbefehlshaber der Kriegsmarine, beschäftigte. Im Januar 1947 wurde er als einer von drei Richtern unter Präsident Robert M. Toms im Verfahren gegen Feldmarschall Erhard Milch berufen. Der zweite der zwölf Nachfolgeprozesse endete am 17. April 1947 mit einem Schuldspruch. Milch wurde zu einer lebenslangen Haftstrafe verurteilt. Die Richter machten ihn mitverantwortlich für den Einsatz von Zwangsarbeitern in der Rüstungswirtschaft. Dasselbe Richtergremium urteilte auch im Prozess gegen Oswald Pohl, den Leiter des Wirtschafts- und Verwaltungshauptamts der SS, und gegen siebzehn weitere Spitzenfunktionäre dieser Behörde. Am 3. November 1947 sprach es den Schreibtischtäter Pohl in sämtlichen Anklagepunkten – dem gemeinsamen Vorhaben oder der Verschwörung zur Begehung von Kriegsverbrechen, Verbrechen gegen die Menschlichkeit und Mitgliedschaft in verbrecherischen Organisationen – für schuldig. Er wurde zum Tod verurteilt und am 7. Juni 1951 hingerichtet. Bereits in den Verfahren gegen Milch und Pohl hatte Musmanno eine aktive Rolle gespielt – als er etwa Speer ausführlich über das Sklavenarbeiterprogramm befragte, genoss er dies sichtlich. Aber erst mit der Übernahme des Vorsitzes im Einsatzgruppenprozess blühte er so richtig auf.

Nach seiner endgültigen Rückkehr in die Vereinigten Staaten machte Musmanno 1951 einen weiteren Karriereschritt. Er stieg vom Allegheny County Court of Common Pleas zum Richter am Supreme Court von Pennsylvania auf, dem er bis zu seinem Tod 1968 angehörte. Daneben schrieb er über ein Dutzend juristische, literarische und historische Werke, darunter eine Biografie Abraham Lincolns *(The Glory and the Dream)* und *Ten Days to Die (In zehn Tagen kommt der Tod)*, eine Darstellung von Hitlers letzten Tagen im Führerbunker. Während seiner Zeit in Nürnberg habe er dafür mehr als zweihundert Zeugen interviewt. Zu seinen Gesprächspartnern zählte auch Traudl Junge, Hitlers Privatsekretärin. Musmannos Ruf als Historiker blieb jedoch hinter dem als Jurist zurück. Er verzichtete darauf, genauere Angaben zu seinen Quellen zu machen, sodass die Authentizität seiner Schilderungen nicht immer klar ist. Dramatisch waren sie in jedem Fall, und so bildete nach der sozialkritischen Short Story *Jan Volkanik* erneut eines seiner Bücher die Grundlage für einen Film: *Der letzte Akt* kam 1955 in die Kinos und war die erste Produktion in Deutschland und Österreich nach dem Krieg, in der Hitler dargestellt wurde.

Seine Erfahrungen und Erlebnisse in Nürnberg beschreibt Musmanno unter dem sonderbaren Titel *The Eichmann Kommandos*. Er hatte das Manuskript – ursprünglich nannte er es *The Biggest Murder Trial in History* – schon 1948 fertiggestellt, aber keinen Verleger dafür gefunden. Als er 1961 beim Prozess gegen Adolf Eichmann in Jerusalem als Zeuge vorgeladen wurde, nahm er dies zum Anlass, den Text umzuschreiben und das Projekt publikumswirksam neu zu lancieren. Dabei vertrat er die historisch falsche These, Eichmann – der im Reichssicherheitshauptamt das sogenannte Judenreferat leitete und die »Endlösung« mitorganisierte – habe auch die Aktivitäten der Einsatzgruppen geplant.

Die eher problematischen Seiten in Musmannos Charakter hinderten ihn nicht daran, seine Richtertätigkeit an den Kriegsverbrechertribunalen mit großer Ernsthaftigkeit wahrzunehmen. Davon zeugen der Aufwand, den er bei der akribischen Befragung der Angeklagten trieb, und die Gewissensqualen, die er sich bereitete, als er im Einsatzgruppenprozess über das Strafmaß brütete. Auf Vermittlung eines Freundes, des US-Feldpredigers Francis Konieczny, zog sich der strenggläubige Katholik gegen Ende März 1948 in ein Kloster in der Umgebung von Nürnberg zurück, um zu beten und zu meditieren – und Klarheit über die Frage der Todesstrafe zu erlangen. Wie er Ben in einem Brief mitteilte, empfand er die Pflicht, über Leben und Tod zu entscheiden, als »unzumutbare Last«. Zwar hatte er schon im Pohl-Prozess ein Todesurteil mitunterzeichnet, aber jetzt trug er als Gerichtspräsident die volle Verantwortung.

War es zulässig, einen Menschen hinrichten zu lassen, auch wenn er ein Massenmörder war? Stünde dies nicht im Widerspruch zu den Überzeugungen, für die er, Musmanno, kämpfte? Auch die Nähe, die sich während des monatelangen Verfahrens zu einzelnen Angeklagten ergeben hatte, erschwerte den Entscheid. Er könne sie nicht als »Monster« sehen, nachdem er sie als »persönliche Individuen« kennengelernt habe, notierte er in einem frühen Entwurf von *The Eichmann Kommandos*.

Die Situation war schwierig, aber nicht ausweglos. Denn Musmanno war nicht aus moralischen oder religiösen Gründen gegen die Todesstrafe. Seine Vorbehalte gründeten in der Erkenntnis, dass das Justizsystem fehleranfällig war, und deshalb nicht ausgeschlossen werden konnte, dass Unschuldige exekutiert wurden. Aber waren ein Ohlendorf, ein Blobel, ein Blume unschuldig? Nein. Sie hatten sich selbst schwer belastet, und die Beweiskraft der Dokumente, die die Anklage gegen sie ins Feld führte, war überwältigend – »beyond a reasonable doubt«, jenseits vernünftigen Zweifels. Musmanno fand einen Weg aus dem Dilemma: Wenn die Angeklagten die Morde zugaben, war ein Justizirrtum ausgeschlossen, und die Todesstrafe konnte ausgesprochen werden. Lag hingegen kein Geständnis vor, wurde sie nicht verhängt, trotz überwältigender

Beweise. Als Ben sah, wie seriös er sich auf den entscheidenden Tag vorbereitete, wuchs sein Respekt vor dem exzentrischen Richter. »Im Gerichtssaal war er oft ein Clown gewesen, aber jetzt, in der Stunde des Urteils, lernte ich ihn von einer anderen Seite kennen.«

Gerichtstag

Im April 1948 trat das Gericht im Einsatzgruppenprozess ein letztes Mal zusammen. Die ersten beiden Tage dienten dem, was im Verfahrensablauf »Opinion and Judgement« heißt, der Stellungnahme des Gerichts und der Urteilsverkündung. Obwohl Musmanno und seine Kollegen – John J. Speight aus Alabama und Richard D. Dixon aus North Carolina – den 179 Druckseiten langen Urteilstext im Konsens erarbeitet haben, trägt er inhaltlich wie stilistisch die Handschrift des Vorsitzenden, samt dessen Neigung zum Pathos. Zwar sei die Menschheit seit Kains Zeiten von Mord geplagt worden, aber die Morde, über die in diesem Fall geurteilt werde, seien so exorbitant in ihren Proportionen und überstiegen so sehr die glaublichen Grenzen, »dass die Glaubhaftigkeit hundertmal mit Sicherheit verstärkt« werden müsse. Jemand habe vom »größten Mordprozess der Geschichte« gesprochen, und tatsächlich seien nie zuvor Männer des Mordes an über einer Million Mitmenschen angeklagt worden; Männer, die nicht etwa weit entfernt vom Tatort in Büros gesessen, sondern aktiv im Feld die »blutige Ernte« eingefahren hätten. Die ungeheuren Opferzahlen blieben eine abstrakte Größe; die Monstrosität der Ereignisse könne nur begriffen werden, wenn man sie auf ein Maß herunterbreche, das der menschliche Geist fassen könne. Man müsse sich vor dem inneren Auge bloß zehn Personen vergegenwärtigen – Männer, Frauen, Kinder, vielleicht alle aus derselben Familie –, die vor die Gewehrläufe der Mörder gestellt waren. Wenn man sich dann vorstelle, dass diese Szene hunderttausend Mal passiert sei, erhalte man einen Eindruck vom kumulierten Terror und der grotesken Summe der Verbrechen. Nur so könne man die Worte im Eröffnungsplädoyer der Anklage verstehen, wo Ben vom Gefühl des Leids und der Hoffnung sprach (»with sorrow and with hope«), mit dem die Massaker enthüllt würden.

Hatten die Richter also aufgenommen, was Ben so wichtig war – dass es sich bei diesen Delikten um »mehr als Mord« handelte, nämlich um Genozid? Würden sie ihn dabei unterstützen, das Völkerrecht weiterzuentwickeln und die Grundlagen für eine neue internationale Strafgerichtsbarkeit zu schaffen, damit sich solche Verbrechen in Zukunft nicht wiederholten? In diesem Punkt blieb das Urteil hinter den Erwartungen des Chefanklägers zurück. Es sprach oft von »Mord«, aber immer im traditionellen Sinn. Die Begriffe »Völkermord« oder »Genozid« kamen nicht vor, und dies, obwohl die Richter wiederholt betonten, die sowjetischen Juden seien getötet worden, weil sie jüdisch waren, und wegen nichts anderem.

Das Gericht bestätigte die Echtheit der von der Anklage präsentierten Beweisdokumente und hielt fest, die geheimen Situations- und Lageberichte von der Ostfront seien in der Berliner Zentrale nicht so versteckt gehalten worden, dass hochrangige militärische und politische Funktionäre sie nicht zur Kenntnis genommen hätten. Im Reichssicherheitshauptamt seien sie zusammengefasst, klassifiziert, vervielfältigt und an ausgewählte Empfänger verteilt worden. Die Anklage basiere ausschließlich auf diesen Tatprotokollen, die nicht irgendwann später, sondern während der Ereignisse verfasst worden seien. Daraus sei umfassend zu zitieren, denn nur so könne »eine schockierte Welt glauben, dass solche Dinge im 20. Jahrhundert passieren konnten«. Unter zahlreichen anderen Dokumenten verwiesen die Richter auf eine tabellarische Übersicht vom 15. Oktober 1941, in der die Einsatzgruppe A die bis dato in Litauen, Lettland, Estland und Weißrussland getöteten Menschen auflistete, »wie ein Handelshaus die vorhandenen Lagerbestände übermittelt haben würde«. Das »Total« betrage 135567 Personen, der Großteil davon Juden, daneben Kommunisten und Geisteskranke.

Das Argument der präventiven Selbstverteidigung akzeptierten die Richter nicht. Der untaugliche Versuch der Beschuldigten, den deutschen Angriffskrieg gegen Russland in sein Gegenteil zu verkehren, bleibe eines der »verblüffendsten Phänomene« dieses Prozesses. Indem sie die Juden töteten, hätten die Beschuldigten Deutschland weder vor einer realen noch einer vermuteten Gefahr bewahrt. Der behauptete Zusammenhang von Judentum und Bolschewismus sei nicht ausgeführt worden, noch habe irgendjemand zeigen können – vorausgesetzt, die Juden wären tatsächlich alle bolschewistisch –, wie dies per se zu einem Angriff auf Deutschland hätte führen müssen. Selbst unter der kontrafaktischen Annahme, dass alle Juden die Bolschewisten unterstützt hätten, wäre es »immer noch Mord«, jemanden wegen seiner politischen Überzeugung zu töten.

Die Massaker an den sowjetischen Juden könnten auch nicht mit dem deutsch-sowjetischen Krieg erklärt werden. Ihre Glaubensgenossen seien im nationalsozialistischen Deutschen Reich und in den von ihm besetzten Gebieten schon lange vorher unterdrückt worden. Die Tatsache, dass Juden in der Sowjetunion lebten, als die Deutschen das Land angriffen, sei einfach ein Zufall, der nicht nach ihrer Vernichtung gerufen habe. Falls aber allein der Umstand, ein Bewohner der Sowjetunion zu sein, diesen Bewohner zu einer Bedrohung für Deutschland gemacht hätte, dann hätten die Einsatzgruppen alle Russen töten müssen, unabhängig von ihrer Rasse, Religion oder Herkunft. Den Angeklagten, die geltend gemacht hatten, sie hätten nur Sowjets getötet, die der Kommunistischen Partei angehörten, entgegnete das Gericht: Träfe dies zu, dann hätten die jüdischen Sowjetbürger, die nicht in der KP waren, verschont werden müssen. Die Akten zeigten indes, dass es bei einem Juden keine Rolle spielte, ob er Parteimitglied war oder nicht: »Er wurde umgebracht, einfach weil er ein Jude war.«

Eine militärische Notwendigkeit für den Massenmord an der jüdischen Zivilbevölkerung habe nicht bestanden. Die Vernichtung wehrloser Personen, die als »minderwertig« betrachtet wurden, habe keinen Effekt auf den Ausgang des Krieges gehabt. Im Gegenteil: Diejenigen, die diese Politik einführten, seien so »verrückt« (»mad«) gewesen, dass sie nicht gesehen hätten, dass sie dadurch ihre eigenen militärischen Anstrengungen behinderten.

Ausführlich setzte sich das Gericht auch mit dem zweiten Hauptargument auseinander, mit dem die Angeklagten ihre Taten rechtfertigten, dem »höheren Befehl«. Da die Absicht eine grundlegende Voraussetzung für die Verantwortung für ein Verbrechen sei, seien sie unschuldig, denn sie hätten die Exekutionen – die sie zugaben – unter Zwang ausgeführt, hatten etliche Beschuldigte argumentiert. »Der Gehorsam eines Soldaten ist nicht der Gehorsam eines Automaten«, konterten nun die Richter. Ein Soldat sei eine vernünftig denkende und handelnde Person – und nicht verpflichtet, alles zu tun, was ihm der Vorgesetzte befehle. Der Untergebene sei nur an rechtmäßige Befehle gebunden. Wenn er eine kriminelle Order akzeptiere und vorsätzlich ausführe, könne er keine mildernden Umstände geltend machen. Auch hierin folgten die Richter den Ausführungen der Staatsanwaltschaft.

Damit war der mit Spannung erwartete Moment erreicht, an dem das Gericht die Urteile für die einzelnen Angeklagten (»Individual Judgements«) verkündete. Mit der Ausnahme von zwei niedereren SS-Offizieren – Matthias Graf und Felix Rühl –, sprach es jeden in allen drei Anklagepunkten für schuldig. Graf und Rühl wurden lediglich für die Mitgliedschaft in verbrecherischen Organisationen zur Rechenschaft gezogen. Ihnen kam zugute, dass sie keine Kommandofunktion ausgeübt hatten und nicht zweifelsfrei bewiesen werden konnte, dass sie in Abwesenheit ihrer Chefs eine Todesschwadron geführt hatten. Alle Übrigen wurden neben der Mitgliedschaft in einer kriminellen Organisation auch für Verbrechen gegen die Menschlichkeit und Kriegsverbrechen belangt – Bens Strategie, möglichst hochrangige und gebildete Täter vor Gericht zu bringen, war somit aufgegangen.

Im Fall des Hauptangeklagten Otto Ohlendorf sagte der Gerichtspräsident, der Prozess habe nicht eine, sondern zwei Personen dieses Namens freigelegt. Die Verteidigung habe das Bild eines humanitär gesinnten Wissenschaftlers und hohen Beamten gezeichnet, der den totalitären und diktatorischen Tendenzen in der deutschen Gesellschaft widersprochen habe und häufig mit SS-Führer Himmler und Gestapochef Müller zusammengestoßen sei. Ohlendorf habe nicht zwischen »höheren und tieferen Rassen« unterschieden, der Begriff »Rasse« habe für ihn nur eine symbolische Bedeutung gehabt, zitierte das Gericht aus einem Affidavit, das die Verteidigung vorgelegt hatte. Auf der anderen Seite stehe der SS-General Ohlendorf, der seine Truppen auf eine »Rassenvernichtungsexpedition« geführt habe. Man müsse vermuten, dass man es hier mit einem Charakter zu tun habe, wie ihn Robert Louis Stevenson in *Dr. Jekyll and Mr. Hyde* beschrieben habe. So interessant es wäre, sich eingehender mit dieser möglichen Doppelnatur zu beschäftigen, könne das Gericht sein Urteil doch nur über jenen Ohlendorf fällen, der einer Organisation vorgestanden habe, die gemäß ihren eigenen Berichten 90 000 Menschen getötet habe. Das Gericht sehe dies aufgrund der Dokumente und Zeugenaussagen als erwiesen an. Damit habe die Einsatzgruppe D gegen die Gesetze und Gebräuche des Krieges, gegen allgemeines internationales Recht und gegen das Gesetz Nr. 10 des Alliierten Kontrollrats verstoßen. Ihr Kommandant sei schuldig in den Anklagepunkten eins und zwei, und schuldig in Punkt drei, da er Mitglied der kriminellen Vereinigungen SS und SD gewesen sei.

Musmanno schloss die Akte Ohlendorf mit einer Bemerkung, die bei allem Unverständnis und allem Entsetzen für die

Gräueltaten dieses Mannes eine gewisse Achtung vor ihm verrät. Was man ihm nicht vorwerfen könne – im Gegensatz zu anderen Angeklagten –, seien Ausflüchte im Zeugenstand. Er habe die Tatsache des Massenmords nie abgestritten und offen und ehrlich geschildert, wie er die tödlichen Befehle ausgeführt habe.

Ganz anders präsentierte sich die Lage bei Heinz Jost. Der Kommandant der Einsatzgruppe A hatte jede Beteiligung an den Verbrechen geleugnet. Er könne sich an keine Berichte über Massenexekutionen erinnern. Auch von den Gaswagen, die einer seiner Untergebenen bestellte, habe er nichts gewusst. Das Gericht glaubte ihm nicht. Das Beweismaterial zeige klar, dass ihm der kriminelle Zweck seiner Organisation bekannt gewesen sei. Als deren Befehlshaber könne er sich der Verantwortung für ihre Taten nicht entziehen.

Auch Erich Naumann, der Kopf der Einsatzgruppe B, hatte sich herauszureden versucht. Manche der in den Berichten erwähnten Massaker seien vor seiner Ankunft bei der Truppe passiert, bei anderen sei die Zahl der Opfer »viel zu hoch« angegeben worden. Dass Exekutionen stattgefunden hatten, konnte er aber nicht abstreiten. Die einzige Rechtfertigung, die ihm blieb, war das Standardargument des »Befehls von oben«. Es hätte allerdings nur dann entlastend wirken können, wenn Naumann den mörderischen Auftrag abgelehnt oder zumindest Befehlsnotstand hätte geltend machen können. Dem sei aber nicht so gewesen, befand das Gericht und erinnerte ihn an seine eigenen Aussagen bei der Vernehmung. Vor seiner Entsendung in die Sowjetunion im November 1941 habe er klare Anweisungen von Heydrich erhalten und damals auch erstmals vom sogenannten Führerbefehl zur Tötung von Juden, »Zigeunern« und sowjetischen Funktionären erfahren, hatte Naumann zu Protokoll gegeben. Auf die Frage, ob er irgendetwas moralisch Schlechtes im »Führerbefehl« sehe, hatte er gemeint: »Ich betrachtete den Befehl als richtig, weil er ein Teil unseres Kriegszieles und deshalb notwendig war.« Um keinen Zweifel über Naumanns Position offenzulassen, hatten die Ankläger nachgefragt, ob diese Einschätzung auch zutreffe, wenn der Befehl die Tötung wehrloser Menschen einschließe – und er hatte »Ja« gesagt.

Nach den drei im Verfahren verbliebenen Einsatzgruppen-Kommandanten verkündete das Gericht die Urteilssprüche für die übrigen Angeklagten. Dabei stieg es von der höchsten Hierarchiestufe, den Generälen Schulz und Six, bis zu Unteroffizier Graf ab. Die Erwägungen zu den einzelnen Urteilen waren mal länger, mal kürzer, je nachdem, wie viel Aufwand nötig war, um die Argumente der Verteidigung zu widerlegen. Aber auch wenn die Beschuldigten versucht hatten, ihre Beteiligung an den Verbrechen zu leugnen oder wenigstens ihren Anteil daran herunterzuspielen – die Evidenz der Einsatzgruppenberichte und anderer Beweisstücke, die Ben mit seinem Team präsentiert hatte, machte den Richtern die Arbeit leicht. Einer nach dem anderen wurde verurteilt. Am folgenden Tag würden sie erfahren, welche Strafe sie erwartete.

»Goodbye, Mr. Ohlendorf«

Als Ben am Morgen des 10. April den Gerichtssaal betrat und sich an den Tisch der Ankläger setzte, war der Raum noch leer. »Ich wusste, dass es ein grimmiger Tag werden würde.« Allmählich füllte sich der Saal mit deutschen Verteidigungsanwälten, Mitarbeitern der Anklagevertretung, Übersetzern, Gerichtsdienern und Zuschauern auf den Galerien. Die Anwesenden wurden zur Ruhe gerufen, als die drei Richter in ihren schwarzen Roben einmarschierten. Auf der Anklagebank saß niemand. Dann ging auf einmal die mit dunklem Holz getäfelte Tür auf, die aus dem Gefängnis mitten ins Dock führte. SS-General Otto Ohlendorf trat heraus, flankiert von zwei groß gewachsenen schwarzen Wächtern in Uniformen der US-Armee. Mit beiden Händen hielten sie vor dem Körper einen weißen Schlagstock bereit. Ohlendorf warf einen Blick auf die Wächter, dann die Richter. Er setzte sich mit gemessenen Bewegungen den Kopfhörer auf, den man ihm reichte. Stehend erwartete er seine Strafe.

»Angeklagter Ohlendorf«, sprach Musmanno, »aufgrund der Anklagepunkte, derer Sie überführt worden sind, verurteilt Sie das Gericht zum Tod durch den Strang.« Der Verurteilte zeigte keinerlei Reaktion. Er zog den Kopfhörer aus, nickte, eine leichte Verbeugung vor den Richtern andeutend, trat zurück in den Lift und verschwand. Ben kam es vor, »als ob er in die Hölle hinabfahren würde«.

Dann tauchte schon der Nächste auf, es war Naumann. Auch er wurde zum Tod verurteilt, ebenso wie Blobel, Blume, Sandberger, Seibert, Steimle, Biberstein, Braune, Haensch, Ott, Strauch, Klingelhöfer und Schubert. Insgesamt verhängte das Gericht vierzehn Todesstrafen. Das war mehr als in jedem anderen Nürnberger Nachfolgeprozess, und auch mehr als beim Verfahren gegen die Hauptkriegsverbrecher vor dem Internationalen Militärtribunal; dieses hatte zwölf Todesstrafen ausgesprochen. Jost und Nosske erhielten lebenslänglich. Schulz, Six und von Radetzky wurden zu zwanzig Jahren Haft verurteilt, Fendler und Rühl zu zehn. Für Graf war die Strafe mit der Untersuchungshaft abgesessen.

Für den Chefankläger und den Vorsitzenden Richter war es ein schwieriger Augenblick. Musmanno hatte schon im Voraus befürchtet, dass seine »sensible Seele« schreckliche Schmerzen empfinden würde, wie er in *The Eichmann Kommandos* verrät. Um im entscheidenden Augenblick gewappnet zu sein, behalf er sich mit einem Trick. Er las den vorbereiteten Text vom Blatt und behielt seine Lesebrille auch dann auf, wenn er in Richtung der Verurteilten blickte. So nahm er sie nur »vage und ununterscheidbar« wahr.

Ben war überrascht von der Konsequenz des Gerichts. Er hatte sich zuvor eine Liste gemacht, auf der er notiert hatte, welches Strafmaß er für jeden Verurteilten erwartete. In einigen Fällen fiel die Strafe höher aus, als er gedacht hatte. Zuzusehen, wie vierzehn Menschen zum Tod durch den Strang verurteilt wurden, selbst wenn alle überführte Massenmörder waren, sei eine »grausame Erfahrung« gewesen. Die in rascher Folge ausgesprochenen Verdikte und die dramatischen Abgänge der Verurteilten in die Gefängnisunterwelt machten einen starken Eindruck auf ihn. Jedes Mal, wenn Musmanno mit getragener und düsterer Stimme sein »Death by hanging« verkündete, sei es ihm so vorgekommen, als ob ein Hammer auf sein Hirn schlüge. »Ich glaubte, mein Kopf würde explodieren.« Nie im Leben habe er solche Kopfschmerzen gehabt.

War ein Verfahren abgeschlossen und alles vorbei, war es üblich, dass der leitende Staatsanwalt ein kleines Fest veranstaltete. Auch diesmal war es nicht anders. Ben hatte seine ganze Mannschaft für den Abend in sein Haus geladen. Als er heimkam, war ihm jedoch nicht nach Feiern zumute. Er ging direkt ins Bett. Der Chefankläger, der den Prozess gewonnen und so stringent durchgezogen hatte, fehlte auf seiner eigenen Party.

Seine Gedanken kreisten um das, was er in den vergangenen Tagen und Monaten erlebt hatte – und was noch kommen könnte. Die Todesstrafe war ihm nicht zu hart: »Diese reuelosen Massenmörder hatten sie verdient.« Doch darum ging es ihm nicht. Er befürchtete vielmehr, dass es das Ausmaß der Verbrechen »trivialisieren« könnte, wenn man eine Handvoll Täter hinrichtete und die Angelegenheit damit als erledigt betrachten und vielleicht sogar vergessen würde. »Wir schulden es den Opfern, dass wir ihrem Tod irgendeine größere Bedeutung geben.« Wenn es gelänge, ihr Leiden aufzudecken und zu demonstrieren, dass das Recht solche Grausamkeiten nicht verzeihe, erst dann könnte der Ruf »Nie wieder!« Realität werden. Was geschehen war, konnte man nicht rückgängig machen, doch man musste zu verhindern versuchen, dass sich Ähnliches in Zukunft wieder ereignete. »Das war meine Absicht während des Prozesses und immer seither.« Durch das Urteil fühlte er sich in seinem Anliegen bestätigt.

Nach dem Gerichtstag unternahm er etwas, das er sich während des gesamten Verfahrens versagt hatte: Er nahm Kontakt mit einem der Täter auf. Der Chefankläger besuchte den zum Tode verurteilten Hauptangeklagten Otto Ohlendorf in dessen Zelle. »Ich wusste, dass Ohlendorf Vater von fünf Kindern war und ein intelligenter, vergleichsweise ehrlicher Mann.« Vor Gericht habe er nicht windige Ausreden gesucht, wie so viele seiner Kameraden auf der Anklagebank, sondern einigermaßen vernünftige juristische Argumente formuliert. Daher habe er Mitleid mit ihm verspürt. Er stieg in das unterirdische Gefängnis hinab. In einem engen Raum, der durch eine Sicherheitsglasscheibe getrennt war, sprach er durch ein Fensterchen mit dem Massenmörder, der für den Tod von Zehntausenden Zivilisten verantwortlich war. »Herr Ohlendorf, kann ich irgendetwas für Sie tun?«, fragte er auf Deutsch. Er wollte ihm die Gelegenheit geben, außerhalb des formellen Rahmens ein persönliches Gespräch zu führen und vielleicht eine versöhnliche Botschaft an seine Angehörigen zu übermitteln. Er hatte erwartet, dass Ohlendorf sagen würde: »›Richten Sie meiner Frau und meinen Kindern aus, es tue mir leid, dass es so weit gekommen ist‹. Etwas in der Art.« Stattdessen fing Ohlendorf an, wieder seine bekannten Verteidigungsreden vorzutragen. »Sehen Sie, ich hatte recht. Die Russen kommen«, sagte er bitter. Auch die Juden in Amerika würden darunter leiden. Ben war bestürzt über diese Antwort. »Der Mann hatte nichts gelernt, und er bedauerte nichts.« Ben stand auf, schaute Ohlendorf in die Augen und sagte auf Englisch: »Goodbye, Mr. Ohlendorf.« Er sah ihn nie wieder.

Zwei Tage später bekam er einen Brief von Taylor. Er wolle sich herzlichst für seine Handhabung des Einsatzgruppenprozesses bedanken, der eben einen so erfolgreichen Ausgang genommen habe. Der Chief of Counsel for War Crimes zeigte sich sehr zufrieden mit seinem jüngsten Chefankläger: »Du hast die Anklage mit Effizienz, Raschheit und großer Wirtschaftlichkeit der Mittel geführt, und das Urteil und der

Schuldspruch sollten für den Rest deines Lebens eine Quelle der Befriedigung für dich sein.« Auch Musmanno bedankte sich am 13. April schriftlich bei Ben. Dessen Verständnis für seine Nöte im Ringen um die »letzte Strafe« bewege ihn tief. Schon am ersten Tag des Prozesses sei er hingerissen gewesen von seinem »Appell der Menschlichkeit an das Gesetz«, und vielleicht sei es genau dieser Gedanke gewesen – »so schön und einfach ausgedrückt« –, der den Ton für das Urteil gesetzt habe.

Obgleich sich Ben über die Art und Weise geärgert hatte, in der Musmanno das Amt des Gerichtspräsidenten interpretierte, überwog die gegenseitige Wertschätzung. Im September 1948 empfahl er ihn mit lobenden Worten beim Secretary of the Navy, dem amerikanischen Marineminister. Captain Musmanno habe einen außerordentlichen Beitrag geleistet und einen hervorragenden Eindruck auf alle gemacht, die ihn in Nürnberg gekannt hätten. Durch seine Menschlichkeit, harte Arbeit und Ernsthaftigkeit habe er sich selbst ausgezeichnet. Das Urteil im Einsatzgruppenprozess werde ein Meilenstein im internationalen Strafrecht bleiben, und eine ständige Quelle des Mutes und der Hoffnung für die Opfer von Verfolgung. Die freundschaftlichen Gefühle, die Ben für ihn entwickelte, wurden nicht einmal getrübt, als die deutschen Verteidigungsanwälte dem Richter eine kleine Pinguin-Statue aus Bronze schenkten, in Anerkennung seiner Verdienste um die »Penguin Rule«.

Solidarität mit Massenmördern

Die verurteilten SS-Offiziere wurden ins Kriegsverbrechergefängnis Landsberg verlegt. Dort, am Hindenburgring 12, hatte – Ironie der Geschichte – schon Hitler nach dem gescheiterten Putsch vom 9. November 1923 in Festungshaft gesessen. Im Gefängnis verfasste er den ersten Band von *Mein Kampf.*

Das toxische Werk enthielt den Kern der nationalsozialistischen Ideologie, die Ohlendorf und seine Mitstreiter dann so blutig in die Tat umsetzten. Am 20. Dezember 1924 wurde Hitler vorzeitig »auf Bewährung« entlassen. Einen Strafnachlass forderte die deutsche Öffentlichkeit nun auch für die in Landsberg inhaftierten Kriegsverbrecher. Die Nürnberger Prozesse waren in Deutschland mehrheitlich ablehnend aufgenommen worden, das böse Wort von der »Siegerjustiz« machte die Runde. Jetzt befeuerte sich die Debatte an den Todesurteilen für einige von Hitlers schlimmsten Massenmördern.

Während im Frühjahr 1948 der Einsatzgruppenprozess beendet wurde, entschieden die Westmächte USA, Großbritannien und Frankreich, dass auf dem Gebiet ihrer Bestatzungszonen ein deutscher Staat entstehen solle. Dessen Verfassung sollte im Grundgesetz niedergelegt werden, das der Parlamentarische Rat in Bonn von September 1948 bis Mai 1949 ausarbeitete. Am 23. des Monats wurde das Grundgesetz verkündet – gleichzeitig mit der Gründung der Bundesrepublik Deutschland. Konrad Adenauer (CDU) wurde der erste Kanzler, Theodor Heuss (FDP) der erste Bundespräsident. Das Grundgesetz, das ein Bollwerk der Demokratie sein sollte, verbot die Todesstrafe. Dies nahm eine breite Allianz von Verteidigungsanwälten, Journalisten, kirchlichen Würdenträgern und Politikern zum Anlass, um gegen die Vollstreckung der Todesurteile an den schuldig gesprochenen NS-Tätern zu protestieren. Nicht selten verbanden sie ihre Vorbehalte in diesem speziellen Punkt mit einer generellen Kritik am amerikanischen System der Verfolgung und Bestrafung von Kriegsverbrechern. Die abwehrende Haltung schlug sich auch sprachlich nieder. Statt von »Kriegsverbrechern« sprach man lieber verharmlosend von »Kriegsgefangenen« oder »Kriegsverurteilten«.

An vorderster Front setzten sich die deutschen Kirchen für sie ein. Zu ihren prominenten Fürsprechern zählten der württembergische evangelische Landesbischof Theophil Wurm und sein bayerischer Kollege Hans Meiser sowie, auf katholischer Seite, Josef Kardinal Frings, Vorsitzender der Bischofskonferenz, und Weihbischof Johannes Neuhäusler vom Erzbistum München und Freising. Neuhäusler schwadronierte von der »Sorge für die sogenannten Kriegsverbrecher, also Soldaten, denen man irgendein Verbrechen zur Last legte«. Dazu zählte er auch Ohlendorf und Pohl, der die administrative Oberaufsicht über die Konzentrationslager innegehabt und über die Arbeitssklaven geherrscht hatte. Wurm hatte sich schon unmittelbar nach der Beendigung des Einsatzgruppenprozesses gegen die »Nürnberger Gerichtsmethoden« gewandt, wie die *Allgemeine Zeitung* am 15. Mai 1948 berichtete. Die *Stuttgarter Nachrichten* stellten in der Ausgabe vom 12. Juni die rhetorische Frage: »Verbrecher oder Märtyrer?«

Gemeinsam mit Neuhäusler gründete Wurm verschiedene kirchliche Hilfskomitees für die Verurteilten. Dabei kämpften die Kirchenvertreter beider Konfessionen vereint mit den Verteidigern der SS-Schergen. In den Pamphleten »Zur Frage einer Revision der Kriegsverbrecherprozesse« (1949) und »Landsberg« (1951) stellte Ohlendorfs Verteidiger Aschenauer nachträglich die Rechtmäßigkeit der Verfahren infrage. Die Kirchen unterstützten die revisionistischen Aktivitäten auch finanziell, wie der Journalist und NS-Forscher Ernst Klee herausgefunden hat. Die Evangelische Kirche in Deutschland verfasste gemeinsam mit Täteranwälten ein geheimes »Memorandum« über die Verfahren vor amerikanischen Militärgerichten. Als Verantwortliche zeichneten unter anderen Wurm und Martin Niemöller. Am 21. Februar 1950 übergaben sie die Denkschrift dem amerikanischen Hochkommissar McCloy. Nürnberger Verteidiger entwarfen als Ghostwriter einen Brief von Josef Kardinal Frings an US-Präsident Truman, der »Anregungen in der Richtung von Gnadenerweisen« geben wollte. Die Neuartigkeit der Nürnberger Prozesse bestehe darin, dass der einzelne Bürger verantwortlich gemacht werde für Maßnahmen seiner Regierung, »an denen er im Rahmen seiner staatsbürgerlichen Pflichten teilnahm«, heißt es darin. Besonders wirksam entfaltete sich die Zusammenarbeit von Kirchenvertretern und Nazianwälten laut Klee im »Heidelberger Kreis«. Die Treffen dieses Zirkels wurden von dem CDU-Bundestagsabgeordneten und Völkerrechtler Eduard Wahl geleitet, der im sechsten Nürnberger Nachfolgeprozess die I.G. Farben verteidigt hatte. Diskutiert wurde, wie man deutsche und amerikanische Politiker beeinflussen könne und welche Taktik zugunsten der in Landsberg inhaftierten Kriegsverbrecher anzuwenden sei.

In der deutschen Öffentlichkeit wurde immer lauter die Forderung nach Begnadigung erhoben, nicht nur für die zum Tod Verurteilten. Die als »Mutter der Landsberger« bekannt gewordene Helene Elisabeth Prinzessin von Isenburg bat in einem Brief vom 4. November 1950 Papst Pius XII., sich für »ihre« Häftlinge einzusetzen: »Ich kenne jeden, um den es geht. Niemand kann mehr von Schuld und Verbrechen reden, der in ihre Seelen geschaut hat.« Der Papst versprach, »dass von Rom aus alles getan wird, um den Landsbergern das Leben zu retten«. Und der evangelische Gefängnispfarrer Karl Ermann begründete ein Haftentlassungsgesuch für den zu zwanzig Jahren verurteilten Waldemar von Radetzky damit, dieser habe im Dezember 1948 mit einem Kreis von Mitgefangenen ein Krippenspiel erarbeitet, das an Heiligabend in der Gefängniskirche aufgeführt worden sei. Auch an Weinachten 1949 habe er einen künstlerischen Abend gestaltet. Er verstehe es, den Gefängniskameraden »die Welt der klassischen deutschen Dichtung und Musik nahezubringen«. Er sei gewiss, dass sich Radetzky »draußen bestens bewähren wird und dass er nicht unwesentlich zur Stärkung der aufbauwilligen Kräfte in unserem Volk beitragen kann«. Der so Gelobte war Offizier im Sonderkommando 4a der Einsatzgruppe C gewesen und hatte selbst ein Unterkommando geführt. An den Judenmorden habe er »zustimmend« teilgenommen, hält das Nürnberg-Urteil fest.

Die gottlosen Schlächter entdeckten auf einmal ihre Frömmigkeit. Die verurteilten Massenmörder Paul Blobel und Waldemar Klingelhöfer wurden in Landsberg – nach ihren demonstrativen Austritten während der Zeit des Nationalsozialismus – wieder in die evangelische Kirche aufgenommen. In einem Gutachten schrieb der Anstaltspfarrer, der Opernsänger Klingelhöfer beteilige sich regelmäßig an den Gottesdiensten und Abendmahlsfeiern und stelle mit großer Freude seine Gesangskunst »in den Dienst der Kirche«. Klingelhöfer sei ein Feind »jeden Unrechts«, ein »Mensch, wie wir ihn heute draußen in unserem Volk, wo so viel Korruption herrscht, zur Gesundung und zum Aufbau dringend brauchen«. In den Nürnberger Gerichtsakten hätte der Anstaltspfarrer nachlesen können, dass Klingelhöfer das »Vorkommando Moskau« führte, als dieses am 13. September 1941 die Tötung von hundert Personen verbuchte, und dass seine Killereinheit zwischen dem 20. August und 28. September am Mord an 1885 Zivilisten beteiligt war. Er beschrieb nicht nur detailliert die makabren Exekutionstechniken, die er beaufsichtigte. In einer eidesstattlichen Erklärung sagte er aus, eigenhändig dreißig Juden erschossen zu haben, weil sie ohne Erlaubnis ein Getto verlassen hätten.

Die Helfer der Kriegskriminellen – die gemäß Urteil ja mehr waren, nämlich Verbrecher gegen die Menschlichkeit – standen mit ihrer Ansicht nicht allein. Die Meinung war verbreitet, die Täter hätten nur ihre Pflicht getan und die gegen sie verhängten Strafen seien willkürlich. Es sei zudem unmenschlich, die zum Tod Verurteilten so lange warten zu lassen. Manche glaubten, die Geständnisse seien durch unzulässigen Druck oder durch Folter erpresst worden. Zeugen wurden unglaubwürdig gemacht und beschimpft. In der deutschen Nachkriegsgesellschaft habe praktisch jedes Unrechtsbewusstsein für die unter der nationalsozialistischen Herrschaft begangenen Verbrechen gefehlt, erinnert sich Ben. Er habe während der ganzen zehn Jahre, die er nach 1945 im Land verbrachte, keinen einzigen Deutschen getroffen, der gesagt hätte, was geschehen sei, tue ihm leid. Niemand habe je um Entschuldigung gebeten.

Die Stimmung in weiten Kreisen der deutschen Bevölkerung war von Solidarität mit den Tätern geprägt – und nicht mit den Opfern. Am 7. Januar 1951 demonstrierten in Landsberg 3000 Leute gegen die amerikanische Militärjustiz. Die Stadtverwaltung hatte die Einwohner mit Lautsprecherwagen zur Teilnahme an der Protestkundgebung aufgerufen. Als Hauptredner der Veranstaltung trat der Bundestagsabgeordnete Gebhard Seelos von der Bayernpartei auf. »Amerika hat den Anspruch darauf verloren, sich einen Rechtsstaat zu nennen«, rief er den Versammelten zu. Als er sich für Ohlendorf und andere SS-Täter aussprach, skandierten jüdische Gegendemonstranten, die vorwiegend aus Vertriebenen bestanden und der Opfer der Einsatzgruppen gedenken wollten, »Nieder mit den Mördern!«. Die Polizei ging mit Gummiknüppeln gegen sie vor und nahm mehrere von ihnen fest, angeblich zu ihrer eigenen Sicherheit. Die Menge habe mit »Juden raus!«-Parolen reagiert, berichteten *Süddeutsche Zeitung* und *Spiegel*.

Um den Jahreswechsel 1950/51 war die Kampagne auf einem neuen Höhepunkt angelangt. Hochkommissar McCloy wurde von allen Seiten bestürmt. Selbst die deutsche Staatsspitze schaltete sich ein. Kanzler Adenauer bat McCloy persönlich, die ausstehenden Todesurteile in Haftstrafen umzuwandeln, und Bundespräsident Heuss setzte sich für einen Überzeugungstäter wie den Einsatzkommandoführer in Estland Martin Sandberger ein. Zwei Tage nach der Landsberger Demonstration sprachen führende Mitglieder des Bundestags beim Hochkommissar in Frankfurt vor, darunter Bundestagspräsident Hermann Ehlers (CDU) und Carlo Schmid (SPD), der Vorsitzende des Auswärtigen Ausschusses. Sie hätten unterstrichen, »dass man endlich mit den Hinrichtungen aufhören sollte«, hieß es danach in der Presse. McCloy betonte, über das endgültige Schicksal der Landsberg-Häftlinge werde nicht aufgrund von politischen Erwägungen, sondern nur nach den Grundsätzen des Rechts entschieden. Gleichentags verabschiedete der Schleswig-Holsteinische Landtag einstimmig eine Resolution, die forderte, die Todesurteile nicht zu vollstrecken. Beistand kam auch von der SPD-Spitze. Der Parteivorsitzende Kurt Schumacher kritisierte »die Art der Strafvollstreckung« durch die Amerikaner. Allerdings sei er nicht der Meinung, »dass Verfahren wie die von Ohlendorf und Pohl einer Nachprüfung bedürfen«, sagte er gegenüber der in New York erscheinenden Zeitung *Jewish Daily Forward*. Für einen Teil der Protestbewegung gelte, »dass sie nicht wegen der Erhaltung des Lebens der Verurteilten, sondern wegen der Rechtfertigung der Unmenschlichkeiten des Dritten Reiches grölten und tobten«.

Gnadenakt des »Chairman«

Der deutsche Druck hatte die Kriegsverbrecherfrage längst auch in den USA zum Politikum gemacht. Sie beschäftigte Parlament und Regierung. Briefe, Telegramme, Memoranden gingen seit Monaten zwischen verschiedenen Ämtern hin und her. Außenminister Dean Acheson hielt Präsident Truman in vertraulichen Nachrichten auf dem Laufenden. Expertenkommissionen und Senatsausschüsse lieferten Berichte und Empfehlungen ab. Dies alles geht aus vormals klassifizierten Dokumenten in Bens Archivsammlung hervor. Er interessierte sich noch Jahrzehnte später für die genauen Hintergründe des Geschehens und hatte um Akteneinsicht ersucht.

McCloy hatte das heiße Eisen von General Clay übernommen. Die Regeln der Nürnberger Nachfolgeprozesse sahen vor, dass jeder Fall vom US-Militärgouverneur überprüft werden musste. Er hatte die Vollmacht, die Strafen zu mildern, aber nicht zu erhöhen. Im März 1949 hatte Clay die Revision weitgehend abgeschlossen und alle Urteile im Einsatzgruppenprozess bestätigt. Damit sie vollstreckt werden konnten, musste er sie nur noch formell unterzeichnen. Zahlreiche Eingaben der Verteidigungsanwälte an amerikanische Gerichte, darunter an den U.S. Supreme Court, verzögerten dies jedoch. So überließ Clay die lästige Pflicht McCloy, der im September 1949 das neue Amt eines US-Hochkommissars für Deutschland antrat. Er zeigte sich Ben gegenüber verärgert, dass er das Problem übernehmen musste. Nie zuvor habe er eine derartige Entscheidung treffen müssen. Es habe sogar Morddrohungen gegen ihn gegeben.

John J. McCloy war ein konzilianter Typ, der nach allen Seiten möglichst reibungslose Beziehungen pflegte und eine außergewöhnliche Karriere in Staatsdienst und Wirtschaft hinlegte. Er wuchs in einfachen Verhältnissen in Philadelphia auf. Sein Vater, ein Versicherungsmakler, starb, als er fünf war. Seine Mutter arbeitete als Friseurin. Er absolvierte das Amherst College und die Harvard Law School; ein Kampfeinsatz in den Ardennen am Ende des Ersten Weltkriegs unterbrach die Studien. In den 1920er-Jahren heuerte er als Anwalt bei renommierten Wall-Street-Kanzleien an. Während des Nationalsozialismus arbeitete er an der Eintreibung einer Schadensersatzzahlung von Deutschland wegen eines Sabotageakts im Ersten Weltkrieg und traf daher unter anderem mit Göring und Rudolf Heß zusammen. Im Zweiten Weltkrieg nahm er wichtige Aufgaben in der Roosevelt-Administration wahr, obwohl er, anders als der demokratische Präsident, Republikaner war. Im April 1941 wurde er zum Assistant Secretary of War ernannt. Damit war er der zweithöchste Beamte in diesem Schlüsseldepartement, hinter Kriegsminister Henry Stimson. Er war zuständig für die Materialbeschaffung der Armee, den Land-Lease-Act, Sabotageabwehr sowie Geheimdienstfragen und trieb den Aufbau des Pentagons und des Office of Strategic Services voran, aus dem später die Central Intelligence Agency (CIA) hervorging. Auch der Vorläuferinstitution des Nationalen Sicherheitsrats stand er vor.

Im Juli 1944 riet McCloy von amerikanischen Plänen für eine Bombardierung der Eisenbahnlinien nach Auschwitz und der Gaskammern ab. Ein solcher Lufteinsatz wäre »unpraktikabel« und von »zweifelhafter Wirksamkeit«. Er könnte nur durchgeführt werden, wenn beträchtliche Kräfte umgelenkt würden, die anderswo in entscheidenden Aktionen gebraucht würden. Seine Autorität in dieser Frage war allerdings beschränkt. General Henry H. Arnold, der Kommandeur der U. S. Army Air Forces, verbat sich jegliche Einmischung ziviler Stellen bei der Auswahl der Angriffsziele.

Im März und April 1945 setzte sich McCloy mit anderen dafür ein, dass die historische deutsche Stadt Rothenburg ob der Tauber nicht zerstört wurde. Die vorrückenden amerikanischen Artilleristen schwenkten weiße Fahnen und machten das Angebot, die Stadt zu erhalten, falls die Wehrmacht ohne Widerstand abzöge. Sonst würde sie dem Erdboden gleichgemacht. Der lokale deutsche Kommandeur willigte ein – den Befehl Hitlers missachtend, alle deutschen Städte bis zum letzten Blutstropfen zu verteidigen. Im November 1948 machten die Rothenburger McCloy für seine Rettungstat zum Ehrenbürger.

Von März 1947 bis Juni 1949 war McCloy Präsident der Weltbank in Washington. Nach seiner Tätigkeit als US-Hochkommissar in Deutschland, die im August 1952 endete, kehrte er an die Wall Street zurück, wo er einflussreiche Positionen bekleidete. Der weltgewandte Diplomat und erfolgreiche Wirtschaftsanwalt betätigte sich als Vorstandsvorsitzender der Chase Manhattan Bank, als Präsident der Ford- und als Trustee der Rockefeller-Stiftung. Lukrative Mandate erhielt er auch von der Ölindustrie. Von 1954 bis 1970 saß er dem angesehenen Council on Foreign Relations in New York vor, später war er Mitglied der »Wise Men«, einer Gruppe verdienter Staatsmänner, die sich für einen pragmatischen Internationalismus in der amerikanischen Außenpolitik einsetzte. Über Jahrzehnte hatte er engste Verbindungen zum Weißen Haus. Er

Ben mit drei Jahren auf einem der frühesten erhaltenen Bilder, New York 1924. [1]

Beim Fototermin mit Schwester Pearl und Vater Josef, 1925/26. [2]

Ben im Alter von 8 Jahren. In den Strassen der Großstadt lernte er das Leben von seiner ungeschminkten Seite kennen. [3]

Fast eine Familie: Ben mit seiner Schwester und den beiden Stiefbrüdern, um 1935. [4]

»Die Armee ist zu groß und zu beschäftigt, um die Soldaten als Menschen zu behandeln«: Korporal Ferencz, 1943. [5]

Honeymoon auf Raten: Ben und Gertrude Ferencz nach ihrer Heirat im April 1946 in New Jersey. Kurz darauf brach er wieder nach Deutschland auf. Sie folgte ihm einige Monate später zunächst nach Berlin, dann nach Nürnberg und Frankfurt. [6]

Lone-Ranger-Mentalität: Mit diesem Jeep fuhr Ermittler Ferencz zu den Stätten des Grauens. München, August 1945. [7]

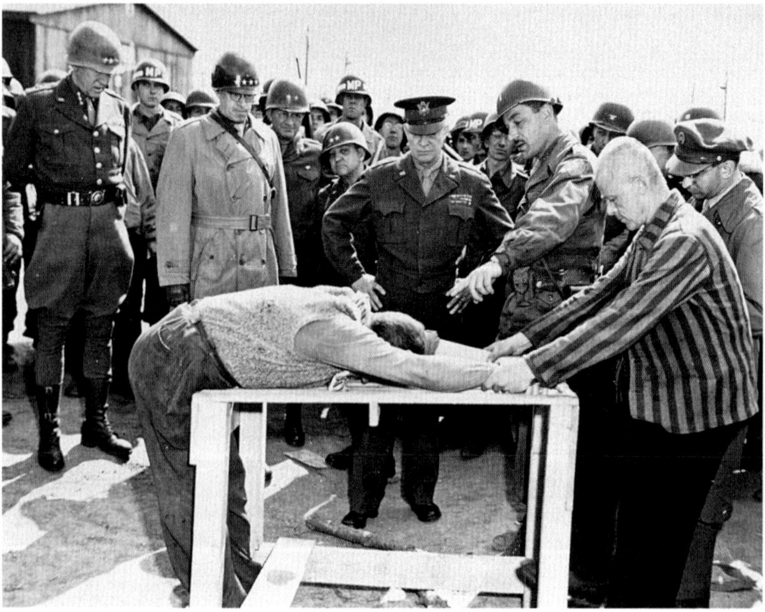

Überlebende des KZ Ohrdruf demonstrieren am 12. April 1945 den Spitzen der US-Armee, wie Insassen durch SS-Wachmannschaften gefoltert wurden. Oberbefehlshaber Dwight D. Eisenhower *(Mitte)*, Omar Bradley und George S. Patton *(links)*. [8]

Wo Mord alltäglich ist: Ebensee, 9. Mai 1945. »Man beachte die geschwollenen Gelenke, Symptome des Hungerns«, notierte Ben auf die Rückseite der Fotografie. [9]

Nur noch Haut und Knochen: Überlebende, »die einmal berühmt und einflussreich gewesen sein mochten«, werden notdürftig gewaschen. Ebensee, Anfang Mai 1945. [10]

Sie sollen erfahren, was geschehen ist: Deutsche Zivilisten exhumieren Leichen in einem Massengrab bei Stamsried, Bayern, Mai 1945. Auch der Bürgermeister musste den Tatort besichtigen. [11]

Auf der Terrasse der Villa eines ehemaligen NSDAP-Kaders in Würzburg nimmt Ben mithilfe einer Sekretärin im Juni 1945 das Geständnis von Karl Haberstock ab, Hitlers persönlichem Kunsthändler. Die Spur führt in eine Salzmine in den österreichischen Alpen. Dort lagern gestohlene Gemälde im Wert von Milliarden. [12]

Adolf Hitler und Albert Speer während des Zweiten Weltkriegs auf dem Obersalzberg bei Berchtesgaden. Ferencz traf Speer nach dessen Haftentlassung Ende der 1970er-Jahre zu einem Gespräch über das NS-Zwangsarbeiterprogramm. [13]

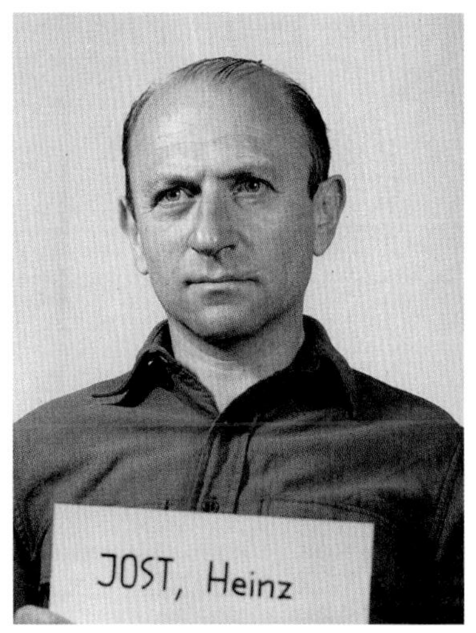

Massenmörder im Generalsrang: Heinz Jost, Erich Naumann, Otto Rasch und Otto Ohlendorf, die Kommandanten der vier Einsatzgruppen, welche Ben Ferencz anklagte. Nürnberg, Ende Juli 1947. [14]

»Eine Art Weltrekord«: Nur zwei Tage brauchte Staatsanwalt Ferencz für sein fulminantes Plädoyer im größten Mordprozess der Geschichte. [15]

Zu Späßen aufgelegt: Der vorsitzende Richter Michael A. Musmanno *(Mitte)*, mit John J. Speight *(links)* und Richard D. Dixon. [16]

Vertreter der Anklage: Ben Ferencz *(links)*, Arnost Horlick-Hochwald und John E. Glancy. [17]

Chefankläger Ferencz präsentiert dem Gericht am 29. September 1947 Beweisdokumente für die Verbrechen der Einsatzgruppen, umringt von den deutschen Verteidigungsanwälten Friedrich Bergold und Rudolf Aschenauer. [18]

Paul Blobel plädiert zu Prozessbeginn am 15. September 1947 auf »unschuldig«. Der Kommandant des Sonderkommandos 4a in der Einsatzgruppe C verantwortete in der Ukraine den Tod von 60 000 Menschen. Im Januar 1942 wurde er wegen gesundheitlichen Problemen aufgrund seines exzessiven Alkoholkonsums vom Dienst befreit. Später oblag ihm im Rahmen der »Aktion 1005« die Beseitigung von Spuren der Verbrechen in der eroberten Sowjetunion. Dabei wurden die Leichen in den Massengräbern ausgescharrt und verbrannt. [19]

»Sachlichkeit und offenkundige Intelligenz«: SS-General Otto Ohlendorf rechtfertigt seelenruhig die Ermordung von Zehntausenden Männern, Frauen und Kindern. Nürnberg, 9. Oktober 1947. [20]

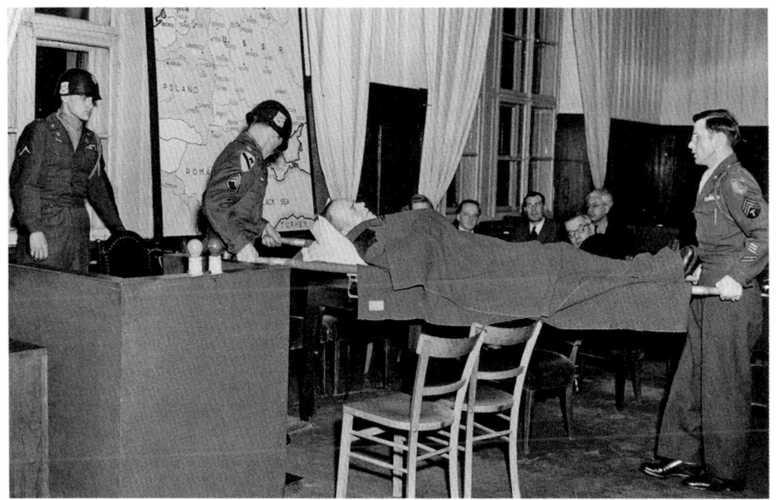

Der kranke SS-Brigadeführer Dr. Dr. Otto Rasch legt am 12. Januar 1948 in einem Nebensaal des Nürnberger Justizpalastes Zeugnis ab. Ben Ferencz *(links im Hintergrund)* beobachtet ihn. Die Karte zeigt die Gebiete, in denen die Einsatzgruppen tätig waren. Unter Raschs Verantwortung ermordete die Einsatzgruppe C Ende September 1941 in Babi Jar bei Kiew in zwei Tagen 33 771 Juden. Es war das größte einzelne Massaker im Zweiten Weltkrieg. [21]

Der Chefankläger in seinem Büro im Nürnberger Justizpalast, 1948. [22]

Noch einmal davongekommen: Dieses eindrückliche Bild mit seiner Frau und seiner Mutter entstand nach dem Fallschirm-Drama in Berlin im März 1948. [23]

Ließ die eigene Party sausen: Ferencz mit Musmanno und Gertrude nach dem erfolgreichen Abschluss des Einsatzgruppenprozesses im April 1948. [24]

Ohne Pomp: Das Luxemburger Abkommen wurde 1952 in betont nüchterner Atmosphäre besiegelt. Rechts neben dem unterschreibenden israelischen Außenminister Moshe Scharet beobachten Nahum Goldmann und Ben Ferencz die Szene. [25]

Familienporträt von 1957, ein Jahr nach der Rückkehr in die USA. [26]

Bei der Verleihung des Erasmuspreises im November 2009. Mit Prinz Willem-Alexander von Oranien-Nassau, dem späteren König der Niederlande, und Mitpreisträger Antonio Cassese *(rechts)*. [27]

Auf Einladung von Chefankläger Luis Moreno Ocampo *(links)* hält Ferencz im August 2011 in Den Haag eines der Schlussplädoyers im Prozess gegen Milizenführer Thomas Lubanga Dyiolo, den »Terminator« des Kongo. [28]

Einweihung des Benjamin-Ferencz-Wegs in Den Haag, Mai 2017. [29]

Im Gespräch mit Uno-Generalsekretär António Guterres, New York 2018. [30]

Mit Autor Philipp Gut in Delray Beach, Florida, 2019. [31]

beriet insgesamt sieben US-Präsidenten, Republikaner wie Demokraten. Nach Roosevelt und Truman, den er im Sommer 1945 zur Potsdamer Konferenz begleitete, stellte er seine Dienste John F. Kennedy, Lyndon B. Johnson, Richard Nixon, Jimmy Carter und Ronald Reagan zur Verfügung. Zu seinem 90. Geburtstag am 31. März 1985 überreichte ihm Eberhard Diepgen, Regierender Bürgermeister von Berlin, auf dem Rasen des Weißen Hauses in Washington die Urkunde zum Ehrenbürger des Westteils der gespaltenen Stadt, applaudiert von Reagan und Bundespräsident Richard von Weizsäcker. Eine amerikanische Biografie von McCloy heißt schlicht *The Chairman*. Er selbst sagte einmal von sich, er sei der »ultimative Insider« und – eingedenk seiner Herkunft aus der Unterschicht – zugleich ein »ultimativer Außenseiter«.

Nun, Ende Januar 1951, stand er in Deutschland vor einer der schwierigsten Entscheidungen seiner Laufbahn. Der spätere Präsidentenberater ließ sich dabei selbst von einem »Beratenden Ausschuss für die Begnadigung von Kriegsverbrechern« anleiten. Das dreiköpfige amerikanische Gremium wurde nach seinem Leiter David W. Peck, Präsident der Berufungskammer der ersten Abteilung des Obersten Gerichtshofs des Staates New York, »Peck Panel« genannt. Bereits am 28. August 1950 hatte es einen Bericht mit allgemeinen Erwägungen zu den Kriegsverbrecherprozessen und konkreten Empfehlungen für eine Strafreduktion vorgelegt. Im Begleitschreiben an McCloy betonten die Experten, sie hätten in München während vierzig Tagen über 3000 Seiten Gerichtsurteile in den Fällen von 104 Angeklagten gelesen, eine Flut von Eingaben und Gnadengesuchen studiert und fünfzig Anwälte angehört, die neunzig Mandanten vertraten. Kommissionsmitglied Frederick Moran habe sich persönlich mit den Gefangenen in Landsberg unterhalten. Mit Ben – dem Chefankläger des Einsatzgruppenprozesses, der mit seinen vierzehn Todesurteilen entscheidend zur Ausgangslage beigetragen hatte – sprach niemand, obwohl er dies Peck ausdrücklich angeboten hatte.

Die Tatsache, dass jedem Angeklagten die Möglichkeit offenstehe, um Nachsicht und Gnade der Exekutive anzurufen, sei eine der »heilsamsten Einrichtungen der Rechtspflege«, heißt es zu Beginn des Peck-Berichts. Damit waren Absicht und Tonfall für das Dokument gesetzt: Der Auftrag an den Begnadigungsausschuss hatte gelautet, den Verurteilten so weit als vertretbar entgegenzukommen (»Berücksichtigung aller möglichen mildernden Umstände«). Laut dem Panel waren die Nürnberger Prozesse mehr gewesen als »Einzelverfahren über individuelle Verbrechen«. Sie seien gegen »Gruppen von Männern« geführt worden, »die, obwohl sie als Einzelne handelten, an einer riesigen verbrecherischen Aktion gegen internationales Recht und gegen die Menschlichkeit beteiligt waren«. Es gelte jedoch der Grundsatz der »individuellen Gerechtigkeit für den einzelnen Angeklagten«. Er dürfe »nicht mit der Regierung, einer Partei oder einem Programm identifiziert werden«. Das sei selbstverständlich richtig, meint Ben. Man dürfe sich aber nicht wundern, wenn solche Aussagen beim deutschen Publikum den irreführenden Eindruck erweckten, in Nürnberg habe es eine Art Sippenhaft gegeben und die nationalsozialistische Gesinnung sei abgestraft worden. In Wirklichkeit sei das Urteil für jeden Angeklagten aufgrund seiner individuell zurechenbaren Schuld gesprochen worden.

Bei aller Bereitschaft, den Verurteilten entgegenzukommen, verhehlt der Bericht nicht, dass die Verfasser deren Uneinsichtigkeit und fehlende Reue irritierten. Es bleibe der »äußerst enttäuschende Haupteindruck bestehen, dass die Mehrzahl der Angeklagten noch heute der Ansicht zu sein scheint, sie hätten recht gehandelt, weil sie Befehlen folgten«. Diese »Vergötterung des Gehorsams« sei, als menschliche Haltung gesehen, noch bedenklicher als ihre Geltendmachung zu Entlastung. Auch jetzt, fünf Jahre nach Hitlers Tod und dem Kriegsende, riefen alle Angeklagten im Chor: »Befehl von oben!« Sie behaupteten, »dass es in der ganzen Nation von sechzig Millionen

Menschen nur einen Mann gab, oder eine sehr kleine Gruppe von Männern, die für alles das, was vor sich ging, verantwortlich gewesen sei, dass sonst niemand für irgendetwas verantwortlich gewesen sei, und dass, wenn nur ein Befehl vorlag, der wie ein Bächlein vom Gipfel herunterrieselte, ein jeder, der davon benetzt wurde, in den Genuss eines Immunitätsbades gekommen wäre«. Diese Anschauungsweise möge »ebenso tröstlich sein, wie sie blind ist gegenüber den Tatsachen«. Wenn es eine Welt gebe, in der Gesetz und Gerechtigkeit herrschten, dann müssten Personen, wenigstens jene in höheren Stellungen, für ihre Handlungen zur Verantwortung gezogen werden.

Das Panel suchte überall großzügig nach »mildernden Umständen«, doch es sah auch Grenzen: »Wo die Möglichkeit eines Zweifels besteht, würden wir einen Angeklagten gewiss nicht eines Verbrechens schuldig sprechen. Es gibt aber kein Gesetz, das den Mord an Juden oder Zigeunern rechtfertigen könnte.« Gleiches gelte »für die Versklavung und die damit verbundenen grausamen Behandlungen von Menschenmassen und für das ausgedehnte Unternehmen, durch Rassenprüfungen und -bewertungen zu entscheiden, wer umgesiedelt, versklavt oder liquidiert werden sollte«. Die Nürnberg-Verfahren hätten festgestellt, »dass Recht und Gesetz zu jeder Zeit über jedem Menschen stehen – auch über Staatsoberhäuptern und allen, die zu ihrer Gefolgschaft gehören«.

Peck und Kollegen wurde nicht nur vom US-Hochkommissar auf Nachsicht getrimmt, auch die Gefangenen und ihre Fürsprecher – allen voran Aschenauer und die wortführenden Bischöfe – drangen auf ihre karitativen Neigungen: »Man hat uns nahegelegt, die Grundsätze der Nächstenliebe und der Großmut anzuwenden.« Selbst »im Falle eines der schlimmsten Verbrecher« – gemeint war Ohlendorf – seien sie gebeten worden, »seiner Familie und dem Volke gegenüber« ein solches Beispiel zu geben. Milde könne erhebend wirken, wo Grund bestehe, Mitleid zu haben und Nächstenliebe zu üben, heißt es dazu im Bericht, »aber falsche Milde gegenüber Massenmördern wäre eine Verhöhnung«. Wenn sich der Begnadigungsausschuss nur von Erwägungen des Mitleids leiten ließe, würde wieder zunichtegemacht, »was Nürnberg geschaffen hat«. Trotz diesen klaren Feststellungen zögerte der Ausschuss nicht, »einschneidende Herabsetzungen der Strafen zu empfehlen«. So stellte sich also die Situation dar, als McCloy am 31. Januar 1951 seine Entscheidung kundtat. In einer »sehr großen Anzahl von Fällen« habe er die Strafen herabgesetzt, erklärte er in einer Pressemitteilung, die zeitgleich auf Englisch und Deutsch erschien. Er nannte eine ganze Reihe von Argumenten, die ihn dazu bewogen hätten. »Strafen wurden ermäßigt, wo immer ein rechtmäßiger Grund für Milde vorhanden zu sein schien. Erleichterungen wurden gewährt, wenn Urteilssprüche in keinem richtigen Verhältnis zu Strafen standen, die in anderen Fällen für Verbrechen ähnlicher Art verhängt worden waren; ebenso wenn Strafermäßigung aufgrund der verhältnismäßig untergeordneten Stellung und Verantwortung der Angeklagten gerechtfertigt erschien oder wenn neues Beweismaterial, das dem Gericht nicht zugänglich war, Grund zu Milde gab.« Auch bei den insgesamt fünfzehn zum Tod Verurteilten, die sich noch in Landsberg befanden – der prominenteste neben den Einsatzgruppenführern war Oswald Pohl –, unternahm er alles, um sie so weit wie möglich zu entlasten: »Ich habe in diesen Fällen jeden Umstand berücksichtigt, der eine Begnadigung rechtfertigen könnte, und ich habe jede Zweifelsfrage zugunsten der Verurteilten beantwortet.« Er habe sich bemüht, »Gnade vor Recht ergehen zu lassen«, fasste der Hochkommissar seine Vorgehensweise zusammen.

Das Resultat war, dass McCloy die Strafen im Vergleich zu den Empfehlungen des Peck Panels in den meisten Fällen noch einmal deutlich herunterschraubte. Von den fünfzehn Todesurteilen blieben noch fünf bestehen. Zehn hob er auf. Von den dreizehn in Landsberg einsitzenden Einsatzgruppenoffizieren, die in Nürnberg auf der Grundlage von Bens Anklageschrift zum Tod durch den Strang verurteilt worden waren, ließ er neun vom Galgen. Nur in vier Fällen hielt er die Höchststrafe aufrecht. Er bestätigte die Todesurteile für Ohlendorf, Naumann, Blobel und Braune, zudem für Pohl im Prozess gegen das Wirtschafts- und Verwaltungshauptamt. In diesen Fällen habe »die Ungeheuerlichkeit der Verbrechen, für die diese Männer verantwortlich waren«, eine Begnadigung ausgeschlossen. Als »Führer von SS-Einsatzgruppen oder Vernichtungseinheiten« sei es die Funktion von Ohlendorf und seinen Kameraden gewesen, alle Juden, Roma, Geisteskranken und Kommunisten zu ermorden, die in ihre Hände fielen.

Die Todesstrafen für Biberstein, Klingelhöfer, Ott und Sandberger wandelte McCloy in lebenslänglich um. Statt dem Henker vorgeführt zu werden, erhielten Blume, Steimle Haensch, Seibert und Schubert Haftstrafen zwischen zehn und fünfundzwanzig Jahren. Auch die übrigen Verurteilten profitierten von teils starken Reduktionen. Jost und Nosske – Nürnberger Urteil: lebenslänglich – mussten noch zehn Jahre auf sich nehmen, Schulz fünfzehn anstatt zwanzig. Die Strafe für Six, der McCloy mit seiner professoralen Eloquenz und seinen geschliffenen Manieren für sich eingenommen hatte, wurde von zwanzig auf zehn Jahre halbiert. Fendler erhielt einen Nachlass von zehn auf acht Jahre. Rühl und Radetzky durften ihre Gefängniskleider abstreifen und wurden sofort aus der Haft entlassen. Schon zuvor hatte McCloy ein Zeitbonus-System eingeführt. Bei gutem Betragen wurden den Häftlingen pro Monat fünf Tage abgezogen. Nun wurde dieser Bonus noch einmal verdoppelt.

In einem Punkt gab McCloy nicht nach. Obwohl er zwei Drittel der in Nürnberg verhängten Todesurteile ausgesetzt hatte, hielt er daran fest, dass diese Form der Bestrafung rechtens sei. Damit widersprach er auch dem Bundeskanzler. Die BRD habe die Todesstrafe abgeschafft, hatte Adenauer dem Hochkommissar in einem Brief vom 28. Februar 1950 geschrieben. Unter diesen Umständen würde es das deutsche Volk als besonders harsch empfinden, wenn die amerikanische Besatzungsmacht mehrere Jahre nach dem Krieg immer noch Exekutionen auf deutschem Boden ausführte. McCloy wies Einwände dieser Art in den Erläuterungen zu seinem Gnadenakt zurück. Die Bestimmung des Grundgesetzes verdiene gewiss Respekt, sei auf diese Fälle aber nicht anwendbar. Sie könne ihn »nicht von der Verpflichtung entbinden, Urteile zu respektieren, die vor der Annahme des deutschen Grundgesetzes von Gerichten gefällt worden sind, die aufgrund internationaler Beschlüsse geschaffen wurden«.

Letztes Geleit, mit Hitlergruß

McCloy hoffte, seine Entscheidung würde die erhitzten Gemüter beruhigen. Er täuschte sich. Die Publikation seines Gnadenaktes mit den aufrechterhaltenen fünf Todesurteilen lud die Atmosphäre mit neuer Spannung auf. Zwar waren die ersten deutschen Reaktionen vorwiegend positiv. Der US-Hochkommissar habe geschickt und objektiv geurteilt, lobte der Kanzler. Doch die Kampagne für die Verurteilten rollte rasch wieder an. Wütende Nazi-Sympathisanten übertönten die besonnenen Stimmen. Das Büro des Hochkommissars zählte vom 31. Januar bis zum 9. März 1951 über tausend Posteingänge in dieser Sache. Die meisten riefen nach Begnadigung und weiteren Strafverringerungen. Über 600 000 Leute unterzeichneten eine Petition für eine Generalamnestie. Der DVP-Abgeordnete Heinz Burneleit bezeichnete die geplanten Hinrichtungen in einer Debatte im baden-württembergischen Landtag als »legalisierten Mord«. Oswald Pohl veröffentlichte einen offenen Brief mit dem Titel »Ich klage an!«, und eine antiamerikanische Streitschrift im Zusammenhang mit dem Prozess um den SS-Spitzenbeamten sprach im Februar 1951 gar ausdrücklich von »Deutschlands Dreyfus-Affäre«. Zur Erinnerung: Der jüdische Hauptmann Alfred Dreyfus war 1884 in Frankreich aufgrund eines antisemitisch motivierten Fehlurteils zu lebenslanger Haft auf der Teufelsinsel verurteilt worden. Mit seinem öffentlichen »J'accuse« an die Adresse des Präsidenten der Republik konnte der Schriftsteller Émile Zola den Fall drehen. Und nun scheuten sich die nationalsozialistischen Judenmörder nicht, sich ausgerechnet mit diesem berühmtesten aller jüdischen Justizopfer zu vergleichen.

Trotz des Proteststurms kündigte McCloy die Hinrichtung der verbliebenen fünf »Rotjacken« – so nannte man die zum Tod verurteilten Landsberg-Insassen wegen ihrer auffälligen Kleidung – für den 16. Februar an. Doch dies versuchten die Deutschen jetzt auch offiziell mit allen juristischen Mitteln zu verhindern. Die Zentrale Rechtsschutzstelle – eine vom Bundestag kurz nach dessen Konstituierung geschaffene Behörde, die dem Bundesjustizministerium und später dem Auswärtigen Amt angegliedert war – griff in den Fall ein. Ihr Auftrag lautete, deutschen Staatsbürgern zu helfen, die vor ausländischen oder internationalen Gerichten wegen Verbrechen aus der Hitler-Zeit belangt wurden. Chef der Behörde war Hans Gawlik, ein alter Bekannter aus Nürnberg. Dort hatte das ehemalige NSDAP-Mitglied mehrere Angeklagte vertreten, darunter Einsatzgruppenführer Naumann. Gawlik nutzte seine alten Seilschaften: Er heuerte den Anwaltskollegen Warren Magee an, einen von nur zwei Amerikanern, die bei den Nürnberger Nachfolgeprozessen als Verteidiger aufgetreten waren. Der Mandant von Magee war damals Ernst von Weizsäcker gewesen, der Vater des späteren Bundespräsidenten Richard von Weizsäcker. Er war im Wilhelmstraßen-Prozess gegen hohe Ministerialbeamte wegen Verbrechen gegen die Menschlichkeit zu fünf Jahren Haft verurteilt worden, weil er an der Deportation französischer Juden nach Auschwitz mitgewirkt hatte. Sohn Richard stand ihm in Nürnberg als Hilfsverteidiger zur Seite.

Magee gelangte als Fürsprecher der vom Todesurteil Bedrohten am 14. Februar an den U. S. Supreme Court, bloß zwei Tage, bevor die fünf Männer hätten hingerichtet werden sollen. Dabei berief er sich auf den Habeas Corpus Act, der eine unverzügliche Haftprüfung durch einen Richter vorsieht. Der Supreme Court ging jedoch nicht darauf ein. Auch Adenauer hatte in einem Brief an McCloy vom 13. Februar um eine Aussetzung der Exekutionen gebeten, bis alle Rechtsfragen geklärt seien. Der Hochkommissar war jedoch entschlossen, die Sache zu einem Ende zu führen. Nur wenige Stunden vor dem vorgesehenen Hinrichtungstermin erreichte McCloy ein Telegramm von Außenminister Acheson. Er solle warten, bis er weitere Anweisungen erhalte.

Auf juristischer Ebene zog der aus deutschen Steuergeldern bezahlte Magee den Fall derweil an den Appellationsgerichtshof der Vereinigten Staaten weiter. Gleichzeitig deckte er zahlreiche andere Gerichte mit neuen Eingaben ein. Auch der unermüdliche Aschenauer stellte fleißig weitere Anträge. Der Hinrichtungstermin musste erneut mehrfach verschoben werden. Ein Schluss des monatelangen Hin und Her zeichnete sich erst am 4. Juni ab, als der United States Court of Appeal jede weitere Aussetzung verneinte und den Entscheid der Vorinstanz bestätigte. Am Tag darauf machte Fred Vinson, Chief Justice am U.S. Supreme Court, klar, dass alle weiteren Anträge der Verteidigung abgewiesen und die Exekutionen stattfinden würden. Am 5. Juni befahl McCloy auf Instruktion von Acheson, die Todesurteile innerhalb von achtundvierzig Stunden zu vollstrecken.

Am Abend vor der Hinrichtung nahmen die Verurteilten Abschied von ihren Frauen. Laut Exekutionsbericht wirkten sie ruhig und ergeben in ihr Schicksal – dasselbe hatten die Massenmörder in Nürnberg von ihren jüdischen Opfern gesagt. Blobel und Braune erklärten, sie stürben unschuldig. Ohlendorf blieb abstrakter. Er rief zu einer Versöhnung des deutschen Volkes auf und meinte – ohne dies näher auszuführen –, Deutschland müsse sich in eine andere Richtung bewegen. Naumanns letzte Worte lauteten: »Die Zeit wird kommen, in der sich zeigen wird, ob meine Hinrichtung gerechtfertigt war oder nicht.« Er lege seine Seele in Gottes Hand. Zwischen Mitternacht und 1.43 Uhr am 7. Juni 1951 wurden die vier Einsatzgruppenführer im Innenhof des Landsberger Gefängnisses durch den Strang hingerichtet. Die Anfangsbuchstaben ihrer Nachnamen bestimmten die Reihenfolge. Blobel kam zuerst, dann Braune, Naumann und am Ende Ohlendorf. Ihre Leichen wurden in unmarkierten Gräbern auf dem unmittelbar neben dem Gefängnis gelegenen Friedhof Spötting begraben, um keinen Märtyrerkult entstehen zu lassen. Man kann den Ort, der schon im Mittelalter als Henker-Friedhof gedient hatte, heute noch besichtigen. Ohlendorfs sterbliche Überreste wurden einige Tage später in das Familiengrab im niedersächsischen Celle überführt. Dabei wurde der Friedhof von einer Menschenmenge überrannt. Manche fanden darin gar nicht mehr Platz und mussten draußen warten. Als wären die Nationalsozialisten noch immer an der Macht, verabschiedeten sich die Trauernden mit dem Hitlergruß von ihrem Idol. Ben hat in seinem Archiv einen Zeitungsausschnitt vom 16. Juni 1951 aufbewahrt, der die Szene samt großflächiger Fotoaufnahme beschreibt. »›Deutscher Gruß‹ bei der Beisetzung von Ohlendorf«, verkündet der Titel. Im Text heißt es erläuternd: »Zum ›Deutschen Gruß‹ erhoben sich die Hände der 1300 Menschen, die sich auf dem Friedhof in Celle und davor eingefunden hatten, als der Sarg mit den sterblichen Überresten des in Landsberg als einer der letzten sieben Kriegsverbrecher hingerichteten ehemaligen SS-Obergruppenführers Ohlendorf in sein Grab gesenkt wurde.«

Massenmörder auf freiem Fuß

Die am 31. Januar 1951 verfügten »endgültigen Entscheidungen« des US-Hochkommissars hatten nicht lange Bestand. McCloy ließ weiter Gnade vor Recht ergehen. Lothar Fendler durfte Landsberg im März 1951 verlassen, Gustav Adolf Nosske und Heinz Schubert kamen im Dezember im Rahmen einer »Weihnachtsamnestie« frei. Heinz Jost konnte im Januar 1952 gehen, Franz Six im Oktober. McCloys Nachfolger James B. Conant – Chemiker, Präsident der Harvard University und ab 1955 der erste amerikanische Botschafter in der aus alliierter Kontrolle entlassenen BRD in Bonn – setzte die Politik der Besänftigung gegenüber den Deutschen fort. Ein Verurteilter nach dem anderen kam frei. Ein neu geschaffenes Organ, das Interim Mixed Parole and Clemency Board, befasste sich erneut mit Begnadigung und Hafterlass der noch einsitzenden Kriegsverbrecher. Ihm gehörten ein Amerikaner, ein Brite und ein Franzose sowie drei Deutsche an. Der Ausschuss konnte per Mehrheitsbeschluss alle möglichen Gründe für eine Kürzung der Strafen in Betracht ziehen: Alter, Gesundheit, Arbeitsaussichten und Familienverhältnisse der Häftlinge. Durch seine Intervention wurden zwischen 1953 und 1955 Erwin Schulz, Willi Seibert, Eugen Steimle und Walter Blume aus dem Gefängnis entlassen. Mit der Inkraftsetzung der Pariser Verträge am 5. Mai 1955 erlangte Deutschland zehn Jahre nach Kriegsende die Souveränität zurück. Der provisorische gemischte Ausschuss wurde nun in einen festen umgewandelt. Die eingeschlagene Richtung setzte er fort. Am 9. Mai 1958 verließen die letzten in Nürnberg verurteilten Täter das Landsberger Gefängnis, unter ihnen Ernst Biberstein, Adolf Ott und Martin Sandberger.

Wie vor ihrem mörderischen Dienst bei der SS übten sie wieder ehrenhafte bürgerliche Berufe aus. So wurde Steimle Lehrer an einer protestantischen Knabenschule in Württemberg. Blume stellte seine juristischen Kenntnisse einer Immobilienfirma zur Verfügung. Sandberger wurde als Rechtsanwalt in einem Unternehmen für Zerstäubungstechnik tätig. 1971/72 führte die Staatsanwaltschaft beim Landgericht Stuttgart gegen ihn ein Ermittlungsverfahren »wegen NS-Verbrechen«. Dabei wandte sie sich auch an Ben um Hilfe – er konnte Hinweise auf einige wichtige Beweisdokumente geben. Doch das Verfahren wurde bald darauf eingestellt, mit der Begründung, Sandberger sei ja schon in Nürnberg verurteilt worden. Six – um ein letztes Beispiel zu nennen – profitierte von seinen Verbindungen zu anderen ehemaligen Nationalsozialisten und arbeitete nach seiner Entlassung gemeinsam mit dem vormaligen SS-Kameraden Werner Best, Heydrichs Stellvertreter im Sicherheitsdienst und deutscher Statthalter im besetzten Dänemark, an einer Generalamnestie für Kriegsverbrecher. Der Industrielle Friedrich Flick, den Six in Landsberg kennengelernt hatte, ebnete ihm 1953 den Weg in die Geschäftsführung des Leske-Verlags in Darmstadt. Danach war er als Werbeleiter bei der Traktorenfirma Porsche-Diesel-Motorenbau in Manzell am Bodensee und als selbstständiger Unternehmensberater tätig. An der Akademie für Führungskräfte der Wirtschaft in Bad Harzburg lehrte er Marketing. Von Hermann Giesler, einem von Hitlers bevorzugten Architekten, ließ sich Six Anfang der 1970er-Jahre im Südtirol ein Haus bauen. An seinen nationalsozialistischen Ideen hielt der Ex-SS-Brigadeführer bis zuletzt fest. In einem Vorwort zu Gieslers Buch *Ein anderer Hitler* (1977) beschrieb er die Zeit, die er gemeinsam mit den übrigen verurteilten Kriegsverbrechern in Landsberg verbracht hatte, als »Jahre der Standhaftigkeit, der Bestätigung einst gewonnener Erkenntnisse und der Richtigkeit der revolutionären Zielsetzungen«.

Es war gespenstisch: Die Mörder aus Himmlers Vernichtungskommandos lebten, ohne Reue und ohne jedes Schuldbewusstsein, als anerkannte Mitglieder in der demokratischen deutschen Nachkriegsgesellschaft. Schon ab 1951, als die ersten Einsatzgruppentäter freikamen, hätte Ben ihnen jederzeit in einem Restaurant oder in der Straßenbahn begegnen können. »Ich habe oft darüber nachgedacht«, erzählt er. »Ich bin viel herumgereist, auch mit dem Zug, und habe immer zuerst ins Coupé hineingeschaut, wer dort saß.« Es habe ja auch einige Todesdrohungen vor und nach der Bestätigung der Hinrichtungen gegeben. Er malte sich aus, dass er die Angehörigen eines Ohlendorf sehen könnte. Kämen dessen Nachkommen heute zu ihm, würde er ihnen sagen: »Es tut mir leid, er war ein Massenmörder. Dass er gehängt wurde, war nicht ungerecht.« Entschuldigen müsse sich nicht der Chefankläger, der die Verbrechen aufgedeckt habe; das obliege vielmehr dem Täter.

McCloys Eingeständnis

Mit dem, was nach Nürnberg in seinem und all den anderen Fällen passiert ist, konnte Ben nicht zufrieden sein. »Es war eine Schande, dass diese Massenmörder freigekommen sind. Mir schien, dass einige der Entscheide mehr Gnade als Gerechtigkeit zeigten«, sagt er in Anspielung auf McCloys Credo, »Gnade vor Recht ergehen« zu lassen. Der Hochkommissar sei »naiv« gewesen in seinem Zugang zu diesem Problem. »Er war sehr freundschaftlich verbunden mit Alfried Krupp und anderen prominenten Kriegsverbrechern.« In Bens Archiv finden sich Fotos, die McCloy und Krupp beim gemeinsamen Golfspiel zeigen. »Das erzürnte mich speziell. Ich war überzeugt, dass Krupp ein Massenmörder war.« Gegen Ende des Krieges habe er Zwangsarbeiter aus seinen Fabriken zurück nach Buchenwald schicken lassen, statt die Tore zu öffnen und sie in die Freiheit zu entlassen. Krupp habe annehmen müssen, dass dies den sicheren Tod für die Betroffenen bedeuten würde. Der »Munitionskönig« Alfried Krupp von Bohlen und Halbach war in dem nach seinem Konzern benannten zehnten Nürnberger Nachfolgeprozess zu zwölf Jahren Gefängnis verurteilt worden, zudem wurde die Einziehung seines Vermögens angeordnet. McCloy begnadigte Krupp im Rahmen seines Erlasses vom 31. Januar 1951 und gab ihm seinen ganzen Besitz zurück. Auf ähnliche Nachsicht konnte Friedrich Flick zählen, in dessen Werken Zehntausende von Zwangsarbeitern »unter schrecklichen Bedingungen ausgebeutet wurden«, wie die Anklage in seinem Fall – dem fünften unter amerikanischer Hoheit – festhielt. »Krankheit und Tod in ungeheurem Ausmaß«, seien die Folgen gewesen. Flick wurde Ende 1947 zu sieben Jahren Haft verurteilt, aber bereits nach gut zwei Jahren vorzeitig entlassen.

Seine Kritik an der rasanten Erosion der Nürnberg-Urteile formulierte Ben in einem Aufsatz für das *New York Times Magazine*, den er am 25. Februar 1951 verfasste, rund drei Wochen, nachdem McCloy sein umfassendes Begnadigungsprogramm vorgestellt hatte. Dabei stellte er die Geschehnisse in den Kontext des Kalten Kriegs. Man habe der Sowjetunion damit eine mächtige Propagandawaffe in den Ländern in die Hand gegeben, die vormals vom nationalsozialistischen Deutschen Reich besetzt gewesen seien. Der zynische Witz mache die Runde, in der neuen transatlantischen Allianz liefere Amerika die Atombomben, Großbritannien die Marine und Deutschland die Kriegsverbrecher. Es sei schon fast vergessen, dass nach der Verurteilung Görings und der übrigen Top-Nazis noch zwölf weitere Prozesse in Nürnberg stattgefunden hätten. In diesen Verfahren sei es darum gegangen, nicht etwa den »kleinen Mann« abzustrafen, der nichts von den Gründen für die Handlungen des Regimes gewusst habe, sondern die Verantwortlichen zur Rechenschaft zu ziehen, die die unermesslichen Verwüstungen geplant und durchgeführt hätten. Mit den Nürnberger Prozessen sei die Hoffnung verbunden gewesen, eine gewisse Abschreckungswirkung gegen die Wiederholung solcher Grausamkeiten zu erzielen. Dies sei nun gefährdet. Denn ein Gesetz, das nicht durchgesetzt werde, verliere seine Bedeutung.

Der Versuch, Gnade vor Recht walten zu lassen, dürfe die Tatsache nicht verdecken, dass Gnade für Mörder »Grausamkeit für künftige Opfer« bedeute. Die Taten wögen heute nicht weniger, und die Schuld der Täter sei nicht geringer, als zum Zeitpunkt der Verurteilung. Die »gut gemeinte, aber extreme Großzügigkeit«, die man ihnen erweise, werde unglücklicherweise als Rechtfertigung für die nationalsozialistischen Verbrechen betrachtet und ermutige jene, die immer noch glaubten, »Hitler habe vielleicht recht gehabt«.

Neben diesen allgemeinen Bedenken äußerte Ben konkrete Vorbehalte gegenüber der Arbeitsweise des Peck Panels. Die Mitglieder des Gnadenausschusses hätten sich zu wenig fundiert mit dem Prozessmaterial auseinandergesetzt. Sie hätten die Gerichtsprotokolle nicht gelesen, und die vielen von der Verteidigung nachgereichten Dokumente seien nicht auf ihre Echtheit geprüft worden, obwohl sich während der Verfahren wiederholt gezeigt habe, dass die Angeklagten gefälschte Papiere vorgelegt hätten. Niemand von der Anklage habe die Möglichkeit erhalten, die angeblichen neuen Beweise zu widerlegen.

In manchen Fällen wandelte der Hochkommissar Todesurteile in Haftstrafen um, auch wenn dies der Gnadenausschuss gar nicht empfohlen hatte. Er begründete dies damit, die Verbrechen seien – im Vergleich zu anderen – nicht so gravierend gewesen. Ben hielt nun dagegen, dass es sich genauso um »Massenschlächter« handelte, wenn sie statt 50 000 »nur« 1000 Menschen oder »eine Familie von fünf« ermordet hätten. Es sei eine ironische Fußnote, dass am selben Tag, an dem die Strafmilderungen für die deutschen Massenmörder bekannt gegeben wurden, eine Presseagentur meldete, in Virginia seien sieben junge Amerikaner für die Vergewaltigung einer Hausfrau auf den elektrischen Stuhl geschickt worden. Solange irgendwo in der Welt die Todesstrafe existiere, sollten die Nürnberg-Verbrecher davon nicht ausgenommen werden.

Telford Taylor teilte diese kritische Meinung. Als Ben ihn eines Tages in seinem Appartement in New York besuchte – er wohnte in der Nähe der Columbia University, wo er damals lehrte –, tauschten sie beim Dinner ihre Ansichten über die »Weihnachtsbegnadigungen« und andere Vorkommnisse in Deutschland aus. Der Gastgeber fragte ihn nach seiner Reaktion. Ben nannte es einen »Widerruf von Nürnberg«, und Telford pflichtete ihm bei. Er tat dies auch öffentlich. In einem

Beitrag für *The Nation* vom 24. Februar 1951 schrieb er, die Gerechtigkeit sei »politischer Opportunität« geopfert worden.

Schon den Zeitgenossen war klar, dass die Nachsicht der Amerikaner auch mit den neuen Machtverhältnissen im Kalten Krieg zusammenhing. Die Allianz der Siegermächte war zerbrochen, der Ost-West-Konflikt bestimmte die Agenda. Die USA setzten alles daran, die BRD auf ihre Seite zu ziehen. »Westintegration«, »Wiederbewaffnung«, »Beitritt zur NATO«, lauteten die Stichworte der Stunde. Der Unwille vieler Deutscher, sich mit den Schrecken der Hitlerherrschaft auseinanderzusetzen, traf sich mit dem amerikanischen Bemühen, den neuen strategischen Partner nicht vor den Kopf zu stoßen. Als die BRD de facto ein souveräner Staat wurde, übertrugen die Alliierten der deutschen Justiz die Aufgabe, die nationalsozialistischen Verbrechen zu verfolgen. Nürnberg, das doch erst wenige Jahre zurücklag, schien plötzlich weit weg.

Ben ahnte das bereits im Februar 1951 und zog daraus seine Schlüsse: »Internationale Verbrechen«, schrieb er im Artikel für das *New York Times Magazine*, »müssen von nun an von einem Forum geregelt werden, das frei sein wird von den politischen Dilemmata, die sogar einige unserer fähigsten Staatsmänner geplagt haben.« Er sah die Lösung in einem unabhängigen »Weltstrafgericht«. Dessen Errichtung bleibe eines der wichtigsten Ziele »zum Wohl der Menschen«.

Trotz ihrer unterschiedlichen Einschätzungen bemühte er sich stets um Fairness gegenüber McCloy, der im Kraftzentrum widerstrebender Interessen eine so schwierige Aufgabe zu meistern hatte. Als er in der zweiten Hälfte der 1970er-Jahre für sein Buch *Less Than Slaves* über die Entschädigungsverhandlungen für jüdische Zwangsarbeiter recherchierte, wollte er auch die Motive erforschen, die den Hochkommissar bei seinem Gnadenakt geleitet hatten. Die Quellenlage ließ zu wünschen übrig. Der Bericht des Peck Panels wie auch die Anordnungen McCloys waren nicht mehr vorhanden. Nicht einmal die Akteure selbst – Ben schrieb sie direkt an – hatten die historischen Dokumente aufbewahrt. Er wandte sich in der Folge an das amerikanische Außenministerium, das sie aber auch nicht finden konnte. Durch Zufall und seine Hartnäckigkeit kamen sie schließlich doch zum Vorschein. Ein Exemplar davon lag in einer Schublade im Arbeitstisch des bereits pensionierten Conrad E. Snow, vormals Rechtsberater im State Department und Mitglied des Begnadigungsausschusses. »Got it!« (»Ich hab's!«), notierte Ben am 28. Juli 1978, als die Akten entdeckt wurden. Er verwendete sie für seine Studien und übergab sie anschließend den amerikanischen Nationalarchiven in Washington.

In *Less Than Slaves* behandelt er die Angelegenheit zwar nur in einer Fußnote, doch das reichte, um eine Kontroverse über McCloys Haltung auszulösen. Sie führte dazu, dass sich Ben und der auf die neunzig zugehende verdiente Politiker gründlich aussprachen und sich gegenseitig ihrer Positionen versicherten. Auch Taylor beteiligte sich an der Diskussion. Sobald er die Dokumente erhalten hatte, schickte ihm Ben Kopien davon. Darunter befindet sich ein dreiseitiger Brief Taylors an Eleanor Roosevelt vom 19. Juni 1951, mit dem der Absender auf ein Schreiben McCloys an die ehemalige First Lady reagiert. Dieses war kurz zuvor in der Mai-Ausgabe des *Information Bulletin* des amerikanischen Hochkommissariats veröffentlicht worden, und Teile seines Inhalts stießen bei Taylor auf heftige Kritik. Es gebe darin »zahlreiche Ungenauigkeiten, die extrem schädlich sind für die Nürnberger Prozesse, für die beteiligten Richter, für General Clay und, nebenbei, für mich«. So hatte McCloy geschrieben, er habe die Fälle von Clay »geerbt, der aus dem einen oder anderen Grund unfähig war, endgültig darüber zu verfügen«. Dieses Statement sei zu »87½ Prozent inkorrekt«, reklamierte Taylor. Clay habe in elf von zwölf Verfahren seine Verantwortung wahrgenommen; nur beim letzten Prozess, der erst kurz vor seiner Demission beendet worden sei, sei er nicht mehr dazu gekommen. Ebenso entschieden wies Taylor gewisse Aussagen über die Krupps zurück. Der Hochkommissar neigte zur verbreiteten Ansicht – Ben nennt sie einen »Mythos« –, Alfried sei stellvertretend für seinen Vater Gustav bestraft worden, der wegen Alterssenilität nicht in Nürnberg antreten musste.

All diese Differenzen legten Ben und McCloy in ihrer Korrespondenz, bei verschiedenen Lunch-Treffen und Telefongesprächen zwischen 1977 und 1985 auf den Tisch. Darin finden sich einige interessante zeitgeschichtliche Details. In einem vierseitigen Brief an Ben vom 7. Juni 1977 verwahrt sich McCloy gegen ihn erhobene Vorwürfe von Premierminister Winston Churchill, die Regierung des Vereinigten Königreichs sei vorgängig nicht über seinen »willkürlichen« Entscheid im Fall Krupp informiert worden. McCloy stellte nun klar, dass er seinen britischen Amtskollegen in Deutschland, Sir Ivone Kirkpatrick, sehr wohl rechtzeitig benachrichtigt habe. Bloß habe dieser die Meldung nicht nach London weitergeleitet. Im Bestreben, keinen unnötigen Lärm zu verursachen, habe er, McCloy, diesen Sachverhalt bisher verschwiegen. Zur Frage, ob er bezüglich der Behandlung der deutschen Kriegsverbrecher Direktiven aus Washington entgegengenommen habe, schrieb er an Ben: »Ich habe nie den geringsten Hinweis von der US-Regierung erhalten, weder vom Weißen Haus noch vom State Department oder vom Kriegsministerium, dass in meine Revision der Fälle irgendwelche politischen Betrachtungen einfließen sollten.« Seine Entscheide hätten auch nichts mit dem Koreakrieg (1950–1953) zu tun gehabt, der Befürchtungen eines neuen Weltenbrands ausgelöst und die deutsche Debatte über die Wiederbewaffnung angetrieben hatte. Sie hätten gänzlich auf seinem »eigenen Gewissen« und seinem »Sinn für faire juristische Amtsführung« beruht.

Seine Aussagen bekräftigte er am 24. April 1984 in einem Gespräch mit Ben vor dem Council on Foreign Relations in New York. Ben, der jüngere, mit allen relevanten Dokumenten ausgestattete Fragesteller, führte das Interview in der Manier eines freundlich-souveränen Staatsanwalts vor dem Gerichtshof der Geschichte. Der ehemalige Hochkommissar beschrieb den »gewaltigen Druck«, der von deutscher Seite auf ihn ausgeübt worden sei, von den zahlreichen Anhängern Ohlendorfs, aber auch von Leuten des Widerstands gegen Hitler, wie Fabian von Schlabrendorff oder Inge Scholl. Erneut stellte er in Abrede, politische Motive verfolgt zu haben. »›Benutze dein eigenes, von Gott verliehenes Urteilsvermögen, Jack, denn niemand wird dir sagen, was du in dieser Sache tun sollst‹«, habe ihm Außenminister Acheson mit auf den Weg gegeben.

Ben akzeptierte dies. Er sei stets überzeugt gewesen, dass McCloy ernsthaft um Antworten gerungen habe und sich nicht durch eine politische Agenda habe leiten lassen. Wäre es einfach darum gegangen, den deutschen Goodwill zu erkaufen, dann hätte der Hochkommissar gleich alle zum Tod verurteilten Kriegsverbrecher begnadigt, und nicht fünf von ihnen trotz der massiven Proteste hinrichten lassen. Dennoch sei er mit ihm nicht immer einer Meinung gewesen. Als ehemaliger Ankläger störe er sich an der Reduktion der Strafen für die verurteilten Kriegsverbrecher. Ein weiterer Kritikpunkt, den auch Taylor teile, liege darin, dass McCloy entgegen seiner ursprünglichen Weisung an das Peck Panel den Eindruck erweckt habe, die Nürnberger Prozesse würden einer generellen Revision unterworfen. Gemäß »Staff Announcement No. 117« des Hochkommissars vom 18. Juli 1950 sollten die Fakten und Urteile nicht angetastet, sondern nur mildernde Umstände in Betracht gezogen werden. In der deutschen Öffentlichkeit sei dann aber das Bild entstanden, die Amerikaner widerriefen einzelne Urteile. Dies habe das Tribunal »angeschwärzt« und die Position geschwächt, die die US-Regierung eingenommen habe. Alles, was Nürnberg unterminiere, sei aus Sicht der Anklage zu bedauern.

Er sei bereit, »Fehler einzugestehen«, sagte McCloy und fügte hinzu, diese »verdammte Sache« habe ihn wirklich mitgenommen: »Ich habe nie in meinem Leben solche Qualen erlitten.« Schon nach der Lektüre von *Less Than Slaves* hatte er in einem Brief an Ben von einer »Tortur« berichtet und geschrieben: »Hätte ich damals alle die Fakten gehabt, die mir heute zur Verfügung stehen, dann hätte ich ein gerechteres Ergebnis erreichen können.« Es klang wie das Eingeständnis, mit manchen Tätern doch allzu gnädig gewesen zu sein.

Nürnberg für die Nachwelt

Mit dem Abschluss des Einsatzgruppenprozesses im April 1948 war Bens Arbeit in Nürnberg noch nicht ganz vorbei. General Taylor ernannte ihn kurz darauf zu seinem Executive Counsel, seinem geschäftsführenden Rechtsberater mit administrativer Verantwortung für die verbleibenden Verfahren. Gleichzeitig wurde er auch befördert. Vom simulierten Rang eines Colonels stieg er zur zivilen Entsprechung eines Brigadegenerals auf. Der so Ausgezeichnete nahm es mit Humor. Das Kriegsdepartement habe ihn 1945 als Sergeant entlassen – sein kometenhafter Aufstieg in den Generalsrang könnte innerhalb der US-Armee einen Rekord bedeutet haben. »Mit einer Höhe von fünf Fuß und einem halben Inch war ich vielleicht auch der kürzeste ›General‹ seit Napoleon Bonaparte.«

Eine seiner Aufräumarbeiten in Nürnberg bestand darin, den deutschen Behörden das Beweismaterial von Verdächtigen zu übergeben, die vom amerikanischen Militärgericht nicht mehr den Richtern zugeführt werden konnten – sei es aus Mangel an Zeit und Geld oder aufgrund irgendwelcher politischen Einschränkungen. In seiner neuen Funktion prägte Ben die Entnazifizierungspolitik mit. In Bayern arbeitete er mit einem eigens dafür geschaffenen Staatsministerium für Sonderaufgaben zusammen. Auf der Grundlage des »Gesetzes zur Befreiung von Nationalsozialismus und Militarismus« vom 5. März 1946 wurden ehemalige Nazis von sogenannten Spruchkammern auf den Grad ihrer Komplizenschaft abgeklopft. Diese Institutionen verhängten gegebenenfalls zivilrechtliche Maßnahmen, die der Wiedergutmachung dienen oder den Aufbau des zerstörten Landes unterstützen sollten. Auch konnten die Verdächtigen von Ämtern ausgeschlossen oder an der politischen Betätigung gehindert werden.

Die Hauptschuldigen wurden von Strafgerichten verfolgt, die zunächst von den westalliierten Besatzungsmächten, später von der bundesrepublikanischen Justiz betrieben wurden. Ben beurteilt ihren Erfolg als eher mager. Da viele vormalige Nationalsozialisten sich geweigert hätten, ihre Kameraden zu belasten, sei es schwierig gewesen, Schuldsprüche vor deutschen Gerichten zu erhalten. Laut dem Historiker Helmut Langerbein wurden 136 Einsatzgruppenmitglieder zur Rechenschaft gezogen. Eine wichtige Rolle bei der weiteren juristischen Aufarbeitung von NS-Verbrechen spielte der Ulmer Prozess gegen zehn ehemalige Angehörige des »Einsatzkommandos Tilsit«. Im August 1958 wurden sie wegen Massenerschießungen – die Opfer waren hauptsächlich Juden gewesen – zu mehrjährigen Zuchthausstrafen verurteilt. Das Verfahren offenbarte gewisse Mängel des deutschen Justizsystems. Staatsanwaltschaften und Gerichte waren in erster Linie für Delikte zuständig, die in ihren Bezirken begangen worden waren, und für Täter, die dort lebten. Wie die Erfahrung zeigte, waren sie schnell einmal überfordert von den internationalen Dimensionen, die die kriminellen Akte aus der Zeit des Nationalsozialismus oft auszeichneten. Aus diesem Grund wurde die Zentrale Stelle der Landesjustizverwaltungen zur Aufklärung nationalsozialistischer Verbrechen in Ludwigsburg geschaffen. Auf ihrer Website schreibt sie dazu: »Insbesondere für Massenverbrechen außerhalb des Bundesgebiets hing es bis zur Gründung der Zentralen Stelle meist vom Zufall ab, ob ein NS-Verbrechen von deutschen Justizbehörden verfolgt wurde. Es bedurfte und bedarf zur Überbrückung dieser gravierenden Lücke einer im Vorfeld der Staatsanwaltschaften tätigen Behörde, die Vorermittlungen gegen nationalsozialistische Verbrecher zusammenträgt und die staatsanwaltschaftlichen Ermittlungen vorantreibt, bündelt und unterstützt.«

Bevor in Nürnberg die Tore geschlossen wurden, waren über 150 Tonnen Material an Gerichtspapieren für die Verschiffung nach Washington vorzubereiten. Vertreter der Ankläger, Verteidiger und Richter überwachten die Herstellung von genauen und objektiven Zusammenfassungen von jedem der zwölf Prozesse. Duplikate davon gingen an verschiedene Bildungsinstitutionen. Ben war für kurze Zeit der erste Herausgeber einer fünfzehnbändigen Prozessdokumentation, die als *Green Series* bekannt geworden ist. Sie stellte eine unverzichtbare Grundlage für die historische und juristische Forschung dar. Taylor sandte ihn in diesem Zusammenhang nach Washington, damit er dort den Transfer der Unterlagen zur Judge Advocate Division im Kriegsdepartement koordiniere. Da er unter einem schlechten Orientierungssinn leide, habe er jeden Morgen viel Zeit damit zugebracht, seinen Büroplatz im Pentagon zu finden. Die Bände der *Green Series* wurden sukzessive durch das U.S. Government Printing Office publiziert. Auch eine deutsche Ausgabe mit identischen Rechtsdokumenten sei vorbereitet, aber nie veröffentlicht worden. Das US-Militärkommando in Deutschland habe mit ungenügendem Papiernachschub argumentiert und mitgeteilt, es seien keine weiteren Ausgaben mehr nötig. »Hochrangige Armeeoffiziere ohne juristische Ausbildung erkannten nicht, dass die Weiterentwicklung des internationalen Rechts ein Mittel für die Bewahrung des Friedens ist und somit dazu beiträgt, das Leben ihres militärischen Personals zu schützen«, kritisiert Ben.

Dies vermochte seinen Blick auf das große Ganze aber nicht zu trüben: Die historischen Aufzeichnungen der »unglaublichen Taten« der nationalsozialistischen Terrorherrschaft bewahrt zu haben, sei vielleicht das »dauerhafteste Vermächtnis« Nürnbergs.

Wiedergutmachung

Eine unmögliche Mission

Doch zurück zu Ben und seiner Tätigkeit nach dem Abschluss des Prozesses, in dem er sich als Chefankläger so gut bewährt hatte. Während er im Sommer 1948 für den Chief of Counsel for War Crimes die Abwicklung der Nürnberger Nachfolgeprozesse in die Hand nahm, stellte er sich auf eine baldige Heimkehr in die USA ein. Den Aufenthalt in Deutschland betrachtete er nach wie vor als interessant und herausfordernd, aber allmählich sehnte er sich nach einem »normalen Leben« in vertrauter New Yorker Umgebung. Auch Gertrude drängte auf eine baldige Abreise. Sie war nie warm geworden mit dem Land, das die Welt mit Krieg überzogen, ihr den Geliebten entrissen und tödlicher Gefahr ausgesetzt hatte. Im trauten Gespräch fragten sie sich oft, welch eigenartiges Schicksal sie als lebenshungriges jüdisches Paar in dieses kaputte Deutschland gebracht hatte. Beide wollten Kinder, aber war das wirklich der richtige Ort für eine Familiengründung, nach allem, was die Deutschen im Nationalsozialismus den Juden angetan hatten? Als sie schon die Koffer zu packen begann, erhielt Gertrude eines Tages überraschenden Besuch. Es klingelte ein Herr an der Tür, der sich als Joel H. Fisher vorstellte, amerikanischer Anwalt und Abgesandter des American Jewish Joint Distribution Committee, einer angesehenen philanthropischen Organisation. Fisher vermittelte ein Jobangebot für Ben, aber er war schlau genug, zuerst mit dessen Frau zu sprechen.

Die Arbeit betraf ein völlig neues Politikfeld, auf dem niemand irgendwelche Erfahrungen vorweisen konnte. Es ging um die Rückerstattung von Vermögenswerten, die jüdische Eigentümer während des Nationalsozialismus verloren hatten. Das Gesetz Nr. 59 der Militärregierung für die amerikanische Besatzungszone sah vor, dass Personen, die zwischen dem 30. Januar 1933 und dem 8. Mai 1945 »aus Gründen der Rasse, Religion, Nationalität, Ideologie oder der politischen Opposition zum Nationalsozialismus« unrechtmäßig enteignet worden waren, weitestmöglich ihren auffindbaren Besitz zurückerhalten sollten. Lebten die Eigentümer nicht mehr, sollten die Erben berücksichtigt werden. War gar niemand mehr auszumachen, durften Wohltätigkeitsorganisationen Anspruch erheben – mit der Verpflichtung, den Erlös Überlebenden der nationalsozialistischen Verfolgung zukommen zu lassen. Zu diesem Zweck hatte ein Konsortium prominenter jüdischer Institutionen die Jewish Restitution Successor Organization (JRSO) gegründet, und in Ben sahen sie den richtigen Mann für die Aufgabe. Nachdem Gertrude Kenntnis von den Plänen erhalten hatte, konnte sie sich nicht querstellen. Hitlers Opfern zu helfen, empfand sie – wie Ben – als »moralischen Imperativ«. Er sagte zu. Am 20. August 1948 trat er seine neue Stelle an. Er war jetzt »Generaldirektor« der JRSO, wissend, »dass die Deutschen beeindruckt sein würden von jemandem, der zugleich Direktor und General war«.

Sein Werdegang blieb so nahtlos mit der deutschen Nachkriegsgeschichte verknüpft. Er wurde auf jüdischer Seite zu einer treibenden Kraft in jenem beispiellosen Sühneprozess einer Nation, der als »Wiedergutmachungspolitik« in die Annalen einging. Damit wird die bis in die Gegenwart fortdauernde Praxis bezeichnet, NS-Verfolgte finanziell zu entschädigen und juristisch zu rehabilitieren. Sie verschaffte der jungen BRD in den Augen der Welt Respekt und lud sie mit moralischem Kapital auf, das sie so dringend brauchte. Die »Wiedergutmachung« löste eine umfangreiche Gesetzgebungstätigkeit aus, die zuerst von den westlichen Besatzungsmächten ausging und dann die Länder wie den Bund erfasste. Dabei markierte die Rückerstattung von Vermögenswerten erst den Anfang. Insassen der deutschen Konzentrationslager, »die nichts als ihre Tattoos auf der Haut und ihre quälenden Erinnerungen besaßen«, sollten für das ihnen zugefügte Unrecht ein Schmerzensgeld erhalten. Es wurde anerkannt, dass der Verlust an Freiheit, Gesundheit oder beruflichem Fortkommen die Lebenschancen der Verfolgten massiv ins Jetzt einschränkte. Auch Opfer von medizinischen Experimenten durch Nazi-Ärzte wie Josef Mengele wurden entschädigt. Eine dritte Säule der Wiedergutmachungspolitik betraf Sonderregelungen auf verschiedenen Rechtsgebieten, vorab der Sozialversicherung, um etwa Ausfälle bei den Renten zu kompensieren. Zu korrigieren waren sodann Willkürurteile der NS-Justiz. Schließlich folgten, entsprechend der grenzüberschreitenden Größenordnung der nationalsozialistischen Verbrechen, internationale Verträge, die die BRD – beginnend mit dem deutsch-israelischen Wiedergutmachungsabkommen von 1952 – mit mehreren Staaten abschloss.

Was ein etablierter Bestandteil der deutschen »Vergangenheitsbewältigung« geworden ist, sei in den Anfängen ein komplexes Problem gewesen, das nach innovativen Lösungen verlangt habe, berichtet Ben. »Es gab keinen Präzedenzfall für den angemessenen Umgang mit dem Holocaust.« Neue Ideen, Gesetze und Organisationen waren nötig, um die verschiedenen, aber doch irgendwie miteinander verbundenen Programme zum Erfolg zu führen. In seiner Person bündelten sich die Stränge – er stand schon bald an der Spitze von mehreren jüdischen Institutionen, die sich mit unterschiedlichen Aspekten der Wiedergutmachungspolitik beschäftigten. Dabei ließ er sich von einem Grundsatz leiten, den er an der Harvard Law School gelernt hatte: »Um Rache und Vergeltung zu vermeiden, müssen die Opfer von Unterdrückung wissen, dass die Täter vor Gericht gebracht werden; und es braucht Anstrengungen, die Wunden derer zu heilen, die gelitten haben.«

In seiner Aufgabe als Chef einer jüdischen Nachfolgeorganisation würde Ben viel mit Militärgouverneur Lucius D. Clay zu tun haben. Telford Taylor empfahl ihn beim General mit den Worten, er werde in ihm eine »durch und durch zuverlässige und intelligente« Persönlichkeit finden. Die Vorschusslorbeeren von höchster Stelle änderten nichts daran, dass er zu einer unmöglich scheinenden Mission aufbrach. Das Militärgesetz, unter dem die JRSO operierte, schrieb vor, dass die Rückerstattungsanträge bis Ende 1948 einzureichen seien. Es blieben also nur noch vier Monate, und er hatte weder Personal noch eine Organisationsstruktur, auf die er hätte zurückgreifen können. Er rief Clay an und bat um eine Fristverlängerung – vergeblich. Seine größte Sorge sei, dass die sowjetischen Truppen versuchen könnten, die Macht in Berlin oder vielleicht in ganz Deutschland zu übernehmen, erklärte Clay. Das US-Personal war angewiesen, Benzinvorräte im Kofferraum der Autos zu lagern – für den Fall, dass eine Notevakuation angeordnet würde. Je schneller das Restitutionsprogramm erfüllt sei, desto besser.

Das leuchtete Ben ein. Aber neben Zeit brauchte er auch dringend Geld. Angesichts der unsicheren Aussichten des Unterfangens wäre es moralisch nicht zu rechtfertigen, die knappen Mittel jüdischer Wohltätigkeitsorganisationen einzusetzen, um das lokale deutsche Personal zu bezahlen, meinte er. Er bat Clay um einen Zuschuss aus dem Fonds, mit dem die Deutschen für die Kosten der alliierten Besatzung aufkamen. Clay wandte ein, die Gelder stünden unter der gemeinsamen Kontrolle der vier Okkupationsmächte. Er sei sicher, dass die Sowjets einer solchen Verwendung niemals zustimmen würden. Aber nicht einmal die Briten und Franzosen seien wohl bereit dazu. Sie hätten in ihren Zonen noch keine vergleichbaren Rückerstattungsgesetze in Kraft gesetzt. Tatsächlich geschah dies erst einige Monate später.

Die Situation sah also ziemlich hoffnungslos aus, doch Ben wagte einen neuen Versuch. In der Hinterhand hielt er einen Alternativplan. Er schlug Clay vor, dass er ihm ein Darlehen in Deutscher Mark aus dem US-Anteil des Besatzungsfonds gewähre. So sei die Zustimmung der anderen nicht nötig, und der Betrag könne später ja zurückbezahlt werden. Ob dies denn legal wäre, fragte Clay. Ben pokerte hoch: Er habe ein Gutachten in der Tasche, das die Frage bejahe, flunkerte er. Clay gab sich zufrieden. Eine Million Mark wurde ausbezahlt, und Ben machte sich im Eiltempo an die Umsetzung seiner Pläne. Er stellte deutsche Mitarbeiter ein, die unter der Aufsicht eines kleinen Kaders von jüdischen Exilanwälten in den Grundbüchern systematisch die Eigentümerwechsel seit dem 30. Januar 1933 prüften, bei denen ein jüdisch klingender Name vorkam. Das Gesetz der Militärregierung schrieb vor, dass Personen, die im Nationalsozialismus jüdisches Eigentum erworben hatten, dies melden mussten. Buchstäblich in letzter Minute vor Ablauf der Deadline am 31. Dezember fuhr ein Fahrzeug der US-Armee zur Einreichungsstelle – voll bepackt mit Anspruchsformularen. Ben benachrichtigte Clay, dass keine Verlängerung nötig sei. »Ich denke, ich gewann sein Vertrauen für alle Probleme, die noch folgen sollten.«

Die *Benny Stories* schildern eine riskante Fortsetzung dieser Geschichte. Sie ereignete sich wenige Jahre später, als Hochkommissar McCloy die Regierungsgewalt von Clay übernommen hatte. Ben wusste, dass McCloy alles unternahm, um die BRD in die Reihen der demokratischen Staaten einzubinden, und dass er erkannt hatte, wie wichtig es für die Akzeptanz des neu gegründeten Staates war, beim Thema »Rückerstattung und Entschädigung« ein freundliches Gesicht zu zeigen. McCloy, dessen Frau Ellen, geborene Zinsser, mit der Familie Adenauer verwandt war, habe starken Einfluss auf den Kanzler und andere westdeutsche Minister genommen, den Ansprüchen von Naziopfern und von Israel so weit als möglich zu entsprechen.

Als die JRSO zusätzliche Mittel brauchte, wandte sich Ben nun an McCloy. Es gebe in Deutschland immer noch KZ-Überlebende in Camps für »Displaced Persons«, die dringend Hilfe bräuchten, um herauszukommen. Dies sei ein Ziel, das die Deutschen und die Amerikaner teilten. Es sei unhaltbar, die Übeltäter zu bevorzugen, indem der geliehene Betrag aus dem Besatzungsfonds an den inzwischen prosperierenden deutschen Staat zurückgegeben würde, während viele Opfer nach wie vor in verzweifelter Lage seien. McCloy war einverstanden und erhöhte das Darlehen an die JRSO um eine weitere Million Mark. Später kam noch eine dritte hinzu. Ben schätzte die Unterstützung durch den Hochkommissar. Als dieser jedoch den verurteilten Kriegsverbrecher Alfried Krupp im Zuge seiner Begnadigungspolitik auf freien Fuß setzte und ihm sein eingezogenes Riesenvermögen zurückgab, wollte er die Gelegenheit beim Schopf packen. Bisher hatte er dem Druck jüdischer Organisationen widerstanden, seine Kontakte zu McCloy auszunutzen, um dessen Überlegungen zu beeinflussen. »Aber jetzt konnte ich nicht länger still bleiben.« Er suchte ihn in seinem Büro auf, das zunächst in Frankfurt am Main und ab November 1951 in Bonn lag, und erinnerte ihn an das Drei-Millionen-Darlehen. Würde er auf der Rückzahlung bestehen, würde er diese vollständig ausführen. »Aber«, sagte Ben, »das wäre moralisch falsch.« Nicht die Opfer sollten die Kosten für die Erstattung nur eines kleinen Teils dessen tragen, was ihnen gestohlen worden sei, sondern die »Täter«. Dies gesagt habend, bat er McCloy, die Schuld zu streichen – was dieser denn auch tat.

Als sie sich mehr als dreißig Jahre danach im Harvard Club in New York trafen, um gemeinsame Erinnerungen auszutauschen, unterhielten sie sich auch über diese Episode. Am folgenden Tag rief McCloy ihn an. »Sie wissen, dass ich dafür hätte ins Gefängnis kommen können?«, fragte er. »Ich weiß«, antwortete Ben, »aber ich wäre mit Ihnen gekommen.« Beide lachten. »Wir wussten, dass wir das Richtige getan hatten.«

Der Pyjama im roten Koffer

Wenn immer möglich, strebten die JRSO-Anwälte eine rasche Übereinkunft an. Oft aber mündeten die Rückerstattungen in einen komplizierten juristischen Prozess. Wurde keine gütliche Einigung erzielt, stand den Betroffenen der Rechtsweg über deutsche Gerichtsinstanzen offen. Am Ende entschied der U.S. Court of Restitution Appeals (CORA) in Nürnberg, ein aus amerikanischen Richtern bestehendes Gremium. Nachdem die BRD 1955 ihre Souveränität erlangt hatte, wurde daraus der gemischt besetzte Supreme Restitution Court. Etwas mehr als 4500 Fälle landeten vor dem Gericht, was ungefähr fünf Prozent der anerkannten Anspruchssteller entspricht. Dies schreibt Walter Schwartz in seiner grundlegenden – und von Ben in *The American Journal of Comparative Law* wohlwollend-kritisch besprochenen – Studie *Rückerstattung nach den Gesetzen der alliierten Mächte* (1974).

Eine heiß diskutierte Frage betraf die Höhe der Auszahlung an die »arischen« Erwerber von jüdischen Vermögenswerten. Wer nämlich zur Rückgabe etwa einer Liegenschaft verpflichtet wurde, hatte Anspruch auf den Betrag, den er damals bezahlt hatte. Aber da gab es ein Problem. Nach der Währungsreform von 1948 und der Einführung der D-Mark war die alte Reichsmark praktisch wertlos geworden. Die Umstellung erfolgte im Verhältnis 10:1. Dagegen wehrten sich nun die deutschen Neubesitzer. Sie verlangten für jede Reichsmark, die sie bezahlt hatten, eine D-Mark. Sie hätten fast ausnahmslos argumentiert, einen angemessenen Preis entrichtet, allfällige Hypotheken abbezahlt und aufwendige Reparaturen an den Gebäuden ausgeführt zu haben, berichtet Ben. Sollten sie nun die Kosten für die Geldentwertung tragen? Viele hätten sich unfair behandelt gefühlt von »dieser fremden amerikanisch-jüdischen Organisation und ihrem Generaldirektor«. Eine antisemitische Stimmung sei wiederaufgeflammt. Obwohl die

JRSO praktisch jeden CORA-Prozess gewonnen habe, sei es deshalb Zeit geworden, »dass wir einen zügigeren und weniger kontroversen Weg fanden, um unsere Ziele zu erreichen«.

Ben und seine klügsten Mitarbeiter entwarfen einen Plan, der sie aus einem schwierigen und zeitraubenden Dilemma befreien sollte: Sie hätten zwar am liebsten den deutschen Staat in die Verantwortung genommen, wollten aber verhindern, dass er »von seinen eigenen Untaten profitierten könnte«. Normalerweise würden herrenlose Vermögen an die lokalen Behörden fallen, doch es sei undenkbar gewesen, dass irgendeine deutsche Stelle die Früchte dieser illegalen Konfiskationen erntete. Mit der JRSO hätten die Amerikaner nicht zuletzt deshalb eine externe Organisation beauftragt, die Rückerstattungen zu handhaben, weil sie genau dies hätten ausschließen wollen. Konnten die Deutschen jedoch dazu bewegt werden, die bestehenden Forderungen zu einem fairen Preis von der JRSO abzukaufen, wäre die Gefahr »ungerechter Bereicherung« gebannt, »und wir hätten sofort Bargeld auf der Hand, um unseren dringenden Wohltätigkeitsverpflichtungen nachzukommen«. Es war die Idee zu einem neuartigen juristischen Instrument: dem Globalabkommen. Die Erfindung sollte bald in größerem Stil Schule machen.

Ein erstes solches Abkommen wurde 1951 mit dem Bundesland Hessen abgeschlossen. Weitere Globalabkommen gab es mit den drei übrigen Bundesländern, die auf dem Gebiet der amerikanischen Besatzungszone gebildet worden waren (Bremen, Baden-Württemberg, Bayern), und mit Westberlin. Bevor die Übereinkunft erzielt werden konnte, waren umfangreiche Berechnungen und Schätzungen über den Wert der berücksichtigen Vermögenswerte durchzuführen. Nachdem die Parteien handelseinig geworden waren, überwies die hessische Landesregierung 25 Millionen Mark an die JRSO. »Das war viel Geld zu dieser Zeit.« Die Unterzeichnung fand in einem historischen Palais in Wiesbaden statt. »Es sollte ein feierliches und bedeutsames Ereignis werden, beispielhaft für eine neue Beziehung zwischen Deutschland und den Juden.« Ben bat seinen Stellvertreter Ernst Katzenstein, ihn zu begleiten. Er packte den Stapel juristischer Papiere in einen neuen Aktenkoffer, den er kurz zuvor im Army & Air Force Exchange Service, der Ladenkette des Pentagons für Armeeangehörige, gekauft hatte. »Es war ein hübscher Koffer, gebunden in wunderschönes rotes Leder, und ihn zu tragen, fühlte sich an, als wäre ich ein britischer Premierminister.« Katzenstein war so beeindruckt, dass er auch noch rasch einen identischen Koffer erstand.

Als sie mit dem Auto in Wiesbaden angekommen waren, öffnete der Fahrer den Kofferraum und reichte Ben sein rotes Prachtstück. Er platzierte es auf dem großen Konferenztisch. Der Ministerpräsident hielt die erste Rede und hob die Bedeutung dieses besonderen Ereignisses hervor. Nachdem auch der Finanz- und der Justizminister gesprochen hatten, war Ben an der Reihe. Er machte einige Bemerkungen darüber, wie glücklich er sei, dass sie endlich das historische Dokument zugunsten der Naziopfer unterschreiben könnten. »Dann langte ich nach dem Vertrag in meinem roten Aktenkoffer. Mit Schwung ließ ich den Deckel aufspringen – und heraus kam Katzensteins Pyjama.« Beim Ausladen aus dem Wagen musste der Chauffeur die beiden Koffer verwechselt haben. Das Abkommen wurde trotzdem unterschrieben; natürlich hatten auch die Hessen ein Exemplar dabei. Die Runde, die ein so ernstes Problem regelte, hatte sich für einen Moment in Lachen aufgelöst, und das war ganz im Sinne Bens: »Die Welt ist so voller Tragödien, dass man immer wieder Anlass zu Unbeschwertheit suchen muss, um nicht komplett verrückt zu werden.«

Die Bilanz der Rückerstattung von Vermögenswerten auf Grundlage der westalliierten Militärregierungsgesetze konnte sich sehen lassen. Bis Ende der 1950er-Jahre war dieser Prozess weitgehend abgeschlossen. Schätzungsweise einhunderttausend Privatpersonen erhielten Werte von rund 3,5 Milliarden D-Mark zurück. Die Schadenersatzleistungen der BRD beliefen sich auf etwa 5,2 Milliarden. »Diese Zahlen bringen jedoch keineswegs den Gesamtwert dessen zum Ausdruck, was den NS-Verfolgten weggenommen worden war«, betont der auf dieses Thema spezialisierte Münchner Historiker Hans Günter Hockerts. Immaterielle Verluste, die in der persönlichen Wertung schwerer wiegen konnten als materielle, wurden nicht entschädigt, und auch sonst gab es eine Reihe von Einschränkungen, wie Antragsfristen und Höchstgrenzen. Raubgut, das in den von den Deutschen besetzten Gebieten geblieben war, blieb ganz außer Betracht. Bei der im Ausland gemachten Beute wurde der Schaden nur dann ersetzt, wenn sie auf das Gebiet der späteren Bundesrepublik gelangt war, und auch dann nur, wenn die Antragsteller in einem Land wohnten, mit dem die BRD diplomatische Beziehungen unterhielt. Damit fielen insbesondere die osteuropäischen Staaten und die DDR weg. Hockerts meint, »dass die achtbaren Gesamtzahlen nur begrenzt auf das Konto deutscher Selbstbestimmung zu buchen sind«. Die westlichen Alliierten, allen voran die USA, gaben die Richtung vor.

Wiedergutmachung mit Bens Glücksbringer

Die nächste große Aufgabe der Wiedergutmachungspolitik bestand in der Entschädigung der Opfer nationalsozialistischer Gewaltanwendung, also jener, »die die Hauptlast der Verbrechen trugen, die das Hitlerregime begangen hatte«. Auch in diesem Bereich hatten die Alliierten in den westlichen Zonen entscheidende Impulse gegeben, so etwa die Briten mit ihrem »Gesetz über die Entschädigung von Freiheitsentziehung« vom 11. Februar 1949 und – wegweisend für die spätere bundesdeutsche Rechtsetzung – die Amerikaner mit dem »Gesetz zur Wiedergutmachung nationalsozialistischen Unrechts« vom 26. April 1949, das sein Vorbild im Militärregierungsgesetz 59 fand.

Meilensteine auf dem Weg zu einer umfassenden Regelung auf Bundesebene waren das »Luxemburger Abkommen« vom 10. September 1952 und das »Bundesergänzungsgesetz zur Entschädigung für Opfer der nationalsozialistischen Verfolgung« vom 18. September 1953. Am 29. Juni 1956 verabschiedete das Bonner Parlament mit dem »Bundesentschädigungsgesetz« (BEG) das eigentliche juristische Kernstück der deutschen Wiedergutmachungspolitik. Im »Bundesentschädigungs-Schlussgesetz« von 1965 wurde es noch einmal nachgebessert und im Leistungsumfang erweitert. Bis zur Einführung des Euro leistete die Bundesrepublik Entschädigungszahlungen von über 100 Milliarden D-Mark. Rund drei Viertel davon wurden auf Basis der erwähnten Gesetze gewährt. Ungefähr 650 000 Verfolgte erhielten eine einmalige Zahlung, rund 360 000 eine monatliche Rente.

Eine besondere Rolle bei der Ausarbeitung der entsprechenden Grundlagen spielte die Conference on Jewish Material Claims Against Germany, kurz Claims Conference, eine Dachorganisation von mehr als zwanzig jüdischen Organisationen aus der westlichen Welt. Die Bundesregierung gewährte ihr ein vertraglich geregeltes Mitwirkungsrecht an der Entschädigungsgesetzgebung. Von Anfang an dabei war auch Ben. Er war 1951 als juristischer Experte zu einem Treffen des Word Jewish Congress (WJC) nach New York geladen worden, wo die Gründung der Claims Conference besprochen wurde. Der Präsident und starke Mann in beiden Organisationen hieß Nahum Goldmann. Ben arbeitete eng mit Goldmann zusammen. Während dieser die Verhandlungen mit Kanzler Adenauer führte, war er unter anderem für die Kontakte mit dessen Unterhändlern und mit Washington zuständig. Die Amerikaner drängten darauf, dass sich die Deutschen selbst zu Wiedergutmachungsleistungen verpflichteten.

Den Leader auf jüdischer Seite beschreibt Ben als »sehr guten Redner« und »cleveren Typ«. Der in Deutschland aufgewachsene Goldmann habe genau gewusst, wie man mit der deutschen Mentalität umgehen müsse. Im Bundestag habe er alle Schlüsselfiguren persönlich gekannt. Ben bewunderte seine einnehmende Konversationstechnik und seinen Sinn für Public Relations. Eine seiner Stärken habe im Führen von Unter-Vier-Augen-Gesprächen gelegen, so mit Adenauer. Manchmal habe er Dinge rapportiert, die nicht ganz genau zugetroffen hätten. Seine, Bens, Aufgabe sei es dann gewesen, das Berichtete auszubalancieren mit dem, was die Gegenseite festhielt. »Das war Teil des Spiels.« Privat beschreibt Ben Goldmann als großen »ladies man«: »Er reiste nie allein und hatte immer eine Suite im besten Hotel der Stadt.« Nicht zuletzt dank seines Vermögens sei er unabhängig geblieben. Als charmanter und großzügiger Gastgeber habe er gewusst, wie man die Leute dazu bringe, »so freundlich zu sein, seiner Führung zu folgen«. Er lud die Delegierten jedes Jahr zu einem Meeting an wechselndem Ort ein und bezahlte ihre Auslagen. Selbst wenn er jemanden zurückwies, konnte Goldmann witzig sein. Ben wurde einmal Zeuge, wie er Julius Klein abfertigte. Der General der jüdischen Kriegsveteranen und I. G.-Farben-Lobbyist drängte darauf, ins Board der Claims Conference aufgenommen zu werden. »Julius, wenn wir gegen Deutschland in den Krieg ziehen müssen, werden wir dich rufen«, versprach Goldmann mit entwaffnendem Lächeln.

Bei Adenauer, den die Nationalsozialisten einst als Kölner Oberbürgermeister abgesetzt hatten, stieß er auf offene Ohren. In seiner Regierungserklärung vom 27. September 1951 kündigte der Kanzler ein Abkommen an, an dem neben den jüdischen Organisationen auch der Staat Israel beteiligt sein sollte, »der so viele heimatlose Flüchtlinge aufgenommen hat«. Im Namen des deutschen Volkes seien »unsagbare Verbrechen begangen worden, die zur moralischen und materiellen Wiedergutmachung verpflichten«. Bis dahin waren lange Verhandlungsrunden zu führen; und es galt, eine teils rabiate Gegnerschaft zu überwinden, nicht nur innerhalb der Bundesregierung und in der deutschen Öffentlichkeit, auch in Israel.

Manche Knesset-Abgeordneten fürchteten, wer mit den Deutschen an einen Tisch sitze, werde bloß ein weiteres Mal betrogen. Dass überhaupt im Zusammenhang mit dem Holocaust über Geld diskutiert wurde, ließ bei vielen die Emotionen hochkochen. Wie Ben berichtet, störte eine Gruppe junger Juden mit »wehenden Schläfenlocken« unter der Kippa die Zusammenkunft des WJC in New York, bei der die Gründung der Claims Conference beschlossen wurde. Sie stürmten in den Sitzungssaal und herrschten die Delegierten an, sie sollten verschwinden. Wer »Blutgeld« von Mördern annehme, beschmutze die jüdische Ehre. Ein Konferenzteilnehmer, ein alter Rabbi, sei vor Angst unter den Tisch gekrochen. Doch mit der Hilfe einiger Polizisten seien die Eindringlinge aus dem Saal geführt worden.

Goldmann und Adenauer ließen sich durch die Schwierigkeiten nicht von ihrem Weg abbringen. Der jüdische Verhandlungsführer wusste die israelische Regierung und ihren Premierminister hinter sich. »Ben Gurion reichte Goldmann die heiße Kartoffel weiter.« Am 6. Dezember 1951 traf sich der Präsident der Claims Conference mit dem deutschen Kanzler zu einem geheimen Treffen in London, wo sie die Agenda für die weiteren Verhandlungen festlegten. Ben war als einer von Goldmanns Beratern mit von der Partie. Eine ganze Woche lang hätten sie sich im Nobelhotel »Grosvenor House« mit der Erarbeitung von Vorschlägen und Entwürfen abgemüht, erinnert er sich. »Die Gespräche waren sehr schwierig und schmerzhaft.« Bohrende Fragen stellten sich: Sollte man um Entschädigung für die sechs Millionen ermordeten Juden bitten? Wie viel ist ein menschliches Leben wert? Wie misst oder prüft man den Grad von Furcht, Schmerz und Leid? Solche Fragen habe er in seinen juristischen Büchern in Harvard nie gefunden. »Niemand von uns war darauf vorbereitet, ein Preisschild an ein Menschenleben zu heften.« Es sei furchtbar gewesen, zu überlegen, »ob Papa mehr wert war als Großmutter oder die kleine Schwester«.

Schließlich einigten sie sich doch auf die Konturen dessen, was als gültiger juristischer Grundsatz präsentiert werden konnte. Die Delegation der Claims Conference legte sich auf drei Forderungen fest: An erster Stelle sollten die Ansprüche derer befriedigt werden, die individuelle Verletzungen erlitten hatten. Zweitens verlangte sie eine pauschale Summe für den Staat Israel, damit dieser zumindest einen Teil der Kosten begleichen konnte, die ihm durch die Aufnahme und die Wiedereingliederung der Holocaust-Überlebenden entstanden waren. Drittens sollte die Konferenz einen Betrag erhalten, um Naziopfern außerhalb Israels zu helfen. Bei dem Geheimmeeting in London gelang es Goldmann, Adenauer die Zusage abzuringen, eine Milliarde Dollar als Verhandlungsgrundlage zu akzeptieren. »Das war eine hübsche runde Summe.«

Die eigentlichen Verhandlungen begannen am 21. März 1952 in einem historischen Schloss in Wassenaar bei Den Haag. Aufgrund der Vorbehalte mancher Juden gegenüber Deutschland und der von militanten Gruppen geschürten Spannung fanden sie auf neutralem Boden satt. Es galten strengste Sicherheitsvorkehrungen. Die Teilnehmer wurden von niederländischen, deutschen und israelischen Polizisten und Geheimdienstleuten bewacht. Man schärfte ihnen ein, keine verdächtigen Pakete oder Umschläge zu öffnen. Jüdische Terroristen hatten Briefbomben an den deutschen Verhandlungsleiter Franz Böhm wie auch an seinen Stellvertreter Otto Küster geschickt. Am 27. März kam es sogar zu einem Attentatsversuch auf Kanzler Adenauer in München. Im Keller des Polizeipräsidiums explodierte eine an ihn adressierte Paketbombe. Dabei wurde ein Sprengmeister getötet, drei Polizisten wurden verletzt. Ben erinnert sich, dass schon bald Gerüchte zirkulierten, der israelische Oppositionsführer, spätere Premierminister und Friedensnobelpreisträger Menachem Begin stecke hinter dem Attentat. Einer der beiden Haupttäter, Elieser Sudit, veröffentlichte Jahrzehnte danach ein Buch *(Im Auftrag des Gewissens)*, wo er Begin tatsächlich als Drahtzieher nennt.

Die Angespanntheit der Lage war jederzeit spürbar. Eines Tages wurde Ben mitten aus den Verhandlungen geholt. Ein israelischer Agent trat von hinten an ihn heran und flüsterte ihm ins Ohr, er werde draußen verlangt. Er entschuldigte sich bei der Runde und folgte dem Geheimdienstler. Ein anderer Sicherheitsmann überreichte ihm vorsichtig einen Umschlag und fragte, ob er die Handschrift darauf kenne. »Natürlich«, sagte er und riss ihn auf. Die Sicherheitskräfte sprangen zurück. Es war ein Brief seiner Frau aus Nürnberg. Er enthielt einen Säureblocker, um die Folgen seiner Nervosität zu lindern, und Fotos der zwei damals geborenen Kinder. Das Pulver des Medikaments und die Zelluloidstreifen der Fotoaufnahmen hatten die Aufpasser alarmiert. Es hätte wieder eine Briefbombe sein können, vermuteten sie. »Anstatt in die Luft gejagt zu werden, lachten wir alle.«

An einem Punkt wären die diplomatischen Gespräche um ein Haar gescheitert. Gleichzeitig mit den Diskussionen über die Entschädigungsfrage führte die Bundesregierung in London Verhandlungen über die Auslandsschulden, die das Deutsche Reich hinterlassen hatte. Sie mündeten in das »Londoner Schuldenabkommen« vom Februar 1953. Während die Vertreter Israels und der Claims Conference in Wassenaar darauf pochten, dass ihre Forderungen Vorrang hätten, wollten die Deutschen sie im Kontext der gesamten Schuldensituation besprechen. Allerdings gab es dazu unterschiedliche Auffassungen im Kabinett Adenauer und bei den Unterhändlern in den Niederlanden. Es kam zum Eklat: Aus Protest gegen entsprechende Instruktionen aus Bonn verließen Böhm und Küster die deutsche Delegation. »Sie sagten, die Regierung sei nicht ehrlich, und traten zurück.« Das löste so viel Druck auf Adenauer aus, dass er seine Position änderte und einlenkte. Der Kanzler fürchtete insbesondere negative Reaktionen aus dem Ausland. Böhm und Küster kehrten zurück. Ihr mutiger Auftritt machte großen Eindruck auf Ben, und sie wurden Freunde.

Als die zähen Verhandlungen nach rund sechs Monaten zu einem Ende gekommen waren und die Annahme des Vertrags anstand, holte Ben Böhm mit seinem Chauffeur in Frankfurt ab und nahm ihm mit nach Den Haag. Von dort fuhren sie über Nacht nach Luxemburg weiter, wo Adenauer, Goldmann und der israelische Außenminister Mosche Scharet das Abkommen unterzeichnen sollten. Unterwegs kamen sie durch das belgische Städtchen Bastogne, das Ben zuletzt während der Ardennen-Offensive gesehen hatte. Nun wollten sie dort in einem Café eine kleine Stärkung zu sich nehmen. Er sei einer der amerikanischen Soldaten gewesen, die Bastogne von den Deutschen befreit hätten, erzählte er dem belgischen Inhaber. Sein Begleiter sei ein deutscher Offizieller, der eine Versöhnung mit den Naziopfern und Israel herbeiführen wolle. Der Belgier zeigte sich so erfreut, dies zu vernehmen, dass er die Erfrischungen als Geschenk offerierte. Sie kamen rechtzeitig in Luxemburg an.

Die feierliche Unterzeichnung des Wiedergutmachungsabkommens wurde am Morgen des 10. September 1952 im Luxemburger Rathaus vorgenommen. Historische Aufnahmen zeigen, wie sich die deutsche und die jüdisch-israelische Seite um einen glänzenden Tisch mit einem Blumenstrauß und Kristall-Aschenbechern versammeln. Ben sitzt neben Goldmann, schräg vis-à-vis von Adenauer. Der deutsche Kanzler sollte zuerst unterschreiben, stellte aber fest, dass seinem Füllfederhalter die Tinte ausgegangen war. »Ein schlechtes Omen?«, dachte Ben. Geistesgegenwärtig reichte er Goldmann seinen eigenen Füller, und dieser gab ihn über den Tisch dem Kanzler. Es sei ihm eine Ehre, wenn Adenauer den Vertrag mit »seinem« Schreibgerät unterzeichnen würde, sagte er. Tatsächlich signierte der Kanzler das wegweisende Dokument mit Bens Schreibgerät.

Damit hatte es eine besondere Bewandtnis. Gertrude hatte ihm den Waterman-Füllfederhalter »mit lebenslanger Garantie« 1943 zur Graduierung in Harvard geschenkt. Er war als

Glücksbringer im Krieg gedacht, in den er damals aufbrechen musste. Das Geschenk war mit dem Versprechen verbunden, dass er es wieder heil zurückbringe. »Ich trug es in jeder Schlacht bei mir.« Und jetzt, nach all dem Schrecken, den er im Zusammenhang mit dem von den Deutschen entfesselten Weltkrieg und dem Holocaust erfahren hatte, besiegelte der deutsche Regierungschef mit diesem Talisman die Versöhnung mit den Juden. Es ist eine Geschichte, wie sie wohl nur dieses verrückte *Zeitalter der Extreme* (Eric Hobsbawm) schreiben konnte.

In dem Abkommen verpflichtete sich die Bundesrepublik zu Leistungen im Umfang von drei Milliarden D-Mark an Israel. Da der junge deutsche Staat knapp bei Kasse war, wurden anstelle einer Geldzahlung Warenlieferungen der deutschen Industrie innerhalb der folgenden zwölf Jahre vereinbart. »Es war eine ironische Wende des Schicksals, dass Eisenbahnzüge und Taxifahrzeuge wie auch andere Gebrauchsgüter für den ersten jüdischen Staat von jenem Land kamen, das die Juden auslöschen wollte«, bemerkt Ben in seinen *Stories*.

Zusätzlich unterzeichneten Adenauer und Goldmann zwei weitere Vereinbarungen, nach dem Aushandlungsort »Haager Protokolle« genannt. Im ersten wurden »Grundsätze zur Verbesserung der geltenden Wiedergutmachungsgesetzgebung in der Bundesrepublik Deutschland« festgelegt. Das zweite betraf eine »Globalzahlung« der BRD an die Claims Conference von 450 Millionen Mark, »zur Unterstützung, Eingliederung und Ansiedlung jüdischer Opfer der nationalsozialistischen Verfolgung in verschiedenen Ländern«. Es war das erste größere Übereinkommen dieser Art nach den kleineren Rückerstattungspaketen, die Ben mit einzelnen Bundesländern ausgehandelt hatte.

Keiner der Unterzeichner habe eine vernünftige Vorstellung von der Größenordnung der Verpflichtungen gehabt, die sie gerade beschlossen hätten, meinte er. »Das Abkommen war das Produkt politischer Überlegungen, gekleidet in ein moralisches Gewand. Es wurde als Lösung für tief greifende menschliche und juristische Probleme verkündet, die in Wahrheit nie gelöst werden können.« Die schwersten Verluste und Verletzungen, auch an den Seelen der Menschen, konnten nicht »wiedergutgemacht« werden. Niemand auf jüdischer Seite habe je vorgeschlagen, eine Zahlung zu verlangen für die rund sechs Millionen ermordeten Juden.

Nach der diplomatischen Zeremonie und einigen Stunden Schlaf hatte Ben in Luxemburg noch ein privates Anliegen. Er wollte eine Familie besuchen, die er hier im Krieg kennengelernt hatte. Auf einer Patrouille traf er einst eine Frau, die ihn bat, sie während der Verdunkelung nach Hause zu begleiten. Als sie die Tür zu ihrer Wohnung öffnete, war er überrascht, ihrem Ehemann und ihrem kleinen Buben vorgestellt zu werden. Sie freundeten sich an, und wann immer er sich später von seinem Posten entfernen konnte, suchte er die Familie Schneider – so hieß sie – auf und brachte ihr einige amerikanische »Goodies« mit. Nun dachte er, sie mit einem unangemeldeten Besuch zu beehren. Als er an die Eingangstür klopfte, flog diese auf und es brandeten ihm vielstimmige Hurrarufe entgegen. Die Stube war mit Ballonen und Schildern dekoriert, auf denen »Benny Welcome!« stand. Die Zeitungen hatten Geschichten über die Unterzeichnung des Luxemburger Abkommens gebracht, samt einer Fotografie mit Ben. Darauf luden die Schneiders alle ihre Nachbarn ein. Der GI, der im Krieg auf ihrem Teppich geschlafen habe, werde sicher vorbeikommen, dachten sie. Er enttäuschte sie nicht. Aber statt dass er sie überrascht hätte, überraschten sie ihn. »Es war ein berührender und denkwürdiger Abschluss eines historischen Ereignisses.«

In Deutschland wurde die Einigung eher kühl aufgenommen. Finanzminister Fritz Schäffer (CSU), der schon im Vorfeld dagegen protestiert hatte, bekämpfte sie weiter. Wegen der zahlreichen Gegner in seiner eigenen Regierungskoalition war Adenauer in der Schlussabstimmung vom 28. März 1953 auf die Stimmen der oppositionellen Sozialdemokraten angewiesen. In der Bevölkerung war gemäß Umfragen nur eine kleine Minderheit vorbehaltlos dafür.

Ganz anders sehen es Historiker heute. Neben einem positiven wirtschaftlichen Nebeneffekt in Israel wie auch in Deutschland betonen sie, dass die Annäherung zwischen den beiden Staaten ohne das Luxemburger Abkommen so wohl nicht möglich gewesen wäre. Darüber hinaus markiere es »den Auftakt zur Entwicklung neuer Standards des internationalen Rechts«, fasst Constantin Goschler zusammen. Das nach dem Ersten Weltkrieg aufgekommene Prinzip der »Moralisierung« von Reparationszahlungen (Jörg Fisch) sei damit weiter vorangetrieben und auf Individuen ausgeweitet worden. In gewisser Weise stehe »Luxemburg« so neben »Nürnberg«: »Ähnlich wie 1948 neue Maßstäbe für den Umgang mit den Tätern staatlicher Großverbrechen formuliert wurden, geschah dies 1952 auch mit Blick auf den Umgang mit den Opfern.« In dieser Hinsicht lasse sich das Abkommen als Gründungsdokument einer »historischen Gerechtigkeit« lesen, deren Wirkung bis heute anhalte. Und in der Person von Ben Ferencz bündeln sich diese juristischen Entwicklungen in einzigartiger Weise.

Aufstand in Stockholm, Widerstand in Bonn

Nach der Verhandlungsphase ging es ab 1953 an die Umsetzung der verschiedenen Verträge und Gesetze zur Entschädigungsfrage. Ben spielte dabei einen tragenden Part, der mit der Übernahme weiterer Führungsfunktionen einherging. Der Exekutivausschuss der Claims Conference ernannte ihn zum Jahresbeginn 1953 zu ihrem Repräsentanten in Deutschland. Zudem war er Mitglied des Claims Conference Legal Committee, das mit den Deutschen die Details des Bundesentschädigungsgesetzes aushandelte. Bei diesen Verpflichtungen blieb es nicht. Moses A. Leavitt, Geschäftsführer des American Jewish

Joint Distribution Committee und einflussreicher Teilnehmer an den Wassenaar-Gesprächen, schlug die Gründung einer neuen Organisation vor, um den Antragstellern juristische Hilfe anzubieten. »Moe« Leavitt sei besser bekannt gewesen als »No« Leavitt, sagt Ben. Diesen Spitznamen habe er sich aufgrund seines rigiden Finanzregimes verdient. Da Ben bereits die JRSO und die Claims Conference in Deutschland leitete, fand Leavitt, Ferencz sei auch der passende Kandidat für die Führung der United Restitution Organization (URO). So blieben alle Zügel in einer Hand. Ben sagte zu, auch wenn es Leavitt nicht für nötig erachtete, sein Salär aufzustocken.

Die URO zog rasch ein weitgespanntes Beratungsnetz auf. Wo immer es eine größere Anzahl von Nazi-Verfolgten gab, die Unterstützung bei den Anträgen benötigten, eröffnete die Rechtshilfeorganisation Filialen. So war sie in allen größeren deutschen Städten präsent, darüber hinaus in achtzehn weiteren Ländern. Tausend Mitarbeiter, darunter zweihundertfünfzig sorgfältig ausgewählte deutsche Anwälte, kümmerten sich um die Beantragenden – gegen eine bescheidene, erfolgsabhängige Gebühr. Sie prüften Hunderttausende von Gesuchen. Die Antragsteller waren oft in einer verzweifelten Lage. In vielen Fällen sei es praktisch unmöglich gewesen, eine direkte kausale Verbindung zwischen der Verfolgung und der geltend gemachten Beeinträchtigung nachzuweisen. Fast alle Berücksichtigten hätten eines gemeinsam gehabt: das Gefühl, »zu spät zu wenig zu bekommen«. Die URO sei mit Reklamationen überhäuft worden. Viele hätten nicht begriffen, dass ein »kompetenter und unterbezahlter Mitarbeiterstab sehr hart arbeitete, um so viel wie möglich für die Betroffenen herauszuholen«.

Wie Ben als oberster Verantwortlicher solche Probleme anpackte, zeigt die folgende Episode: Eines Tages erhielt er einen »panischen Anruf« seines Büroleiters in Stockholm. Die »Kunden« würden in der Geschäftsstelle rebellieren. Er solle ein Treffen mit allen Unzufriedenen in der Hauptsynagoge vereinbaren, sagte Ben und versprach, er werde selbst dabei sein. Mit einem der nächsten Flieger reiste er nach Schweden. Aufmerksam nahm er die Beschwerden in Englisch, Deutsch, Französisch, Ungarisch und Jiddisch entgegen. Nachdem sich alle ausgesprochen hatten, wandte er sich an die widerborstige Menge. Er zog sein Jackett aus, krempelte die Ärmel hoch und sagte, jeder, der meine, anderswo einen besseren Service zu bekommen, sei eingeladen, am nächsten Morgen ins örtliche URO-Büro zu kommen. »Wir würden uns glücklich schätzen, Ihnen Ihre Akte mit den besten Wünschen zurückzugeben.« Das saß. Kein einziger der Nörgler erschien. Die Situation hatte sich schlagartig beruhigt.

Eine spezielle Klientel von Geschädigten bildeten die von den Nationalsozialisten zuerst entlassenen, dann verfolgten und vertriebenen Mitarbeiter der jüdischen Gemeinden. Mit dem »Gesetz über die Rechtsverhältnisse der jüdischen Kultusvereinigungen« vom März 1938 entzog das Reich den jüdischen Religionsgemeinschaften den Status einer Körperschaft des öffentlichen Rechts. Damit verloren die Angestellten auch ihre Renten; die angesparten Vermögenswerte fielen an den nationalsozialistischen Staat. In den Haager Verhandlungen zum Luxemburger Abkommen wurde die Frage diskutiert, wer für diese und andere Ausfälle wie viel zu bezahlen habe. Seinen Claims-Conference-Hut tragend, schlug Ben vor, die Verpflichtungen für Pensionen bei 30 Millionen Mark zu deckeln. Die Deutschen gingen jedoch nicht darauf ein. Also regte er an, einen jüdischen Fachausschuss zu bilden, der jeden einzelnen Anspruch prüfen sollte. Waren die deutschen Behörden damit einverstanden, zahlten sie. Wenn nicht, dann nicht. »Das war so vernünftig, dass sie ihre Einwände fallen ließen.« So wurde ein Beratergremium geschaffen, bestehend aus Mitgliedern von JRSO, URO und Claims Conference, mit Ben als Präsident. Der einzige feste Mitarbeiter, der aus dem Exil zurückgekehrte Ernst G. Lowenthal (»ein sehr sorgfältiger deutscher Jude«), bezog in Bonn ein kleines Büro. Er prüfte die

Gesuche der jüdischen Offiziellen und gab dann eine Empfehlung ab. »Die Unterlagen waren meist klar und umfassend, sodass die Anträge ohne große Diskussionen angenommen oder abgelehnt werden konnten.« Stimmten gleich viele Ausschussmitglieder für wie gegen die Annahme eines Gesuchs, fällte Ben als Präsident den Stichentscheid. Im Zweifelsfall entschied er immer zugunsten der Antragsteller.

Mit Genugtuung stellte er später fest, dass das Pensionsprogramm die bundesdeutsche Regierung ein Vielfaches der 30 Millionen Mark kostete, die er ursprünglich angeboten hatte. »Dümmer als mein Vorschlag war nur, dass Deutschland ihn ablehnte.«

Gestohlene heilige Schätze

Eine besondere Herausforderung für Ben in seiner Funktion als JRSO-Generaldirektor stellte der Umgang mit sakralen Gegenständen dar, die die Nationalsozialisten gestohlen hatten. Dazu zählten Thorarollen, Gebetsbücher und andere heilige Texte, aber auch Leuchter, Silberplatten und Weinbecher. Der Raub solcher Objekte war eine Staatsaufgabe im Nationalsozialismus gewesen. In erster Linie dafür zuständig war der »Einsatzstab Reichsleiter Rosenberg«, der seinen Namen von seinem Chef, Hitlers Hofintellektuellen Alfred Rosenberg, ableitete. Im Führererlass vom 1. März 1942 heißt es: »Juden, Freimaurer und die mit ihnen verbündeten weltanschaulichen Gegner des Nationalsozialismus sind die Urheber des jetzigen gegen das Reich gerichteten Krieges. Die planmäßige geistige Bekämpfung dieser Mächte ist eine kriegsnotwendige Aufgabe. Ich habe daher den Reichsleiter Rosenberg beauftragt, diese Aufgabe im Einvernehmen mit dem Chef des OKW durchzuführen. Sein Einsatzstab für die besetzten Gebiete hat das Recht, Bibliotheken, Archive, Logen und sonstige weltanschauliche und kulturelle Einrichtungen aller Art nach entsprechendem Material zu durchforschen und dieses für die weltanschaulichen Aufgaben der NSDAP und die späteren wissenschaftlichen Forschungsvorhaben der Hohen Schule beschlagnahmen zu lassen.« Die Hohe Schule sollte nach Hitlers Vorstellungen – und nach Plänen des Architekten Giesler – »die zentrale Stätte der nationalsozialistischen Forschung, Lehre und Erziehung werden« (Führererlass, 21. Januar 1940).

Ein großer Teil der Beute befand sich nach Kriegsende in einer Lagerhalle in Wiesbaden, unter Kontrolle der amerikanischen Militärregierung. Ben war mit ihrer Rückgabe betraut. Vielfach waren die vormaligen Eigentümer von den Nationalsozialisten ermordet worden, und die jüdischen Glaubensgemeinschaften existierten nicht mehr. Manche Schriftrollen stammten aus traditionsreichen Synagogen in Polen, Litauen, Lettland, Estland, der Ukraine und anderen Zentren jüdischer Gelehrsamkeit. In den raren Fällen, wo es dort noch ein funktionierendes Gotteshaus gab, wurden sie zurückgeschickt. Andere gingen nach Israel, wo die Mehrzahl der überlebenden Juden eine neue Heimat gefunden hatte. Das israelische Religionsministerium war ein dankbarer Abnehmer und verteilte die herrenlos gewordenen Objekte weiter.

Schwieriger gestaltete es sich, wenn eine Thora beschädigt war. Sie durfte nicht mehr verwendet werden, bevor orthodoxe Schriftgelehrte sie renoviert hatten. War hingegen der auf das Pergament aufgedruckte Schriftzug mit dem Namen Gottes beeinträchtigt, war auch keine Reparatur erlaubt. Für die Wiederherstellung der reparaturfähigen Rollen wurden israelische Experten eingeflogen, die unter der Aufsicht des American Jewish Joint Distribution Committee in Paris arbeiteten. Bei einem seiner regelmäßigen Besuche dort stellte Ben fest, dass einige der heiligen Gegenstände fehlten. Er wandte sich an den verantwortlichen Rabbi, der selbst nicht außerhalb jeden Verdachts stand, vielleicht die eine oder andere wertvolle Thora eingesteckt zu haben. Er habe den Eindruck, einige der Schriftrollen seien verschwunden, sagte Ben, und er wisse nicht recht, ob das Mitgehenlassen ein gesegneter Akt oder ein kriminelles Vergehen sei. »Muss ich in den Himmel hochschauen, um den Schuldigen zu finden, oder hinunter zum Teufel?«, fragte er. »Schauen Sie weder hinauf noch hinab. Schauen Sie weg!«, antwortete der Rabbi. Der Fragende behielt in Erinnerung, »dass das Beste, was man manchmal tun kann, darin besteht, nichts zu tun«.

Ein anderer Zwischenfall ereignete sich wenig später in New York, wo Ben dem Aufsichtsgremium der JRSO Bericht erstattete. Stolz erzählte er von den Gütern, die an die rechtmäßigen Eigentümer, ihre Erben oder an arme jüdische Glaubensgemeinschaften hatten übergeben werden können. Dabei erwähnte er auch, dass herrenlose beschädigte Silberobjekte, die trotz aller Anstrengungen nicht zu flicken waren, nach England verschifft und dort von einem angesehenen Unternehmen, das von der jüdischen Familie Goldsmith geführt wurde, eingeschmolzen würden. Die Erlöse gingen an »The Joint« und an die Jewish Agency for Israel, die sie an besonders bedürftige Holocaust-Überlebende verteilten. Bevor er fertig berichtet hatte, unterbrach ihn Rabbi Isaac Lewin, der angesehene Kopf der orthodoxen Union of American Hebrew Congregations. Er erhob sich von seinem Stuhl, sah Ben zornig an und donnerte: »Habe ich richtig verstanden? Haben Sie wirklich gesagt, Sie sendeten diese heiligen Objekte, die letzten Überreste unserer ermordeten Vorfahren, in ein Krematorium?« Es herrschte Totenstille. »Wir haben das Beste getan, was wir unter den Umständen tun konnten«, sagte Ben schließlich kleinlaut. Erst Jahre danach habe er das Gefühl gehabt, der Rabbi habe seine Beweggründe verstanden und ihm vergeben.

Herr der Friedhöfe

Spezielle Kenntnisse und unkonventionelle Vorkehrungen waren auch erforderlich, wenn es um die Frage ging, was mit den Hunderten von jüdischen Grabfeldern auf dem Gebiet der BRD passieren sollte, die im Nationalsozialismus oftmals geschändet, beschädigt und verwahrlost, zumeist aber nicht aufgelassen worden waren. Als Vorsitzender der JRSO, die offiziell deren Rechte verwaltete, war Ben gleichsam zum obersten hebräischen Friedhofswächter des Landes geworden, und auch später kümmerte er sich als Anwalt um die Angelegenheit. Weil er anfänglich wenig darüber wusste, bestellte er einen Rat von drei ausgewiesenen Gelehrten, darunter einen »Chief Rabbi« aus Israel. Sie machten klar, dass strenge Regeln zur Anwendung kamen. Die wichtigste lautete: »Einmal Friedhof, immer Friedhof.« Anders als katholische oder evangelische Gräber, die nach zwanzig Jahren geräumt wurden, um Neuankömmlingen Platz zu machen, galt für jüdische ein Ewigkeitsanspruch. Nichts durfte verändert werden. Fiel ein Grabstein um, musste er so liegen bleiben, wie er hingefallen war. Das alles machte die Sache nicht einfacher.

Einen besonders kniffligen Fall gab es in Fulda. Dort bestanden bis zur NS-Zeit ein Alter und ein Neuer jüdischer Friedhof. Der eine wurde von der Stadt abgeräumt und eingeebnet, die Gebeine der Verstorbenen auf den neuen Friedhof gebracht. Letzteren zerstörten die Nationalsozialisten in der Reichspogromnacht vom 9. November 1938. Sie warfen Grabsteine um und beschädigten das Totenhaus. Bis zu seiner endgültigen Schließung im Oktober 1940 wurden immer noch Bestattungen vorgenommen. Nach dem Untergang des Nationalsozialismus bildete sich eine neue jüdische Gemeinde, vor allem mit Flüchtlingen aus Osteuropa. Es stellte sich heraus, dass ein größeres Stück des Alten jüdischen Friedhofs nie genutzt worden war. Da es unwahrscheinlich schien, dass die wenigen neu angesiedelten Juden diese Fläche je brauchen würden, kam die Idee auf, sie zu verkaufen. Damit könnten Fonds für Holocaust-Überlebende ausgestattet werden. Ben legte die Angelegenheit dem von ihm einberufenen Rabbinerrat vor. Ein Gebiet, das nie eine Leiche aufgenommen habe, könne nicht als Friedhof betrachtet werden, meinten sie. Würde eine Mauer errichtet, die das nicht benutzte Areal abtrennte, stünde einem Verkauf des nun außerhalb liegenden Grundstücksanteils nichts entgegen. So waren alle zufrieden, als die Stadt Fulda bald darauf Interesse an dem zum Verkauf stehenden Land bekundete. Sie wollte in der Gegend ein Verwaltungsgebäude für das Zollamt bauen. Die Behörden seien leicht zu überzeugen gewesen, einen kleinen Park mit einer Gedenktafel an der Stelle zu errichten, wo der Friedhof gelegen hatte, erinnert sich Ben.

Alles schien nach Plan zu laufen, da erreichte ihn ein alarmierendes Telegramm. Er weilte gerade bei einem Meeting in New York. Die lokale Presse hatte berichtet, beim Aushub für das Parkhaus neben dem Zollgebäude seien Knochen gefunden worden, die wohl von jüdischen Leichen stammten. Sie sollten umgehend eine einstweilige Verfügung anstreben, um alle Bauarbeiten zu stoppen, wies Ben seine Mitarbeiter an. Er nahm das nächste Flugzeug und traf sich in Fulda mit Vertretern der Stadt und der jüdischen Gemeinde. Er war aufgebracht. Die Bestimmungen des Verkaufsvertrags seien klar verletzt worden. Als ehemaliger Chefankläger in Nürnberg, der SS-Generäle des Mordes an über einer Million Juden angeklagt habe, sei er nicht in der Stimmung, »die Entweihung jüdischer Gräber durch irgendeinen Deutschen zu tolerieren«. Das schon kurz vor der Fertigstellung stehende Gebäude müsse abgerissen und das Gelände wiederhergestellt werden, forderte er in seinem Zorn. Nicht nur die Repräsentanten der Stadt, auch die der jüdischen Gemeinde waren perplex. Sie baten ihn danach um ein privates Gespräch. Die Stadtoberen seien Nazi-Gegner, die sie freundlich willkommen geheißen hätten, es handle sich ja nur um ein kleines Stück Land und es sei auch nicht sicher, dass die ausgegrabenen Knochen von Menschen herrührten, warfen sie ein. Ihr Leben in Fulda würde unerträglich werden, sollte er die Stadt tatsächlich zwingen, das Gebäude einzureißen. Er lenkte widerwillig ein, die Angelegenheit erneut seinem Rabbinerrat in Jerusalem vorzulegen.

Die Gelehrten bekräftigten unter Verweis auf Talmudstellen, das Andenken und die Leichen von Verstorbenen müssten respektiert werden; und sie betonten, dass keinesfalls ein Gebäude über einem jüdischen Friedhof errichtet werden dürfe. Allerdings gebe es ein Schlupfloch: Wenn das Haus etwas angehoben würde, sodass es den heiligen Boden nicht berühre, wäre dies mit den religiösen Regeln vereinbar. Wie das technische Wunder bewerkstelligt werden sollte, verrieten sie nicht. Ben sah sich gezwungen, eine Zweitmeinung einzuholen. Wer genau auf die schließlich gefundene Lösung gekommen sei, wisse er nicht mehr. Aber es sei ein brillanter Geist gewesen. Er erklärte, dass nur eine Art von Bau auf einem jüdischen Friedhof erlaubt sei: ein Raum, wo die Gläubigen für die Verstorbenen beten könnten. Wenn es also gelänge, eine winzige Synagoge unter jener Ecke des Gebäudes zu bauen, welche in den alten Friedhof hineinragte, dann gäbe es nichts einzuwenden. »Genau dies haben wir getan.« So entstand an diesem ungewöhnlichen Ort ein kleines Andachtszimmer. An dessen Frontseite ist noch heute eine Tafel angebracht mit der Inschrift: »Dieser Raum sei geweiht der Erinnerung an die Seelen aller Heiligen, Frommen und Großen in Israel, aller Männer und Frauen der altehrwürdigen Gemeinde Fulda, die hier ihre Ruhestätte fanden bis zur gewaltsamen Auflösung des Friedhofes zur Zeit der Schreckensherrschaft.«

Wenn Ben davon erzählt, ergötzt er sich noch immer mit blitzendem Schalk in den Augen hinter seiner dicken Brille an »der Ingeniosität, die zum Bau dieses kleinsten, unbekanntesten und am wenigsten besuchten jüdischen Gotteshauses der Welt geführt hat«.

Die Stunde der Knöchelchen

Wer sollte für die Pflege und den Unterhalt der herrenlos gewordenen jüdischen Friedhöfe aufkommen? Um diese Frage entbrannten in den 1950er-Jahren heftige Konflikte politischer, juristischer und staatsrechtlicher Natur. Für Ben und die von ihm geleitete jüdische Nachfolgeorganisation war klar, dass dies Sache der deutschen Behörden sei. Es sei undenkbar, die Opfer auch noch zur Kasse zu bitten, nachdem sie geschädigt worden seien. Kommunen, Länder und Bund stritten sich darum, wer wofür zuständig sei. Jede Verwaltungseinheit neigte dazu, die Verantwortung – und somit die Kosten – abzuschieben. Galt in Kultur- und Kultusfragen nicht die Länderhoheit? Das Bundesfinanzministerium unter Fritz Schäffer forderte, auf dieser Linie argumentierend, dass die Länder bezahlen müssten. Die Ländervertreter ihrerseits wiesen mit ebenso gutem Recht darauf hin, dass die zur Debatte stehende Streitfrage ein wichtiges Element der deutschen Wiedergutmachungspolitik, also Bundesangelegenheit sei. Aber selbst in Bonn war man sich nicht einig. Innenminister Gerhard Schröder (CDU) erkannte das politische Sprengpotenzial des Zwists und bemühte sich um eine Lösung mit bundesstaatlicher Verantwortung.

In dieser angespannten Stimmung traf sich Ben zu einer Aussprache mit Repräsentanten der beteiligten Ministerien in Bonn. Das Gespräch begann freundlich. Die deutschen Unterhändler erkannten das Unrecht an, das den jüdischen Staatsbürgern im Nationalsozialismus widerfahren war, und versprachen, dass für jüdische Grabfelder dieselben Rechte gelten sollten wie für christliche. Er könne jedoch nicht erwarten, dass die deutschen Steuerzahler für die Juden eine unbestimmte Last trügen. Die Leistungen für die Angehörigen der christlichen Staatskirchen seien ja auch beschränkt.

Da platzte Ben der Kragen. »Ich kann mich nicht erinnern,

je im Leben einen solchen Zornesausbruch erlebt zu haben.« Wenn die Deutschen die Juden nicht vertrieben und ermordet hätten, dann hätten sie jetzt auch keine Probleme mit jüdischen Friedhöfen. Nur wegen der horrenden Verbrechen der NS-Zeit müsse das Thema überhaupt besprochen werden. Dann klaubte er aus seiner Tasche einen Umschlag hervor, in dem er sehr spezielle Erinnerungstücke mit sich trug: kleine Knöchelchen, die er bei einer Besichtigung des Vernichtungslagers Auschwitz-Birkenau gefunden und eingesteckt hatte. Ben vermutet, dass sie von der Hand eines von den Nationalsozialisten ermordeten Kleinkinds stammten. Er warf sie auf den Verhandlungstisch und rief, zitternd vor Empörung: »Wer wird zahlen? Etwa diese hier?« Dabei zeigte er auf die vor den verdutzten Sitzungsteilnehmern liegenden sterblichen Überreste. »Dann geht hin und fragt die Toten, ob sie zahlen wollen!« Der Vorsitzende ordnete irritiert eine Unterbrechung an und eilte bestürzt hinaus. Nach rund zwanzig Minuten wurde die Verhandlung fortgesetzt. Die deutschen Unterhändler erklärten, dass sie die Verpflichtung akzeptieren wollten, die jüdische Tradition zu ehren. Damit signalisierten sie die Bereitschaft, die ehemaligen jüdischen Friedhöfe für immer auf Bundeskosten zu pflegen. Ben tat es später leid. »Unsere Verhandlungspartner waren nicht die Täter, und ich kann mich nicht einmal erinnern, eine Entschuldigung angeboten zu haben.«

Dieser Vorfall aus den *Benny Stories* taucht in den offiziellen Dokumenten verständlicherweise nirgends auf. Tatsache ist jedoch, dass sich Schröder mit seinem pragmatischen Kurs durchgesetzt hat. Wie der Historiker Andreas Wirsching schreibt, wies der Innenminister den Weg aus der Sackgasse, in die die Frage der dauerhaften Betreuung der jüdischen Friedhöfe Mitte der 1950er-Jahre geraten war. Am 31. August 1956 gab das Bundeskabinett eine Erklärung im Sinne Schröders ab, nachdem dieser im regierungsinternen Machtgerangel Finanzminister Schäffer bezwungen hatte. Darin verpflichtete sich die Bundesregierung, den Unterhalt der jüdischen Friedhöfe durch einen jährlichen Pauschalbetrag mitzufinanzieren, auch wenn die rechtlichen Detailfragen mit den Ländern noch nicht definitiv geregelt seien. In einem Schreiben an deren Ministerpräsidenten vom 28. September 1956 betonte Schröder: »Nach jüdischer religiöser Auffassung darf eine jüdische Grabstätte niemals beseitigt werden, wenngleich Pflege und Schmuck in weit einfacheren Formen als bei christlichen Grabstätten durchzuführen sind.« Es sei deshalb »ein sehr wichtiges und dringendes Anliegen der Juden in aller Welt, den Bestand und die dauernde Pflege der jüdischen Friedhöfe in der Bundesrepublik geregelt und gesichert zu wissen«. Diesem Anliegen komme »neben seiner großen moralischen und kulturellen Bedeutung ein erhebliches politisches Gewicht zu«. Unter dem Gesichtspunkt der Wiedergutmachung nationalsozialistischen Unrechts müsse sich »das deutsche Volk anstelle der vernichteten jüdischen Kultusgemeinden dieser so wichtigen Aufgabe annehmen«. Bund und Länder sollten künftig je die Hälfte der Kosten für die Instandhaltung tragen. Dieser Argumentation konnten die Länder nicht widersprechen.

Seine Knöchelchen, die, wer weiß, in dieser Angelegenheit vielleicht mehr bewirkt haben als die vielen rhetorischen Argumente, vermachte Ben 1994 gemeinsam mit dem anderen Archivmaterial dem United States Holocaust Memorial Museum in Washington. Dazu lieferte er eine kurze Erklärung, worin er auf die ungewöhnlichen Umstände des Funds sowie auf dessen unverhoffte Wirkung einging. Er sei sich bewusst, dass es sich für einen »braven Judenjungen« nicht gehöre, jüdische Knochen zu sammeln, und bitte die entsprechenden Stellen um Vergebung. Einige Zeit später erhielt er einen Brief aus Washington: Das Holocaust-Museum bat um seine Erlaubnis, über die Fingerknochen verfügen zu dürfen. Er habe alle seine Rechte abgetreten, und sie könnten damit machen, was sie wollten, antwortete er. Die Museumsverantwortlichen hielten es für angebracht, sie nach Auschwitz zurückzusenden.

In der Höhle des Löwen

Während die Wiedergutmachung in Westdeutschland längst in Gang gekommen war, herrschte jenseits der innerdeutschen Grenze bis in die frühen 1970er-Jahre Funkstille. Von Beginn an war für die Verhandlungspartner Israel, Claims Conference und BRD klar gewesen, dass auch die DDR ihren Anteil zu begleichen habe. Die von Bonn bezahlten Summen wurden ausdrücklich als zwei Drittel des erforderlichen Gesamtbetrags definiert. Das restliche Drittel sollte Ostberlin übernehmen. Doch davon wollte die SED-Regierung nichts wissen. Sie stellte sich auf den Standpunkt, mit der Erfüllung des Potsdamer Abkommens von 1945 seien alle offenen Rechnungen beglichen. Neben der politischen Neuordnung Nachkriegsdeutschlands regelte das Abkommen auch die Reparationen für Kriegsschäden, nicht aber die Entschädigung individueller Opfer. Die kommunistischen Staats- und Parteispitzen – manche von ihnen hatten in der Nazizeit selbst im Gefängnis gesessen – betrachteten sich weder politisch noch moralisch verantwortlich für das Erbe des nationalsozialistischen Staates. Dies, obwohl von den Nationalsozialisten entwendetes Eigentum in Milliardenhöhe an die DDR gefallen war.

Anfang 1973 änderte sich die Situation jedoch. Im Tauwetter zwischen West und Ost versuchte die Claims Conference die Gunst der Stunde zu nutzen und nahm Verhandlungen mit Ostberlin auf. Die treibende Figur auf jüdischer Seite war Ben Ferencz. Zwar war er zu dieser Zeit wieder hauptsächlich in Amerika tätig, aber als Special Advisor übertrug ihm die Claims Conference die strategische und operative Verantwortung für die Mission »DDR«. In den folgenden 17 Jahren verfasste er regelmäßig Memoranden und jährliche Berichte für die Konferenz, verhandelte persönlich mit den Kommunisten und koordinierte die Lobbyarbeit in Washington. Dabei stand er in ständigem Austausch mit dem State Department und einflussreichen Kongressabgeordneten.

Den Kurs der Claims Conference gegenüber dem DDR-Regime formulierte er in einer Denkschrift vom Juli 1973 (»Issues and Problems Regarding Compensation Claims Against [East] German Democratic Republic«). Dabei war er sich bewusst, dass die Entschädigungsfrage nicht im luftleeren Raum zu entscheiden war, sondern von der politischen Großwetterlage abhing. Anlass für den Vorstoß sei die Entspannung, die in den Beziehungen zwischen der DDR und der westlichen Welt eingetreten sei. Die Teilung des vormaligen Reichs in zwei deutsche Staaten sei mittlerweile als Fait accompli akzeptiert worden. Über achtzig Staaten hätten die DDR anerkannt. Der Kontext für Verhandlungen hatte sich entscheidend verändert. Die USA und die UdSSR unterzeichneten Abrüstungsverträge, und Kanzler Willy Brandt (SPD) versuchte mit der »Neuen Ostpolitik« eine Annäherung an den »anderen deutschen Staat«. »Die Bundesrepublik Deutschland und die Deutsche Demokratische Republik entwickeln normale gutnachbarliche Beziehungen zueinander«, heißt es in Artikel 1 des »Grundlagenvertrags« vom 21. Dezember 1972. Damit verbunden war die Anerkennung der staatlichen Existenz der DDR durch die BRD. Bis dahin hatte Westdeutschland einen »Alleinvertretungsanspruch« erhoben. Gemäß der »Hallstein-Doktrin«, die vor der Ära Brandt gegolten hatte, betrachtete es Bonn als »unfreundlichen Akt«, wenn ein Drittstaat diplomatische Beziehungen mit Ostberlin aufnahm. Dies war nun vorbei.

Ben erkannte die Chancen, die diese neuen Konstellationen bargen. Mit dem Verzicht auf den Alleinvertretungsanspruch war die BRD nicht mehr der einzige legitime Rechtsnachfolger des bis 1945 bestehenden Deutschen Reichs, und die DDR konnte nun stärker in die Pflicht genommen werden. Das moralische Argument dafür sei noch zwingender als das juristische. Der ostdeutsche Staat habe die Vermögenswerte des Reichs auf seinem Gebiet eingestrichen. Die Verpflichtung für die Deutschen, die Verbrechen der Vergangenheit wiedergutzumachen, bestehe in Frankfurt am Main und in Frankfurt an der Oder gleichermaßen. Man könne sich ihrer nicht entledigen, »indem man einfach das braune Hemd abstreift und ein rotes überzieht«.

Was die Höhe der Ansprüche an die DDR betrifft, operiert Ben in dem Memorandum mit Vergleichszahlen aus der BRD. Der Wert des von den Nationalsozialisten geraubten jüdischen Gemeindeeigentums im Westen habe mindestens einige Hundert Millionen D-Mark betragen. Basierend darauf müsste die DDR als »faire Kompensation« sicher 100 Millionen bezahlen. Den Wert des herrenlosen Vermögens, das in die Staatskasse der DDR übergegangen war, schätzte Ben »konservativ« auf mehrere Hundert Millionen D-Mark. Hinsichtlich der individuellen Entschädigungsleistungen erwähnte er, dass es in der BRD zwei Jahrzehnte gedauert habe, um die Ansprüche von mehr als vier Millionen Personen zu prüfen. Es bestehe weder die Zeit noch der Wunsch, »diese Art von Erfahrung zu wiederholen«. Das Beste wäre es deshalb, eine »globale Summe« zu verlangen. Damit könnten gewisse Leistungslücken in den westdeutschen Gesetzen geschlossen werden. Als möglichen Ansatz skizzierte er zusätzliche Zahlungen an KZ-Überlebende. Diese hätten pro Tag Haft »unter brutalsten Bedingungen« lediglich rund einen Dollar bekommen. Das sei unzureichend. Für die mehr als eine halbe Million Ex-Häftlinge würde so ein Betrag von rund zweieinhalb Milliarden Mark fällig.

Analog zum Luxemburger Abkommen und in Relation zu ihrer Größe und Bevölkerungszahl sollte die DDR den Gegenwert von eineinhalb Milliarden Mark an Israel überweisen, in Form von Warenlieferungen über mehrere Jahre. Die politische Lage im Nahen Osten mache dies jedoch unrealistisch, denn im israelisch-arabischen Konflikt schlug sich Ostberlin entschieden auf die Seite der Araber. Ausgehend von der gleichen Kalkulation – ein Drittel der jeweiligen Gesamtsumme –, stünden der Claims Conference 225 Millionen Mark zu.

Zur Frage der politischen Rückendeckung für die jüdischen Anliegen heißt es in der Denkschrift, die Regierungen der USA, Großbritanniens und Frankreichs hätten sich in der Vergangenheit im Zusammenhang mit den Entschädigungsproblemen »mitfühlend und hilfreich« gezeigt. Die Vereinigten Staaten hätten weiterhin Unterstützung versprochen. Es wäre zweifellos am einfachsten, wenn die DDR direkt mit den jüdischen Organisationen ein Übereinkommen auf einer »globalen Basis« schließen würde. Der Erfolg sei keineswegs vorgezeichnet, aber eines sei sicher: Träten die jüdischen Organisationen nicht organisiert, hartnäckig und ausdauernd auf, würden sie »nichts bekommen«. Das Memorandum schließt mit der Bemerkung, die BRD habe sich in die richtige Richtung bewegt, und sie habe geholfen, das Misstrauen zwischen Juden und Deutschen zu mindern. Die DDR müsse dem Beispiel folgen, sonst sei keine Versöhnung möglich.

Auf einem Treffen in Genf im Juli 1973 beschloss die Claims Conference auf der Basis von Bens Strategiepapier, dass auch der ostdeutsche Staat einen Teil der Kompensationslast zu tragen habe. Der Urheber des Plans wurde auch gleich als Unterhändler bestimmt. Er sollte in Ostberlin geheime Gespräche mit dem SED-Regime aufnehmen. Die politischen Entwicklungen schienen das Vorhaben zu begünstigen. Im September 1973 wurde die DDR – zeitgleich mit der BRD – in die Vereinten Nationen aufgenommen. Der amerikanische UNO-Botschafter regte an, das Neumitglied möge in Sachen Wiedergutmachung dem Vorbild Westdeutschlands folgen. Doch der ostdeutsche Außenminister Otto Winzer wiederholte bloß die bekannte Position, mit dem Abschluss der Zahlungen an Polen und die UdSSR seien sämtliche Reparationsverpflichtungen aus dem Zweiten Weltkrieg erfüllt worden. Bemühungen der Claims Conference, den Außenminister und den UNO-Botschafter der DDR zu treffen, scheiterten. Nahum Goldmann versuchte in der Folge auf höchster Ebene Staatschef Erich Honecker zu kontaktieren, scheiterte aber. Es sei klar geworden, »dass die DDR eine Politik der harten Linie verfolgt«, notierte Ben in seinem Jahresbericht vom Mai 1975. Sie sehe sich lieber als Opfer denn als Teil Deutschlands und meine, den Makel der Vergangenheit abwaschen zu können, »indem sie sich selbst aus der deutschen Geschichte entfernt«.

Die Claims Conference hielt derweil den Druck auf die US-Regierung hoch. Sie brachte Senator Jacob Javits aus New York dazu, bei Außenminister Henry Kissinger zu intervenieren. Die Vereinigten Staaten sollten die diplomatische Anerkennung der DDR aufschieben, bis die Frage der jüdischen Ansprüche zufriedenstellend gelöst sei. Das State Department war aber bereits auf eine Politik der Entspannung eingeschwenkt und lehnte Javits' Vorschlag als zu weitgehend ab. Allerdings betonten die USA, als Preis für die Aufnahme diplomatischer Beziehungen – diese erfolgte am 4. September 1974 – müsse die gesamte Forderungsproblematik diskutiert werden. Die Bedingung fand sogar Eingang in das offizielle Protokoll zum entsprechenden Abkommen. In Punkt 10 steht dort, nach der Eröffnung der Botschaften in Washington und Ostberlin sollten Verhandlungen über die ungelösten Eigentumsprobleme geführt werden, wobei jede Regierung diejenigen Fragen aufbringen könne, die sie wolle. Explizit eingeschlossen wurden Ereignisse vor 1945 und »Verluste von Opfern des Nationalsozialismus«.

Trotz dieser Vereinbarung stellte sich die DDR weiterhin stur. Die Versuche, auf dem Niveau der Spitzendiplomatie einen Weg zu bahnen, fruchteten nicht. Die Claims Conference schwenkte deshalb auf eine Low-key-Strategie um – eine Einigung im Stillen sei besser als gar keine. Kissinger sicherte ihr dabei seine volle Unterstützung zu.

Das nächste Problem ergab sich, als Ben Vertreter des ostdeutschen Regimes treffen wollte. Man verhandle nicht mit einer privaten Organisation, hieß es. Unter dem Druck des US-Außenministeriums ließ sich die DDR-Regierung auf einen Kompromiss ein. Die Claims Conference könne die offenen Fragen mit dem Komitee der Antifaschistischen Widerstandskämpfer (KdAW) diskutieren. Dies war eine eng mit der SED verbandelte Vereinigung. Sie machte dann weitere Auflagen: Sie rede nur mit einem amerikanischen Staatsbürger und ausschließlich über Forderungen von NS-Opfern in den USA.

Im Dezember 1974 kam es in Ostberlin zu einem ersten Treffen. Ben überquerte die Grenze am Checkpoint Charlie. Um kein Risiko einzugehen, verzichtete er auf eines der Taxis, die jenseits der Mauer warteten. Zu Fuß machte er sich auf den Weg. Aus Sicherheitsgründen ging er immer auf der Straße, den entgegenkommenden Verkehr im Blick, und vermied es, in die Nähe eines Türdurchgangs zu kommen, »wo jemand hätte lauern können«. Er erinnerte sich an seinen Freund Charles Jordan, den Geschäftsführer des American Jewish Joint Distribution Committee, der am 16. August 1967 in Prag ermordet worden war. Die Leiche fand man drei Tage später in der Moldau. Die Umstände des gewaltsamen Todes sind bis heute nicht geklärt.

Einer der Gesprächspartner war ein Kommunist, der im KZ Mauthausen eingesperrt gewesen war. Ben sagte ihm, sie verträten in den Verhandlungen beide ihre jeweilige Seite, aber da er damals sein Leben für ihn riskiert habe, hoffe er doch wenigstens, sie könnten ehrlich miteinander sein. Der Widerstandskämpfer nickte zustimmend. Er und die anderen Komiteeführer verwiesen stolz auf die Bemühungen, die der sozialistische Staat unternommen habe, um Nazismus und Antisemitismus in der DDR zu eliminieren. Auch hätten bedürftige Naziopfer Pensionszahlungen bekommen. Die seit dem Krieg geborenen Generationen könnten darum nicht verstehen, wie jemand von einer »moralischen Pflicht« reden könne, Personen im Westen zu entschädigen. Dennoch seien sie bereit, weitere Schritte an einem neutralen Ort außerhalb Deutschlands zu diskutieren.

Die Claims Conference erneuerte darauf ihre politischen Anstrengungen. Gemeinsam mit dem US-Außenministerium versuchte sie die DDR von einer »breiteren Herangehensweise« zu überzeugen. Der US-Botschafter in Ostberlin meldete nach einem Treffen mit Honecker, er habe günstige Signale vom Staatsoberhaupt empfangen. Die nächste Ernüchterung kam postwendend: Der ostdeutsche Abgesandte in Washington weigerte sich, die Angelegenheit überhaupt zu besprechen. Im Jahresbericht über den Stand der Diskussionen mit der DDR vom 4. Juni 1976 hielt Ben fest, die jüdisch-amerikanischen Argumente schienen die Sicht der SED-Regierung nicht zu ändern. Seine Bemerkung, die Normalisierung der Beziehungen zum Westen verlange einen Akt des guten Willens, habe die Vertreter des Regimes ebenso kaltgelassen wie sein Verweis auf das Adenauer-Zitat, im Namen des deutschen Volkes seien unaussprechliche Verbrechen an den Juden begangen worden. Auch wirtschaftliche Betrachtungen hätten ihre Wirkung verfehlt. Ben hatte versucht, der DDR einen Deal dadurch schmackhaft zu machen, dass er betonte, Kompensationsleistungen in Form von Güterlieferungen könnten neue ausländische Märkte erschließen. Die Amerikaner leisteten ihm dabei Schützenhilfe. Als Ende Dezember 1975 eine Handelsdelegation aus Ostberlin Washington besuchte, teilte ihr die US-Regierung mit, es könne keinen verbesserten Warenaustausch geben, bevor nicht verschiedene humanitäre Probleme – die jüdischen Forderungen eingeschlossen – gelöst seien. »Wenn solche Überlegungen irgendeinen Einfluss auf die Denkweise der DDR gehabt haben sollten, dann ist es noch nicht sichtbar geworden«, resümierte Ben.

Er machte sich keine Illusionen. Das Land erhalte substanzielle Kredite von amerikanischen Banken für Getreideimporte aus den USA, und es könne gut sein, dass die kommunistischen Machthaber zum Schluss gelangt seien, die jüdischen Proteste seien ein »minderes Ärgernis, das verkraftet werden könne«. Es gebe inzwischen kaum mehr Zweifel, dass die Staats- und Parteiführung auf allen Verwaltungsebenen die Devise ausgegeben habe, »sich taub zu stellen, wann und wo immer das Problem der Forderungen jüdischer Naziopfer erhoben wird«. Nichtsdestotrotz sollten die Gespräche mit den Widerstandskämpfern fortgeführt werden. Dies sei auch die »starke Empfehlung« des State Department.

Sah es bislang also nach einem mühsamen Ringen, ja, nach Stillstand aus, kam im Sommer 1976 plötzlich Bewegung in die Sache: Bens Report für 1977 meldete eine »dramatische Entwicklung«. Was war geschehen?

Der Anstoß kam aus Washington. Der Kongress debattierte über neue Gesetze zur Erweiterung des »International Claims Settlement Act« von 1949. Die zuständigen Parlamentskommissionen sollten ermächtigt werden, über Forderungen amerikanischer Privatpersonen und Unternehmen gegenüber der DDR zu entscheiden, deren Eigentum nach dem Zweiten Weltkrieg verstaatlicht worden war. In einem ersten Gesetzesentwurf, der den Senat passiert hatte, wurden die jüdischen Ansprüche nicht erwähnt. Die Frage tauchte auf, ob den Inhabern von deutschen Anleihen und den Firmen Vorrang vor den Naziopfern eingeräumt werde. Die Claims Conference war alarmiert und drohte, Teile des neuen Gesetzes zu blockieren. Sie machte nach Kräften ihren Einfluss geltend. In Absprache mit dem State Department verfasste Ben einen Berichtsentwurf für den Abgeordneten Jonathan Bingham, des Präsidenten der Subkommission Internationaler Handel im Repräsentantenhaus. Bingham sollte ihn in die Beratungen über das Gesetz einbringen. Darin heißt es, solange die DDR nicht auch den Forderungen von Naziopfern nachgekommen sei, würde die Entwicklung normaler Beziehungen zu den USA beeinträchtigt. Es folgten weitere »intensive Gespräche« zwischen Ben als dem Anwalt der Claims Conference und dem Außenministerium, in deren Verlauf der amerikanische

Botschafter in Ostberlin angewiesen wurde, umgehend Klarheit über die Position der DDR zu verlangen und die Wichtigkeit eines Abkommens über die jüdischen Ansprüche zu betonen. Diesmal kam überraschend eine positive Antwort: Erstmals sandte das Komitee der Antifaschistischen Widerstandskämpfer eine offizielle Einladung an die Claims Conference. Sie möge baldmöglichst einen Vertreter nach Berlin schicken. Es war Ben, der die Aufgabe übernahm.

Im November 1976 merkte er, dass die DDR irgendetwas vorhatte. Das KdAW verlangte von ihm die Kontoverbindung der Claims Conference. Er bat um Aufschub und informierte die Zentrale. Goldmann wies ihn an, weiterzuverhandeln und ihn sofort anzurufen, wenn etwas passiere. Am 22. November war es dann so weit. Als Ben den Verhandlungsraum in Ostberlin betrat, realisierte er, dass ein Entscheid gefallen sein musste. Auf dem Tisch standen Gläser und Whiskyflaschen. Kameraleute hielten sich bereit. Die Mittelsmänner der Regierung verlasen ein Statement, das Komitee mache eine einmalige Zuwendung von einer Million Dollar an die Claims Conference. Das Geld sei für bedürftige Naziopfer in den USA bestimmt. Zugleich machten sie klar, dass sie nicht berechtigt seien, irgendwelche jüdischen Forderungen anzuerkennen. Nachdem sie die Erklärung verkündet hatten, brachten die Widerstandskämpfer einen Toast auf Ben aus. Er antwortete, er werde die Neuigkeit an das Präsidium übermitteln, verabschiedete sich und eilte zu Fuß zur amerikanischen Botschaft. Dort rief er Goldmann in Paris an. Er schlug vor, für die Bezahlung dieser »ersten Rate« zu danken und die Gespräche fortzuführen. »Pah«, entgegnete Goldmann, »sie werfen uns diese Million hinterher, wie man einem Hund einen Knochen hinwirft.« Die offizielle Antwort war dann diplomatischer: Man werde sich wieder melden, sobald sich das Exekutivkomitee beraten habe. Die Spender wurden gebeten, mit der Geldüberweisung so lange zu warten. Es kam anders.

Entgegen der Zusicherung, es werde keine Publizität geben,

verkündete am nächsten Morgen die Zeitung *Neues Deutschland*, das offizielle Organ der SED, unter dem Titel »Unterstützung für Verfolgte des Naziregimes in den USA«, der Vorsitzende der Zentralleitung des Komitees der Antifaschistischen Widerstandskämpfer der DDR, Otto Funke, habe am 22. November Benjamin B. Ferencz getroffen, »den bevollmächtigten Vertreter einer in den USA ansässigen Organisation von Naziopfern jüdischen Glaubens«. »Herr Ferencz« sei davon in Kenntnis gesetzt worden, dass das KdAW »bedürftigen Bürgern der USA jüdischen Glaubens, die vom Naziregime verfolgt wurden, aus humanitären Gründen einmalig eine finanzielle Unterstützung gewährt«. Herr Ferencz habe dafür »den Dank seiner Organisation« übermittelt. Internationale Nachrichtenagenturen verbreiteten die Meldung um die Welt. Sie sahen darin einen »historischen Durchbruch«, da die DDR zum ersten Mal überhaupt bereit war, einen Betrag an eine jüdische Organisation zu zahlen.

Für Ben hatte die Geschichte allerdings eine gefährliche Dynamik angenommen. In Absprache mit Goldmann kam er zum Schluss, das Angebot der DDR zurückzuweisen. Es blieb ihm nichts anderes übrig, als den Gang in die Höhle des Löwen anzutreten und Funke mitzuteilen, dass die Claims Conference das Geschenk nicht annehme. Um sich etwas aus der Schusslinie zu nehmen, betonte er, er sei ja nur der Überbringer der Botschaft. Die Absage begründete er damit, eine Annahme des Geldes würde den Eindruck erwecken, die Zahlung stünde in Verbindung mit den jüdischen Forderungen – dabei sei die Summe »völlig unangemessen« angesichts der Größenordnung der jüdischen Verletzungen und Verluste. Er hoffe aber, dass Gespräche wieder aufgenommen werden könnten, »die den historischen und sozialen Tatsachen, die den jüdischen Ansprüchen zugrunde liegen, besser Rechnung tragen«.

Während Goldmann aus sicherer Distanz in Paris erklärte, man nehme die Aktion der DDR gar nicht ernst und der »symbolische Betrag« könne keinesfalls akzeptiert werden, musste sich Ben vorsehen, so rasch wie möglich aus Ostberlin zu verschwinden. Er fürchtete, eingedenk des Schicksals, das Jordan in Prag ereilt hatte, um sein Leben. Den Checkpoint Charlie überquerte er ohne Probleme. Um sich dem möglichen Zugriff ostdeutscher Agenten zu entziehen, versteckte er sich jenseits der Grenze mehrere Tage lang im Olympia-Schwimmbad. 1936 hatten in Berlin, von Hitler als gigantische Propagandashow inszeniert, die Olympischen Sommerspiele stattgefunden. Ben kannte den Bademeister, weil er oft dort schwimmen gegangen war, und konnte auf dessen diskrete Hilfe zählen. Sobald er vermutete, die Luft sei rein, reiste er schleunigst aus Westberlin ab.

Die turbulenten Geschehnisse ließen es ratsam erscheinen, eine »cooling off period« einzuschalten, damit sich die erhitzten Gemüter beruhigen konnten. Die Antifaschistischen Widerstandskämpfer empfanden die Rücküberweisung der Million Dollar als »Affront«. Doch die US-Regierung drängte auf eine Fortsetzung der Verhandlungen, auch wenn keine baldige Lösung in Sicht sei. Das änderte sich auch nicht mit dem Wechsel der Präsidentschaft vom Republikaner Gerald Ford zum Demokraten Jimmy Carter 1977. Der neue US-Botschafter in Ostberlin, David Bolen, unternahm Ende des Jahres einen neuen Anlauf. Bei einem Treffen mit Honecker brachte er die Idee ein, die jüdischen Ansprüche könnten mit Warenlieferungen beglichen werden, wie das in Luxemburg zwischen der BRD und Israel vereinbart worden war. Zur Diskussion stand sogar das handelspolitische Instrument der Meistbegünstigung, also die Gewährung von Zoll- und anderen Vorteilen, gepaart mit einem Diskriminierungsverbot. Verschiedene DDR-Ministerien befassten sich in der Folge damit. Als ein Ergebnis der Zusammenkunft mit Honecker wurden die Gespräche der Claims Conference mit dem KdAW wiederaufgenommen.

Jüngste politische Entwicklungen dämpften indes die Erwartungen und wirkten sich kontraproduktiv auf Leistungen für NS-Verfolgte aus. Inzwischen war das amerikanische Programm für ausstehende Eigentumsforderungen an die DDR angelaufen. Dies habe einen »substanziellen negativen Einfluss« auf gewisse Zahlungen der BRD an jüdische Empfänger in den USA, die Vermögenswerte in Ostdeutschland besessen hätten, stellte Ben fest. Bonn fror nämlich alle Zahlungen ein, bis es sehen würde, was Ostberlin tat. Für die Betroffenen sei dies eine »No-win-Situation«. Sollte die ostdeutsche Regierung tatsächlich zahlen, würde die westdeutsche davon profitieren, und die Juden, die »am meisten unter dem Nationalsozialismus gelitten haben«, gingen leer aus. Diese »Absurdität« unterstreiche nur die Notwendigkeit eines separaten Abkommens für alle jüdischen Ansprüche, folgerte er. (Später nahm die BRD die ausgesetzten Leistungen wieder auf, als Resultat von jüdischem Druck und von Gerichtsentscheiden.)

Ein wenig Hoffnung flammte auf, als Rabbi Israel Miller, der Vizepräsident der Claims Conference, im Juni 1978 in Washington mit DDR-Außenminister Oskar Fischer zusammentraf. Es war das erste Mal, dass ein Funktionär der kommunistischen Regierung in eine offizielle Begegnung mit einem Vertreter jüdischer Organisationen einwilligte. Miller schlug Fischer als »symbolische Lösung« für alle jüdischen Ansprüche eine Summe von 100 Millionen Dollar vor. Die Zahlung könne auch in Warenlieferungen erfolgen. In einem späteren Meeting mit dem ostdeutschen Botschafter Horst Grunert präsentierte er eine Studie, die zeigte, dass die DDR bei unbeschränkter Meistbegünstigung ihre Deviseneinkünfte sofort um mindestens 25 Millionen Dollar pro Jahr und zukünftig um wesentlich mehr steigern könnte.

Den Plan, die DDR mit der Aussicht auf Handelsvorteile zu locken, wobei ein Abkommen mit der Claims Conference der Türöffner sein würde, durchkreuzte die Weltpolitik. 1979 marschierte die Sowjetunion in Afghanistan ein. 1981 verhängte die polnische Regierung unter General Wojciech Jaruzelski das Kriegsrecht, um die Demokratiebewegung durch die Gewerkschaft Solidarność mit ihrem charismatischen Führer Lech Wałęsa – dem späteren Staatspräsidenten – zu zerschlagen. Das Klima zwischen Ost und West kühlte sich infolge dieser Ereignisse markant ab. Die Entspannung, die in den vorangegangenen Jahren zwischen den Supermächten eingetreten war, schien gefährdet. Jede Aussicht auf ein Abkommen mit der DDR rückte in weite Ferne. Denn bevor sich die Beziehungen zwischen den USA und der UdSSR nicht wieder verbesserten, konnte auch kein Fortschritt in den jüdischen Gesprächen mit Ostberlin erwartet werden. Zwar unterstützte die neue republikanische Administration von Ronald Reagan, der 1981 an die Macht kam, entsprechende Bemühungen. Lawrence S. Eagleburger, damals im US-Außenministerium für Europa zuständig, versicherte Rabbi Miller in einem Brief vom 31. Juli 1981 verschiedener Hilfeleistungen. So habe er die amerikanische Botschaft in Ostberlin angewiesen, die DDR über einen bevorstehenden Besuch von »Mr. Ferencz« zu informieren. Die US-Regierung verlange, dass die DDR für ihn ein Treffen mit ostdeutschen Offiziellen »von genügendem Rang und mit ausreichender Autorität« ermögliche, damit sich die Gespräche lohnten und die »Möglichkeit eines wirklichen Fortschritts« gegeben sei. Doch alle Anstrengungen brachten nichts. Ben reiste einmal mehr vergeblich nach Ostberlin.

Den nächsten Rechenschaftsbericht in der Causa »DDR« lieferte er für das Jahrestreffen der Claims Conference im Juli 1982 in Paris ab. Statt mehrerer Seiten wie sonst, umfasste er nur noch eine. Mit Ausnahme der zurückgewiesenen Million Dollar vom November 1976 seien in den bald zehnjährigen Diskussionen keine signifikanten Fortschritte gemacht worden, heißt es darin. Immerhin habe der ostdeutsche Botschafter in Washington jüngst »ernsthaftes Interesse« bekundet, die Idee eines Handelsvertrags weiterzuverfolgen. Auch habe die DDR sich bereit erklärt, die jüdischen Forderungen auf hoher Regierungsebene mit der Claims Conference zu besprechen. Dies markiere einen Abschied von der bisherigen Praxis. Es sei jedoch zu früh, um sagen zu können, ob eine akzeptable Übereinkunft möglich sein werde. Zuvor müssten »viele politische und prozedurale Hürden« übersprungen werden. Obwohl Optimismus noch nicht angezeigt sei, gebe es immerhin »ein paar Gründe für Hoffnung«.

Doch auch dieser zarte Hoffnungsschimmer verflog. »Kein Bericht zum nächsten Meeting im Juli 1984 in Jerusalem«, notierte Ben von Hand auf einem gedruckten Exemplar des Reports. Eine symptomatische Aussage, denn die Anzeichen täuschten nicht: Die DDR verweigerte sich einer Einigung, solange sie existierte. Der SED-Staat verstand sich als »antifaschistische Jungfrauengeburt« (Constantin Goschler) und lehnte jede internationale Verantwortung für die vergiftete deutsche Geschichte ab. Innerhalb seiner Grenzen erkannte er nur rund 40 000 Personen als NS-Verfolgte an. Dabei unterschied er in der »Ehrenpensions-Verordnung« von 1965 zwischen »Kämpfern gegen den Faschismus« und bloßen »Opfern«. Nicht einmal zehn Prozent der Anspruchsberechtigten waren Juden. Ähnlich lief es bei den Rückerstattungen. Das jüdische Gemeindeeigentum wurde von der Gesetzgebung nur teilweise erfasst, und privater Besitz gar nicht. Auch Schadenersatz leistete die DDR nicht. Umso schwerer war es für Ansprüche aus dem Ausland.

Erst die deutsche Wiedervereinigung 1989/90 brachte doch noch so etwas wie ein verspätetes Happy End. Der kommunistische Block war kollabiert, der Ost-West-Konflikt vorbei. Auch auf dem Gebiet der Wiedergutmachung setzte sich die westdeutsche Praxis durch. Unter dem Kanzler Helmut Kohl (CDU) übernahm das vereinigte Deutschland die von der DDR stets abgewiesenen Verpflichtungen. In Artikel 2 einer Vereinbarung zum »Einigungsvertrag« vom 31. August 1990 erklärten die beiden deutschen Staaten, »für eine gerechte Entschädigung materieller Verluste der Opfer des NS-Regimes einzutreten«. Dies mündete gut zwei Jahre danach in ein Abkommen mit der Claims Conference. Weitere Maßnahmen folgten, darunter Globalabkommen mit mehreren ehemaligen Warschauer-Pakt-Staaten. Ben sah es mit Genugtuung, auch wenn sein Interesse sich inzwischen verschoben hatte: weg von der Kompensation für den Holocaust, hin zur Verhinderung ähnlicher Katastrophen.

Wie man »hoffnungslose Fälle« gewinnt

Brücken in eine neue Zeit

Im März 1956 endete das Abenteuer von Ben und Gertrude Ferencz in Deutschland. Fast zehn Jahre hatten sie gemeinsam in dem Land verbracht, in dem er faszinierende Aufgaben erfüllt, aber auch »so viele Albträume« erlebt hatte. Die vier in Nürnberg geborenen Kinder Carol-Anne (1949), Robin-Eve (1950), Donald Martin (1952) und Nina Dale (1953) sollten die Schule in den USA besuchen, in einer heitereren Umgebung, fern der Schatten einer dräuenden Vergangenheit. Von der Liliencronstraße 14 in Frankfurt, wo die Familie zuletzt gelebt hatte, zog sie in ein Haus an der 14 Bayberry Lane in New Rochelle (NY).

Deutsche Regierungsvertreter auf Bundes- und Länderebene, mit denen er im Rahmen der Wiedergutmachungspolitik zusammengearbeitet hatte, statteten Ben ihren Dank ab. »Sie haben in den schwersten Jahren eine große und gute Arbeit getan«, meinte Jakob Altmaier, ehemaliger Widerstandskämpfer und SPD-Bundestagsabgeordneter. Die Wertschätzung war nicht an Parteigrenzen gebunden. »Sosehr ich es bedauere, dass Sie Deutschland verlassen, so gut kann ich Ihren Wunsch und Ihre Freude verstehen, wieder in die Heimat zurückzukehren und Ihrem Beruf als Rechtsanwalt nachgehen zu können«, schrieb Franz Amrehn, Berliner Bürgermeister und Landesvorsitzender der CDU. Schon damals war klar, dass Ben der alten Wirkungsstätte nicht vollständig Adieu sagen würde. »Der schon jetzt gefasste Entschluss, Europa von Zeit zu Zeit einen Besuch abzustatten, beweist Ihre aufrichtige Verbundenheit mit unserem Kontinent.« Peter Paul Nahm, Staatssekretär im Bundesministerium für Vertriebene, Flüchtlinge und Kriegsgeschädigte, wertete die guten Beziehungen der BRD zu den von Ben geleiteten jüdischen Organisationen als »tröstlichen Beweis« dafür, »dass aus Ehrlichkeit und Menschlichkeit über eine entsetzliche scham- und zornerregende Vergangenheit hinweg Brücken geschlagen werden können, über die eine neue Zeit in die Welt ziehen kann«.

»Es war eine überaus angenehme Erfahrung für mich, Sie zu kennen und ein bisschen zu der großen und wichtigen Arbeit beizutragen, deren Leader Sie waren«, ergänzte der ehemalige Kölner Senatspräsident Siegfried Ikenberg, der mit Ben im Beratungsausschuss für die Entschädigung jüdischer Gemeindebediensteter gesessen hatte. Auch Regierungsdirektor Fritz Koppe vom Bundesministerium für Finanzen in Bonn zollte ihm seinen Respekt: »Wenn wir auch in der vergangenen Zeit uns oft als Verhandlungspartner gegenübergestanden haben, so hat uns doch die gemeinsame Arbeit an der Wiedergutmachung nationalsozialistischen Unrechts verbunden.« Es sei bedauerlich, »dass Sie nunmehr bei dem Abschluss des Globalvergleichs zwischen den Nachfolgeorganisationen und der Bundesrepublik Deutschland nicht mehr mitwirken und so einen gewissen Schlussstein Ihrer Tätigkeit setzen können.« Doch er konnte getrost fahren – das Bundesentschädigungsgesetz, auf das Koppe anspielte, war sicher auf den Weg gebracht.

In New York wollte Ben als Anwalt eine neue Karriere beginnen. Wie hin- und hergehende Briefe zeigen, suchte er dabei Rat bei John J. McCloy und seinem ehemaligen Vorgesetzten Telford Taylor. Sein Harvard-Wissen sei inzwischen etwas »eingerostet«. McCloy leitete mittlerweile das Board of

Directors der Chase Manhattan Bank, Taylor war Partner in einer Anwaltskanzlei. Trotz seiner einzigartigen Erfahrungen als Chefankläger in einem der wichtigsten Prozesse des 20. Jahrhunderts, als Manager innovativer Entschädigungslösungen und Direktor der »vielleicht größten Rechtshilfeorganisation der Welt«, erwies es sich für ihn als schwierig, in Amerika Fuß zu fassen. Keine dieser Tätigkeiten qualifizierte ihn für eine lukrative Laufbahn, wie sie die meisten seiner Harvard-Kommilitonen eingeschlagen hatten. Die renommierten juristischen Kanzleien interessierten sich in erster Linie dafür, wie viele wohlhabende Kunden einer mitbringen würde. Damit konnte er nicht dienen: Seine Klientel bestand aus Holocaust-Überlebenden, die nur ihr schweres Schicksal, aber kaum einen Cent mit sich trugen.

Für ein kleines Anwaltsbüro erledigte Ben eine Zeit lang juristische Alltagsfälle, doch sich mit streitenden Eheleuten und Ähnlichem herumzuschlagen, war nicht nach seinem Geschmack. Da war es hilfreich, dass er weiterhin Beratungsmandate für die Claims Conference und die URO wahrnahm. Schnell stellte sich heraus, dass er auch nach seiner zweiten Rückkehr aus Deutschland nicht von dem Land und seiner aufwühlenden Geschichte loskam.

Nach einigen Jahren erhielt er die Chance, als Partner in Taylors Kanzlei einzusteigen. Dabei trat er die ehrenvolle Nachfolge von James M. Landis an, jenem ehemaligen Dekan der Harvard Law School, der ihm einst ermöglicht hatte, das Studium weiterzuführen. Er machte sich einen Namen als »Anwalt für hoffnungslose Fälle«, für die er auf Erfolgsbasis entschädigt wurde. Gingen sie verloren, verdiente er nichts. Gewann er sie, erhielt er ein paar Prozente der herausgeholten Summe. Häufig hatten die mit dem Holocaust in Verbindung stehenden Vorkommnisse eine juristisch eher schwache Grundlage, aber sie waren »moralisch gerechtfertigt«. Dies erforderte besondere Methoden, die er im Lauf der Jahre perfektionierte. Ein aufschlussreiches Beispiel dafür liefert der Fall von B'nai B'rith.

»Put the heat on«

Der jüdische Wohltätigkeitsorden hatte in Deutschland zahlreiche Logen, die in der Zeit des Nationalsozialismus zerschlagen wurden. Als Generaldirektor der JRSO hatte Ben bereits mit der Rückgabe von B'nai-B'rith-Eigentum zu tun gehabt. Nun entwickelte er eine neue Idee. Es war nämlich üblich, dass die US-Regierung – wie es auch andere Länder taten – im Krieg das Eigentum von Bürgern und Organisationen feindlicher Staaten konfiszierte. Diese Assets konnten dafür verwendet werden, die Verluste von im Ausland enteigneten Amerikanern auszugleichen. Der Hauptsitz von B'nai B'rith lag in New York. Wenn es nun gelänge, die Ordenszentrale als Eigentümer der von den Nazis beschlagnahmten Geld- und Sachwerte auszuweisen, könnte sie am Kompensationsfonds des US-Finanzministeriums beteiligt werden. Philip Klutznick, der Präsident des Ordens und spätere amerikanische Handelsminister, erkannte das Potenzial des Vorhabens und ermächtigte Ben, eine entsprechende Forderung bei der zuständigen Foreign Claims Settlement Commission einzureichen. Das tat Ben, und die Richter dieses Gremiums – konstituiert als unabhängige Einheit innerhalb des Justizministeriums – »waren sehr beeindruckt von den kreativen juristischen Argumenten«, mit denen er den Anspruch begründete. »Sie dürften auch empfänglich gewesen sein für die beigelegten Fotos von amerikanischen Präsidenten, die regelmäßig als Hauptredner bei den Jahresversammlungen des Ordens auftraten«. Nach harten Verhandlungen stellte die Kommission eine Entschädigungszahlung von mehr als einer Million Dollar zugunsten von B'nai B'rith in Aussicht.

Doch da kam schon das nächste Hindernis. Cleveren Lobbyisten war es gelungen, eine Gesetzesbestimmung einzubringen, dergemäß alles Geld des Fonds an einige wenige privilegierte Organisationen fließen sollte. So bestand die Gefahr, dass für B'nai B'rith und andere nichts übrig blieb. Ben erkannte, dass es ein neues Amendment – also eine ergänzende Regelung im Gesetz – brauchte, um die diskriminierende Klausel zu beseitigen. Er entwarf einen Schlachtplan, der öffentlichen und politischen Druck erzeugen sollte. Zuerst baute er eine Gegenlobby auf. »Da meine Gegner beträchtlichen Einfluss auf das Kapitol hatten, wandte ich mich an noch höhere Autoritäten.« Dabei dachte er an die vielen Kirchen und Wohltätigkeitsorganisationen, die ebenfalls Ansprüche anmelden durften. Er trommelte sie in der Riverside Church in New York zusammen und überzeugte sie davon, dass es in ihrem Interesse lag, sich zu wehren. Zu diesem Zweck gründeten sie einen Koordinationsausschuss, dessen Anwalt er wurde. Er umfasste rund zwei Dutzend Organisationen, darunter die katholische und die protestantische Kirche sowie weitere christliche Glaubensgemeinschaften. Besonders erbaulich verlief die Zusammenarbeit mit den Katholiken. Sie wurden von Schwester Celestine vertreten, »der süßesten und sanftesten Nonne, die je einen Rosenkranz gehalten hat«. Ihre Hilfe war »inspirierend und kostenlos«.

Gleichzeitig knöpfte sich Ben seine Gegenspieler vor. »Als ehemaliger Ermittler für Kriegsverbrechen war es mir ein Leichtes, herauszufinden, wer wen bestochen hatte.« Der Mann, der den Passus eingebracht hatte, hieß Roman L. Hruska, ein konservativer Senator aus Nebraska. Als er 1999 im Alter von 94 Jahren starb, hob die *New York Times* seinen großen Einfluss auf den Gesetzgebungsausschuss hervor. Das war auch der Punkt, an dem Ben ansetzte. Er nahm Kontakt mit Edward »Teddy« Kennedy auf, der ebenfalls dem Ausschuss angehörte. Da die Kennedys überzeugte Katholiken waren – Teddys Bruder John F. wurde der erste katholische US-Präsident und eine seiner Schwestern ging ins Kloster –, konnte es nicht schaden, wenn Ben die fromme Celestine zu dem Treffen mitnahm. Kennedy zeigte Sympathien für ihr Anliegen, konnte das Ruder aber auch nicht einfach so herumreißen. »Die Zeit war gekommen, die Seidenhandschuhe auszuziehen.«

Ben vereinbarte einen Termin bei Hruska. Sie verabredeten sich im exklusiven »Senate Dining Room« in Washington D. C. Der Senator löffelte eine Suppe mit weißen Bohnen und trank dazu ein Glas Sauermilch. Ben schlug ihm einen Deal vor: Dreißig Prozent der Fondsgelder sollten an die gesetzlich bevorzugten Empfänger gehen, der Rest an die übrigen Anspruchsberechtigten. Hruska meinte, er müsse das abklären. Am nächsten Tag rief er an – und lehnte ab. Jetzt zog Ben die Schraube an. »Zuerst publizierten wir eine Pressemitteilung, die Hruska als vorbildlichen Staatsdiener lobte. Er sei der Vorsitzende jenes Ausschusses, der sich mit dieser sehr wichtigen Angelegenheit befasse, und wir hofften, dass er die Ungleichheiten im Gesetz selbstverständlich korrigieren werde.« Daneben bearbeitete er Hruskas Assistenten, »einen religiösen und ehrlichen Mann«. Ihm drohte er, wenn es nicht wunschgemäß laufe, gebe es ein zweites Pressekommuniqué. »Ich hatte entdeckt, dass Hruska eine Liegenschaft an der Washington Avenue besaß, die als Hurenhaus diente.« Der Senator war bekannt für seine Opposition gegen Gewalt- und Pornodarstellungen in Film und Fernsehen. »Ich gab ihm ein Zeichen: ›Leg dich nicht mit mir an.‹«

Bald darauf begegneten sich die Kontrahenten im Kapitol, Hruska kam gerade aus einem Meeting. »Wer übt all diesen Druck auf mich aus?«, fragte er mit rotem Kopf. »Senator, Sie wissen, wer«, antwortete Ben. »Sie haben Ihre Verantwortung, und ich habe meine.« Als es dann zur entscheidenden Abstimmung im Gesetzgebungsausschuss kam, wartete er mit Schwester Celestine vor der Tür, und Teddy Kennedy stürzte heraus. »Ben, was hast du mit Hruska gemacht?« – »Ich habe nur mit ihm geredet.« Kennedy erklärte, er habe nie einen solchen »Flip-Flop« (Wendehals) gesehen. Am Schluss erhielten die von Ben vertretenen Organisationen den neuen Gesetzesartikel und ihr Geld.

Für seine Dienste standen Ben zehn Prozent der erstrittenen Summe zu. Die Freikirche der Siebenten-Tags-Adventisten war allerdings nur bereit, sieben Prozent zu zahlen. Weil er »keine Unterschiede machen« wollte, reduzierte er den Anteil für alle auf den tieferen Wert. »Es blieb immer noch genug übrig.« Ein Sonderfall waren die Protestanten: »Sie gaben gar nichts, sie profitierten nur.« Ben war dennoch so zufrieden mit dem Ergebnis, dass er in einem italienischen Restaurant im Stadtteil Greenwich Village ein Fest für alle gab, die bei den Verhandlungen mitgeholfen hatten.

Dieses Muster wiederholte sich – meist mit Erfolg – in anderen Fällen. Dabei handelte er nach dem Grundsatz: »Wenn deine Forderungen eine moralische Basis haben, aber es kein entsprechendes Gesetz gibt, dann ändere das Gesetz! Und wenn sie das Gesetz nicht ändern wollen, ›put the heat on‹!« Sinngemäß also: Heize den Gegenspielern ein, übe Druck auf sie aus, schalte die Öffentlichkeit ein! Er hatte die Erfahrung gemacht, dass eine gute Sache auch gegen Widerstände durchgekämpft werden konnte, wenn die Uneinsichtigen öffentlich an den Pranger gestellt wurden.

Ein anderes Exempel für sein Engagement betraf eine Gruppe junger polnischer Frauen, die im KZ Ravensbrück Opfer medizinischer Experimente geworden waren. Auch hier entfachte er im entscheidenden Augenblick etwas »Hitze«.

Die Kaninchen von Ravensbrück

Eines Tages, bereits im Jahr 1957, erschien eine »sehr hübsche Lady« in seinem New Yorker Büro und präsentierte ihm einen neuen Fall. Caroline Ferriday war eine Dame von einigem Vermögen. Durch ihre Beziehungen zu verschiedenen Organisationen, die sich für Naziopfer einsetzten, hatte sie von den Polinnen erfahren, die in Ravensbrück misshandelt und entstellt worden waren. Die deutschen Ärzte – darunter war mit

Herta Oberheuser auch eine Frau – hatten ihnen Sand oder Glasscherben in frische Wunden gestreut, »nur um zu sehen, was passieren würde«. Die schlimmer als in Tierversuchen behandelten Opfer wurden – in der zynischen Sprache ihrer Peiniger – als »Kaninchen von Ravensbrück« bekannt. Das Problem war nun, dass sie von den westdeutschen Kompensationsprogrammen ausgeschlossen waren. Aus politischen Gründen verweigerte die BRD Hilfeleistungen an Personen, die hinter dem Eisernen Vorhang lebten. »Ich empfand eine solche Diskriminierung stets als ungerechtfertigt, aber es gelang mir nicht, eine Praxisänderung herbeizuführen. Die Deutschen waren da sehr hartnäckig.« Also war ein anderer Plan gefragt.

Gab es da nicht diesen Fall von japanischen Mädchen, die nach den Atombombenangriffen auf Hiroshima und Nagasaki in die USA eingeladen wurden, um sich einem plastischen chirurgischen Eingriff zu unterziehen? Ferriday erinnerte sich dieser aufsehenerregenden Aktion. Sie war von Norman Cousins initiiert worden, dem Herausgeber der *Saturday Review of Literature*. Der jüdische Arzt William M. Hitzig hatte die Operationen am »Mount Sinai Hospital« in New York durchgeführt, unter großer Anteilnahme der amerikanischen und japanischen Öffentlichkeit. Jetzt ging Ferriday auf Cousins zu und ermunterte ihn, dasselbe mit den verunstalteten polnischen Frauen zu tun. Ben wurde der Pro-bono-Anwalt des Unternehmens. Nachdem Hitzig im Oktober 1958 nach Warschau gereist war, um die Polinnen einer Voruntersuchung zu unterziehen, landeten sie schon bald in einer von Pan American Airways zur Verfügung gestellten Maschine in New York.

Zusammen mit Cousins orchestrierte Ben eine Kampagne. Am Flughafen wurden die polnischen Frauen von der Presse begrüßt und dann auf den Stufen der St. Patrick's Cathedral mit katholischer Würde empfangen. Ben schrieb den Entwurf für eine Rede auf der Veranstaltung. »Wenn es um die Beseitigung von Unrecht ging, hielt ich mich nicht an religiöse

Schranken.« Er brachte die Betroffenen mit Kongressmitgliedern zusammen und zeigte sie in allen Wahlkreisen, wo ein signifikanter Anteil von Leuten mit polnischen Wurzeln lebte. »Wir machten mit ihnen eine Tour durch Amerika.«

Der bundesdeutsche Botschafter in Washington hatte Vorstöße in dieser Sache stets abgelehnt. Nun änderte er seine Meinung. Er zeigte Ben die Kopie eines Berichts, den er nach Bonn gesandt hatte. Darin schrieb er, es handle sich hierbei nicht um ein juristisches, sondern um ein politisches Problem, das besser so rasch als möglich gelöst werde. Es sei dringend eine Kabinettssitzung einzuberufen. Die Bundesregierung folgte seinem Rat und befasste sich mit dem »heißen politischen Thema«. Ben flog hin, um vor Ort seinen Einfluss geltend zu machen. Er versuchte, den deutschen Widerstand mit dem Vorschlag einer fixen Kostengrenze zu überwinden. »Ich wusste, dass ich nicht der beliebteste Mann in der Stadt war, aber ich wartete im Vorzimmer des Kabinetts in Bonn, falls die Verhandlungen meine Gegenwart erforderten.« Es sickerte die Nachricht durch, dass die Regierung zu einer Zahlung bereit sei, die aber nicht durch seine Hände gehen sollte. Sein deutscher Gewährsmann bei den Verhandlungen kam heraus und berichtete, einige Kabinettsmitglieder behaupteten, er tue das alles nur, um sich selbst zu bereichern und weil er Kommunist sei. »Ich fragte mich, warum sie mich so hassten.« Um die stockenden Gespräche wieder in Gang zu bringen, regte Ben an, das Internationale Komitee des Roten Kreuzes einzuschalten. Die Deutschen waren einverstanden, und er flog nach Genf.

Rosen in Warschau

Das Rote Kreuz war bereit, in die Verhandlungen einzusteigen. Sein Modell sah die Zahlung von verschiedenen, auf die Schwere der Verletzungen abgestimmten Beträgen vor. Am 22. Juni 1960 erließ die Bundesregierung einen Kabinettsbeschluss, demzufolge ab dem kommenden Jahr fünfundsiebzig polnische Frauen, die im KZ Ravensbrück als Versuchskaninchen misshandelt worden waren, einmalige Beihilfen zwischen 6500 und 10 000 Dollar erhielten. Es war eine denkwürdige Etappe der Wiedergutmachungspolitik: Erstmals flossen Entschädigungsleistungen an Verfolgte hinter dem Eisernen Vorhang. Der Plan von Cousins und Ferencz war aufgegangen. »Das unerwartete Ergebnis illustrierte einmal mehr, dass du nie sicher sein kannst, ob du nicht doch Glück haben wirst. ›Versuche es einfach immer wieder und gib dein Bestes‹, sollte immer das Motto sein«, resümieren die *Benny Stories.*

Nach der erfolgreichen Kampagne wurde Ben mit einigen anderen Mitstreitern nach Polen eingeladen. Er war Gast des nationalen Roten Kreuzes, das »eine Tarnorganisation der Regierung« war: »Die Kommunisten waren immer über unsere Aktivitäten informiert.« Als er in Warschau landete, erlebte er eine berührende Szene. Es war ein regnerischer Tag, und das Flugzeug hatte erhebliche Verspätung. Trotzdem standen dort »etwa fünfzehn Frauen mit Blumen, die alle die Köpfe hängen ließen. Sie hatten Stunden auf mich gewartet. Ich schätzte das mehr als jedes Entgelt.« Die amerikanischen Besucher erhielten einen Wagen mit Chauffeur, der sie eine Woche lang herumfuhr. Ben ließ sich nach Auschwitz bringen und sammelte dort einige nützliche Informationen für einen anderen großen Fall: die juristische Aufarbeitung der Ausbeutung von jüdischen KZ-Häftlingen als Zwangsarbeiter für deutsche Konzerne.

Die Sklaven der deutschen Industrie

Vernichtung durch Arbeit: Der Präzedenzfall I. G. Farben

Zu den Merkmalen des Nationalsozialismus gehörte eine enge Verbindung zwischen Staat und Wirtschaft. Auf drastische Weise zeigte sich dies bei dem Einsatz Zehntausender Zwangsarbeiter durch deutsche Industriekonzerne. Neben der politischen Verantwortung für die Linderung des Leids von Naziopfern, die die BRD als Rechtsnachfolgerin des Reichs übernahm, stellte sich somit auch die Frage, was die Firmen zu tun bereit waren, die vom Unrechtssystem profitiert hatten. Würden sie dafür geradestehen?

Dies beschäftigte Ben von den 1950ern bis in die 70er-Jahre intensiv. Als Anwalt und Unterhändler der Claims Conference prägte er die Verhandlungen mit deutschen Unternehmen. Er hat darüber ein Buch verfasst, das in den USA mit verschiedenen Preisen ausgezeichnet wurde: *Less Than Slaves* erschien 1979 bei Harvard University Press; eine deutsche Ausgabe folgte unter dem Titel *Lohn des Grauens*. Aus der Perspektive des Insiders schildert es das Ringen um eine bescheidene Entschädigung für jüdische Zwangsarbeiter. Im Vorwort schreibt Telford Taylor, selbst Autor mehrerer zeithistorischer Studien: »Benjamin Ferencz' ergreifende, mitfühlende und einzigartige Schrift hat ein Licht auf die Nachlese von Nürnberg geworfen.

Er erzählt uns die Geschichte der unermüdlichen Anstrengungen, die unter anderem auch er an führender Stelle unternommen hat, um bei deutschen Industriemanagern eine finanzielle Wiedergutmachung zu erwirken, in deren Zechen und Fabriken Heerscharen von Arbeitern gearbeitet und gelitten haben und oftmals gestorben sind, nachdem man sie aus ihren Heimatländern verschleppt hatte.« Ben selbst beschreibt seinen Anspruch so: »Mit der Zusammenstellung dieses Berichts hoffe ich, mehr als nur eine Fußnote zur jüngsten jüdischen Geschichte geliefert zu haben. Der Gegenstand hat tiefere Wurzeln, denn es handelt sich hier um eine eindrucksvolle Äußerung von Unmenschlichkeit in der neueren Geschichte, die Menschen anderen Menschen angetan haben.«

Die Firma, die sich Ben als Erste vorknöpfte, war der I.G.-Farben-Konzern. Dieser hatte mit den Buna-Werken – benannt nach dem dort hergestellten synthetischen Kautschuk – eine eigene Produktionsanlage im Konzentrationslagerkomplex von Auschwitz betrieben. Das Lager »Auschwitz III« oder »Auschwitz Monowitz« grenzte direkt an das Fabrikgelände, um den Nachschub an billigen Zwangsarbeitskräften zu gewährleisten. Ende 1943 lebten im KZ 7000 Personen, im Juli 1944 wurde mit 11000 der Höchststand erreicht. Fast alle waren Juden. Die Bezeichnung »Arbeitslager« war allerdings ein Euphemismus, wie schon die Nürnberger Richter im I.G.-Farben-Prozess festgestellt hatten. Laut ihrem Urteil »lebten und arbeiteten die Insassen im Schatten der Vernichtung«.

»Vernichtung durch Arbeit« war eine der vielen Todesarten, die sich die Nationalsozialisten für die Juden ausgedacht hatten. Die jüdischen KZ-Häftlinge hätten »einen noch geringeren Status als Sklaven« gehabt, schreibt Ben: »Sklavenhalter sorgen für ihren menschlichen Besitz und versuchen, ihn zu erhalten. Der Plan der Nazis war es jedoch, die Juden zu verbrauchen und dann zu verbrennen.« Trotzdem war das Urteil in Nürnberg mild ausgefallen. 9 von 23 angeklagten Direktoren wurden der gemeinschaftlichen Plünderung in den besetzten Gebieten für schuldig befunden. »Nur fünf von ihnen hielt man verantwortlich für den Missbrauch von Sklavenarbeit.« Nicht zufrieden mit dem Urteil war auch der ehemalige Zwangsarbeiter Norbert Wollheim, der im Verfahren als Zeuge ausgesagt hatte. Er entschloss sich, das Unternehmen für das, was es ihm und seinen Leidensgenossen angetan hatte, zur Kasse zu bitten. Ben unterstützte ihn dabei.

Wollheim brachte den Fall vor die deutsche Justiz. Das Landgericht Frankfurt am Main verhandelte darüber von 1950 bis 1953. Es sprach dem Kläger eine Entschädigung von 10 000 Mark zu. Die I. G. Farben ging in Revision. Im Revisionsprozess wurden die Streitparteien aufgefordert, einen Vergleich zu finden. Es begann ein mehrjähriger »Handel um Auschwitz«, der erst 1957 abgeschlossen wurde. Ihm kam auch deshalb besondere Bedeutung zu, weil das Verfahren ein Musterprozess war. Der in erster Instanz gefällte Entscheid schuf potenzielle Zahlungsverpflichtungen für deutsche Firmen in unvorhersehbarer Größe. Die I. G. Farben setzte darum alles daran, diese Verpflichtung abzuwenden. Ihren Standpunkt beschreibt Ben folgendermaßen: Sie habe eine rechtliche Verbindlichkeit abgelehnt, »und jede Zahlung, die das Unternehmen leisten würde, sollte eher als Geste des guten Willens, statt als Erfüllung einer Verpflichtung angesehen werden«. Die Konzernspitzen dachten an die Überweisung eines festen Betrags an die Claims Conference, die das Geld an die Überlebenden verteilen sollte. Die Summe von zehn Millionen Mark dürfe dabei nicht überschritten werden. Ben ging von ganz anderen Vorstellungen aus. »Wenn die Zahl der Anspruchsberechtigten insgesamt an die 10 000 heranreichen würde, so rechnete ich, und jeder sollte 10 000 D-Mark erhalten, ergebe das Gesamtkosen von 100 Millionen D-Mark, die mir als absetzbare Kosten für ein Unternehmen dieser Größe nicht unbezahlbar erschienen.«

Die Erwartungen beider Parteien lagen also denkbar weit auseinander. In vielen Verhandlungsrunden näherten sie sich

Schritt für Schritt einem Kompromiss. Das letzte Angebot der I.G. Farben lautete, dass sie maximal 30 Millionen auf den Tisch lege, wovon sie ein Zehntel für nichtjüdische Forderungen zurückbehalte. Darauf stieg die Claims Conference ein. Sie erhielt demnach 27 Millionen Mark. Im Abkommen vom 6. Februar 1957 war festgehalten, dass damit alle Ansprüche abgegolten seien. Zur Prüfung der Gesuche gründete die Claims Conference extra eine Agentur, die Kompensations-Treuhandgesellschaft mbH. Die Übereinkunft war von spezieller Bedeutung: »Es war das erste Mal in der Geschichte, dass ein Abkommen zwischen einer weltweiten jüdischen Organisation und einem deutschen Unternehmen über den Einsatz von KZ-Insassen als Zwangsarbeiter geschlossen wurde.« Die *Benny Stories* rücken den Auschwitz-Deal in eine rechtshistorische Perspektive: »Es besteht kein Zweifel, dass das Abkommen einen historischen Präzedenzfall markiert: Jene, die andere durch ihre Macht missbrauchen, sind verpflichtet, Wiedergutmachung zu leisten. Dieses moralische Prinzip ist unter dem Statut des Internationalen Strafgerichtshofs in Den Haag seit dem Jahr 2002 bindendes Recht geworden.«

Die deutsche und die amerikanische Presse feierte die Einigung als Durchbruch. Der *Milwaukee Sentinel* bezeichnete sie gar als eines »der bedeutsamsten, höchst ermutigenden und wichtigsten Ereignisse nach Beendigung des Zweiten Weltkriegs«. Ben erkannte aber auch Probleme, von denen die Öffentlichkeit nichts erfuhr. Mit der Vertragsunterzeichnung waren längst nicht alle Schwierigkeiten aus dem Weg geräumt. Die Anspruchsberechtigten wurden unruhig, als nach Jahren immer noch nicht alle Gelder ausbezahlt waren. »Sie konnten nicht wissen, dass die I.G. Farben von der Claims Conference verlangt hatte, drei Millionen in Reserve zu behalten.«

Am Ende bekamen die ehemaligen jüdischen Zwangsarbeiter sogar noch etwas mehr als die 27 Millionen Mark; der zusätzliche Betrag ergab sich aus den aufgelaufenen Zinsen abzüglich der Verwaltungskosten. Berechtigte in 42 Ländern erhielten eine Zuwendung. Die größten Beträge flossen nach Israel, in die USA, nach Frankreich, Kanada, Westdeutschland, Ungarn und die Tschechoslowakei. Es gab allerdings auch Naziopfer, die sich weigerten, eine Entschädigung zu akzeptieren. Ein frommer Jude schrieb der Kompensations-Treuhandgesellschaft am 23. Dezember 1963, seine ganze Verwandtschaft von sechsundfünfzig Personen sei in Auschwitz ermordet worden. Nur er allein habe durch ein »Wunder Gottes« überlebt. Beim Schleppen schwerer Zementsäcke hatte er sich seine Rippen gebrochen, und die deutschen Aufseher hatten ihm die Goldkronen aus dem Mund geschlagen. Er drückte seine Hochachtung für die Anstrengungen aus, die man auch zu seinem Nutzen unternommen habe, beharrte aber darauf, »kein Geld von den Sadisten« anzunehmen.

Abrechnung mit Krupp

Mit der Krupp-Dynastie hatte sich Ben schon in Nürnberg und anlässlich der raschen Haftentlassung von Alfried – samt der Rückgabe seiner eingezogenen Vermögenswerte – Anfang 1951 befasst. Wie ein Monarch residierte der Patron seitdem wieder in der schlossartigen »Villa Hügel« in Essen. Mit Berthold Beitz hatte er einen energischen Manager als Generalbevollmächtigten, der seinem Imperium bald wieder eine ähnliche wirtschaftliche Machtposition verschaffte, wie es sie als »Waffenschmiede des Deutschen Reichs« eingenommen hatte. Doch nun drohte neues Ungemach.

Der polnische Jude Mordechai S. hatte im Januar 1954 vor dem Essener Landgericht Klage gegen Krupp eingereicht. Er verlangte, dass seine erzwungene Arbeit für Krupp bezahlt werde. 1941 war er zusammen mit seiner Frau und drei Kindern nach Auschwitz deportiert worden. Alle vier wurden ermordet. Mordechai bekam die Nummer 135 936 auf seinen linken Arm tätowiert, »und mit diesem Brandzeichen wurde er als Sklave im Dienst der deutschen Industrie an die Arbeit geschickt«. Untergebracht war er mit seinen Schicksalsgenossen im Lager Fünfteichen in Schlesien; von dort marschierten die Gefangenen jeden Morgen in aller Früh in eine rund vier Kilometer entfernte Munitionsfabrik in der Nähe von Markstädt (heute: Laskowice Oławskie). Bei der Arbeit wurden sie von Meistern der Firma Krupp überwacht und »unter Androhung von Schlägen und Schlimmerem bis zur totalen Erschöpfung ausgesaugt«. Mordechai verlor Daumen und Zeigefinger an einer Drehbank. Als die sowjetischen Truppen sich im Frühjahr 1945 dem Ort näherten, konnte er entkommen. Anfänglich hatte er 40 000 D-Mark von Krupp verlangt, aber da die Gegenpartei zur Deckung von Gerichtskosten die Hinterlegung von Bargeld anmahnte, musste er seine Forderung aus finanziellen Gründen auf 2000 Mark reduzieren. Er war bettelarm. Alfried Krupp hingegen erschien im August 1957 auf dem Titelblatt des Magazins *Time*, mit der Überschrift »Reichster Mann in Europa – und reichster möglicherweise in der ganzen Welt«. Damit der ehemalige Zwangsarbeiter in diesem ungleichen juristischen Kampf überhaupt eine Chance haben würde, eilten ihm die jüdischen Organisationen zu Hilfe. Jacob Blaustein, amerikanischer Ölmagnat und Vizepräsident der Claims Conference, rief seinen Freund John J. McCloy an und bat ihn, seinen Einfluss auf Krupp geltend zu machen, damit dieser den Forderungen nachkäme.

Die Claims Conference erprobte parallel dazu eine neue Vorgehensweise: Sie stellte eine historische Dokumentation zusammen, die Krupp und der Welt vor Augen führen sollte, was die Zwangsarbeiter in dessen Fabriken alles erlebt hatten. Besonders eindrücklich beschrieb der junge Häftling Theodore Lehman, gebürtig Tadeusz Goldsztajn, die Quälereien in Markstädt. Im September 1943 kam ein Krupp-Direktor ins Quarantänelager Auschwitz-Birkenau, um kräftige Insassen für sein Werk auszusuchen. »Die Gefangenen mussten vor ihm völlig nackt paradieren, und die von ihm Ausgesuchten wurden in eine spezielle Baracke geschickt.« Tadeusz gehörte dazu. Dabei wurde er von seinem Vater getrennt. Er war damals sechzehn. Er erinnerte sich sehr deutlich, wie »auf einen Wink des Krupp-Vertreters ein in der Nähe stehender SS-Mann meinem Vater mit solcher Wucht ins Gesicht schlug, dass seine Brille zerbrach«. Er sah seinen Vater nie mehr; er wurde in Auschwitz ermordet, wie auch seine Mutter. Für den jungen Goldsztajn begann ein fünfzehnmonatiges Martyrium als Arbeitssklave. »Ich war immer hungrig, schläfrig, schmutzig und unermesslich müde; und die meiste Zeit war ich nach normalem Maßstab ernsthaft krank.« Getrieben durch »die ständige tödliche Angst vor unseren Meistern«, mussten er und seine Mithäftlinge »all unsere Energie aufbringen, um Kanonen für unsere Unterdrücker zu fertigen. Wir arbeiteten, bis wir umfielen.«

Der Bericht von Goldsztajn alias Lehman wurde auch McCloy gezeigt. Dieser traf darauf im Herbst 1958 in New York mit Beitz zusammen. Blaustein hatte ihm einen Entwurf für ein umfassendes Abkommen mit Krupp mitgegeben, das im Wesentlichen dem Vertrag mit der I.G. Farben nachgebildet war. Krupp signalisierte Interesse an dem Vorschlag, betonte aber, er wolle, wenn schon, aus eigener Initiative zahlen, ohne auf äußeren Druck reagieren zu müssen. Es verstrichen mehrere Monate, und nichts geschah. Anfang 1959 berichteten die Medien über Aufträge von mehreren Hundert Millionen Dollar für Krupp, von der Sowjetunion über Kanada bis Pakistan. Im Lichte dieser großen Geschäfte »erschien das Zwangsarbeiterproblem wie eine Fliege, die einen Elefanten stach – eine geringfügige Störung, die am besten aus dem Weg geräumt wird«. In den folgenden Unterredungen mit den Firmenanwälten sicherte die Claims Conference zu, dass die Entschädigungszahlungen 20 Millionen Mark nicht überschreiten würden. Trotzdem lehnte die Konzernspitze eine Einigung ab. In einem Brief vom 10. Juni 1959 an Ernst Katzenstein, Bens Nachfolger als Direktor der Claims Conference in Deutschland, schrieb Beitz, obwohl »Mr. Ferencz« in den jüngsten Verhandlungen »besonderen Nachdruck auf die Feststellung gelegt hat, dass es sich bei dem der Conference vorschwebenden Vergleich in erster Linie nicht um eine juristische Angelegenheit, sondern vielmehr um eine humanitäre Geste handeln soll«, sei die Firma Krupp zur Auffassung gelangt, dass eine positive Stellungnahme ihrerseits »auch rechtlich präjudizielle Bedeutung für andere Unternehmen haben kann«. Beitz schob also die Solidarität mit anderen deutschen Industriellen, die ebenfalls Zwangsarbeiter ausgebeutet hatten, als Rechtfertigung für die Ablehnung weiterer Verhandlungen vor. Ben überzeugte das nicht: »Eine humanitäre Geste Krupps konnte ohne Anerkennung einer Rechtsverbindlichkeit nicht präjudizierend wirken.«

Um die ablehnende Haltung der Gegenpartei zu kontern, wählte die Claims Conference eine Doppelstrategie: Verschiedene Personen, die Alfried Krupp nahestanden, versuchten ihn auf die weiche Tour umzustimmen. Dazu zählten Blaustein und der jüdische Hamburger Bankier Eric Warburg. Nahum Goldmann suchte Hilfe bei der Bundesregierung in Bonn. Die harte Linie bestand einerseits darin, die volle Wahrheit über die Zwangsarbeit publik zu machen. Andererseits sollte Krupp auch in seinen geschäftlichen Expansionsplänen gestört werden. »Wir wussten, dass Krupp den Alliierten die Auflage übel nahm, seinen Stahlbesitz in Rheinhausen zu verkaufen. Daher versuchten wir, die Regierung der Vereinigten Staaten dazu zu bringen, Krupp auf seine damalige Zustimmung hinzuweisen und die Forderung zu erzwingen.« Auch McCloy versprach, weiterhin seinen Einfluss geltend zu machen. Er wolle mit Bundeskanzler Adenauer und anderen reden. Zuvor hatte er um eine detaillierte Stellungnahme zu den historischen Fakten gebeten, da sich Krupp in dem Gedanken gefiel, er sei gegen seinen Willen zur Beschäftigung von KZ-Häftlingen gezwungen und deshalb in Nürnberg zu Unrecht schuldig gesprochen worden. Ben lieferte sie ihm in einem Schreiben vom 23. Juni 1959. Darin betonte er, die gerichtlichen Zeugnisse zeigten, »dass Alfried Krupp tatsächlich die Kontrolle über das Unternehmen und all seine Betriebe hatte; dass diese freiwillig Arbeitskräfte aus den Konzentrationslagern für ihre Produktionsstätten anforderten; dass es absolut keine Verpflichtung gab, Zwangsarbeiter einzusetzen; dass die Insassen wie Sklaven behandelt wurden und ohne Bezahlung unter unmenschlichsten Bedingungen arbeiten mussten; und dass Alfried Krupp persönlich von alldem wusste und es unterstützte«.

Die Angelegenheit hatte inzwischen eine diplomatische Dringlichkeit angenommen. David Bruce, der amerikanische Botschafter in der BRD, schaltete sich ein. Er arrangierte ein Treffen zwischen Krupp und McCloy in der »Villa Hügel«. Bruce stand in einem freundschaftlichen Verhältnis zum Industriekönig. Ende Mai 1959 hatte *Der Spiegel* ein Foto veröffentlicht, das den lächelnden Botschafter mit Krupp und Beitz bei der Fasanenjagd zeigte. »Das war wirklich eine lustige Szene, wenn man bedenkt, dass der Star der Gruppe ein ehemaliger Strafhäftling aus Landsberg war.«

Doch noch immer stellte sich Krupp quer. Die Claims Conference legte wieder nach. Ben sprach auf der US-Botschaft in Bonn vor, damit die Amerikaner endlich darauf drängten, dass Krupp seinen Besitz in Rheinhausen verkaufe. Als Krupp ein vereinbartes Meeting Anfang Oktober kurzfristig absagte, informierten Ben und Katzenstein einen deutschen Anwalt über vier Testfälle, die er dem Gericht in Essen gegen Krupp vortragen sollte. Er erhielt eine Prozess-Denkschrift mit rund zweihundert Beweisdokumenten und den Namen von etwa 2000 Zeugen. Um die juristische Drohkulisse zu verstärken, hatte Ben eine Aktion aller bekannten Krupp-Zwangsarbeiter im Sinn, bei der jeder vor dem Obersten Gericht in New York auf 100 000 Dollar klagen sollte. Dazu kam es jedoch nicht. Beitz erhielt nun grünes Licht, um eine Vereinbarung mit der Claims Conference abzuschließen. Als Gegenleistung erwartete Krupp eine Garantie der jüdischen Organisationen, dass sie keine Prozesse gegen ihn anstrengen würden.

Damit waren die Verhandlungen in die entscheidende Phase getreten. Ende November flog Beitz für einen 24-Stunden-Aufenthalt nach New York. Er hatte einen Brief des Bundeskanzlers an Nahum Goldmann dabei, den Präsidenten der Claims Conference. Die Zusammenkunft fand in Räumen der Chase Manhattan Bank statt, die McCloy zur Verfügung stellte. Das Angebot von Krupp sah vor, fünf bis sechs Millionen D-Mark auf den Tisch zu legen. Jeder Berechtigte sollte 5000 Mark erhalten. Sollte die Summe nicht ausreichen, würde Krupp bis maximal zehn Millionen auszahlen.

Einige Tage später verabschiedeten die Parteien in Essen einen entsprechenden Vertragstext. Im Einführungsparagrafen stand, dass Krupp, ohne eine gesetzliche Verpflichtung anzuerkennen und »ohne die Position anderer deutscher Firmen zu präjudizieren«, Geld zur Verfügung stelle, um die Folgen jener Leiden zu lindern, die jüdischen KZ-Insassen durch »nationalsozialistische Politik zugefügt wurden, während sie in Krupp-Betrieben und ihren Unterabteilungen beschäftigt waren«. Sollte die Obergrenze von zehn Millionen Mark zu wenig sein, würde Krupp die Summe nicht erhöhen – vielmehr sollten die einzelnen Beträge, die an die Zwangsarbeiter ausbezahlt würden, herabgesetzt werden. Noch vor Weihnachten war das Abkommen ratifiziert, und die Weltöffentlichkeit wurde darüber ins Bild gesetzt. »Krupp will Sklavenarbeiter bezahlen«, titelte die *New York Times* am 24. Dezember 1959 auf Seite 1. Auch kritische Stimmen wurden laut. Der *Sunday Dispatch* aus London verurteilte das Abkommen angesichts der historischen Misshandlungen der Sklavenarbeiter und der immensen Finanzkraft Krupps als »schäbig, frech und enttäuschend«. Es sei »die geizigste, kleinlichste und lächerlichste ›Gabe‹ in der jüngsten Geschichte«.

Aus der Abrechnung der Kompensations-Treuhand mbH geht hervor, dass schließlich 3090 Antragsteller aus dreiunddreißig verschiedenen Ländern eine Gesamtsumme von 10050900 Mark erhalten haben. Der Höchstbetrag, der an einzelne Überlebende ausbezahlt wurde, betrug 3300 Mark. Etwa 4000 Gesuche mussten abgelehnt werden.

Die Entschädigungen, die dem »reichsten Europäer« Krupp abgerungen wurden, kamen nur einem Bruchteil der von ihm beschäftigten Arbeitssklaven zugute. Schätzungen zufolge wurden nahezu 70000 ausländische Zivilisten und mehr als 23000 Kriegsgefangene in über achtzig verschiedenen Betrieben eingesetzt. Zur Verantwortung von Alfried Krupp schreibt Ben abschließend: »Niemand behauptet, dass die KZ-Arbeitskraft Krupps erste Wahl war. Aber die Entscheidung, Lagerinsassen einzusetzen, hat er getroffen. Die einzige Verpflichtung hierzu, wenn man diesen Ausdruck benutzen kann, war sein eigener Wunsch, dem Reich zu dienen.«

Geheimabkommen mit der AEG

Zu den deutschen Unternehmen, die im Nationalsozialismus von der Zwangsarbeit profitierten, gehörten auch die Elektrokonzerne AEG, Telefunken und Siemens. Der Weg zu einem Abkommen glich in diesen Fällen den vorangegangenen: Nachdem einzelne Geschädigte juristische Prozesse mit unsicheren Erfolgsaussichten angestrengt hatten, führten die jüdischen Organisationen, angeführt von der Claims Conference, Verhandlungen mit den Firmenbossen. Da die AEG Telefunken 1941 übernommen hatte, konnte ihr Vorstandsvorsitzender, Hans C. Boden, für beide sprechen.

Das erste Treffen mit ihm fand am 25. März 1960 am AEG-Hauptsitz in Frankfurt am Main statt. Boden, bereits seit 1929 im Unternehmen tätig, hatte in Oxford studiert, war Diplomat gewesen und galt als nazifeindlich. Er zeigte sich rasch und unkompliziert zu einer Zahlung bereit, allerdings sollte sie geheim bleiben – fürchtete er doch, die AEG würde mit der

Bekanntmachung einer Übereinkunft eingestehen, sich strafbar gemacht zu haben, und dies wäre nicht nur schädlich für sein Unternehmen, sondern für den Ruf der ganzen deutschen Industrie.

Das Abkommen, das schließlich ausgearbeitet wurde, bestand aus einem einfachen Briefwechsel. Die AEG und Telefunken verpflichteten sich darin, vier Millionen Mark zu zahlen, »um die Schäden zu lindern«, die jüdische KZ-Insassen in Diensten der beiden Firmen erlitten hatten. Die Claims Conference ihrerseits garantierte, dass damit alle Verpflichtungen gegenüber jüdischen Insassen und ihren Erben erfüllt seien. Sobald der Vertrag unterzeichnet war, überwies die AEG den Betrag auf das Konto der Claims Conference bei der Warburg-Bank und verbuchte den Posten unter »Gemeinkosten«. Um potenzielle Empfänger zu informieren, ohne den Namen der AEG preiszugeben, veröffentlichte die Konferenz eine Anzeige mit der allgemeinen Aufforderung, wer für irgendeine deutsche Firma Zwangsarbeit geleistet habe, solle sich melden. 2223 Ansprüche gegen AEG/Telefunken wurden anerkannt. Jede Zahlung betrug 500 Dollar. Wer seinen Antrag verspätet einreichte, bekam noch 375 Dollar. Das war »sicherlich nicht viel, aber wenigstens war es ein Zeichen dafür, dass es irgendwo jemanden gab, der für den zerstreuten Überrest der Juden eine Bezahlung durchgesetzt hat, die ohne Lohn in den Fabriken der AEG und Telefunken gearbeitet hatten«.

Siemens und die moralische Verpflichtung

Ein weit schwererer Brocken als die AEG war Siemens, einer der weltgrößten Elektrokonzerne. Aufsichtsratsvorsitzender der Stammgesellschaften Siemens & Halske und Siemens-Schuckertwerke von 1941 bis 1946 und dann wieder ab 1948 war Hermann von Siemens, der »Chef des Hauses«. Im Januar 1946 hatte er eingestanden, dass seine Firmen sich aus dem

Reservoir der Zwangsarbeiter bedient hatten. Doch von Unterernährung oder schlechter Behandlung der Häftlinge wollte er nichts wissen. Auch eine offizielle, nach dem Krieg publizierte »Geschichte des Hauses Siemens« zeichnete ein geschöntes Bild. Es entstand der Eindruck, als ob Siemens nicht das Geringste mit den deutschen Konzentrationslagern zu tun gehabt hätte. Die historische Realität war eine andere. Siemens setzte vorwiegend weibliche Gefangene ein, da diese als besonders geeignet schienen, die feine Hände erfordernde Arbeit an den Werktischen zu erledigen. 1943 und 1944 beorderte Auschwitz-Kommandant Höß 2700 Frauen in eine Siemensfabrik zur Herstellung elektrischer Schalteinrichtungen für Flugzeuge. Auch aus den mehrheitlich mit Männern belegten Lagern Flossenbürg, Sachsenhausen, Buchenwald, Oranienburg oder Groß-Rosen bediente sich der Konzern. Die Siemens-Bauunion zählte zu den Firmen, die unterirdische Fabriken für die Rüstungsproduktion erstellten und dafür etwa 8000 Insassen aus dem Außenlager Ebensee einsetzten.

Als die Unterhändler der Claims Conference im Juli 1961 erstmals in der Siemens-Hauptverwaltung am Wittelsbacher Platz in München mit dem Chefjuristen des Konzerns Walther Bottermann zusammentrafen, prallten völlig unterschiedliche Wahrnehmungen aufeinander. Die Konferenz hatte bis zu diesem Zeitpunkt die Namen von ungefähr 2000 überlebenden Geschädigten und Dutzende von Dokumenten über die Beschäftigung von KZ-Insassen durch Siemens gesammelt. Bottermann zeigte sich überrascht. Er meinte, dass Siemens nur sehr wenige Lagerhäftlinge beschäftigt und sich unter den damaligen Umständen richtig verhalten habe. Die Fakten widersprachen dieser Darstellung, und Bottermann bat um Aufschub.

Das nächste Treffen Ende Oktober 1961 nahm Ben gemeinsam mit Saul Kagan und Katzenstein wahr. Dabei bestand Bottermann darauf, Siemens könne nicht mit der I.G. Farben oder mit Krupp verglichen werden. Vielmehr sei der Konzern gezwungen worden, KZ-Insassen einzusetzen. Schließlich zeigten sich die Siemens-Anwälte aber bereit, zwei Millionen Mark zu zahlen. »Dieser Vorschlag wurde von uns jedoch sofort zurückgewiesen.«

Bevor ein weiteres Meeting zustande kam, landeten die jüdischen Vertreter einen »echten Glückstreffer«. Sie konnten einen internen, dreiundvierzig Seiten langen Bericht vom 31. Oktober 1945 über den »Einsatz ausländischer Zivilarbeiter, Kriegsgefangener, Juden und KZ-Häftlinge im Hause Siemens« auftreiben, den ihnen der Konzernarchivar vorenthalten hatte. Der Fund hatte große Auswirkungen auf die weiteren Verhandlungen. Obwohl der Bericht der Rechtfertigung des Unternehmens diente und wichtige Fakten unterschlug, widerlegte er zentrale Argumente der Siemens-Anwälte. So ging daraus hervor, dass die beiden Hauptwerke 3900 KZ-Insassen beschäftigt hatten – fast doppelt so viele, wie Bottermann als Maximum zugegeben hatte. Aufgrund dieser neuen Ausgangslage und dank weiteren Materials, das die Claims Conference zur Untermauerung ihrer Beweisführung vorbrachte, verdreifachte Siemens das Angebot.

Die finale Verhandlungsrunde fand am 8. Mai 1962 statt. Sie dauerte vier Stunden und war »äußerst unangenehm«. Sein Unternehmen leiste freiwillig eine großzügige Unterstützung, meinte Bottermann. Der von ihm vorgelegte Vertragsentwurf enthielt die Aussage, Siemens bringe eine Zahlung ohne Anerkennung »einer rechtlichen oder moralischen Verpflichtung« auf. Ben versetzte dies in Rage: »Ich hatte Verständnis für die Ablehnung einer rechtlichen Haftpflicht, aber die Leugnung einer moralischen Verpflichtung beunruhigte mich. Es sah so aus, als ob auch das geringste Verantwortungsgefühl für das, was an den Juden geschehen war, beiseitegeschoben wurde.« Der Siemens-Chefjurist bestand aber darauf, diese Wendung aufzunehmen. »Ich fragte entrüstet, warum die Firma überhaupt eine Vereinbarung treffe, wenn sie sich weder rechtlich noch moralisch verpflichtet fühle. Die Antwort blieb aus.« Ben schlug deshalb vor, in den Vertrag zu schreiben, dass Siemens nur unter dem Druck der jüdischen Organisationen handle, »dann wüsste die Öffentlichkeit, weshalb die Zahlung zustande gekommen sei«. Doch dies behagte wiederum der Gegenpartei nicht. Noch immer behauptete sie, das Unternehmen habe die Beschäftigung von KZ-Insassen nicht verhindern können, und es habe alles in seiner Macht Stehende getan, um das Leid der Sklavenarbeiter zu erleichtern. Die Wortregelung lautete schließlich, die Zahlung beruhe auf »moralischen Überlegungen«, aber nicht auf »moralischen Verpflichtungen«.

Die Vereinbarung trug das Datum vom 24. Mai. Im Groben entsprach sie derjenigen mit Krupp. Siemens willigte in eine Vorabzahlung von fünf Millionen Mark ein. Sollte dieser Betrag nicht ausreichen, um jedem Antragsteller 5000 Mark zu überweisen, kämen nochmals zwei Millionen dazu. Tatsächlich wurden dann samt aufgelaufenen Zinsen 7 184 000 Mark verteilt. Circa 6000 ehemalige Lagerinsassen erhoben Ansprüche, aber nur ein Drittel von ihnen konnte »unter den restriktiven Bedingungen des Vertrags« berücksichtigt werden. Keiner erhielt mehr als 3300 Mark dafür, dass er sich ohne Bezahlung unter schwierigsten Umständen für den Konzern abgemüht hatte.

Die Geschütze von Rheinmetall

Noch turbulenter verlief das Feilschen mit der Rheinmetall Berlin, dem zweitgrößten Rüstungsproduzenten des nationalsozialistischen Deutschen Reichs. Zwischenzeitlich nach einer Fusion als Rheinmetall-Borsig AG geführt, firmierte das Unternehmen ab 1956 nach einem Besitzerwechsel wieder unter dem ursprünglichen Namen.

Der Fall enthielt alles, was ihn zu einem Politthriller erster Güte machte: juristische Streitigkeiten, die bis vor das Bundesverfassungsgericht getragen wurden, die Einmischung höchster Regierungsstellen in Deutschland und den USA, einen umstrittenen Waffendeal, eine empörte Öffentlichkeit und Protagonisten, die verschiedener nicht hätten sein können. Auf der einen Seite standen zwei jüdische Mädchen, die von Rheinmetall-Borsig als Arbeitssklavinnen beschäftigt worden waren, auf der anderen die mächtigen Firmenbosse eines Rüstungsbetriebs, von denen mehrere aktive Nazis gewesen waren. Der Spiritus Rector der jüdischen Verhandlungsdelegation war Ben, im gegnerischen Lager führte der Anwalt und stellvertretende Aufsichtsratsvorsitzende Otto Kranzbühler das Wort. Auch er hatte eine gewisse Vergangenheit: Er war so etwas wie das Schwergewicht unter den Nürnberg-Verteidigern gewesen; auf seine Dienste zählten Großadmiral von Dönitz, Alfried Krupp, Odilo Burkart, der Generalbevollmächtigte von Friedrich Flick, und Hermann Schmitz, der Vorstandsvorsitzende der I.G. Farben. Nun ging die Auseinandersetzung unter anderen Vorzeichen in eine neue Runde.

Den Beginn markierten die am Jahresende 1957 eingereichten Klagen von Irene Reinharcz und Judith Buls, die als Mädchen zwischen Juli 1944 und März 1945 gegen ihren Willen und ohne Lohn in Sömmerda unweit Buchenwald für Rheinmetall hatten arbeiten müssen. Ihre aus der Tschechoslowakei stammenden Familien waren in Auschwitz ermordet worden. Das Amtsgericht Berlin-Charlottenburg lehnte ihre Begehren am 15. November 1959 mit der Begründung ab, sie seien zu spät eingereicht worden. Da die nächsthöhere Instanz in anderen Fällen zu einem gegenteiligen Urteil gekommen war, entschloss sich die Claims Conference, die beiden unvereinbaren Entscheidungen vor den Bundesgerichtshof in Karlsruhe zu bringen. Dieser wies die Klagen im Februar 1963 und März 1964 als unbegründet zurück. Die deutschen Richter interpretierten den Einsatz von KZ-Insassen als Teil der Kriegsanstrengungen des Reichs. Nach ihrer Auffassung konnten die Ansprüche von Angehörigen fremder Nationen, die als Zwangsarbeiter beschäftigt worden waren, nur in einem abschließenden Friedensvertrag behandelt werden. Ob und wann es zu einem solchen Vertrag kommen würde, blieb unberücksichtigt. »Die Richter hatten nur folgende Wirkung ihres Spruches vergessen: Aufgeschobene Gerechtigkeit ist aufgehobene Gerechtigkeit.«

Da traf es sich, dass kurz zuvor ein Berufungsgericht in Stuttgart festgestellt hatte, ein deutscher Staatsangehöriger, der als KZ-Häftling vom Luftfahrtunternehmen Heinkel ausgebeutet worden war, sei klageberechtigt. »Jene Entscheidung zugunsten eines deutschen Forderers bedeutete eine klare Diskriminierung aller nichtdeutschen Petenten, die das oberste Gericht bis zu einem endgültigen Friedensvertrag vertröstet hatte.« Dies ermöglichte es, die Fälle der beiden Frauen dem Bundesverfassungsgericht vorzulegen, weil das Gleichheitsprinzip des Grundgesetzes missachtet worden sei. Bevor es aber überhaupt in Aktion treten konnte, veränderte sich das Drehbuch durch eine dramatische Entwicklung in den USA.

Im November 1964 berichteten amerikanische Medien von einem bevorstehenden Rüstungsdeal zwischen Rheinmetall und den Vereinigten Staaten. Das Pentagon wolle 20-Millimeter-Maschinenkanonen aus Deutschland kaufen. Es handle sich dabei um die erste Waffenlieferung an Amerika seit dem Bestehen der BRD. Gleichzeitig wurde bekannt, dass ein traditionsreicher Rüstungsbetrieb in Springfield, Massachusetts, geschlossen werden solle. Dies brachte die lokale Bevölkerung gegen die Regierung in Washington auf. Kurze Zeit später tauchte der Bürgermeister von Springfield, Charles V. Ryan, in Bens New Yorker Büro auf. Er wollte Auskunft über die Aktivitäten von Rheinmetall während der Nazizeit. »Damit war er an die richtige Adresse geraten.« Ben klärte ihn darüber auf, dass der Konzern mehr als 5000 KZ-Insassen beschäftigt hatte. »Bürgermeister Ryan begab sich nach Washington, um die Angelegenheit weiter ins Gespräch zu bringen, und sagte, er würde jede Hilfe gern annehmen. Ich beschloss, die Fakten dem zweiten Mann im Verteidigungsministerium, Cyrus Vance, vorzulegen.«

Das Treffen mit dem späteren Außenminister unter Jimmy Carter fand in »herzlicher Atmosphäre« am 24. Februar 1965 statt. Dabei deutete Ben an, es könnte hilfreich sein, wenn sich das Pentagon als möglicher Kunde von Rheinmetall für ein Abkommen zwischen dem Konzern und seinen ehemaligen Arbeitssklaven verwenden würde. »Vance war durchaus zugänglich für meine Bitte, sagte aber, dass er vorher das Außenministerium konsultieren müsse.« Die Verkäufer mussten bald Wind davon bekommen haben, dass innerhalb der US-Regierung Fragen zum Kanonendeal aufgetaucht waren. Denn kurz darauf startete der PR-Mann Julius Klein eine Gegenoffensive. In einem Schreiben an das US-Außenministerium sprach er von einem »unerforschten und unbewiesenen Anspruch« der jüdischen Bittsteller und brandmarkte – ohne Bens Namen zu erwähnen – »diesen Anwalt«, der mit falschen Angaben Druck auf die Regierung erzeuge.

Ben ließ das nicht auf sich sitzen: »Als ich erfuhr, dass Klein Rheinmetall vertrat und über die Vergangenheit der Firma offenbar nicht informiert war, schickte ich ihm einen Brief, in welchem ich darlegte, dass Rheinmetall mehr als 1200 junge Jüdinnen aus Buchenwald unter brutalen Bedingungen im Zweigwerk Sömmerda beschäftigt und die ehemaligen Nazis im Management von Rheinmetall jede Kompensation verweigert hätten.« Es liege im Interesse von Rheinmetall, dem Beispiel der I. G. Farben, Krupps, Siemens' und anderer Unternehmen zu folgen, und die Ansprüche auf gütlichem Weg zu regeln. Eine Kopie des Briefs schickte er ans State Department, das ihm daraufhin bestätigte, die Vereinigten Staaten hätten den deutschen Verteidigungsminister Kai-Uwe von Hassel dahingehend informiert, eine Lösung des Kompensationsproblems zugunsten der früheren Zwangsarbeiter von Rheinmetall sei »wünschenswert«. Der Fall hatte endgültig die hohe Politik erfasst – und dies schien seine Wirkung nicht zu verfehlen.

Ende April, Anfang Mai 1965 kam plötzlich Bewegung in die festgefahrenen Linien. Gemeinsam mit Katzenstein traf sich

Ben zunächst auf Anraten des amerikanischen Botschafters mit Ministerialdirektor Günter Bode, dem Leiter der Abteilung Verteidigungswirtschaft im Bonner Wehrministerium. Dieser erklärte sich bereit, Rheinmetallchef Otto Paul Caesar darauf hinzuweisen, dass mehr auf dem Spiel stehe als der Verkauf einiger Geschütze. Sie vereinbarten, in Kontakt zu bleiben und jegliche Publizität zu vermeiden, bis die Situation geklärt sei. Am nächsten Tag trafen Ben und Katzenstein in Düsseldorf mit Caesar zusammen. Der Rheinmetallmanager erklärte, dass er das Problem mit der neuen Besitzerfamilie Röchling besprechen müsse, die das Unternehmen in den 50er-Jahren erworben hatte. Zehn Wochen später traf bei der Claims Conference ein »förmlicher, äußerst knapper Brief« aus Düsseldorf ein. Sein entscheidender Satz lautete: »Nach eingehender Erörterung aller Umstände ist unser Aufsichtsrat zu dem Ergebnis gekommen, dass unsere Gesellschaft die Berechtigung Ihrer Forderung nicht anerkennen kann.« Dazu schreibt Ben in seinem Buch: »Die ruhige Diplomatie, um die sich die Claims Conference bemüht hatte, war fehlgeschlagen. Es blieb nur noch eine Möglichkeit, und die bedeutete, hinein ins Licht der amerikanischen Öffentlichkeit.«

Da sich die Konferenz lieber nicht selbst in Szene setzte, ging B'nai B'rith als eine ihrer wichtigsten Mitgliedsorganisationen voran. Am 3. Februar 1966 schickte deren Präsident, William Wexler, zwei scharfe Telegramme an Außenminister Dean Rusk und Verteidigungsminister Robert McNamara. Er protestierte gegen den geplanten Handel mit Rheinmetall »oder irgendeinem anderen Ausbeuter von Sklavenarbeit, der sich weigert, für sein Handeln die Verantwortung zu übernehmen«. Kurz darauf gingen alle Informationen an die Presse. »Pentagon unter Beschuss wegen Waffenhandel«, titelte die »New York Times« in ihrer Sonntagsausgabe vom 6. Februar 1966. Ein Lokalblatt aus Springfield meldete, ein ehemaliger »Nazibetrieb« sei der Rivale der örtlichen Waffenfabrik, und der Bürgermeister kritisiere den Auftrag für die deutsche

Firma. Internationale Agenturen griffen die Story auf. Beunruhigt durch die Berichte, brachten mehrere Kongressabgeordnete Gesetzesvorlagen ein, die den Ankauf von Waffen und Munition von ausländischen Firmen verbieten sollten, die Zwangsarbeit beansprucht hätten und sich weigerten, Kompensation zu leisten. Auch Verteidigungsminister McNamara wurde entsprechend bearbeitet.

Die Geschichten in den Medien und die dadurch ausgelösten politischen Proteste hatten ihren ersten sichtbaren Effekt, als unerwarteter Besuch in Bens Kanzlei in New York erschien. »Eine attraktive Dame von stattlicher Erscheinung, die einen Nerzmantel mit passendem Nerzhut trug und über ihrem Arm eine Krokodilledertasche hängen hatte, sagte, sie wolle mit mir über die Rheinmetall-Geschütze sprechen.« Sie stellte sich als Mrs. John R. Hecht aus Vancouver, British Columbia, vor und meinte, sie habe einige Informationen, die ihn interessieren könnten. Ihr Mann sei Hauptaktionär der Hispano-Suiza Company gewesen, die die Patente für die 20-Millimeter-Geschütze besitze. Er weile zurzeit in Genf, um den Verkauf an das Pentagon abzuwickeln, und arbeite im Auftrag des neuen Schweizer Besitzers der Hispano-Suiza. Es klang alles ein bisschen kompliziert, aber ihre detaillierten Kenntnisse bewiesen, dass sie gut informiert war.

Im Lauf des Gesprächs teilte Frau Hecht Ben mit, sie habe die Befugnis, ihm ein Angebot von Rheinmetall zu übermitteln. Das Unternehmen sei bereit, jedem Insassen, der in einem seiner Betriebe in Westdeutschland gearbeitet habe, eine Entschädigung zu entrichten. Am nächsten Tag rief sie ihn an. Ihr Mann habe mit Kranzbühler in Düsseldorf gesprochen, und dieser habe angeregt, »dass Rheinmetall zu treuen Händen an die Botschaft der Vereinigten Staaten drei Millionen D-Mark zahlt«. Ben antwortete, die Claims Conference denke an fünf Millionen, könne aber sicher einen Kompromiss in Betracht ziehen. »Wenige Tage später berichtete Mrs. Hecht, dass Kranzbühler ernsthaft eine Vereinbarung anstrebe, da er vom deutschen Verteidigungsminister dazu gedrängt worden sei.«

Statt zu einer Einigung, kam es aber zu einem Rückschlag. »Kein Abkommen!«, hieß es aus Düsseldorf. Der Vorstand sei empört über die »systematische und organisierte Pressekampagne« gegen das Unternehmen und seine Vertreter. Während in den USA weiter Kritik am Waffendeal laut wurde, schlug sich *Der Spiegel* in einem Artikel vom 7. März 1966 auf die Seite von Rheinmetall. Organisator der Kampagne sei der »New Yorker Wiedergutmachungsanwalt Benjamin (Ben) Ferencz«. Nachdem er im Gerichtssaal unterlegen sei, stimme er »einen Kanonen-Song gegen die Sklaventreiber vom Rhein« an. Die Forderungen der ehemaligen jüdischen Zwangsarbeiter seien »weder rechtlich noch moralisch begründet«, meinte das deutsche Nachrichtenmagazin. Der Attackierte antwortete mit einer erneuten Informationsoffensive über die historischen Fakten. Weiter eskalieren lassen wollte er die Situation aber nicht.

Um einen Weg aus der Sackgasse zu weisen, wirkten der amerikanische und der deutsche Verteidigungsminister im Hintergrund. »Das Rheinmetall-Geschütz stand ganz oben auf der Tagesordnung.« Der deutsche Botschafter in Washington lud derweil Rabbi Jay Kaufman, den Vize-Geschäftsführer von B'nai B'rith, auf einen Tee ein. Dabei ließ er beiläufig die Bemerkung fallen, »dass man einen Treuhandfonds von zwei Millionen DM in Betracht ziehe, der für die Erfüllung der jüdischen Ansprüche benutzt werden könnte«. Die Idee wurde konkreter, als es bald darauf hieß, als Resultat der Verhandlungen zwischen Rheinmetall, dem State Department, dem deutschen Verteidigungsministerium und dem Botschafter in Washington habe man sich darauf geeinigt, »dass die drei an dem Waffenkauf beteiligten Partner zusammen 500 000 Dollar zahlen wollten«. Die dritte Firma neben Rheinmetall und Hispano-Suiza war die Nürnberger Munitionsfabrik von Heinrich Diehl. Der Vorschlag enthielt die Klausel, dass das Geld zurückgegeben werden musste, falls das Rüstungsgeschäft scheitern sollte. Für Ben war dies ein No-Go: »Unter keinen Umständen konnte die Claims Conference in ein Abkommen über die Sklavenarbeit eintreten, das von einem Waffenhandel zwischen der US-Regierung und einem deutschen Unternehmen abhing.« Überdies sei der angebotene Betrag unzureichend, und die Konferenz würde »keine Zahlung von unbeteiligten Firmen annehmen, gegen die die Sklavenarbeiter nichts zu klagen hatten«. (Damals war noch nicht bekannt, dass Diehl ebenfalls KZ-Insassen eingesetzt hatte.) Am Ende der Verhandlungen konnte eine Erhöhung des Angebots auf 2,5 Millionen Mark erreicht werden.

Die Geschädigtenanwälte konnten jetzt nur noch warten, bis die Verteidigungsminister der beiden Staaten einen Entscheid gefällt hatten. McNamara und von Hassel trafen sich am Freitag, den 13. Mai 1966, in Washington. Ben hielt sich zu dieser Zeit in Bonn auf. Um neugierigen Reportern aus dem Weg zu gehen, hatte er sich im Dorf Maria Laach versteckt, das etwa eine Autostunde von der Bundeshauptstadt entfernt in einem Wald lag. Als er am frühen Samstagmorgen das Radio anschaltete, teilte der amerikanische Soldatensender mit, die US-Armee habe »die umstrittenen Waffen« erworben. »Es ist das erste Mal, dass die Vereinigten Staaten einen größeren Rüstungsvertrag an die Bundesrepublik vergeben«, würdigte die deutsche Tageszeitung *Die Welt* das Ereignis. In der internationalen Ausgabe der *New York Times* vom 20. Mai stand die Überschrift: »Juden müssen für Sklavenarbeit bezahlt werden – Washington und Bonn erzwingen von einer Firma Kompensation.« Rheinmetall zahlte tatsächlich nur widerwillig und bestritt in der Öffentlichkeit konsequent, irgendwelche Entschädigungsforderungen anerkannt zu haben. Noch weitere Jahrzehnte lehnte das Unternehmen jede historische Verantwortung ab. Die Überweisung an die Claims Conference sei »allein im Hinblick auf einen uns in Aussicht gestellten Auftrag erfolgt«, betonte ein Vorstandsmitglied später.

Die an die Claims Conference überwiesenen 625 000 Dollar (das entsprach den vereinbarten 2,5 Millionen D-Mark) erlaubten nur eine sehr beschränkte Zuteilung an die Opfer. Ausschließlich ehemalige jüdische Sklavenarbeiterinnen aus den drei Rheinmetall-Betrieben Sömmerda, Unterlüß und Hundsfeld konnten berücksichtigt werden. Andere bekamen nichts. Über die Zahlenverhältnisse schreibt Ben: »Von den 1214 Frauen, die am 26. November 1944 in Sömmerda gezählt wurden, konnte die Kompensations-Treuhand 992 ausfindig machen und entschädigen. Nur 261 der annähernd 900 aus Unterlüß waren in der Lage ihren Anteil an dem Fonds zu empfangen. Von den geschätzten 1000 jüdischen Insassen in Hundsfeld fand man 262.« Aus Ostdeutschland oder der UdSSR trafen überhaupt keine Forderungen ein. Der Verdacht lag nahe, dass die Juden in diesen Ländern aus politischen Gründen daran gehindert wurden, in der BRD einen Antrag zu stellen. Damit zumindest einige von ihnen dennoch eine kleine Entschädigung bekamen, entwickelte die Kompensations-Treuhand mit der Hilfe der ehemaligen Sömmerda-Insassin Bimbi Grosz eine unkonventionelle Idee: Sie schickte Geschenkpakete mit Schals, Stoffen, Mänteln, Pullovern, Kugelschreibern und anderen Gegenständen, die angeblich von Bimbi aus den Vereinigten Staaten stammten, in die Sowjetunion. »Die überraschten Empfängerinnen mussten sehr beeindruckt gewesen sein von dem plötzlichen Wohlstand ihrer kürzlich emigrierten Freundin.«

Lauter Enttäuschungen

Das Verhalten von Rheinmetall war symptomatisch für die Haltung der deutschen Industrie – und gab einen Vorgeschmack auf die Enttäuschungen, die folgen sollten. Es war die letzte historisch belastete Firma, bei der Ben zumindest eine »Geste der Anerkennung« feststellte. Friedrich Flick, in Nürnberg verurteilter Kriegsverbrecher und »der bedeutendste Industrielle der Gegenwart« (FAZ), konnte sich nach jahrelangen Verhandlungen davonstehlen, ohne für die in seinen Werken beschäftigten Zwangsarbeiter auch nur einen Pfennig bezahlt zu haben. Als er 1972 starb, wurde gleichzeitig auch der Fall Dynamit Nobel AG zu Grabe getragen. Das Unternehmen hatte während des Zweiten Weltkriegs KZ-Häftlinge in seinen Munitionsfabriken beschäftigt. Flick war dessen Vorstandsvorsitzender gewesen und hatte die Aktienmehrheit besessen.

Auch die Luftfahrtbranche weigerte sich, ihren Arbeitssklaven eine Kompensation zu leisten. Junkers, Messerschmitt und Heinkel hatten sich je bei Tausenden von Lagerinsassen bedient. »Ich konnte nicht vergessen, was ich gesehen hatte, als Mauthausen und seine Außenlager, einschließlich Gusen, befreit wurden«, schreibt Ben. »Ein Wall aus menschlichen Knochen umgab den Steinbruch, in dem die Flugzeugfabrik von Messerschmitt versteckt war.« Ebenso erfolglos verliefen die Gespräche mit der Braunkohle-Benzin AG, die in der Kriegswirtschaft des Deutschen Reichs eine bedeutende Stellung eingenommen hatte – ihre Produktion von synthetischem Kraftstoff sollte Deutschland möglichst unabhängig machen von ausländischem Öl. Nicht besser sah die Bilanz im Bausektor aus: »Fast alle größeren deutschen Firmen setzten Insassen aus vielen Konzentrationslagern ein. Diese Firmen florierten nach dem Krieg erneut, als es galt, die zerstörten deutschen Städte wiederaufzubauen, aber keine von ihnen erkannte irgendeine Verpflichtung gegenüber den Überlebenden der Lager an.«

Schließlich scheiterte auch der von Ben vorangetriebene Plan, eine umfassende Regelung mit dem Bundesverband der Deutschen Industrie (BDI) zu treffen. Sie sah vor, dass die Verbandsmitglieder und ehemaligen Ausbeuter von KZ-Insassen einen Betrag bereitstellten, »der gemäß gewisser von beiden Seiten annehmbarer Formalitäten unter den Zwangsarbeitern aufgeteilt werden konnte«. Eine Zeit lang war Adenauers Staatssekretär Hans Globke in die Verhandlungen involviert.

Er diskutierte das Problem im Frühjahr 1962 mit BDI-Präsident Fritz Berg, riet dabei aber von einer Sammelvereinbarung ab. Sie würde als Schuldeingeständnis angesehen werden und nur dazu dienen, eine feste Oppositionsfront unter den Unternehmen aufzubauen.

Trotz einiger spektakulärer Verhandlungserfolge, die beidseits des Atlantiks für Aufsehen sorgten, zieht Ben in seiner Studie eine kritische Bilanz: »Von den Hunderten deutscher Firmen, die KZ-Insassen missbrauchten, lassen sich diejenigen, die den Überlebenden der Lager etwas zahlten, an den Fingern einer Hand abzählen.« Etwa 15 000 Juden erhielten aus der Gesamtsumme von knapp 13 Millionen Dollar, die deutsche Unternehmen aufbrachten, jeweils einen Anteil von wenigen Hundert (Rheinmetall, AEG) bis maximal 1700 Dollar (I. G. Farben). Die meisten Empfänger hätten den Sinn der Entschädigungen gar nicht richtig verstanden: »Sie konnten nicht begreifen, warum ein Unternehmen etwas zahlt, während ein anderes nichts zahlt.« Ihnen erschienen »die geringfügigen Geldmittel als Teil des rätselhaften und umfangreicheren Wiedergutmachungsprogramms«.

Die deutschen Industriellen sahen es ganz anders: Sie rechtfertigten die Aushebungen als militärische Notwendigkeit. Auch Jahrzehnte nach dem Krieg zeigten sie keinerlei Einsicht in das von ihnen verantwortete Unrecht. Nicht eine einzige deutsche Firma, die Sklavenarbeiter eingesetzt hatte, konnte sich dazu durchringen, freiwillig eine symbolische Wiedergutmachung zu leisten. »Selbst jene wenigen Unternehmen, die etwas zahlten, taten das unter Umständen, die anzeigten, dass ihre Motivation nicht in der Hilfe für die ehemaligen Zwangsarbeiter lag, sondern eher im Nutzen, den sie daraus für sich selbst ziehen konnten.«

Ben trifft Speer

Kaum jemand im Nationalsozialismus wusste so gut über die Sklavenarbeiter Bescheid wie Albert Speer, Hitlers Freund und Minister für Rüstung und Kriegsproduktion. Als er 1969 aus dem Gefängnis in Spandau seine Memoiren veröffentlichte, fand er in Ben einen aufmerksamen Leser. Zwar stehe in dem Buch »sehr wenig über die Juden« und »praktisch nichts über die Konzentrationslager«, aber der Autor offenbare Betroffenheit »über das, was er getan hat«. Dies veranlasste Ben dazu, sich mit Speer zu verabreden, nachdem dieser 1976 seine Strafe verbüßt hatte und freigelassen worden war.

Die Begegnung fand in einem Hotel in der Nähe des Frankfurter Flughafens statt und »verlief herzlich. Wir begrüßten uns mit Handschlag, und Speer drückte seine Zufriedenheit aus, mit einem ehemaligen Nürnberger Anklagevertreter sprechen zu können, der selbst Jude ist.« Sie unterhielten sich über das Zwangsarbeiterprogramm und den Plan der Nazis, Juden und andere KZ-Insassen durch Arbeit zu töten. Speer wollte dies nicht eingestehen. Vernichtung sei nicht das unmittelbare Ziel gewesen, sagte er, und hob hervor, »wie ineffizient es gewesen wäre, einen Mann mehrere Monate auszubilden, um ihn dann zu Tode zu schinden«. Dazu Ben: »Er dachte offenbar nicht an die ungelernten Arbeiter in den Bergwerken und Steinbrüchen, an die Bauarbeiten, Brücken, Tunnel – oder an Auschwitz.«

Speer habe zu seiner Entlastung auch auf Bemühungen seiner Behörde hingewiesen, eine bessere Behandlung der Zwangsarbeiter zu erreichen. Ben nahm ihm die »humanitären Obertöne« nicht ab: Es sei ihm eher um Effektivität oder bürokratische Macht gegangen als um das Wohlergehen der Betroffenen. Speer habe sich schuldig gefühlt, nicht weil er für die Beschäftigung der Insassen verantwortlich gewesen sei, »sondern weil er nicht durchgesetzt hatte, mehr von ihnen aus den Lagern herauszubekommen und in die Rüstungsfabriken hineinzustecken, wo die Bedingungen besser und ihre Überlebenschancen größer waren«. Am Ende fragte ihn Ben, ob aus seiner Sicht der ehemalige Nürnberg-Mithäftling Friedrich Flick zu Recht jede Entschädigung an die jüdischen Zwangsarbeiter abgelehnt habe. »Nein, Flick war im Unrecht«, meinte Speer.

Auch unter dem Eindruck dieser Begegnung beendete Ben die Arbeit an seinem Buch *Less Than Slaves. Jewish Forced Labor and the Quest for Compensation.* Die letzten Zeilen des Werks richten – wie es der umsichtigen Art des Autors entspricht – den Blick über den Holocaust hinaus: »Die Ereignisse, die ich beschrieben habe, wurden von Deutschen gegen Juden begangen. Obgleich die Annalen der Geschichte keine Aufzeichnung eines größeren systematischen Vernichtungsversuchs eines Volkes enthalten, bedeutet dies nicht, dass solche Versuche nicht auch anderswo unternommen werden könnten, von anderen gegen andere Opfer.« Man brauche nur an das Schicksal der Indianer in Amerika zu denken, die Ausbeutung der Schwarzen, den Gulag oder den Massenmord an »Staatsfeinden« in Asien und Afrika. Die Menschheit sei immer bereit gewesen, »vor Gewalt die Augen zu verschließen, wenn diese nur mit Staatsinteressen oder öffentlichen Anliegen erklärt werden konnte«. Es war – und ist – Bens Überzeugung, dass »die Sünden, von denen hier berichtet wurde, und das Versäumnis so vieler, sie zu erkennen«, nicht so sehr dem Hass entsprangen als einer »Gleichgültigkeit, die es sonst anständigen Menschen ermöglichte, zu akzeptieren oder zu ignorieren, was geschah«.

»Make Law, Not War«

»Das wichtigste Problem in der Welt«

Die Biografie von Ben Ferencz ist – wie die jedes Menschen – von äußeren Umständen und Zufällen beeinflusst. Sie wäre ganz anders verlaufen, wären seine Eltern nicht nach Amerika ausgewandert, hätte Japan nicht Pearl Harbor bombardiert oder Professor Glueck nicht in entscheidenden Augenblicken die Finger im Spiel gehabt. Und trotzdem beeindruckt dieses Leben durch seine Konsequenz und innere Logik. Nachdem Hitler besiegt, die Täter verurteilt und die Opfer entschädigt waren, setzte Ben seine ganze Leidenschaft und Kreativität dafür ein, solches Leid, wie es der Zweite Weltkrieg über die Menschheit gebracht hatte, in Zukunft einzudämmen. Dieses Ziel bestimmte sein Wirken in der zweiten Lebenshälfte. Er war überzeugt, dass ein Einzelner den Unterschied machen konnte (»A man can make a difference«).

Der Slogan »Law. Not War« wurde dabei zu seinem Schlachtruf im Kampf für eine friedlichere und humanere Welt. Er drückte die Quintessenz seiner Erfahrungen und Ideen aus: Während jeder Ladendieb dem Gesetz unterstand und zuständige Gerichte die Vergehen ahndeten, fehlten die entsprechenden Grundlagen und Institutionen bei politischen Großverbrechen. Die Nürnberger Prozesse waren ein historischer Durchbruch gewesen, aber die Entwicklung musste weitergehen. Die blutige Anarchie in den internationalen Beziehungen, wo immer noch das Recht des Stärkeren herrschte, war zu beenden. Angriffskriege sollten geächtet und unter Strafe gestellt werden. Recht und Gesetz als »Waffe für den Frieden« – das war seine Losung, die er mit allen ihm zur Verfügung stehenden Mitteln unter die Leute brachte.

Illusionen über einen schnellen Erfolg seiner Mission machte er sich nicht. Er wusste, dass die hochgesteckten Ziele in seiner Lebenszeit kaum erreicht werden konnten, »aber es würde sich immer noch lohnen, wenn einige Fortschritte gemacht würden«. Und die gab es in der Tat: Ben erlebte, wie sich die verfeindeten Supermächte unter Reagan und Gorbatschow annäherten und der Kalte Krieg zu Ende ging. Sie einigten sich darauf, ihre Atomwaffenarsenale zu verringern, und leiteten mehrere bedeutende Abrüstungsprozesse ein. Die sogenannten Ad-hoc-Tribunale für die Verantwortlichen des Jugoslawienkriegs und des Völkermords von Ruanda sowie schließlich die Errichtung eines permanenten Internationalen Strafgerichts in Den Haag waren Meilensteine auf dem eingeschlagenen Weg.

Für Ben begann das alles im Jahr 1970. Er war jetzt fünfzig – und entschied sich wieder einmal, eine neue Laufbahn einzuschlagen. Lange genug hatte er sich mit den Folgen des Zweiten Weltkriegs und des Holocausts beschäftigt, nun wollte er sich der »noch wichtigeren Aufgabe« widmen, die souveränen Staaten unter die Herrschaft des Rechts zu zwingen. Unter dem Eindruck des Vietnamkriegs, in den die USA immer tiefer versanken, beschloss er, seine Anwaltstätigkeit praktisch aufzugeben und sich dem Studium des Weltfriedens zu widmen. In wissenschaftlichen Aufsätzen wie *War Crimes Law and the Vietnam War* (1968) und diversen Zeitungsartikeln und Leserbriefen hatte er schon zuvor an die Lehren aus den Nürnberger Prozessen erinnert, indem er betonte, die Amerikaner führten in Südostasien einen illegalen Angriffskrieg und der Präsident und Commander-in-Chief sei persönlich dafür verantwortlich. Es brauche ein Internationales Strafgericht, um ähnliche Aggressionshandlungen zu ahnden. Der Preis für das Fehlen einer solchen Institution würde sonst weiterhin »mit menschlichem Blut bezahlt werden«. Auch sein ehemaliger Chef und Kanzleikollege Telford Taylor setzte sich vehement für die Anwendung der »Nürnberg-Prinzipien« auf den Vietnamkrieg ein. Zusammen bildeten sie ein schlagkräftiges publizistisches Gespann, dessen Ansichten aufgrund ihrer internationalen Reputation im Umgang mit Kriegsverbrechen weithin gehört wurden.

Die Ereignisse in Vietnam mochten ein entscheidender Anlass für die Neuausrichtung von Bens Karriere gewesen sein – doch den letzten Anstoß dazu gab ein medizinischer Zwischenfall, der ihn im Dezember 1969 wie ein Blitz aus heiterem Himmel traf. Mit Gertrude und Tochter Nina reiste er für einige Tage nach Puerto Rico. Dabei erlitt er während des Hinflugs in einer Maschine der Pan American Airways einen Herzinfarkt. Er fand sich nach der Landung in einem überfüllten Stadtkrankenhaus wieder, wo niemand Zeit hatte, sich um den in Lebensgefahr schwebenden Patienten zu kümmern. Stattdessen erholte er sich notgedrungen in eigener Verantwortung am Strand. »Ich verbrachte meine Zeit am Condado Beach, indem ich über Leben und Tod nachdachte und die Möglichkeit, dass meine Zeit abgelaufen war; vielleicht erhielt ich eine neue Chance.« Er bekam sie und griff nach ihr. Das einschneidende Erlebnis beschleunigte seinen Entschluss, was er mit dem »Rest« seines Lebens anstellen wollte.

Zuerst suchte er Rat bei anerkannten Kennern der Materie. Er diskutierte seine Pläne mit Jacob Robinson, dem ehemaligen Vertreter Israels im Legal Committee der UNO, Friedensnobelpreisträger René Cassin und seinem Freund Taylor. Dieser schlug ihm vor, sich an Professor Myres S. McDougal von der Yale University zu wenden. »Mac«, wie ihn seine Kollegen nannten, war einer der herausragenden Rechtsgelehrten der USA und darüber hinaus. Sein Fokus lag auf den Menschenrechten; das verband ihn mit anderen Pionieren auf diesem Gebiet, wie Louis B. Sohn in Harvard, Thomas M. Franck in

New York oder Louis Henkin und Oscar Schachter an der Columbia University. Im Januar 1970 schrieb Ben an McDougal einen Brief, in dem er ihm mitteilte, dass er fortan sein Leben in den Dienst des Weltfriedens stellen wolle. »Er war ziemlich überrascht über mein ausgeprägtes Interesse an der Verhinderung von Angriffskriegen und der Schaffung eines Internationalen Strafgerichtshofs.« Der Professor erklärte ihm, dass er und sein Co-Autor Florentino P. Feliciano über ein Jahr am Kapitel über Aggression in ihrem Buch *Law and Minimum Public World Order* (1961) gesessen hätten und dass er es für den am besten durchdachten Teil des Buches halte, nur habe es bisher niemand zur Kenntnis gekommen. »Da ich bereits zu dem Schluss gekommen war, Kriege zu verhindern sei das wichtigste Problem in der Welt, ließ ich mich von den voraussehbaren Schwierigkeiten und der Indifferenz der Leute nicht abschrecken.«

Gemeinsam suchten sie nach der wirksamsten Vorgehensweise. Ben dachte daran, an die Universität zurückzugehen; McDougal aber meinte, mit seinem Harvard-Studium sei er juristisch genügend ausgebildet, und für eine akademische Karriere sei es zu spät. »Stattdessen schlug er vor, dass ich über das Thema nachdenke, lese und schreibe.« Er folgte dem Rat und begann damit, Privatstudien zu treiben, die schon bald in eine intensive und äußerst produktive Tätigkeit als Publizist, Vortragsredner und unbezahlter Anwalt für den Frieden mündeten.

»Mister Aggression« bei der UNO

Als wahre Fundgrube erwies sich die juristische Bibliothek der Vereinten Nationen in New York. Ben verschaffte sich Zutritt zu ihr, indem er sich als Vertreter der American Society of International Law bei der UNO akkreditieren ließ. Er gewann das Vertrauen der Bibliothekare, die ihm einen Schlüssel aushändigten, sodass er nach Belieben in den tief unter der Erde verstauten Archivschätzen stöbern konnte. »Es war wie im Paradies – mit Büchern anstelle von Äpfeln.« Es dauerte nicht lange, da stieß er auf die Materialien zum Völkerbund, der tragisch-spektakulär gescheiterten Vorgängerorganisation der UNO. »Ich lernte, welche Pläne zum Erhalt des Friedens ausgearbeitet wurden, nachdem im Ersten Weltkrieg zwanzig Millionen Menschen getötet worden waren.« Der Realität hielten die Maßnahmen nicht stand; schon zwei Jahrzehnte später kam die nächste, noch viel verheerendere Katastrophe, mit mehr als doppelt so vielen Todesopfern. »Die Feststellung war nicht sehr ermutigend, dass Weltkriege mit aufeinanderfolgenden römischen Zahlen aufgelistet werden.«

Bei der UNO bildete sich Ben nicht nur selbst zu einem angesehenen Kenner in Fragen des internationalen Strafrechts weiter, er brachte seine Vorschläge auch schwungvoll und beharrlich in den politischen Prozess ein. Am Hauptsitz der UNO in New York und in der Niederlassung in Genf ging er ein und aus. Zwar bekleidete er nie ein offizielles Mandat, aber er machte sich bald einen Namen in der Weltorganisation; seine Stimme wurde mit Respekt gehört. Seine Bemühungen, Angriffskriege verbieten zu lassen und als ersten Schritt dazu zu definieren, was unter illegaler Aggression zu verstehen war, brachten ihm den Spitznamen »Mister Aggression« ein. In zahlreichen Artikeln schärfte er sein Profil als vehementer Kritiker jener Mächte, die sich weigerten, an einer Lösung mitzuwirken, auch wenn sie vordergründig das Gegenteil verkündeten.

Die Gründung der Vereinten Nationen – mit der Unterzeichnung ihrer Charta am 26. Juni 1945 in San Francisco – hätte ein neues Zeitalter der friedlichen Zusammenarbeit einläuten sollen. Als die Generalversammlung im Jahr darauf in New York ein erstes Mal zusammentrat, erklärte sie den Genozid zu einem Verbrechen, das bestraft gehöre. Ausdrücklich bekräftigte sie dabei »die Prinzipien des internationalen

Rechts«, die durch die Nürnberger Prozesse anerkannt worden seien. Ein entsprechendes Strafrecht sollte kodifiziert und ein internationaler Gerichtshof ins Leben gerufen werden. Verschiedene Kommissionen, Subkommissionen, Arbeits- und Kontaktgruppen machten sich an die Arbeit. Der aufkommende Kalte Krieg verhinderte dann aber, dass es vorwärtsging. »Und sie redeten. Und sie redeten. Fünfundzwanzig Jahre später redeten sie noch immer.«

Dass die gut gemeinten Appelle der Anfangsjahre ergebnislos verpufften, hatte, wie Ben kritisierte, vor allem mit den fünf ständigen Mitgliedern des Sicherheitsrats – den USA, Großbritannien, Frankreich, der UdSSR und China – und ihrem Vetorecht zu tun. Dabei wunderte er sich, dass ausgerechnet die Vereinigten Staaten sich querstellten, obwohl sie die UNO-Charta federführend mitentworfen und das Thema eines Weltstrafgerichts auf die Agenda gesetzt hatten. Die Diskussionen drehten sich im Kreis: »Ich habe Hunderte von Meetings mit Tausenden von Anwälten durchgesessen. Es hieß: ›Weil wir keine Definition der Aggression haben, gibt es keinen Gesetzeskodex, und weil es keinen Gesetzeskodex gibt, gibt es keinen Strafgerichtshof.‹«

In seinen *Stories* beschreibt er den Konstruktionsfehler der neuen Weltordnung mit folgenden Worten: »Der 1945er-Plan für künftigen Frieden hatte zwei Hauptkomponenten. Eine war die UNO-Charta. Die zweite verlangte nach einem System der Durchsetzung der Herrschaft des Rechts, wie es in Nürnberg geschehen war. Es war wie ein Stuhl mit nur zwei Beinen: Die UNO-Struktur war inadäquat, und die Verpflichtungen, die sich aus den Nürnberger Prozessen ergaben, waren vage. Andere Mängel traten offen zutage. Die Weltorganisation besaß keine unabhängige Finanzierung. Sie war auf die Beiträge ihrer Mitglieder angewiesen. Es gab keinen Durchsetzungsmechanismus und keine unabhängige Militärmacht, wie vorgesehen. Die UNO konnte nur handeln, wenn ihre selbst ernannten ständigen Mitglieder, mit unterschiedlichen sozialen und politischen Systemen, alle übereinstimmten. Dies konnte keine wirkungsvolle Organisation sein, um den Frieden zwischen rivalisierenden Nationen zu wahren.« Der Kalte Krieg habe als Entschuldigung gedient, um alle drei Aspekte – Definition, Kodex, Gericht – auf Eis zu legen. Währenddessen flammten rund um die Welt bewaffnete Konflikte auf, »und junge Soldaten und zahllose Zivilisten starben, während sie auf die friedlichere Welt warteten, die man ihnen versprochen hatte«.

Manche Delegierten zeigten sich genervt über Bens nie nachlassende Interventionen. Er erinnert sich an ein Treffen bei der UNO in Genf 1971, wo er ruhig auf dem Balkon sitzend den Verhandlungen zuhörte, als der Vertreter Ägyptens aufstand und seine Entfernung aus dem Saal verlangte. Es handle sich um eine geschlossene Veranstaltung. Der Vorsitzende des Special Committee on the Question of Defining Aggression, der Finne Bengt Broms, kannte und schätzte Ben. Er war überrascht und wirkte ratlos. Doch es eröffnete sich ein unerwarteter Ausweg: Der Vertreter Zyperns meldete sich zu Wort und lud Ben ein, sich seiner Delegation anzuschließen. Das tat er – für die Dauer dieses Meetings.

Was er sich einmal in den Kopf gesetzt hatte, wollte er auch erreichen – das ist ein Charakterzug, der Ben zeitlebens auszeichnete. Durch die quälend langsamen Abläufe in der UNO ließ er sich nicht entmutigen, vielmehr verstärkte er seine Anstrengungen. Er veröffentlichte zahlreiche Artikel in den renommiertesten völkerrechtlichen Fachzeitschriften. Für die Kommission, die sich mit der Frage befasste, wie Aggression zu definieren sei, verfasste er Kompromissvorschläge, die er an sämtliche Mitglieder verteilte. Besonders bei den kleineren Staaten, die von Natur aus der Machtpolitik abgeneigt waren, stieß er damit auf offene Ohren. Allmählich schien eine Lösung in greifbarer Nähe – auch dank der allgemein entspannteren Beziehungen zwischen den Supermächten.

Im Aufsatz mit dem programmatischen Titel »Defining Aggression – The Last Mile«, der 1973 im *Columbia Journal of*

Transnational Law erschien, beschreibt er, wie es beim 100. Treffen des Spezialkomitees im April und Mai jenes Jahres in Genf beinahe gelungen wäre, eine für alle akzeptable Definition zu finden. Einer Präambel aus neun Punkten folgten sieben Artikel. Der erste statuierte: »Aggression ist der Gebrauch bewaffneter Macht (wie auch immer ausgeführt) durch einen Staat gegen die Souveränität, territoriale Integrität oder politische Unabhängigkeit eines anderen Staates [...].« Weiter beinhaltete der Entwurf eine Liste von aggressiven Akten, Hinweise darauf, in welchen Fällen der Einsatz von Waffengewalt legal sei, und Angaben zu den juristischen Konsequenzen bei Zuwiderhandlung gegen das Verbot.

Eine bis heute noch nicht entschiedene Streitfrage drehte sich um das Recht auf Selbstbestimmung. Ben sah darin »eines der großen Dilemmata des gegenwärtigen Lebens«. Einerseits gehe es darum, die Waffengewalt einzuschränken; andererseits drängten manche Völker darauf, sich von Zwängen zu befreien, die sie als unterdrückend empfänden. Dazu meinte er: »Ein komplett unabhängiger Staat, der sein Schicksal frei bestimmen kann, existiert in der heutigen Welt nicht. Die gegenseitige Verflochtenheit aller Menschen wird immer größer und immer mehr anerkannt. Das bedeutet nicht, dass kulturelle, sprachliche, religiöse oder weltanschauliche Differenzen, die dem menschlichen Geist so viel Befriedigung bereiten, verschwinden werden oder sollten. Es impliziert, dass diese Werte relativ sind und als Teil einer wachsenden Struktur weltweiter Interaktion und Organisation gesehen werden müssen.« Jene, die nach Selbstbestimmung drängten, sollten anerkennen, dass dieses Konzept seinerseits Grenzen habe, während diejenigen, die Macht ausübten, einsehen müssten, dass sie dafür verantwortlich seien, ihre Macht nicht zu missbrauchen. Er strich die Bedeutung einer Einigung hervor, indem er betonte: »Ohne Freiheit vor der Furcht, massiver Gewalt ausgesetzt zu sein, werden alle anderen humanen Werte beeinträchtigt oder zerstört.« Er erinnerte die Staatengemeinschaft daran, dass es im Interesse aller liege, sich freiwillig einem Gesetz zu unterwerfen, das auch ihre eigenen Rechte wahre. »Das Wichtigste an der Definition der Aggression ist, sie zu definieren«, formulierte er an die Adresse der UNO-Delegationen. Die Zeit, zu entscheiden und zu handeln, sei gekommen.

Was passieren kann, wenn staatliche Übergriffe ungeahndet bleiben, illustriert er gerne am Beispiel von Abessinien, dem heutigen Äthiopien. Mussolini eroberte das ostafrikanische Land 1935 und erklärte es zu einer italienischen Provinz. Herrscher Haile Selassie, bekannt als der »Löwe von Juda«, brachte den Fall vor den Völkerbund. »Eines Tages werden Sie alle jemandes Abessinien sein«, rief er aus. Vor allem von den Kolonialmächten Großbritannien und Frankreich hatte er sich Unterstützung erhofft. Doch sie schauten weg. Sanktionen blieben aus. Aus der Unwilligkeit oder Unfähigkeit des Völkerbunds, Mussolini zur Rechenschaft zu ziehen, zog auch Hitler seine Schlüsse. Schon bald darauf setzte er zu jener Reihe von Annektierungen und Eroberungen an, die geradewegs in den Zweiten Weltkrieg führte.

Parallel zu seiner Einflussnahme in Genf und New York arbeitete Ben damals an einem Buch zu dem Themenkomplex. Zunächst hatte er nur an einen Artikel für die *Harvard Law Review* gedacht, aber Professor Sohn regte an, mehr daraus zu machen. Das Projekt wuchs sich zu einem zweibändigen Grundlagenwerk von eindrücklichem Umfang aus: *Defining International Aggression – The Search for World Peace*, 1975 bei Oceana Publications erschienen, erstreckt sich über 1200 Seiten. Der Untertitel *A Documentary History and Analysis* wurde zum Kompositionsprinzip für weitere gelehrte Werke dieser Art, die der Autor in den kommenden Jahren auf den Markt brachte. Sie enthielten neben einer historischen Darstellung und kritischen Analyse des Problems einen ausgedehnten Apparat mit allen wichtigen einschlägigen Quellentexten. Das machte sie für Fachleute, Politiker und Studenten zu einem praktischen und unentbehrlichen Arbeitsmittel. Weil er aber wusste, dass die Breitenwirkung solch kilogrammschwerer Traktate beschränkt war, ergänzte er sie um Zeitungsartikel, Leserbriefe, Radio- und Fernsehinterviews.

Während er seinem Buch den letzten Schliff verpasste, erfuhr er, dass das Spezialkomitee nach Jahren des Debattierens endlich eine Formulierung gefunden hatte, der alle beteiligten Staaten zustimmen konnten. Der letzte Tag der Zusammenkunft im UNO-Hauptquartier am East River in New York fiel auf den 12. April 1974, den Karfreitag. Er lud Gertrude ein, mit ihm zusammen dem Ereignis beizuwohnen. Sie waren die einzigen Zuschauer auf der Besuchergalerie des Konferenzsaales. Und, wie er seiner Frau zuflüsterte, die einzigen Anwesenden, »die nicht dafür bezahlt wurden, dass sie hier waren«. Eine Randfigur blieb er dennoch nicht: Als die Delegierten nach der Verabschiedung des Entwurfs zum Fototermin antraten, winkte ihn der Vorsitzende zu sich herunter. »Mister Aggression« durfte mit aufs Bild. Es war eine Geste der Anerkennung, ja, der Ehrerbietung, aber er machte sich keine übertriebenen Hoffnungen. Er war sich der Grenzen der erreichten Definition bewusst, die die UNO-Generalversammlung im Dezember 1974 ohne Gegenstimme verabschiedete. Die fünf Mitglieder des Sicherheitsrats, die selbst am meisten Macht hatten, den Frieden zu gefährden, würden entscheiden, ob ein Gewalteinsatz kriminell war oder nicht. »Die Füchse bestanden darauf, die Wächter des Hühnerstalls zu sein.«

»Eine Idee kannst du nicht mit einer Waffe töten«

Die wesentliche Errungenschaft der Konsensdefinition von 1974 sah Ben darin, dass sie den Weg freimachte für die Ausarbeitung eines Gesetzeskodex und die Gründung eines Internationalen Strafgerichtshofs. Das waren die zwingenden nächsten Schritte – und dass sie auch ausgeführt wurden, darauf verwandte er in den kommenden Jahren seine ganze Kraft (einzig unterbrochen durch seine Arbeit an *Less Than Slaves*). Dies brachte ihm bei Beobachtern der Szene einen neuen Spitznamen ein: Anstelle von »Mister Aggression« riefen sie ihn jetzt »The Man of La Mancha«. Mit seiner Schreibmaschine trat er gegen die übervollen Waffenarsenale der Welt an. Aber glich er wirklich einem Don Quichotte? Kämpfte er gegen Windmühlen?

»Nein«, sagte er sich. »Die größte Bedrohung für den Frieden sind nicht die Schwerter. ›Kriege‹, so heißt es, ›entstehen in den Köpfen der Menschen.‹« Wenn es sich also in erster Linie um ein mentales Problem handelte – nämlich um tief sitzende, über Jahrhunderte tradierte Überzeugungen, die im Krieg eine Fortsetzung der Politik mit anderen Mitteln, wenn nicht etwas Glorreiches und Heldenhaftes erblickten –, dann konnte man es auch mit geistigen Methoden bekämpfen. Oder andersherum: »Eine Idee kannst du nicht mit einer Waffe töten. Sie kann nur durch eine bessere Idee besiegt werden.« Also machte er sich daran, Gedanken zu entwickeln, »die mehr Sinn haben als das sinnlose Töten«.

Sein nächster wissenschaftlicher Ziegelstein – wieder ein Zweibänder mit reichem Quellenteil – hieß *An International Criminal Court – A Step Towards World Peace* (1980). Nachdem die Vereinten Nationen den Angriffskrieg als »Verbrechen gegen den internationalen Frieden« definiert hatten, lag der Fokus nun auf der Bestrafung derer, die für solche Verbrechen verantwortlich waren. Dies ging am besten durch die Errichtung eines unabhängigen internationalen Gerichts. Wie Ben in seinem historischen Überblick über die Thematik zeigt, waren die bisherigen Versuche in dieser Richtung ungenügend. Zwar gab es schon im Mittelalter erste Ansätze, die darauf abzielten, Piraten über die Grenzen souveräner politischer Entitäten hinaus zu verfolgen. Auch die Verfassung der Vereinigen Staaten aus dem Jahr 1789 sprach davon, dass sie »Feinde der Menschheit« seien und das Völkerrecht (»law of nations«)

verletzten. Aber eine internationale Instanz zur Verfolgung grenzüberschreitender krimineller Akte gab es nicht. Und solange kein unabhängiger Gerichtshof existierte, blieb das Anliegen unvollendet.

Waren einzelne Staaten oder Gruppen von ihnen für die Verfolgung zuständig, konnten die Betroffenen ihnen Befangenheit oder mangelnde Objektivität vorwerfen, auch wenn dies gar nicht zutraf. Unterlegene Aggressoren waren schnell mit dem Vorwurf der »Siegerjustiz« zur Hand, wie das Beispiel Deutschlands nach dem Zweiten Weltkrieg zeigt. Abhilfe schaffen könne da nur ein »unabhängiges, wirklich internationales Tribunal«, betont Louis B. Sohn in seinem Vorwort zu Bens Werk. Der Autor gehöre zu einer »neuen Gruppe« von Denkern, die die in der Zwischenkriegszeit angedachten Ideen weiterentwickelten. »Die Bände beschreiben im Detail die Versuche, Internationale Strafgerichtshöfe für verschiedene Zwecke zu schaffen und die damit verbundenen Anstrengungen, die wesentlichen Regeln bezüglich der Verbrechen gegen den Frieden und die Sicherheit der Menschheit zu definieren.« Wie schon bei seinem Buch über Aggression bewegte sich Ben auch mit der jüngsten wissenschaftlichen Arbeit mitten in aktuellen Debatten. Die Generalversammlung der Vereinten Nationen unternahm damals einen neuen Anlauf zu einem Kodex internationaler Delikte. Ben liefere dazu den Hintergrund und die intellektuelle Munition für diejenigen, die daran teilnähmen, innerhalb und außerhalb der UNO, befand Sohn.

Diesen Zweck schien *An International Criminal Court* zu erfüllen – jedenfalls berichtet Ben davon, dass die Exemplare, die er der UNO-Bibliothek zur Verfügung stellte, schon bald auf mysteriöse Weise verschwunden waren. Er schloss daraus, dass die Diplomaten und Delegierten »Buchliebhaber« seien, und sorgte für Nachschub des begehrten Werks. Doch nicht alle Interessierten bedienten sich auf diese Weise selbst. Eine junge Frau kam auf ihn zu, die sich als Virginia Morris vorstellte. Die Anwältin arbeitete in der UNO-Rechtsabteilung und fragte ihn, ob er der Autor des Buchs über den Internationalen Strafgerichtshof sei. Er bejahte, und sie erklärte stolz, die zwei Bände für 75 Dollar aus ihrer eigenen Tasche erstanden zu haben. Morris wurde innerhalb der Weltorganisation bald zu einer der angesehensten Spezialistinnen auf dem Gebiet. Als der Sicherheitsrat im Mai 1993 beschloss, das Ad-hoc-Tribunal für das ehemalige Jugoslawien zu schaffen, gehörte sie zu den ersten, die einen Entwurf für dessen Statuten vorlegten. Später überredete Ben die Kollegin, ein Buch darüber zu schreiben. Mit Co-Autor Michael P. Scharf, einem anderen aufsteigenden Stern der Szene, machte sie sich eilends an die Arbeit. *An Insider's Guide to the International Criminal Tribunal for the Former Yugoslavia* (1995) stand Bens Wälzer umfangmäßig nicht nach – und kostete sogar noch einiges mehr als die 75 Dollar, die sie dafür ausgegeben hatte.

Zu dem Zeitpunkt, als die Schaffung des Jugoslawien-Gerichtshofs beschlossen wurde, befand Ben sich gerade in Genf. Dort tagte die Völkerrechtskommission. Per Fax traf aus New York der Text des UNO-Sicherheitsrats ein. Die Sekretärin der Kommission überreichte Ben eine Kopie davon. »Hier, das ist Ihr Werk«, sagt sie. Das war zwar etwas übertrieben – auch viele andere hatten dafür gekämpft –, aber er freute sich sehr, dass seine Bemühungen wahrgenommen wurden und auf fruchtbaren Boden fielen: »Ich fühlte mich reich belohnt.«

Obwohl er nun langsam auf das Alter zuging, wo sich andere pensionieren ließen, dachte er nicht daran, kürzerzutreten und sich auszuruhen – schon gar nicht auf den Lorbeeren von gestern. Kaum hatte er das Buch über den Internationalen Strafgerichtshof beendet, machte er sich an den nächsten Zweibänder. *Enforcing International Law – A Way to World Peace* (1983) bildete den Abschluss »einer großen Trilogie«, wie Harvard-Professor Sohn urteilte. Dem ersten Band stellte er ein Motto von Hugo Grotius voran. Der niederländische Rechtsgelehrte und »Vater des Völkerrechts« erinnerte daran, dass Staaten, die internationale Gesetze brechen, damit auch die Bollwerke ihres eigenen Friedens einreißen. Dem Werk liegt der Gedanke zugrunde, dass die schönsten Gesetzessammlungen und raffiniertesten juristischen Institutionen nichts bringen, wenn das Recht nicht durchgesetzt wird. Errungenschaften wie die Haager und Genfer Konvention oder die Charta der Vereinten Nationen blieben so lange ihrer vollen Wirkung beraubt, wie es keine Macht gab, die Verstöße konsequent ahndete. Dem Scheitern des Völkerbunds, der den Einmarsch der Achsenmächte in Abessinien, China und der Tschechoslowakei nicht hatte aufhalten können, folgte die notorische Schwäche der UNO in diesem Punkt.

Wie Ben eindringlich darlegt, gelang es ihr nicht, eine eigene Militärmacht auf die Beine zu stellen – und so musste sie schon bei der ersten Bewährungsprobe, dem Koreakrieg, improvisieren. Um den Angriff des kommunistischen Nordkoreas auf Südkorea abzuwehren, war sie unter Führung der USA auf die freiwillige Unterstützung von siebzehn Staaten angewiesen. In anderen Fällen blieb es bei friedenserhaltenden Missionen oder Wirtschaftssanktionen. Ein System kollektiver Sicherheit sei entwickelt, aber nie in die Praxis umgesetzt worden. Trotzdem bestehe Hoffnung. Betrachte man, was der menschliche Geist auf dem Gebiet von Wissenschaft und Technik hervorgebracht habe, lasse dies den Schluss zu, dass ähnliche Fähigkeiten die Steine beseitigen könnten, die den Weg zum Frieden versperrten. »Es ist nicht rational, zu folgern, dass die Menschheit Mittel ersinnen kann, um die Welt zu zerstören, aber nicht die Intelligenz hat, dies zu verhindern.«

Post für Reagan und Gorbatschow

Die Trilogie über die Herbeiführung eines internationalen Rechtszustands war eher für Universitätsbibliotheken und Experten gedacht. Als 1983 die beiden Bände zur Durchsetzungsfrage erschienen waren, mahnte Gertrude ihren Mann, er solle aufhören, solch dicke Bücher zu verfassen – und lieber »etwas schreiben, das normale menschliche Wesen verstehen können«. Er hörte auf seine Frau und brachte *A Common Sense Guide to World Peace* (1985) auf den Markt. Die deutsche Ausgabe erschien 1989 unter dem Titel *Wege zum Weltfrieden*. Indem sie den »gesunden Menschenverstand« (Common Sense) betont, steht die handliche, leicht lesbare Fibel in bester angelsächsischer Tradition. Schon Thomas Paine, einer der Gründerväter der USA, hatte 1776 in seiner berühmten Schrift mit diesem Titel geschrieben, er bringe »nur einfache Tatsachen, klare Argumente und Einsichten des gesunden Menschenverstandes vor«. Daran knüpft Ben an, wenn er sagt: »Die Annahme, dass hartnäckige Probleme am besten den Experten oder Regierungen überlassen werden, könnte sich als fatal erweisen. Von Berufsdiplomaten und gewählten Politikern, die dafür bezahlt werden, eng begrenzte Interessen zu vertreten, kann man kaum erwarten, dass sie sich für Neuerungen einsetzen, die für ihre Wähler mit Opfern verbunden sein könnten. Die praktische Vernunft, der gesunde Menschenverstand des ›Mannes auf der Straße‹ könnte sich als besserer Schutz für das Gemeinwohl erweisen.«

Das Buch ist vor dem bedrohlichen Horizont eines atomaren Vernichtungskriegs verfasst – und registriert gleichzeitig die unüberhörbaren Signale der Entspannung, die die Führer der Supermächte, Reagan und Gorbatschow, aussandten. Gegen die pessimistische Weltsicht eines Thomas Hobbes, der den Menschen als des Menschen Wolf (»homo homini lupus«) bezeichnet und vom »Krieg aller gegen alle« gesprochen hatte, setzt Ben ein pragmatisches Vertrauen in eine »evolutionäre Entwicklung« hin zu einer rationaleren Weltordnung. Das Töten anderer sei kein unveränderlicher menschlicher Charakterzug. Die Bemühungen, die natürliche destruktive Neigung zu zügeln, müssten nicht vergeblich sein. »Ich glaube nicht, dass wir alle dazu verdammt sind, das Schicksal der Dinosaurier zu teilen. Der menschliche Überlebensinstinkt hat bisher zusammen mit dem Verstand, der den Menschen vom Tier unterscheidet, dahin gewirkt, die Menschheit vor der Ausradierung zu schützen. Trotz Irrtümern und Rückfällen können wir aus den Fehlern der Vergangenheit lernen und tun es auch. Weder der Krieg noch der Friede sind unvermeidlich; ob wir überleben oder nicht, hängt von uns ab.«

Bei der Suche nach dem Weg zum Weltfrieden schlägt er vor, dass wir uns »auf das konzentrieren, was bereits allgemein als notwendige Voraussetzung für alle friedlichen Gesellschaften akzeptiert worden ist. Seit der Antike haben jedes Dorf, jede Stadt und schließlich jeder Staat erkannt, dass eine Gesellschaft mit innerem Frieden Folgendes erfordert: 1. Gesetze (um festzulegen, was getan bzw. nicht getan werden darf); 2. Gerichte (um Streitigkeiten zu lösen und zu entscheiden); 3. ein System wirksamer Rechtsdurchsetzung.« In der viel heterogeneren und komplizierteren internationalen Arena müsse man »leider feststellen, dass die Gesetze unzureichend sind, es den Gerichten an Autorität mangelt und ein System zur Durchsetzung von Gesetzen praktisch nicht vorhanden ist«. Um einen tragfähigen Frieden zu erreichen, brauche es diese zentralen, ineinandergreifenden Bestandteile. Das Problem sei aber noch anspruchsvoller – nötig seien weitere Voraussetzungen: eine verbesserte internationale Organisation, weltweite Abrüstung, ein Sanktionssystem und soziale Gerechtigkeit. Letztere sei wichtig, um »friedliches Einverständnis mit dem Völkerrecht zu erzielen«.

Neben einer Skizze der Grundzüge einer friedlicheren Weltordnung bietet das Büchlein eine Anleitung, »was zu tun wäre« und »was man jetzt tun kann«. Sie reicht von erzieherischen Maßnahmen (»Man muss den Kindern beibringen, dass es für die Menschheit viel schöner ist zu leben, als zur höheren Ehre irgendeines Herrschers oder irgendeiner Sekte zu sterben«) über die Mobilisierung der öffentlichen Meinung bis zu konkreten Lösungsvorschlägen für gegenwärtige Konflikte.

Bei aller Hoffnung und Zuversicht war sich Ben im Klaren, dass der Friede eine »schwer fassbare Beute« blieb. Er sah, dass »die Lichter des Fortschritts flackern und von Zeit zu Zeit trüb werden«. Trotzdem gebe es keinen Grund zu verzweifeln. In der – historisch gesehen – kurzen Zeitspanne seit dem Zweiten Weltkrieg seien so bedeutsame Schritte unternommen worden wie nie zuvor in der Menschheitsgeschichte. Die Beilegung internationaler Auseinandersetzungen durch friedliche Mittel sei keine Frage von Idealismus, sondern von Eigeninteresse. Es gehe ums pure Überleben: »Der zwingendste Anreiz zu einer friedlichen, durch das Recht geleiteten Welt besteht heute in der Tatsache, dass es keine vernünftigen Alternativen gibt.«

Diese Einsicht setzte sich vom Erscheinen der Originalausgabe 1985 bis zur Veröffentlichung der deutschen Version 1989 – am Vorabend des Mauerfalls – beschleunigt durch. Reagan und Gorbatschow läuteten das Ende des Kalten Kriegs ein. Im INF-Vertrag beschlossen sie 1987, die atomaren Mittelstreckenraketen zu verschrotten, die Europa bedrohten. Im Nahen Osten erklärte die PLO Palästina zu einem unabhängigen Staat. Sie erkannte das Existenzrechts Israels an und erklärte sich bereit, über Frieden auf der Grundlage von UNO-Plänen zu verhandeln. Der Krieg zwischen dem Iran und dem Irak hatte sich erschöpft. Im südlichen Afrika zogen sich die angolanischen und südafrikanischen Truppen aus Namibia zurück, das Land stand vor seiner Unabhängigkeit. In Zentralamerika kamen die Kämpfe in Nicaragua zum Stillstand. All diese Ereignisse bestärkten Ben in seinem Kampf für eine vernünftige, auf Frieden gegründete internationale Ordnung.

Seinen *Common Sense Guide* widmete er in diesem Sinn und Geist den Staatschefs der USA und der Sowjetunion, »die den Mut und die Weisheit aufbringen, ihre Ängste zu überwinden und ihre Differenzen beizulegen, damit alle, die auf diesem Planeten wohnen, ungeachtet ihrer Rasse und ihres Glaubens in Frieden und Würde zusammenleben können«. Damit sie davon auch erfahren würden, schickte er am

25. Oktober 1985 die ersten Exemplare des frisch gedruckten Werks an Präsident Reagan und Generalsekretär Gorbatschow.

Der »hundertste Affe«. Wie man in verrückten Zeiten überlebt

Kurz nach der Publikation des *Common Sense Guide* erhielt Ben einen sonderbaren Telefonanruf. »Ich bin Ken Keyes aus Coos Bay, Oregon, und Sie sind der hundertste Affe!«, sagte der Mann am anderen Ende der Leitung. Ben fragte ihn, ob er sich verwählt habe. Der Anrufer verneinte. Er sei der Autor von *The Hundredth Monkey* (1982), zu Deutsch: *Der hundertste Affe*. Darin vertritt er die These, grundlegende Veränderungen im Denken und Handeln würden dadurch erreicht, dass eine kritische Masse von Personen ein bestimmtes Ziel verfolge. Die Bezeichnung für dieses (in der Verhaltensforschung umstrittene) Phänomen kommt daher, dass Affen angeblich über Generationen versucht haben, Kartoffeln von Schmutz zu befreien und dass dies dann plötzlich einem bestimmten Exemplar – eben dem »hundertsten Affen« – gelungen sei. Gleichzeitig hätten durch eine Art Geist-zu-Geist-Übertragung Artgenossen rund um den Globus dieselbe Entdeckung gemacht.

Keyes' Buch greift die populäre Theorie auf, handelt aber nicht von Zoologie, sondern davon, wie das nukleare Wettrüsten zu beenden wäre. Nach der Lektüre des *Common Sense Guide* glaubte er, in Ben einen Verbündeten gefunden zu haben, der helfen könnte, die kritische Masse zu erreichen, die nötig sei, um den Weltfrieden zu erlangen. Er bat Ben um die Erlaubnis, eine Million Exemplare davon zu drucken. Bedingung sei, dass keiner von ihnen finanziell profitiere. »Ich dachte, der Mann sei verrückt.«

Er täuschte sich. Nach einer kurzen Recherche fand er schnell heraus, dass Keyes viele erfolgreiche Bücher über die Frage geschrieben hatte, wie man das Leben genießt, glücklich ist und eine bessere Welt schafft. Der Verfasser entpuppte sich als begnadeter PR-Stratege, der genau wusste, mit welchen Methoden ein großes Publikum zu gewinnen war. Er schlug Ben vor, gemeinsam mit ihm ein Buch zu machen, das noch populärer sein sollte als der Friedensführer. Ben war einverstanden, nachdem er sich die Zusage hatte geben lassen, dass nichts ohne seine Zustimmung geschehen sollte. Er steuerte den Inhalt bei, und Keyes sorgte für die Umsetzung nach allen Regeln der Vermarktungskunst. 1988 kam das Produkt zunächst in Amerika, dann auch in anderen Ländern in den Verkauf. Als Titel wählten sie die Wortneuschöpfung *Planethood*, abgeleitet von »planet« und »nationhood«. Es brauche eine größere Vorstellung als die Nation, in der alle Bewohner der Erde eingeschlossen seien.

Schon auf der Titelseite werden die Leserinnen und Leser direkt angesprochen. »Die Erklärung deines ultimativen Menschenrechts findet sich auf der nächsten Seite«, steht dort, und ein gelber Button verspricht: »Diese acht Schritte können dein Leben retten!« Der Untertitel preist das Buch als »Schlüssel zu *deinem* Überleben und Wohlergehen« an. Die auf dem Cover angekündigte Proklamation lautet dann so: »Ich habe das Recht, in einer friedlichen Welt zu leben, frei von der tödlichen Bedrohung durch einen Atomkrieg.« Im Kontrast zu Bens juristischen Wälzern mit ihren unzähligen Fußnoten setzt das von Keyes produzierte Taschenbuch auf abwechslungsreiche grafische Gestaltung und fett gedruckte Kernthesen. Auf jeder Seite findet sich in einem Kästchen ein passendes Zitat berühmter Persönlichkeiten, von George Washington über Dwight D. Eisenhower bis zu Papst Johannes Paul II. Ungewöhnliches steht auch im Impressum: »*Planethood* ist urheberrechtlich nicht geschützt.« Verfasser und Herausgeber erklären, dass sie keinen Cent mit dem Buch erwirtschaften wollten. Jeder Gewinn werde dazu verwendet, neue Kopien herzustellen. Die Leser werden aufgefordert, Exemplare zu kaufen oder zu vervielfältigen und an Freunde und Bekannte weiterzugeben.

Die Preisgestaltung war degressiv und auf massenhafte Verbreitung angelegt. Ab hundert Exemplaren kostete das Stück 70 Cent, ab tausend nur noch 50, einschließlich Versand. Bei einer Konferenz von Friedensorganisationen kam einmal eine ältere Dame auf Ben zu. Sie erzählte stolz, tausend Exemplare von *Planethood* gekauft zu haben. Er wollte wissen, welcher Organisation sie angehöre. »Keiner«, sagte sie – worauf er scherzte, ob sie nun ein Exemplar nach dem anderen lesen werde. »Oh, nein«, lachte die Frau. »Am Sonntag nehme ich sie auf den Broadway und verkaufe sie für einen Dollar pro Stück.« Mit dem verdienten Geld erwerbe sie neue Exemplare.

Das Konzept von Keyes schien aufzugehen. Drei Jahre nach der Erstveröffentlichung und etlichen Neuauflagen waren etwa eine Million Kopien im Umlauf. Der verrückte Anrufer hatte recht behalten. »Das schmale Buch hatte eine größere Wirkung auf die öffentliche Meinung als alle meine juristischen Bände zusammen«, bemerkte Ben.

In dieser ganzen Zeit hatte er Keyes nie persönlich kennengelernt. Sie korrespondierten ausschließlich schriftlich und per Telefon. Doch einmal ergab es sich, dass Keyes zu einer Vorlesung nach New York kam. Er rief Ben an und sagte, er wäre erfreut, ihn zu treffen. Ein Hotel könne er sich nicht leisten; er übernachte bei Verwandten und sei froh, wenn man ihn und seine Gattin Penny dort abholen könne. Ben fuhr hin und klingelte an der Haustür. Zuerst traf er Penny, eine kräftige, lächelnde junge Frau. Er solle kurz warten, sie hole Ken. Nach einigen Minuten kam sie zurück, und in ihren Armen trug sie einen strahlenden alten Mann mit einem sorgfältig gekämmten Bart und funkelnden Augen. »Ken Keyes, der Mann, der so voller Liebe, Hoffnung und Optimismus war, war Tetraplegiker.« Nicht einmal einen Löffel konnte er zum Mund bewegen. Penny setzte sich auf den Beifahrersitz, mit Ken – der nur siebzig Pfund wog – auf ihrem Schoß. Es war der Beginn einer »warmen und dauerhaften Freundschaft«.

Einmal holte Ben Keyes an der Grand Central Station ab

und schob ihn im Rollstuhl durch die Straßen von New York zu den Vereinten Nationen. Dort kannte und schätzte man den Autor des *Hundertsten Affen.* Ihm zu Ehren wurde ein kleiner Empfang ausgerichtet. Ben hielt das Mikrofon hinunter zum Rollstuhl, »und Keyes sprach bewegend über die Notwendigkeit einer verbesserten UNO und einer humaneren Gesellschaft. Er inspirierte das Publikum mit der Aussage: ›Wir müssen alle wie Atlas sein, der auf seinen Schultern die Welt trägt.‹« Ben antwortete mit einem kurzen Statement und fragte: »Wenn dieser Mann bereit ist, wie Atlas zu sein – mit welchem Recht tun wir dann weniger?«

»Ramschprofessor« mit eigenem Institut

Für sich hatte er die Frage längst gestellt – und beantwortet. Mit nie nachlassendem Elan setzte er seine Friedensaktivitäten auf verschiedenen Kanälen fort, populären und akademischen. Er trat in Fernsehfilmen und Radiosendungen auf, die teilweise ein Millionenpublikum erreichten. Die führende *Encyclopedia of International Law*, herausgegeben vom Max-Planck-Institut für ausländisches öffentliches Recht und Völkerrecht in Heidelberg, veröffentlichte mehrere Artikel von ihm. Er hielt Vorlesungen an Dutzenden von Schulen und Universitäten in Amerika und Europa. Von 1985 bis 1990 lehrte er an der Pace Law School in New York internationales Friedensrecht. Grundlage der Kurse bildete die kleine Bibliothek von Büchern, die er selbst zum Thema verfasst hatte. Er erhielt den Titel eines Adjunct Professor, gab aber wenig darauf. Er machte die Erfahrung, dass man damit nichts verdiente und hierarchisch weit unter den Inhabern eines ordentlichen Lehrstuhls stand. Statt von »Adjunct Professor« sprach er deshalb scherzhaft von »A Junky Professor« (»Ramschprofessor«).

Auch jetzt dachte er ständig darüber nach, wie er seine Botschaften am wirkungsvollsten streuen konnte. Die universitäre

Lehre war eine Option, aber es musste bessere Mittel und Wege geben. Sein nächstes Unterfangen war die Gründung eines unabhängigen interdisziplinären Instituts, das nur sehr lose mit der Pace University School of Law verbunden war. Er nannte es Pace Peace Center, in Anspielung auf den Ort und die vom lateinischen »pax« abgeleitete italienische Vokabel für »Frieden« («pace») – sodass der Begriff, um den sich alles drehte, gleich doppelt im Namen aufschien. Ben arbeitete dort als unbezahlter Exekutivdirektor, und Gertrude als seine gleichfalls unbezahlte Assistentin. Die Büros richteten sie an ihrer Privatadresse an der Bayberry Lane in New Rochelle ein.

Dank seines hervorragenden internationalen Beziehungsnetzes konnte er Fachleute und Organisationen aus der ganzen Welt zur Mitarbeit bewegen. Im Juni 1990 organisierte er eine Konferenz mit Experten aus der Sowjetunion. Thema waren die von Michail Gorbatschow in verschiedenen Büchern und Vorträgen eingebrachten Ideen für die Beendigung des Kalten Kriegs und eine weitergehende Abrüstung. Er ließ die Gespräche auf Tonband aufzeichnen, von seiner Frau transkribieren und brachte sie in Buchform heraus *(World Security for the 21st Century)*. Es war die Zeit von Glasnost und Perestroika, das sowjetische Imperium befand sich in rasantem Umbau und stand kurz vor dem Kollaps. Gorbatschows echter Versöhnungswille traf auf die schiere Notwendigkeit, das ruinöse Wettrüsten zu beenden. Ben und seine sowjetischen Gäste berieten derweil, wie sie den Annäherungsprozess ihrer Regierungen unterstützen und vielleicht beschleunigen könnten.

Um die Finanzierung des Friedenszentrums zu gewährleisten, bemühte er sich um Fundraising. Es erwies sich jedoch als schwierig, genügend Geld aufzutreiben. »Ich hasste es, um Spenden zu betteln.« Nach einigen Jahren stellte er deshalb die Tätigkeit des Instituts ein – nicht aber sein Engagement in der Sache.

»Law is better than war«

Ähnlich wie der Philosoph Blaise Pascal aus nüchternem Kalkül auf die Existenz Gottes wettete – denn wenn es ihn gibt, dann ist es besser, an ihn zu glauben –, verfolgte Ben weiter seine Mission, auch wenn sie ihm zwischendurch hoffnungslos erschien. »Ich war nicht sicher, ob meine Anstrengungen wirklich Früchte tragen, aber ich war überzeugt, dass sie nicht schaden würden. So entschied ich mich für die optimistische Option und ging weiter mit meinen Ideen hausieren.«

Im Jahr 1993 stand er viele Monate lang jeden Morgen um fünf auf, setzte sich an den Schreibtisch und arbeitete bis neun Uhr abends, unterbrochen nur von Mahlzeiten und Fitnessübungen. Normale Menschen machten es umgekehrt, sie arbeiteten von neun bis fünf, warf seine Frau ein. »Sie war besorgt, dass ich mein Augenlicht und meinen Verstand verlieren würde.« Er ließ sich nicht aufhalten. Das Ergebnis war ein weiteres umfangreiches Buch: *New Legal Foundations for Global Survival* erschien 1994 bei seinem Hausverlag Oceana Publications. Gertrude, die unbestechliche Erstleserin, hielt es für sein bestes. Das *American Journal of International Law* nannte es ein »Meisterwerk«. UNO-Generalsekretär Kofi Annan schickte Ben eine enthusiastische Note und meinte, das bemerkenswerte Werk unterstütze alles, wofür die Vereinten Nationen stünden.

Wie der Untertitel *(Sicherheit durch den Sicherheitsrat)* verrät, beschäftigt sich die Studie mit Blick auf das ungelöste Problem eines Weltfriedens kritisch mit dem mächtigen Fünferklub. Die Ziele der UNO-Charta könnten so lange nicht realisiert werden, wie sich die Großmächte an den Status quo einer Weltordnung hielten, in der sie ihre überkommene Souveränität über alles stellten. Die Gründungakte der Vereinten Nationen müsse endlich so interpretiert werden, dass die Organisation befähigt sei, ihren ursprünglichen Zweck zu erfüllen. Im Grunde sei es einfach: Die Nationen müssten nur ihren rechtlichen Verpflichtungen nachkommen, die sie mit der Unterzeichnung der Charta eingegangen seien. »Sie gaben ihr nie eine Chance.«

Das Buch übte aber nicht nur Kritik, es zeigte auch konkrete Lösungen auf. So formulierte es zwölf gebrauchsfertige Resolutionsentwürfe zur Stärkung des Völkerrechts. Die Vetomächte wurden aufgefordert, ihr »unfaires« Privileg aufzugeben und nicht nur ihre eigenen Nationen zu vertreten. Die Weltlage sei zu gefährlich für egoistische Machtspiele. »Ich versuchte ihnen klarzumachen, dass sie nicht mit Bananen handelten, sondern mit dem Schicksal der Menschheit.« Die Stimmen der Leute und Völker müssten laut und deutlich vernommen werden; nur dann sei ein wirksamer Wandel möglich.

In der Ära der Massenvernichtungswaffen sei der ideologische Kampf zwischen »Realisten« und »Idealisten« sinnlos geworden – militante Politiker würden nur totale Zerstörung herbeiführen. Ben erinnerte in diesem Zusammenhang an Präsident Eisenhower, der schon 1958 gesagt hatte: »In einem sehr realen Sinn hat die Welt nicht länger die Wahl zwischen Macht und Recht. Wenn die Zivilisation überleben will, muss sie die Herrschaft des Gesetzes wählen.« Der konservative Eisenhower – Bens Oberbefehlshaber im Zweiten Weltkrieg – sei gewiss kein idealistischer Träumer gewesen. Auch nicht Ronald Reagan, der erkannt habe, dass Nuklearwaffen niemals eingesetzt werden dürften. »Law is better than war« – dieses Credo müsse unter den herrschenden Umständen doch »jedem vernünftigen Geist einleuchten«.

Die Hoffnung, dass es einmal so weit kommen würde, gab Ben jedenfalls nie auf. Wo immer er neue Chancen sah, ergriff er sie. Die moderne Informationstechnologie und das Internet böten Aufklärungs- und Erziehungsinstrumente, die früher unvorstellbar gewesen seien. Sie bestärkten ihn in seiner Überzeugung, dass ein »Wandel von unten« möglich sei.

Vom »Ende der Geschichte« zum Jugoslawienkrieg

Nach Abschluss des Buchprojekts, von dem seine fürsorgliche Frau hoffte, es würde sein letztes sein, befand er sich in einem Alter, »wo normale menschliche Wesen gewöhnlich dieser Welt Auf Wiedersehen sagen«. Er war nun vierundsiebzig – aber etwas anderes, als unermüdlich fortzusetzen, was er als seinen Beruf und seine Berufung betrachtete, kam für ihn nicht infrage. Es verging auch jetzt kein Tag, an dem er nicht stundenlang gearbeitet hätte. Um seine Kräfte einzuteilen und sie möglichst effektiv einzusetzen, beschloss er, sich in der verbleibenden Lebenszeit auf zwei Ziele zu konzentrieren, die beide mit den Lektionen zusammenhingen, die er in Nürnberg gelernt hatte. Das erste war die Schaffung eines ständigen Internationalen Strafgerichts, das zweite die Ächtung des Kriegs überhaupt. Mit diesen Aufgaben hatte er sich schon jahrzehntelang beschäftigt, doch die erzielten Fortschritte konnten ihn nicht zufriedenstellen. Der leidenschaftliche Kampf für Frieden und Gerechtigkeit musste weitergehen – und endlich Resultate zeitigen.

Es war ein langer Weg von Nürnberg nach Den Haag: von den in außergewöhnlicher historischer Situation entstandenen Militärgerichten nach dem Zweiten Weltkrieg zur fixen Institution unter UNO-Ägide. Aber auf einmal ging es schnell. Nach dem Berliner Mauerfall, der deutschen Wiedervereinigung und dem Zusammenbruch der Sowjetunion in der »Wende« zwischen 1989 und 1991 sahen viele ein neues, friedlicheres Zeitalter anbrechen. Das Ende der Ost-West-Konfrontation weckte die Erwartung einer stabilen Ordnung jenseits der überwundenen Systemfeindschaft. Die Globalisierung der Finanzmärkte, der Wirtschaft, der Technologie und der Medien erzeugte die Vorstellung – vielleicht auch den Rausch – einer imaginären Einheit. Die Welt schien zum Dorf zu schrumpfen. Demokratie und soziale Marktwirtschaft wurden vielerorts als alternativlos begrüßt. Francis Fukuyama sprach vom »Ende der Geschichte« und lieferte damit das Stichwort für die Träume und Projektionen dieser Epoche.

Aber alte Spannungen wirkten weiter, und neue Gefahren tauchten auf. Islamismus, Terrorismus und selbstbewusste autokratische Regime auf allen Erdteilen trübten die Aussichten. Schmerzhaft wurde klar, dass bewaffnete Konflikte nicht einfach verschwunden waren. Der Jugoslawienkrieg, der 1991 ausbrach und in seinen verschiedenen Ausprägungen bis in das neue Jahrtausend hinein dauerte, wirkte wie ein Schock für die europäische Öffentlichkeit. Nachrichten von Massenvergewaltigungen und Bilder ausgemergelter Gefangener, die Ben an Auschwitz erinnerten, machten die Runde. Man hatte es nicht mehr für möglich gehalten, dass dieser Kontinent am Ende des 20. Jahrhunderts noch einmal ein solches Massaker erleben würde.

Dies gab den Bemühungen um einen ständigen Internationalen Strafgerichtshof einen Schub. »Der Lauf der Geschichte wird oft durch unvorhergesehene und nicht voraussehbare Geschehnisse bestimmt«, schreibt Ben in den *Stories*. So war es auch hier. »Obwohl die Menschen für sich beanspruchen, die einzigen rationalen Tiere zu sein, werden bedeutende soziale Veränderungen öfter durch Leiden veranlasst als durch Vernunft.« Der eruptive Ausbruch des Bürgerkriegs im ehemaligen Jugoslawien habe wie ein Katalysator auf die Bewegung hin zu Internationalen Strafgerichtshöfen gewirkt. Die UNO-Abläufe, die er häufig als so langsam empfand, »dass eine Schildkröte an einer Krücke dagegen wie ein Tempoteufel erschien«, waren jetzt effizient. Dies zeige, dass die Vereinten Nationen durchaus schnell handeln könnten, wenn ihre führenden Mitglieder den Willen und den Mut dazu aufbrächten.

In zwei Monaten standen die Statuten, und am 25. Mai 1993 wurde der Internationale Strafgerichtshof für das ehemalige Jugoslawien durch die Resolution 827 des UNO-Sicherheitsrats ins Leben gerufen. Die Initiative dazu war nicht zuletzt von den USA gekommen – was Ben zwar positiv aufnahm, aber nicht kritiklos stimmte. Der Entscheid habe auch damit zu tun gehabt, dass die Vereinigten Staaten »wenig begierig« gewesen seien, Soldaten auf den Balkan zu schicken und stattdessen eine nichtmilitärische Lösung bevorzugt hätten. »Da die Rechtsprechung des Tribunals auf Verbrechen in Ex-Jugoslawien nach 1991 begrenzt war und keine amerikanischen Truppen involviert waren, hatte die US-Regierung nichts zu befürchten.«

Der Ad-hoc-Gerichtshof existierte bis Ende 2017. Von den einhunderteinundsechzig Angeklagten wurden vierundachtzig verurteilt, darunter der Führer der bosnischen Serben, Radovan Karadžić, und General Ratko Mladić, sein Oberbefehlshaber. Beide erhielten eine lebenslängliche Haftstrafe. Der frühere Präsident der Republik Serbien, Slobodan Milošević, starb während des Prozesses im März 2006 und entging einem Urteilsspruch.

Mit dem ersten Vorsitzenden des Tribunals, dem italienischen Völkerrechtsprofessor Antonio Cassese, verband Ben nicht nur eine Freundschaft unter geistesverwandten Fachleuten, sondern auch die Ehre, eine der bedeutendsten europäischen Auszeichnungen bekommen zu haben: Im Jahr 2009 erhielten sie gemeinsam den Erasmus-Preis. »Der Ankläger und der Richter verkörpern zusammen die Geschichte des internationalen Strafrechts von Nürnberg bis Den Haag«, heißt es in einem von Heikelina Verrijn und Marlise Simmons herausgegebenen Sammelband mit Interviews und Texten der beiden Pioniere *(The Prosecutor and the Judge)*.

Raserfahrt mit Richard Goldstone

Die böse Ahnung, dass die Geschichte mit Gewalt auf die Agenda zurückkehren und die »neue Weltordnung« nach dem Ende des Kalten Krieges eher eine Weltunordnung sein könnte, bestätigte sich mit dem Völkermord von Ruanda. Innerhalb weniger Wochen wurden von April bis Mitte Juli 1994 rund 800 000 Menschen mit Macheten und anderen Instrumenten buchstäblich abgeschlachtet. Die Täter waren überwiegend Angehörige des Hutu-Stammes, die Opfer zählten zumeist zur Minderheit der Tutsi. Die Staatengemeinschaft hatte das Unheil kommen sehen – es war ein Genozid mit Ansage –, verhinderte es aber nicht. »Dass solche Schrecknisse passieren konnten, trotz der Lehren aus dem Holocaust, bleibt ein weiterer Schandfleck unserer Zivilisation«, meint Ben. »Weil keines ihrer vitalen Interessen auf dem Spiel stand, reagierten die großen Nationen zu langsam und zu schwach.« Aufgeschreckt durch die öffentliche Empörung, stellte der UNO-Sicherheitsrat rasch ein weiteres Spezialgericht auf die Beine, den Internationalen Strafgerichtshof für Ruanda. Nach dem Vorbild des Jugoslawientribunals war er räumlich und zeitlich begrenzt.

Erster Chefankläger beider Großprozesse war der südafrikanische Völkerrechtler Richard Goldstone. Dies sollte eine einheitliche Praxis garantieren, aber auch Kosten sparen und womöglich Leben retten. Denn der Posten galt als gefährlich. Als Ben einmal mit ihm in Den Haag im gepanzerten Wagen wie auf einer Rennstrecke unterwegs war, erklärte Goldstone, sein Fahrer sei angewiesen worden, stets in halsbrecherischem Tempo zu fahren, um das Risiko eines Anschlags zu minimieren.

Etwa 1996 hätte Ben beinahe selbst eine Aufgabe im Zusammenhang mit dem Völkermord in Ruanda übernommen. Während einer internationalen Konferenz in Paris lud ihn der neue ruandische Justizminister, Faustin Nteziryayo, genannt »Jo-Jo«, ein, nach Kigali zu kommen und die Regierung zu beraten, wie sie mit den zahllosen Tätern umgehen solle. Ben sagte dem Minister, er müsse sich zuerst mit seiner Frau besprechen, erzählte Gertrude von dem Angebot und fragte, ob sie ihn begleiten wolle. Auf ihre Gegenfrage, was sie dort erwarten würde, meinte er: »100 000 Mörder.« Das war zwar vielleicht ehrlich – aber nicht die Antwort, die sie beruhigen konnte. »Bist du verrückt?«, rief sie und riet ihm dringend von der Reise ab. Dem »weisen Entscheid« der Gattin widersetzte er sich nicht.

Die Ad-hoc-Tribunale für die in Ex-Jugoslawien und Ruanda begangenen Verbrechen gegen die Menschlichkeit betrachtete Ben als »wichtige Schritte vorwärts«. Aber sie seien eben nur temporär gewesen und hätten eine beschränkte Jurisdiktion gehabt. »Um die Immunität vor Strafverfolgung zu vermeiden, die Staatsoberhäupter und andere in der Vergangenheit genossen haben, müssen alle Regierungsmitglieder wissen, dass sie in Zukunft für ihre Verbrechen verantwortlich gemacht werden.« Es brauche einen ständigen Gerichtshof, um kriminelle Politiker zur Rechenschaft zu ziehen, »wann und wo auch immer«.

Ein Scheck für Kofi Annan

»Ich war lange ein einsamer Rufer in der Wüste«, sagt Ben über seinen jahrzehntelangen Einsatz für einen Internationalen Strafgerichtshof. Zu Beginn der 1990er-Jahre hätten sich die Dinge aber zu bewegen begonnen. Amnesty International schaltete ein ganzseitiges Inserat in der *New York Times* – mit der Aufforderung, ein solches Gericht zu gründen und Spenden zu überweisen. Human Rights Watch und andere Nichtregierungsorganisationen (NGOs) schlossen sich der Kampagne an. Besonders erfolgreich setzte sich William R. Pace, der Exekutivdirektor der World Federalists, dafür ein. In der von ihm koordinierten Coalition for an International Criminal Court

(CICC) versammelten sich unzählige Mitglieder. Auch Bens Pace Peace Center nahm daran teil, neben einem Komitee ehemaliger Ankläger bei den Nürnberger Prozessen. Verschiedene Regierungen unterstützten die Anstrengungen. Aber Ben blieb letztlich ein freiheitsliebender und unabhängiger Einzelkämpfer. Pace bezeichnete ihn darum scherzhaft als »NGI«, als »Non-Governmental Individual«.

Das hieß allerdings nicht, dass er sich nicht beherzt für die NGOs eingesetzt hätte, wenn sie ihn brauchten. So geschehen am UNO-Hauptsitz in New York, es dürfte 1997/98 gewesen sein. Weil die Zahl der Aktivisten, die auf dem Balkon den Beratungen der zuständigen Organe lauschten, stark gewachsen war, stoppte die UNO von einem Tag auf den anderen ihre Praxis, offizielle Papiere an die nichtoffiziellen Zuschauer zu verteilen. Ohne diese Unterlagen sei es aber unmöglich gewesen, den Debatten zu folgen. »Ich war wütend. Ich rannte in die Büros in der Chefetage von Generalsekretär Kofi Annan, wo ich vom üblichen Wachmann aufgehalten wurde. Ich erläuterte ihm die Situation, reichte ihm einen persönlichen Scheck über 500 Dollar und bat ihn, den Scheck dem Generalsekretär zu geben. Das Geld würde die Kosten der betreffenden Dokumente decken, die die NGOs benötigten. Ein paar Minuten später kam die Wache zurück und teilte mit, alle Dokumente stünden ab sofort wieder bereit. Den Scheck brachte er nicht zurück.« Ben wusste, dass Annan auf seiner Seite war, »aber mit ein bisschen Öl läuft das Rad schneller«.

Jubel in Rom

Die Angelegenheit nahm jetzt auf jeden Fall Fahrt auf. Die UNO-Vollversammlung setzte 1996 eine Vorbereitungskommission ein, die einen Vertragsentwurf erarbeiten sollte. Angestoßen worden war die Entwicklung durch eine Resolution, die der karibische Inselstaat Trinidad und Tobago 1989 eingereicht hatte. Sie enthielt den Auftrag an die 34-köpfige Völkerrechtskommission, zu prüfen, wie ein Internationales Strafgericht zu schaffen sei. Ben beriet als Ghostwriter den damaligen Premierminister und späteren Präsidenten von Trinidad und Tobago, Arthur N.R. Robinson, bei der Formulierung der Resolution, zusammen mit dem Völkerrechtsprofessor Robert Kurt Woetzel. Nun, sieben Jahre später, begann die entscheidende Phase.

US-Präsident Bill Clinton legte sich persönlich für eine rasche Umsetzung ins Zeug. »Bevor das Jahrhundert endet, sollten wir einen permanenten internationalen Strafgerichtshof etablieren, um die schwersten Verletzungen des humanitären Völkerrechts zu ahnden«, sagte er am 22. September 1997 vor der UNO-Generalversammlung. David J. Scheffer, der in der zweiten Amtszeit Clintons von 1997 bis 2001 die neu geschaffene Stelle eines Botschafters für Kriegsverbrechensfragen (United States Ambassador-at-Large for War Crimes Issues) im Außenministerium bekleidete, bekräftigte die Position der Regierung in einer Rede am Carter Center vom 13. November. Die USA würden ein »faires, effektives und effizientes Gericht« dauerhaft unterstützen. Dies sei essenziell für dessen Funktionieren. Die Geschichte habe nämlich gezeigt, dass neue internationale Institutionen ohne das überzeugende Engagement der Vereinigten Staaten scheitern könnten – »wie der Völkerbund«.

Der Bericht, den die Vorbereitungskommission im April 1998 vorlegte, strotzte jedoch noch immer von »überwältigendem Dissens«. Die Passagen, bei denen keine Einigkeit bestand, waren in den Entwürfen mit eckigen Klammern markiert. »Es gab mindestens tausend – ja, tausend – solcher Streitpunkte.« Der Report diente als Grundlage für das Römische Statut, das – ein kleines diplomatisches Wunder – am 17. Juli 1998 nach einer fünfwöchigen Konferenz in der italienischen Hauptstadt verabschiedet wurde. Es ist das offizielle Gründungsdokument von »Den Haag« und definiert vier internationale Kapitalverbrechen: Völkermord, Verbrechen gegen die Menschlichkeit, Kriegsverbrechen und Aggression.

Genau dafür hatte Ben seit nunmehr fast einem halben Jahrhundert mit ganzer Leidenschaft gekämpft. Und so war es nur recht und billig, dass er – begleitet von Gertrude – als Gast an der Konferenz teilnahm. Die Diplomaten und Politiker begrüßten ihn als »lebendiges Symbol« der Nürnberger Prozesse. In einer kurzen Ansprache dankte er ihnen für die Ehre, die sie ihm erwiesen, und erklärte, er sei nach Rom gekommen, um »für diejenigen zu sprechen, die nicht reden können – die Opfer grauenhafter Verbrechen«. Er forderte die Delegierten auf, dem Nürnberger Beispiel zu folgen: »Die Zeit ist gekommen, und dies ist der Ort!« Sie brachen in tosenden Applaus aus. »Meine Frau war stolz.«

Vor wie hinter den Kulissen fand während der fünf entscheidenden Wochen ein Tauziehen um Formulierungen, Inhalte und Kompetenzen statt. Es tat sich ein Graben auf zwischen den kleineren Staaten und den Großmächten. Während die einen überzeugt waren, dass ihre Existenz ohne die Herrschaft des Rechts gefährdet blieb, zögerten die anderen, ihre Sicherheit – oder auch ihre aggressiven Impulse – den Urteilen einer unerprobten internationalen Institution anzuvertrauen. Am letzten Tag der Konferenz, am 17. Juli, sei die Spannung mit Händen zu greifen gewesen, erinnert sich Ben. Als die Nacht hereinbrach, beendete der Vorsitzende, Botschafter Philippe Kirsch aus Kanada, die Diskussionen. Er wurde »der Magier« genannt, weil er die Fähigkeit besaß, in ausweglos scheinenden Situationen tragfähige Kompromisse aus dem Ärmel zu schütteln. In letzter Minute war ein Vorstoß von Indien und Pakistan abgelehnt worden, den Erstgebrauch von Atomwaffen als Kriegsverbrechen aufzuführen. Er scheiterte am Widerstand derer, »die ein größeres Atomarsenal besaßen« – was Ben zum Kommentar veranlasste, es bleibe illegal, den Feind mit einem Giftpfeil zu töten, während es erlaubt sei, durch eine thermonukleare Explosion ganze Städte auszulöschen. Oliver Wendell Holmes Jr. – einer seiner juristischen Hausgötter – habe recht gehabt mit seiner Aussage, das Recht wachse durch Erfahrung, nicht durch Logik.

Kirsch machte dem Treiben ein Ende, indem er die Teilnehmer zu einem Ja-oder-Nein-Votum über das Statut als Ganzes aufforderte. »Der Vorsitzende, mit Schweiß bedeckt und zitternd vor Aufregung, verkündete das Resultat.« Einhundertzwanzig Staaten stimmten dafür, sieben dagegen; einundzwanzig enthielten sich der Stimme. »Das Römische Statut war die Verfassung für den ersten ständigen Strafgerichtshof in der Geschichte der Menschheit! Der Saal war außer sich vor Freude. Ich auch.«

Unter den ablehnenden Staaten waren die USA und Israel. Ben hatte in den Jubel über die überwältigende Unterstützung für das neue Gericht mit eingestimmt, aber es schmerzte ihn, als die Delegierten nicht aufhörten, rhythmisch zu klatschen und dabei die amerikanischen Vertreter umringten und herausfordernd anblickten. In der Mitte saß David J. Scheffer, der einen niedergeschlagenen Eindruck machte. »Meine Freude über den Sieg der Herrschaft des Rechts war getrübt durch mein Bedauern über die Opposition der USA, und mein Freund David, der die Vereinigten Staaten als loyaler Beamter repräsentierte, hatte die Last der Demütigung zu tragen.«

Besondere Beziehungen hatte Ben auch zum israelischen Vertreter, Botschafter Eli Nathan. Mit ihm hatte er schon 1952 bei der Aushandlung des Wiedergutmachungsabkommens zusammengearbeitet. Israel begründete sein Nein damit, dass in die Liste der Kriegsverbrechen ein Passus aufgenommen worden war, der es untersagte, Teile der eigenen Bevölkerung in besetzte Gebiete zu transferieren. Aus israelischer Sicht war dies ein Angriff auf die Siedler. Ben vermutet, dass auch die »Abhängigkeit« Israels vom »großen Bruder« USA eine Rolle spielte. Nathan sandte in der Folge einen rechtfertigenden persönlichen Brief an Ben. Grundsätzlich stehe Israel hinter dem Internationalen Strafgerichtshof, meinte er.

Überraschungsanruf von Mr. Secretary

Den Widerstand der Vereinigten Staaten fand Ben beschämend. »Ich rief die mitreißenden Plädoyers von Robert Jackson und Telford Taylor in Nürnberg in Erinnerung, die die Welt mit ihren Appellen für eine neue, alle bindende Herrschaft des Rechts inspiriert hatten.« Dass er selbst die Fundamente dazu mit gelegt hatte, erwähnte er nicht; aber der Respekt, den man ihm dafür entgegenbrachte, dürfte ihm nicht entgangen sein. Er nutzte sein Ansehen in diesen Fragen auch jenseits der achtzig, um den Druck aufrechtzuerhalten. Denn nach dem Beschluss von Rom ging der Kampf weiter, zuvorderst an der innenpolitischen Front. Vor allem konservative Abgeordnete fürchteten einen Souveränitätsverlust, sollten die USA sich dem Haager Gericht unterstellen. Das Pentagon, die Geheimdienste und der Generalstab der Armee warnten, amerikanische Militäraktionen könnten dadurch eingeschränkt werden.

In dieser aufgeheizten Atmosphäre erhielt Ben eines Tages im Herbst 2000 einen überraschenden Telefonanruf. »Ich war nicht zu Hause, meine Frau sagte mir, der ehemalige Verteidigungsminister McNamara habe angerufen. Er wolle mit mir reden. Ich rief ihn zurück, und er sagte, er möchte, dass ich einen Gastbeitrag für die ›New York Times‹ schreibe, den wir beide unterzeichnen sollten.« Die Stoßrichtung, die McNamara vorschlug, verblüffte ihn: Der Artikel sollte die Aufforderung an die Vereinigten Staaten enthalten, sich für den Internationalen Strafgerichtshof einzusetzen. »Ich antwortete: ›Mr. Secretary, Sie sind sich bewusst, dass Sie, wenn wir einen solchen Gerichtshof hätten, einer der ersten Angeklagten sein könnten?‹« McNamara, US-Verteidigungsminister von Januar 1961 bis Februar 1968, galt als eine der treibenden Kräfte hinter der Eskalation des Vietnamkriegs unter Präsident Lyndon B. Johnson. Er setzte auf einen Abnutzungskampf, dessen Erfolg am »Body Count«, der Zahl getöteter Gegner, gemessen wurde. Schließlich betrachtete McNamara diese Strategie als gescheitert und trat zurück. Er wechselte als Präsident zur Weltbank. Und dieser Falke des Vietnamfeldzugs wollte jetzt die Clinton-Administration zur Unterstützung des Strafgerichtshofs aufrufen? Auf Bens Frage antwortete er am Telefon, er sei sich damals nicht bewusst gewesen, dass der Krieg illegal war. Hätte er es gewusst, hätte er anders gehandelt.

Die Fortsetzung der Geschichte erfuhr Ben von David Scheffer. »Er berichtete, dass der Präsident einen großen Stapel mit Briefen gegen den Gerichtshof auf dem Schreibtisch liegen hatte, und einen kleinen mit Papieren, die für ihn eintraten. Auf dem kleinen Haufen lag zuoberst der Beitrag von McNamara und mir aus der ›New York Times‹.« Der Artikel war am 12. Dezember 2000 erschienen. Wenige Wochen später entschied Clinton, intensiv bearbeitet von beiden Lagern, dass die USA dem Römischen Statut beitreten sollten. Es war eine seiner letzten Amtshandlungen im Weißen Haus – und die Zeit drängte. Scheffer machte sich umgehend auf den Weg zur UNO nach New York, wo er den Vertrag in Namen der USA unterschrieb. In seinen Memoiren *All the Missing Souls* (2011) beschreibt er die dramatischen Umstände der Unterzeichnung in letzter Minute am 31. Dezember 2000. Es war Sonntag und es lag so viel Schnee, dass der Verkehr lahmgelegt war und er sich zu Fuß von der Penn Station zum UNO-Hauptgebäude durchkämpfen musste. Nachdem Scheffer für die USA signiert hatte, setzte auch der israelische Botschafter im Namen seiner Regierung die Unterschrift unter den Vertrag.

Entschieden war die inneramerikanische Auseinandersetzung damit noch nicht. Die Zusage hatte den Charakter einer Absichtserklärung. Zur Ratifizierung des Vertrags brauchte es einen Parlamentsbeschluss mit Zweidrittelmehrheit. Mit Clintons Nachfolger George W. Bush drehte der Wind, und die ablehnende Haltung in dem von den Konservativen beherrschten Kongress manifestierte sich in verschiedenen, gegen den

Strafgerichtshof gerichteten Gesetzen. Sie entstanden im Kontext des »Kriegs gegen den Terror«, den Bush als Antwort auf die islamistischen Anschläge vom 11. September 2001 auf das World Trade Center in New York und andere sensible Ziele erklärt hatte. Die zuvor als undenkbar erschienenen Angriffe trafen die stolze Supermacht ins Herz und verstärkten die Abneigung gegen die fremden Richter im fernen Europa. John Bolton, damals Staatssekretär im Außenministerium, später amerikanischer UNO-Botschafter und inzwischen ehemaliger Sicherheitsberater von Präsident Donald Trump, machte Scheffers Unterschrift im Mai 2002 rückgängig. Neben ihr wurde im Vertrag ein Stern angebracht, der auf den entsprechenden Brief von Bolton an Kofi Annan verweist.

Als Wortführer der Gegner im Senat profilierte sich der Konservative Jesse A. Helms aus North Carolina, der Vorsitzende der außenpolitischen Kommission. Flankiert wurde er von seinem texanischen Parteikollegen Thomas D. DeLay im Repräsentantenhaus. Sie waren die Urheber des »American Service-Members' Protection Act«, den Bush mit seiner Unterschrift am 2. August 2002 in Kraft setzte. Das Gesetz hatte zum Ziel, amerikanische Soldaten und Regierungsvertreter vor der Verfolgung »durch ein internationales Gericht« zu schützen, »an dem die Vereinigten Staaten nicht teilnehmen«. Es ermächtigte den Präsidenten, alles zu unternehmen, um amerikanisches oder alliiertes Personal zu befreien, sollte es in Den Haag festgehalten werden. Kritiker sprachen daher vom »Hague Invasion Act«.

Ben konterte die gegnerischen Argumente, indem er zu einer »Ein-Mann-Kampagne« aufbrach und überall seinen Standpunkt darlegte. Dem Terror an sich den Krieg zu erklären, das klinge für ihn, wie wenn man der Sünde den Krieg erklärte – beides sei unsinnig. Er wundere sich, dass Bush zwar betone, er wolle Osama bin Laden, den mutmaßlichen Drahtzieher der Anschläge, der Justiz zuführen, dabei aber den Internationalen Strafgerichtshof nicht erwähnte. Er erinnerte an die Lynchszenen im Jahr 1993 in der somalischen Hauptstadt Mogadischu, wo Warlords amerikanische Soldaten triumphierend durch die Straßen schleifen ließen. Um solche Fälle würden sich die Richter in Den Haag kümmern. Vermutungen, ein außer Kontrolle geratener Ankläger könne amerikanische Bürger ungerechtfertigterweise beschuldigen und die USA an der Umsetzung ihrer humanitären oder militärischen Ziele hindern, seien haltlos. »Nur die Schuldigen müssen sich vor der Herrschaft des Rechts fürchten.«

Ungeachtet des innenpolitischen Zwists in den Vereinigten Staaten trat das Römische Statut im Juli 2002 mit der Erreichung des Quorums von sechzig Vertragsparteien in Kraft. An der UNO in New York gab es eine kleine Feier, zu der auch Ben eingeladen war. Der Sitz, der für den US-Vertreter reserviert war, blieb leer. Noch bevor der offizielle Teil der Zeremonie begann, setzte sich Ben – auch mit über achtzig ein vor Schalk sprühender Spitzbube – auf den Sessel und formte mit den Fingern seiner rechten Hand das Victoryzeichen. Umfrageergebnisse, laut denen eine Mehrheit der Amerikaner einen Beitritt der USA befürworteten, beflügelten ihn in seinen Aktionen. Gleichzeitig schämte er sich dafür, »dass mein Land, das hauptsächlich für die Nürnberger Prozesse verantwortlich war und so viele andere Internationale Strafgerichte unterstützt hatte, dem Internationalen Strafgerichtshof die kalte Schulter zeigte«.

Sandburgen in Scheveningen – Empfang bei der Königin

Das neue Gericht umfasste achtzehn Richter aus verschiedenen Weltregionen, viele von ihnen kannte Ben aus jahrelanger Zusammenarbeit. Philippe Kirsch, der die diplomatische Konferenz in Rom geleitet hatte, wurde der erste Präsident. Während des Bewerbungsverfahrens hatte sich Ben für ihn eingesetzt. Freundschaftlich verbunden war er auch mit dem Richter, Diplomaten und Völkerrechtler Hans-Peter Kaul, dem ehemaligen Chef der deutschen Delegation bei den Verhandlungen zum Römischen Statut. Er schätzte die entschiedene Position der Bundesregierung und stellte dies in Zusammenhang mit dem historischen Wandel nach dem Zweiten Weltkrieg: »Das deutsche Volk hat einen sehr hohen Preis bezahlt für seine Unterstützung von Hitlers menschenverachtendem Regime; und ich war besonders zufrieden, dass die Deutschen als Nation die Lektionen von Nürnberg gelernt hatten und einer der stärksten Fürsprecher für die Herrschaft des Gesetzes wurden.«

Am 11. März 2003 wurden die Richter in Den Haag feierlich in ihr Amt eingeführt. Auch für Ben war es ein ganz besonderer Tag. Er hatte gleich zwei denkwürdige Auftritte, einmal in seiner Funktion als »Non-Governmental Individual« am Strand von Scheveningen, und einmal in offizieller Mission an der Seite der niederländischen Königin. Aktivisten protestierten mit einer medienwirksamen Inszenierung gegen das amerikanische »Invasionsgesetz«. Am beliebten Stadtstrand, unweit vom Haager Gerichtsgebäude, bauten sie Barrikaden aus Sand auf, bewacht von lebensgroßen Pappsoldaten. Dies sollte spielerisch den Widerstand gegen eine amerikanische Befreiungsaktion symbolisieren. Die Veranstalter luden Ben ein, an dem Happening teilzunehmen. Er sagte zu, unter zwei Bedingungen: Er wollte das letzte Wort haben, »um jede falsche Aussage über mein Land zurückzuweisen«, und im Namen des amerikanischen Volks das Sternenbanner hissen.

Das Wetter am Morgen des 11. März war regnerisch und kühl. Als die Reihe der Redner an Ben kam, erzählt er, dass er im Zweiten Weltkrieg an einem Strand der Normandie gelandet sei, »in der Uniform der US-Armee«. Er sei damals gekommen, um für die Freiheit zu kämpfen. Nun sei er hier, um die USA anzugreifen, »aber das Ansehen der amerikanischen Öffentlichkeit zu verteidigen, die an die Grundsätze von Nürnberg und die Herrschaft des Rechts glaubt«. Er ließ das Sternenbanner im Wind flattern und forderte die Anwesenden auf, mit ihm zusammen die Schlussworte des »Pledge of Allegiance«, des Treueschwurs auf die amerikanische Nation, zu rezitieren (»Freiheit und Gerechtigkeit für jeden«). Es gab Applaus, »aber ich hatte keine Zeit, ihn zu genießen, da ich zum Empfang Ihrer Majestät eilen musste«. Im Hotel fand er gerade noch Zeit, die sandigen Schuhe zu wechseln und sich umzuziehen.

Die Zeremonie im Beisein von Königin Beatrix, UNO-Generalsekretär Annan und Seiner Königlichen Hoheit Prinz Zeid Ra'ad Zeid Al-Hussein, dem jordanischen UNO-Gesandten und Präsidenten der Vertragsparteien des Römischen Statuts, war festlich und gediegen. »Botschafter und andere eminente Persönlichkeiten saßen an Tischen mit weißen Decken und Blumen.« Bens Platz war direkt neben dem Podium, wo der niederländische Premierminister Jan Pieter Balkenende die Hauptrede vortrug. »Er begrüßte die Richter und erlesenen Gäste und verkündete dann, sehr zu meiner Überraschung, es sei ein ganz spezielles Ereignis, weil ich anwesend sei.« Jemand musste ihm verraten haben, dass Ben an diesem Tag seinen 83. Geburtstag feierte. Balkenende brachte einen Toast auf den ehemaligen Nürnberg-Chefankläger aus, in den die Anwesenden einstimmten. Alle erhoben ihre Gläser auf ihn. »Es war eine völlig unerwartete und eindrückliche Geburtstagsfeier.«

Ein schöneres und passenderes Geschenk als die Eröffnung des Internationalen Strafgerichthofs konnte er sich wirklich nicht wünschen.

»Ich wünsche der Welt viel Glück!«

Fünfzehn Jahre nach jener denkwürdigen Geburtstagsfeier in der niederländischen Hauptstadt nahm der Internationale Strafgerichtshof endlich auch das Verbrechen des Angriffskriegs in seine Rechtsprechung auf. Es war ein weiterer lang ersehnter Erfolg für Ben, den so energischen, aber friedlichen »Mister Aggression«. Das war im Juli 2018, er war jetzt achtundneunzig und kämpfte immer noch unermüdlich für die Ideale, denen er sein Leben verschrieben hatte. Anlass, sich zurückzulehnen, sah er auch in diesem biblischen Alter nicht. Als ich ihn im Januar 2019 in Delray Beach noch einmal besuchte, bot sich mir eine schier unglaubliche Szene. Während unserer stundenlangen Gespräche kam eine Krankenschwester vorbei und hängte ihn an den Tropf – wegen einer akuten Infektion im Bein. Als ob nichts wäre, redete er während der medizinischen Behandlung einfach munter weiter.

Meine Verblüffung wurde noch größer, als er berichtete, er habe im vergangenen Oktober auf einer Flugreise zu einem Vortrag in Chicago eine Herzattacke erlitten, wie schon ein halbes Jahrhundert zuvor auf dem Weg nach Puerto Rico. Viele jüngere Menschen hätte ein solcher Schlag mit Sicherheit außer Gefecht gesetzt. Ihn nicht. Seinen Humor hat er durch den lebensgefährlichen Zwischenfall nicht verloren – lieber gab er dazu die nächste Anekdote zum Besten: »Ich erwachte in einer Klinik. An der Wand hing ein großes Kreuz mit dem

Schriftzug ›Resurrection Hospital‹ [Auferstehungs-Spital]. Ich dachte: Bin ich auferstanden? Dann muss mir vergeben worden sein.« Sohn Don und Schwiegertochter Valentina kamen herein und teilten ihm mit, dass ihm vier Stents eingesetzt worden seien. »Seither versuchen die Doktoren herauszufinden, was falsch ist mit mir.«

Darauf beugte er sich zu mir vor und sagte flüsternd, als wäre es ein zartes Geheimnis: »Ich glaube, es ist das Alter. Ich muss in Betracht ziehen, dass ich wahrscheinlich nicht unsterblich bin.« Das wurde ihm dann auch schmerzhaft in Erinnerung gerufen, als am 14. September 2019 Gertrude starb.

Nach wie vor hält er sich mit geistigem und körperlichem Training fit. Wenn er nicht gerade einen Notfall auskuriert, macht er noch immer jeden Morgen seine Übungen: sagenhafte 115 Liegestütze, eine halbe Meile rennen und schwimmen. Beinahe noch beeindruckender ist seine mentale Frische. Es vergeht kein Tag, an dem er nicht arbeiten würde. In letzter Zeit sei er fast noch gefragter in der Öffentlichkeit, als er es zuvor schon gewesen sei, berichten seine Kinder. Alle vier haben – nach dem üblichen »temporären Wahnsinn« der Pubertät – studiert und Karriere gemacht, Keri als IT-Spezialistin und Übersetzerin, Robin als Sozialarbeiterin, Nina als Anwältin bei der Umweltschutzbehörde in New York und Don als Jurist und Friedensförderer in den Fußstapfen seines Vaters.

Täglich beantwortet der greise Mann Telefonanrufe und E-Mails aus aller Welt, den PC beherrschend, als ob er schon immer damit umgegangen wäre. Mit altersmilder Zurückhaltung dürfen die Mächtigen dieser Welt, die in seinen Augen den Frieden herausfordern, nicht rechnen. Als Präsident Trump im September 2017 drohte, Nordkorea zu vernichten (»totally destroy«), sollte Diktator Kim Jong-un sein Atomwaffenprogramm nicht aufgeben, fühlte sich Ben unwillkürlich an die SS-Rhetorik erinnert. »Meine Gedanken wanderten sofort zurück zu meinen Tagen in Nürnberg. Wenn ich

›America first‹ höre, kommt mir ›Heil Hitler‹ und ›Deutschland über alles‹ in den Sinn.«

Der Philosoph Friedrich Nietzsche hat in seinen *Unzeitgemäßen Betrachtungen* über den »Nutzen und Nachteil der Historie für das Leben« beschrieben, wie die Orientierung an der Vergangenheit lähmend, aber auch beflügelnd wirken kann. Für Ben blieben die Erfahrungen des Zweiten Weltkriegs, des Holocausts und der juristischen Aufarbeitung des Geschehenen in den Nürnberger Prozessen zeitlebens der Bezugspunkt seines Denkens und Handelns. Er ließ sich davon nicht erdrücken. Dass er noch im hohen Alter jeden Tag mehrere Stunden am Arbeitstisch sitze, sei seine Art und Weise, mit den traumatischen Erlebnissen umzugehen, erzählte er, und Tränen traten in seine Augen.

Da saß dieser kleine große Mann, in Hosenträgern und Shorts, zusammengesunken in seinem Sessel und wirkte so zerbrechlich – gezeichnet von der Zeugenschaft eines unfassbaren Jahrhunderts. Es war nur ein kurzer Augenblick, dann war er wieder da in seiner Tatkraft und seinem Willen, das Unmögliche möglich zu machen. Trauer und Schmerz goss er um in Hoffnung, wie er das in seinem Eröffnungsplädoyer im Einsatzgruppenprozess 1947 in Nürnberg hatte anklingen lassen. Im Rückblick auf diese so bewegte und bewegende Biografie wirken die Worte von damals wie eine sich selbst erfüllende Prophezeiung. Das »Nie wieder!« ist bei ihm keine Phrase, sondern Lebensaufgabe.

In dem Jahrhundert seines Daseins hat sich die Welt so rasend verändert wie nie in der Geschichte. »Als ich zur Schule ging, gab es so etwas wie internationales Strafrecht oder humanitäres Völkerrecht nicht – heute wird es überall gelehrt.« Der Fortschritt lasse sich daran messen, dass Genozide jetzt überall verboten seien. »Übeltäter, die für solchen Schrecken verantwortlich sind, wissen, dass sie vor das Internationale Strafgericht gestellt werden können.« In den letzten Jahren seien verschiedene Sondertribunale durchgeführt worden, um politische und militärische Verbrecher rund um den Erdball zur Rechenschaft zu ziehen.

In seinen Einschätzungen bleibt Ben ein idealistischer Realist oder realistischer Idealist – wie man will. »Natürlich gibt es Schwierigkeiten, aber sie können überwunden werden. In richtiger historischer Perspektive betrachtet, muss die Existenz des Internationalen Strafgerichtshofs als entscheidender Schritt hin zu einer humaneren Welt unter der Herrschaft des Rechts erkannt werden.« Als junger Mann habe er davon geträumt, jetzt sei es Wirklichkeit geworden. »Ich muss zugeben, dass ich nie sicher war, ob ich diesen Tag erleben würde. Das Motto ›Gib niemals auf‹ hat sich bezahlt gemacht. Mein letztes Ziel ist eines, von dem ich fürchte, dass ich es nicht erreichen werde.« Es gehe darum, »die absurde und barbarische Praxis zu beenden, dass unschuldige Menschen in großer Zahl getötet werden, weil ihre Führer unfähig sind, Konflikte auf eine rationalere und menschlichere Art zu lösen«. Davon könne das Überleben der Menschheit abhängen.

Neben seinem leidenschaftlichen Kampf für Frieden und Gerechtigkeit bleiben eine unstillbare Neugierde und tief empfundene Empathie für die kommenden Generationen das Vermächtnis des Ben Ferencz: »Die Zukunft, getrieben durch die Revolution der Informationstechnologie, ist heute unvorstellbar. Ich bedaure, dass ich nicht mehr so lange auf der Erde herumlungern kann, um zu sehen, wie alles läuft. Ich wünsche der Welt viel Glück!«

Anhang

Bibliographie

Angrick, Andrej/Cüppers, Martin/Mallmann, Klaus-Michael/Matthäus, Jürgen (Hrsg.): Die »Ereignismeldungen UdSSR« 1941. Dokumente der Einsatzgruppen in der Sowjetunion I, Darmstadt 2011.

Dies. (Hrsg.): Deutsche Besatzungsherrschaft in der UdSSR 1941 – 1945. Dokumente der Einsatzgruppen in der Sowjetunion II, Darmstadt 2013.

Dies. (Hrsg.): Deutsche Berichte aus dem Osten 1942 – 1943. Dokumente der Einsatzgruppen in der Sowjetunion III, Darmstadt 2014.

Earl, Hilary: The Nuremberg SS-Einsatzgruppen Trial, 1945 – 1958. Atrocity, Law, and History, Cambridge 2019.

Eisenhower, Dwight D.: Brief an George C. Marshall, 15.4.1945, https://www.dwightdeisenhower.com/DocumentCenter/View/2164/Letter-Eisenhower-to-General-Marshall-on-Visit-to-Germany-Internment-Camp-April-15-1945-PDF?bidId= [zuletzt aufgerufen am 3.10.2019].

Ferencz, Benjamin B.: An International Criminal Court. A Step Toward World Peace. A Documentary History and Analysis, 2 Bde., London/Rom/New York 1980.

Ders.: Benny Stories, www.benferencz.org [zuletzt aufgerufen am 3.10.2019].

Ders.: Defining International Aggression. The Search for World Peace, 2 Bde., London/Rom/New York 1975.

Ders.: Enforcing International Law. A Way to World Peace, 2 Bde., London/Rom/New York 1983.

Ders.: New Legal Foundations for Global Survival. Security Through the Security Council, London/Rom/New York 1994.

Ders.: Lohn des Grauens. Die verweigerte Entschädigung für jüdische Zwangsarbeiter, Frankfurt am Main 1981. (Original: Less Than Slaves. Jewish Forced Labor and the Quest for Compensation, Harvard 1979.)

Ders.: Mémoires de Ben. Procureur à Nuremberg et avocat de la paix mondiale, Paris 2016. (Französische Buchausgabe der »Benny Stories«)

Ders. und Keyes, Ken Jr.: Planethood. The Key to Your Survival and Prosperity, Coos Bay 1991.

Ders.: War Crimes Law and the Vietnam War, The American University Law Review, Vol. 17, No. 3 (1968), 403–423.

Ders.: Wege zum Weltfrieden. Was bisher getan wurde. Was zu tun wäre. Was man jetzt tun kann, Frankfurt am Main 1989. (Original: A Common Sense Guide to World Peace, London/Rom/New York 1985.)

Ders. (Hg.): World Security for the 21st Century. Challenges and Solutions. A Colloquium Between American and Soviet Legal Experts, Dobbs Ferry 1991.

Fisch, Jörg: Reparationen nach dem Zweiten Weltkrieg, München 1992.

Gilbert, Gustave M.: Nürnberger Tagebuch. Gespräche der Angeklagten mit dem Gerichtspsychologen, Frankfurt am Main 1962.

Goschler, Constantin: Abkommen zwischen der Bundesrepublik Deutschland und dem Staate Israel (»Wiedergutmachungsabkommen«), 10. September 1952, https://www.1000dokumente.de/index.html?c=dokument_de&dokument=0016_lux&object=context&l=de [zuletzt aufgerufen am 3.10.2019].

Ders.: Schuld und Schulden. Die Politik der Wiedergutmachung für NS-Verfolgte nach 1945, 2. Auflage, Göttingen 2008.

Ders., Böick, Marcus und Reus, Julia (Hrsg.): Kriegsverbrechen, Restitution, Prävention. Aus dem Vorlass von Benjamin B. Ferencz, Göttingen 2019.

Hockerts, Hans Günter: Wiedergutmachung in Deutschland 1945 – 1990. Ein Überblick, https://www.bpb.de/apuz/162883/wiedergutmachung-in-deutschland-19451990-ein-ueberblick?p=all [zuletzt aufgerufen am 3.10.2019].

Hofmann, Tom: Benjamin Ferencz. Nuremberg Prosecutor and Peace Advocate, Jefferson 2014.

Klee, Ernst: Das Personenlexikon zum Dritten Reich. Wer war was vor und nach 1945, 5. Auflage, Frankfurt am Main 2015.

Ders.: Vergebung ohne Reue, Die Zeit, Nr. 9/1992.

Langerbein, Helmut: Profiles of Mass Murder: The Einsatzgruppen Officers. Diss. University of California, Santa Cruz 2000.

Musmanno, Michael A.: Verdict! The Adventures of the Young Lawyer in the Brown Suit, New York 1958.

Ders.: The Eichmann Kommandos, New York 1961.

Patton, George S.: Tagebucheintrag über seinen Besuch im KZ Ohrdruf am 12.4.1945, https://encyclopedia.ushmm.org/content/en/article/ohrdruf [zuletzt aufgerufen am 3.10.2019].

Scheffer, David J.: All the Missing Souls. A Personal History of the War Crimes Tribunals, Cambridge (Mass.) 2011.

Stuart, Heikelina Verrijn und Simons, Marlise: The Prosecutor and the Judge. Benjamin Ferencz and Antonio Cassese. Interviews and Writings, Amsterdam 2009.

Taylor, Telford: The Anatomy of the Nuremberg Trials. A Personal Memoir, New York 1993.

U.S. Government Printing Office (Hrsg.): Trials of War Criminals before the Nuernberg Military Tribunals under Control Council Law No. 10, Vol. IV., Washington 1950, https://www.loc.gov/rr/frd/Military_Law/pdf/NT_war-criminals_Vol-IV.pdf [zuletzt aufgerufen am 3.10.2019].

Wirsching, Andreas: Jüdische Friedhöfe in Deutschland 1933 – 1957, in: Vierteljahreshefte für Zeitgeschichte 50 (2002), Heft 1, 1 – 40.

Zeittafel

1920	Benjamin Berell Ferencz wird am 11. März im siebenbürgischen Şomcuta Mare (Grosshorn) geboren. Sein Vater Josef ist Schuhmacher, seine Mutter Shari (Sarah) Schneiderin und Hausfrau. Bens Schwester Pepi, später Pearl genannt, ist knapp zwei Jahre älter als er.
1921	Noch vor seinem ersten Geburtstag emigriert die Familie in die USA. Der Vater wird Hauswart in einem Mehrfamilienhaus in New York.
1926	Die Eltern lassen sich scheiden. Beide heiraten bald wieder.
1929	Der Börsencrash an der Wall Street am 29. Oktober stürzt die Welt in eine jahrelange Finanz- und Wirtschaftskrise. Die »Große Depression« bekommt auch Ben mit seiner Familie zu spüren.
1933	In Deutschland ernennt Reichspräsident Paul von Hindenburg Adolf Hitler am 30. Januar zum Reichskanzler. Der zu allem entschlossene Führer der Nationalsozialistischen Deutschen Arbeiterpartei (NSDAP) baut die Demokratie der Weimarer Republik zügig zu einer Diktatur um.
1937	Ben schließt die Townsend Harris High School für begabte Jungen ab und hat nun direkten Zugang zum College of the City of New York.
1939	Das Deutsche Reich löst mit dem Angriff auf Polen am 1. September den Zweiten Weltkrieg aus.
1940	Ben graduiert am City College mit einem Bachelor in Sozialwissenschaften.

1941	Er nimmt sein Studium an der Harvard Law School auf. Am 22. Juni überfallen die Deutschen die Sowjetunion. Am 7. Dezember bombardieren die Japaner den US-Flottenstützpunkt Pearl Harbor auf Hawaii. Die USA treten in den Krieg ein.
1943	Ben schließt sein Studium der Rechte mit einem Mastertitel ab und wird Assistent des Kriminologen Sheldon Glueck, eines Spezialisten für Kriegsverbrechen. Im März wird er einberufen. Am 5. Dezember schifft sich seine Einheit – das 115th A. A. A. Gun Battalion der 3. US-Armee von General George S. Patton – in New York nach Europa ein. In England bereitet sie sich auf den Kampfeinsatz vor.
1944	Am 6. Juni starten die Alliierten ihre Invasion der Normandie. Bens Bataillon landet einen knappen Monat später an der »Omaha Beach«. Es verfolgt die flüchtende Wehrmacht quer durch Frankreich. Im Dezember wird er in die juristische Sektion der Armee versetzt. Schon bald nimmt er seine Arbeit als Fahnder in der neu gegründeten Abteilung für Kriegsverbrechen auf.
1945	Am 25. Januar bricht die deutsche Ardennenoffensive ein. Im Februar stößt Ben mit Pattons Hauptquartier nach Deutschland vor. Er befasst sich hauptsächlich mit den »Downed Flyer Cases«. Ab April verschiebt sich der Schwerpunkt der Ermittlungen auf die deutschen Konzentrationslager. Als einer der ersten Augenzeugen untersucht er die befreiten Lager Ohrdruf, Buchenwald, Flossenbürg und Mauthausen-Gusen. Hitler verübt am 30. April Selbstmord im Berliner Führerbunker. Am 8. Mai ist der Zweite Weltkrieg in Europa vorbei. Für Ben und seine Kollegen der War Crimes Investigation Teams geht die Arbeit weiter. Er verfasst Berichte über die nationalsozialis-

tischen Verbrechen, die später in die Dachauer und Nürnberger Prozesse einfließen. Im Juni verhört er in Würzburg Karl Haberstock, Hitlers persönlichen Kunsthändler. Die Spur führt in eine Salzmine in den österreichischen Alpen, wo gestohlene Kulturgüter im Wert von Milliarden lagern. Nach dem amerikanischen Atombombenabwurf auf Hiroshima und Nagasaki enden im August auch die Kriegshandlungen auf dem asiatisch-pazifischen Schauplatz. An Weihnachten 1945 ist Ben wieder zu Hause in New York.

1946 Im März verpflichtet ihn Oberstleutnant David Marcus, der Chef der Division für Kriegsverbrechen in der US-Armee, ans amerikanische Militärtribunal in Nürnberg. Bevor er erneut nach Deutschland aufbricht, heiratet Ben am 31. März seine Jugendliebe Gertrude, geborene Fried. Verantwortlich für die Durchführung der Nürnberger Nachfolgeprozesse unter amerikanischer Hoheit ist das Office of the Chief of Counsel for War Crimes (OCCWC). Dessen Leiter, General Telford Taylor, befördert ihn im September zum Leiter der OCCWC-Niederlassung in Berlin. Am Übergang zum neuen Jahr entdeckt Ben mit seinem Team die »Ereignismeldungen UdSSR«.

1947 Im daraus folgenden Einsatzgruppenprozess wird er Chefankläger. Das Verfahren gegen hochrangige SS-Offiziere, darunter mehrere Generäle, gilt als größter Mordprozess der Geschichte. Es beginnt am 15. September. Zwei Wochen später hält Ben sein Eröffnungsplädoyer.

1948 Bei einem Abstecher von Nürnberg nach Berlin stürzen Ben und Gertrude zusammen mit Taylor und dessen Frau Mary sowie einem weiteren befreundeten amerikanischen Ehepaar beinahe mit dem Flugzeug ab. Vom 8. bis am 10. April verkündet das Gericht im

Einsatzgruppenprozess unter dem Vorsitz von Michael A. Musmanno die Urteile. Mit Ausnahme von zwei untergeordneten Offizieren spricht es sämtliche Beschuldigten in allen drei Anklagepunkten – Verbrechen gegen die Menschlichkeit, Kriegsverbrechen und Mitgliedschaft in einer kriminellen Organisation – für schuldig. Es verhängt vierzehn Todesstrafen. Danach beschäftigt sich Ben mit der Herausgabe der Prozessunterlagen als Quelle für Historiker und Juristen. Am 20. August wird er Generaldirektor der Jewish Restitution Successor Organization.

1949 Gründung der BRD und der kommunistischen DDR. Geburt der ersten Tochter Carol-Anne.

1950 Robin-Eve wird geboren.

1951 Der amerikanische Hochkommissar John J. McCloy präsentiert am 31. Januar ein Begnadigungsprogramm für die noch im Gefängnis Landsberg einsitzenden Kriegsverbrecher. Der Hauptangeklagte SS-General Otto Ohlendorf und drei weitere hohe Einsatzgruppenoffiziere werden am 7. Juni in Landsberg hingerichtet. Als Rechtsberater und Unterhändler der Conference on Jewish Material Claims Against Germany spielt Ben eine maßgebliche Rolle bei der Aushandlung der Entschädigungsleistungen für die Opfer der nationalsozialistischen Verfolgung. Mit dem Bundesland Hessen wird ein erstes Globalabkommen zur Ablösung erbenloser jüdischer Vermögen besiegelt.

1952 Geburt von Donald Martin. Am 10. September unterzeichnen Kanzler Konrad Adenauer, der israelische Außenminister Moshe Scharet sowie Nahum Goldmann, der Präsident der Claims Conference, in Luxemburg das deutsch-israelische Wiedergutmachungsabkommen. Ben sitzt mit am Tisch.

1953	Auf Jahresbeginn übernimmt er eine weitere Führungsfunktion im Zusammenhang mit der deutschen Wiedergutmachungspolitik: Das Exekutivkomitee der Claims Conference ernennt ihn zu deren Repräsentanten in Deutschland.
1954	Ben wird Chef der United Restitution Organization (URO), die ein weitgespanntes internationales Beratungsnetz für NS-Opfer aufzieht. Nina Dale wird geboren.
1956	Im März zieht Ben mit seiner Frau und den vier Kindern von Deutschland nach New Rochelle (NY) um. Am 29. Juni verabschiedet das Bonner Parlament mit dem Bundesentschädigungsgesetz das juristische Kernstück der Wiedergutmachungspolitik. Als Nachfolger des ehemaligen Dekans der Harvard Law School, James M. Landis, wird Ben Partner in der Anwaltskanzlei von Telford Taylor.
1957	In Amerika setzt er sich weiter für NS-Geschädigte ein, so für polnische Frauen, die im KZ Ravensbrück Opfer medizinischer Experimente geworden sind, oder für jüdische Zwangsarbeiter, die deutsche Firmen in Konzentrationslagern rekrutiert haben. Am 27. Februar unterzeichnet die I. G. Farben mit der Claims Conference ein Abkommen, das 27 Millionen Mark für die ehemaligen Sklavenarbeiter vorsieht.
1959	Im Dezember einigt sich die Claims Conference mit dem Unternehmen der Dynastie Krupp auf eine Entschädigungszahlung von zehn Millionen Mark.
1960	In einem Geheimabkommen verpflichtet sich der Elektrokonzern AEG zur Zahlung von vier Millionen Mark an die ehemaligen KZ-Sklaven. Am 22. Juni erlässt die Bundesregierung in Bonn einen Kabinettsbeschluss, demzufolge 75 Polinnen Beihilfen zwischen

6500 und 10 000 Dollar erhalten. Erstmals fließen im Rahmen der Wiedergutmachungspolitik Entschädigungszahlungen an Verfolgte hinter dem Eisernen Vorhang.

1962 Siemens verspricht in einem von Ben mitausgehandelten Vertrag vom 24. Mai eine Kompensation von sieben Millionen Mark, allerdings ohne eine moralische, geschweige denn eine juristische Verpflichtung anzuerkennen.

1966 Als letzte der wenigen deutschen Firmen, die überhaupt für das Unrecht an den Zwangsarbeitern geradestehen, macht Rheinmetall 2,5 Millionen Mark locker. Die Zahlung steht im Zusammenhang mit dem ersten deutschen Rüstungsauftrag nach dem Krieg in den USA.

1970 Im Alter von 50 Jahren beginnt Ben eine neue Laufbahn. Angestoßen durch den Vietnamkrieg, tritt er fortan als Autor, Vortragsredner und unbezahlter Anwalt für den Frieden auf. Er setzt sich für die Herrschaft des Rechts in den internationalen Beziehungen ein.

1973 Als juristischer Berater der Claims Conference entwirft er eine Strategie, um auch die DDR zu einer Wiedergutmachung zu bewegen. Mehrfach reist er in den kommenden Jahren nach Ostberlin, um mit Vertretern des SED-Regimes zu sprechen.

1975 Bens Grundlagenwerk *Defining International Aggression – The Search for World Peace* erscheint bei Oceana Publications.

1976 Im November überweist die DDR-Regierung eine Million Dollar an die Claims Conference, doch diese sendet den Betrag umgehend als »unangemessen« zurück. Ben trifft den aus dem Gefängnis Spandau entlassenen Albert Speer, Hitlers Freund, Architekten und Minister für Rüstung und Kriegsproduktion, um ihn über das NS-Sklavenarbeiterprogramm zu befragen.

1979 Er veröffentlicht die Studie *Less Than Slaves* (deutsch *Lohn des Grauens*) über die Entschädigungsverhandlungen für jüdische KZ-Zwangsarbeiter.

1980 Publikation des Zweibänders *An International Criminal Court – A Step Towards World Peace.*

1983 *Enforcing International Law – A Way to World Peace* bildet den Abschluss von Bens Trilogie über die Herbeiführung eines internationalen Rechtszustands.

1985 Eine populäre Fassung seiner Ideen erscheint unter dem Titel *A Common Sense Guide to World Peace.* Die ersten beiden Exemplare schickt er Ronald Reagan und Michail Gorbatschow. An der Pace Law School lehrt er internationales Friedensrecht.

1986 Mit dem Pace Peace Center gründet er ein eigenes Institut.

1988 Zusammen mit dem Autor und PR-Strategen Ken Keyes bringt Ben mit *Planethood* ein praktisch kostenloses Buch auf den Markt, das als publikumsfreundliche Anleitung zum Überleben im Atomzeitalter aufgemacht ist.

1989 Der Mauerfall am 9. November läutet das Ende der DDR und die Wiedervereinigung ein. Mit dem Kollaps des Ostblocks endet der Kalte Krieg. Ben schreibt als Ghostwriter an einer Resolution von Trinidad und Tobago mit. Sie erteilt der UNO-Völkerrechtskommission den Auftrag, zu prüfen, wie ein Internationales Strafgericht zu schaffen sei.

1990	In einer Vereinbarung zum »Einigungsvertrag« vom 31. August erklären die beiden deutschen Staaten, »für eine gerechte Entschädigung materieller Verluste der Opfer des NS-Regimes einzutreten«. Damit setzt sich (auch) in der Wiedergutmachungspolitik die westdeutsche Praxis durch.
1993	Der UNO-Sicherheitsrat ruft am 25. Mai den Internationalen Strafgerichtshof für das ehemalige Jugoslawien ins Leben.
1994	*New Legal Foundations for Global Survival* erscheint. Mit dem Internationalen Strafgerichtshof für Ruanda errichtet der Sicherheitsrat ein weiteres Ad-hoc-Gericht, um eines der größten Massaker seit dem Zweiten Weltkrieg zu ahnden.
1998	Auf einer diplomatischen Konferenz in der italienischen Hauptstadt wird am 17. Juli das Römische Statut verabschiedet – das offizielle Gründungsdokument des Internationalen Strafgerichtshofs in Den Haag. Ben nimmt als Ehrengast und »lebendiges Symbol« der Nürnberger Prozesse teil.
2003	Am 11. März werden die Richter in Den Haag vereidigt. Der niederländische Premierminister Jan Pieter Balkenende erwähnt als Gastgeber Ben speziell – es ist sein 83. Geburtstag, und für ihn geht ein Lebenstraum in Erfüllung.
2009	Im November erhält Ben den Erasmus-Preis.
2010	Das Auswärtige Amt verleiht ihm am 27. Mai das Große Verdienstkreuz der Bundesrepublik Deutschland.
2011	Auf Einladung von Luis Moreno Ocampo, dem Chefankläger am Internationalen Strafgerichtshof, hält Ben eines der Schlussplädoyers im Prozess gegen den

	kongolesischen Milizenführer Thomas Lubanga Dyilo (25./26. August). Es ist das erste rechtskräftig abgeschlossene Verfahren des Gerichts.
2013	Auszeichnung mit der Dag-Hammerskjöld-Ehrenmedaille, gemeinsam mit dem Internationalen Strafgerichtshof.
2014	Verleihung der Freiheitsmedaille der Harvard Law School, als Nachfolger von Nelson Mandela u. a.
2019	Gertrude stirbt am 14. September in ihrem hundertsten Lebensjahr.

Bildnachweis

© United States Holocaust Memorial Museum, courtesy of Benjamin Ferencz
[1], [2], [4], [5], [9], [10], [11], [12], [14], [15], [16], [18], [19], [21], [23], [25]

© Benjamin Ferencz
[3], [6], [7], [22], [24], [26], [27], [28], [29], [30]

© United States Holocaust Memorial Museum, courtesy of National Archives and Records Administration, College Park
[8], [20]

© United States Holocaust Memorial Museum, courtesy of Family of Richard M. Cromack
[13]

© United States Holocaust Memorial Museum, courtesy of John W. Mosenthal
[17]

© Philipp Gut
[31]

Personenregister

D

E

F

G

T

V

W

Z